Veda Vyāsa
Shrīmad Devī Bhāgavatam

Wovon handelt Band 5 des Shrīmad Devi Bhāgavatam?

Die großen Naturkräfte, die das Leben im Universum beherrschen, und auch ihr Ursprung, die Natur selbst, die ewige Ganzheit und Einheit, aus der alles hervorgegangen ist, werden in den Purānas auf sehr anschauliche Weise als Personen dargestellt.

Die Kräfte des Bewusstseins werden von den Devas, den Göttern verkörpert, die Kräfte der Materie von den Asuras, den Titanen oder Dämonen, und ihr gemeinsamer Ursprung, die Natur selbst, tritt im Devī Purāna als die Devī, die Große Göttin, die Mutter der Welten in Erscheinung.

In Band 5 werden weitere Erscheinungsformen der Mutter des Universums vorgestellt – als Dakshinā, Svadhā, Shashtī, Manasā, Surabhi – und vor allem ihre Manifestation als Gāyatrī, als Mutter der Veden. Auch die 1.008 Namen der Devī Gāyatrī werden aufgezählt.

Außerdem wird ausführlich von den Regeln für die Verehrung der Devī und den Prinzipien einer guten Lebensweise berichtet, die zu einem Leben in Erfüllung und Erleuchtung führen.

Das Māhāpurānam Shrīmad Devī Bhāgavatam von Maharishi Veda Vyāsa

Band V von V

Nach Swami Vijnananandas englischer Übersetzung ins Deutsche übertragen von Michael Stibane

Alfa-Veda

Titel des englischen Originals: The Shrīmad Devī Bhāgavatam
Translated by Swami Vijñanananda 1921-22

Umschlaggestaltung und Satz: Jan Müller
Umschlagbild Band 5: Shrī Kālī Devī, die Göttin der Zeit,
tanzt auf dem Körper ihres Gemahls,
des Gottes Shiva, der ewige Stille verkörpert.

Alfa Veda Verlag, Oebisfelde, April 2021
alfa-veda.com
Paperback ISBN: 978-3-945004-52-4
Hardcover ISBN 978-3-945004-75-3

Inhalt Band V

Buch 12

Buch 9

Kapitel 44
Die Geschichte von Svadhā Devī im Gespräch zwischen Nārada und Nārāyana

Nārāyana sprach: O Nārada, ich werde dir nun die ausgezeichnete Geschichte von Svadhā erzählen, welche die Pitris, die Ahnen, sehr erfreut und die Früchte der Shraddhā-Zeremonie reicher werden lässt, in der den Pitris Nahrung dargebracht wird. Höre.

Zu Beginn der Schöpfung erschuf Brahmā sieben Pitris, sieben Ahnherren der Menschheit. Vier von ihnen besitzen Gestalt und die drei anderen bestehen aus reinem Licht (tejas).

Als Brahmā die Pitris in ihrer Schönheit und ihrem Liebreiz vor sich sah, traf er Vorkehrungen für ihre Nahrungsversorgung über die Shraddhās und Tarpanas (Zeremonie zur Befriedung der Ahnen).

Ein Bad zu nehmen, die Shraddhā-Zeremonie mit abschließendem Tarpanam durchzuführen, die Devas zu verehren und dreimal am Tag Sandhyā (spirituelle Übung) auszuüben – dies sind die täglichen Pflichten der Brahmanen.

Ein Brahmane, der nicht täglich die Trisandhyās, Shraddhā, Tarpanam, die Verehrung der Devas und die Rezitation der Veden ausführt, wird dadurch so kraftlos und wirkungslos wie eine Schlange ohne Gift. Wer sich nicht dem hingebungsvollen Dienst an der Devī widmet, wer Nahrung isst, die nicht zuvor Hari dargebracht wurde, wer bis zu seinem Tode stets unrein bleibt – ein solcher Mensch ist nicht dazu berechtigt irgendeine Handlung (karma) auszuführen.

Nachdem Brahmā für die Pitris die Shraddhās usw. eingerichtet hatte, begab er sich zurück in sein Heim.

Die Brahmanen führten daraufhin immer wieder Shraddhās für die Pitris durch, aber die Pitris wurden dadurch nicht genährt und waren sehr unzufrieden, weil sie keine Nahrung bekamen. Von Hunger und Kummer gequält begaben sie sich deshalb in Brahmās Versammlungshalle und teilten Brahmā ausführlich mit, was geschehen war.

Brahmā erschuf daraufhin aus seinem Geist heraus eine wunderschöne Tochter in voller Jugendblüte, deren liebliches Antlitz in der Schönheit von hundert Monden erstrahlte. Diese junge Frau besaß die allerbesten Eigenschaften, was ihre Gestalt, ihre Charaktereigenschaften und ihr Wissen anbetraf. Ihre Hautfarbe glich dem Weiß der Champaka-Blüte und ihr Körper war reichlich mit Juwelenschmuck geziert.

Diese göttliche Erscheinungsform strahlte große Reinheit aus. Sie schien bereit, alle Arten von Gaben und großen Segen zu schenken und sie war eine Teilmanifestation der Prakriti.

Ihr Antlitz erstrahlte in einem zauberhaften Lächeln. Ihre Zähne waren ebenmäßig und schön und ihr Körper wies die Merkmale von Lakshmī, der Göttin des Glücks und des Reichtums, auf. Ihr Name war Svadhā.

Ihre Lotusfüße ruhten auf einhundert Lotusblüten. Sie war die Gemahlin der Pitris. Ihr Antlitz glich einer Lotusblume und ihre Augen ähnelten Wasserlilien. So trat Svadhā als Tochter des lotusgeborenen Brahmā in Erscheinung.

Brahmā, der Großvater der Welten, gab seine Tochter, deren Wesen Tushti (Zufriedenheit) war, in die Hände der Pitris und sie waren darüber sehr zufrieden.

Brahmā unterrichtete die Brahmanen in einer persönlichen Unterweisung darüber, dass sie bei jeder Darbringung an die Pitris in jedem Fall am Ende das Mantra *Svadhā* aussprechen sollten. Seither sprechen die Brahmanen bei jeder Darbringung einer Opfergabe für die Pitris am Ende das Mantra *Svadhā* aus.

Svāhā wird empfohlen, wenn den Göttern Gaben dargebracht werden und *Svadhā* ist zu verwenden, wenn den Pitris Gaben dargebracht werden. In beiden Fällen ist jedoch Dakshinā, die Schenkung des Opferlohnes, von zentraler Bedeutung. Ohne Dakshinā sind alle Opfer (Yagya) nutzlos und wertlos.

Die Pitris, Devas, Brāhmanas, die Munis und Manus verehrten die friedvolle Svadhā und sangen ihr von großer Liebe erfüllt Lobeshymnen. Die Devas, Pitris und Brāhmanas waren allesamt sehr erfreut und sahen ihre Bestrebungen als erfolgreich verwirklicht an, nachdem sie den Segen von Svadhā Devī erlangt hatten.

Somit habe ich dir alles über Svadhā erzählt – eine Erzählung, die alle erfreut. Was möchtest du sonst noch hören? Sprich. Ich werde alle deine Fragen beantworten.

Nārada sagte: O du bester aller Vedenkenner, o Muni Sattama, ich möchte nun von der Methode der Verehrung von Svadhā Devī, ihrer Meditation und ihren Hymnen hören. Bitte sei so freundlich und trage mir all dies vor.

Nārāyana sprach: Du weißt doch schon alles über dieses all-segensreiche Dhyānam und Stotra, wie es in den Veden aufgeführt ist. Warum fragst du mich dann erneut danach? Ich werde jedoch um der Zunahme des Wissens willen darüber sprechen.

Am vierzehnten Tag der dunklen Monatshälfte im Herbst, wenn sich der Mond im Nakshatra (Mondhaus) Maghā befindet und am Shraddhā-Tag soll man mit großer Achtsamkeit Svadhā Devī verehren und dann Shraddhā (Glaube, eine heilige Handlung) durchführen.

Wenn ein Brahmane aus eitler Arroganz heraus Shraddhā durchführt, ohne zuvor Svadhā Devī zu verehren, so wird er niemals die Früchte von Tarpanam (Darbringungen an die Gottheit) oder Shraddhā ernten.

O Devī Svadhe, du bist die geistgeborene Tochter Brahmās. Du stehst allzeit in voller Blüte der Jugend und wirst von den Pitris verehrt. Du schenkst die Früchte von Shraddhā. Auf dich ist meine Meditation ausgerichtet.

Nach diesem Dhyānam soll der Brahmane das passende Mantra aussprechen und unter Verwendung eines Shālagrāma-Steines oder eines hochwertigen irdenen Kruges das Pādyam usw. darbringen. Dies sind die Regeln, die der Veda hierfür vorschreibt.

Das hierfür vorgesehene Mantra ist *Om Hrīm Shrīm Klīm Svadhā Devyai Svāhā*. Mit diesem Mantra soll die Devī Svadhā verehrt werden. Nachdem man dann Hymnen an die Devī rezitiert hat, soll man sich vor Svadhā Devī verneigen.

O Sohn des Brahmā, o bester aller Munis, o du Experte im Zuhören, ich werde dir nun das Stotra beschreiben, das Brahmā zu Beginn der Schöpfung verfasst hat, damit die Menschheit in den Genuss der erwünschten Früchte kommt. Höre.

Nārāyana sprach weiter: In dem Augenblick, in dem ein Mensch das Mantra *Svadhā* ausspricht, erlangt er sogleich die Frucht des Badens an den heiligen Pilgerorten. Zu diesem Zeitpunkt ist nicht die Spur einer Sünde in ihm, sondern er erlangt dadurch den spirituellen Verdienst (punyam) der Durchführung eines Vājapeya-Opfers.

Svadhā, Svadhā, Svadhā – wenn man sich im Geist dreimal hintereinander dieses Wort in Erinnerung ruft, so erlangt man dadurch die Früchte von Shraddhā, Tarpanam und Bali (Darbringung). Dies geht so weit, dass man ganz zweifellos die volle Frucht von Shraddhā erlangt, wenn man während der Shraddhā-Zeit hingebungsvoll die Hymne an Svadhā anhört.

Wenn man täglich dreimal – morgens, mittags und abends – das Svadhā-Mantra dreimal wiederholt, so erlangt man dadurch eine gehorsame, treue Ehefrau, die einem Söhne schenkt.

Folgendes ist die Hymne (stotra) an Svadhā: O Devī Svadhe, die Pitris lieben dich so sehr wie ihren eigenen Lebensatem und du bist das Leben der Brahmanen. Du bist die Gottheit, die über die Shraddhā-Zeremonien gebietet und schenkst deren Früchte.

O Gelübdetreue, du bist ewig, wahrhaftig und der spirituelle Verdienst (punyam) ist deine Natur. Du trittst mit der Schöpfung in Erscheinung und verschwindest mit der Auflösung des Universums – und dieses Erscheinen und Verschwinden geht bis in ewige Zeiten immer weiter. Du bist das Om, du bist Svasti, du bist das Heil, du bist Namaskara, der ehrerbietige Gruß, du bist Svadhā, du bist Dakshinā und du bist all die unterschiedlichen Aktivitäten, die von den Veden vorgeschrieben werden und die der Herr der Welt für erfolgreiches Handeln erschaffen hat.

Nach dem Brahmā auf seinem Sitz in seiner Versammlungshalle in Brahmā Loka dieses Stotra rezitiert hatte, schwieg er – und dann erschien dort augenblicklich die Devī Svadhā.

Brahmā gab die Devī Svadhā mit dem Lotusantlitz in die Obhut der Pitris, die sie voller Freude mit in ihre Heimat nahmen.

Wer aufmerksam und hingebungsvoll dieses Stotra an Svadhā hört, erlangt alle Arten reicher, wunschgemäßer Früchte und zudem die Frucht des Badens in sämtlichen Tīrthas.

Hier endet im neunten Buch des Shrimad Devī Bhāgavatam, des Mahāpurānam von 18.000 Versen von Maharishi Veda Vyāsa, das vierundvierzigste Kapitel: Die Geschichte von Svadhā Devī im Gespräch zwischen Nārada und Nārāyanu.

Kapitel 45
Die Geschichte von Dakshinā

Nārāyana sprach: Die ausgezeichneten, höchst süßen Geschichten von Svāhā und Svadhā sind nun erzählt worden. Nun werde ich dir die Geschichte von Dakshinā vortragen. Höre aufmerksam zu.

In der Frühzeit der Schöpfung gab es in der Welt namens Goloka eine Gopī namens Sushīlā. Sie hatte einen guten Charakter, war sehr schön, eine Gespielin von Rādhā und Shrī Hari sehr lieb. Sie war vom Glück gesegnet, hochgeachtet, lieblich, bezaubernd, reich, hatte schöne Zähne, war gebildet, mit den besten Eigenschaften gesegnet und von überaus liebreizender Gestalt. Ihr ganzer Körper war so zart und lieblich wie Kalāvatī. Sie war wunderschön und ihre Augen glichen Wasserlilien. Ihre Hüften waren breit und schön geschwungen. Sie hatte volle Brüste. Ihre Ausstrahlung hatte die Farbe von geschmolzenem Gold. Sie war wahrlich eine herrliche Frau.

Ein süßes Lächeln zierte ihr Antlitz, das stets einen huldvollen Ausdruck zeigte. Ihr ganzer Körper war mit Juwelenschmuck geziert. Ihre Hautfarbe war weiß wie weiße Champaka-Blüten und ihre Lippen waren rot wie Bimba-Früchte. Ihre Augen glichen denen eines Rehs.

Sushīlā war bestens bewandert in der Liebeskunst. Ihr Gang glich in seiner Anmut dem Dahingleiten eines Schwanes auf dem Wasser. Insbesondere war sie eine Meisterin der Gottesliebe (prema bhakti) und sie war Shrī Krishna überaus lieb.

Ihr Gefühlsreichtum war überwältigend. Sie kannte alle Arten von Liebesempfindungen. Sie war geistreich, humorvoll und sie war von leidenschaftlichem Verlangen nach der Liebe von Shrī Krishna, dem Herrn des Rāsa Mandalam, erfüllt.

Einstmals wies Shrī Krishna in Gegenwart von Rādhā Sushīlā einen Sitz an seiner Linken zu. Als Shrī Krishna dann einen Seitenblick auf Rādhā, die Herrin der Gopīs, warf, senkte er voller Furcht sein

Haupt, denn er sah, dass Rādhās Gesicht von Zorn gerötet war und ihre Augen wie rote Wasserlilien funkelten. Rādhās Körper begann vor Zorn zu zittern und ihre Lippen fingen an zu beben. Als Bhagavān Shrī Krishna Rādhā in diesem Zustand erblickte, verschwand er, weil er fürchtete, dass gleich ein Streit ausbrechen könnte.

Als Sushīlā und die anderen Gopīs bemerkten, dass der friedvolle, schöngestaltige Krishna verschwunden war, begannen sie vor Furcht zu zittern. Als die Abermillionen dort versammelten Gopīs sahen, dass Krishna nicht mehr da und Rādhā voller Zorn war, fürchteten sie sich alle sehr. Sie neigten hingebungsvoll ihre Häupter, sagten mit ehrerbietig zusammengelegten Händen immer wieder *O Rādhe, beschütze uns, beschütze uns!* und nahmen zu ihren Füßen Zuflucht.

O Nārada, auch dreihunderttausend dort anwesende Gopas, unter ihnen auch Sudāmā und andere, nahmen voller Furcht Zuflucht zu den Lotusfüßen von Shrī Rādhā.

Als Rādhā sah, dass Krishna nicht mehr da war und ihre Gespielin Sushīlā flüchtete, sprach Rādhā den Fluch aus: Wenn Sushīlā jemals wieder nach Goloka zurückkehrt, soll sie zu Asche verbrennen!

Nachdem Rādhā ihre Gespielin Sushīlā voller Zorn verflucht hatte, begab sich Rādhā, die geliebte Gemahlin des Devas der Devas und die Herrin des Rāsa Mandalam, zu dem Rāsa Mandalam und rief nach Krishna, dem Herrn des Rāsa Mandalam. Als sie Krishna nicht finden konnte, erschien ihr eine Minute wie ein Zeitalter und sie sprach: O Herr der Prānas, den ich mehr liebe als mein eigenes Leben, o Gott, der über mein Leben gebietet, o Krishna, mein Leben scheint dahinzuschwinden, weil du nicht hier bist. Komm rasch her und zeige dich mir!

O Herr, allein durch die Gunst ihres Ehemannes nehmen Stolz und Würde einer Frau Tag für Tag zu. Für die Frauen sind ihre Ehemänner die Garanten ihrer Sicherheit. Daher ist es das Dharma der Frauen, die hilflose, schutzbedürftige Wesen sind, stets ihren Ehemännern zu dienen.

Der Ehemann ist der Freund der Frau, ihre Gottheit, ihre einzige Zuflucht und ihr wichtigster Reichtum. Durch ihre Ehemänner erlangen die Frauen die Freuden des Lebens, Dharma, Glück, Frieden und Zufriedenheit. Wenn ihre Ehemänner geehrt werden, werden auch ihre Frauen geachtet, und wenn ihre Ehemänner verachtet werden, werden auch ihre Frauen verachtet.

Für eine Frau ist ihr Ehemann das Höchste. Er ist ihr wichtigster und bester Freund; es gibt wahrlich keinen besseren Freund als ihn.

Der Ehemann wird Bhartā (Sanskritwort für Ehemann) genannt, weil er seine Ehefrau ernährt und unterstützt. Er wird Pati (Herr) genannt, weil er sie schützt und erhält. Er wird Svāmī genannt, weil er der Meister über ihren Körper ist. Er wird Kāntā (der Liebliche, Schöne) genannt, weil er ihre Wünsche erfüllt. Er wird Bandhu (Freund, Verwandter) genannt, weil er ihr Glück schenkt. Er wird Isha (Herr) genannt, weil er ihr Wohlstand schenkt. Er wird Praneshvara (Herr des Atems) genannt, weil er der Herr ihres Lebensatems ist, und er wird Ramana (der Erfreuliche) genannt, weil er ihr Freuden bereitet.

Wahrlich, nichts ist einem lieber als der Ehemann. Der Sohn wird durch den Ehemann geboren, daher ist der Sohn einem so lieb. Für eine Frau, die Familie hat, ist der Ehemann lieber als hundert Söhne.

Diejenigen, die in unreinen Familien geboren wurden, können nicht ermessen, was das Wesen eines Ehemannes ausmacht. Für eine Frau kann sich das Baden in sämtlichen heiligen Pilgerorten, das Geben von Opferlohn (dakshinā) in allen Yagyas, das Umwandeln der ganzen Erde, die Durchführung aller Arten von Askese, das großmütige Schenken von Gaben, heiliges Fasten und andere von den vedischen Schriften empfohlene Aktivitäten und der Dienst am Guru, den Brahmanen und den Devas, nicht einmal mit einem Sechzehntel dessen vergleichen, dass sie hingebungsvoll den Füßen ihres Ehemannes dient.

Der Ehemann ist das Höchste – höher als der spirituelle Meister (guru), höher als die Brahmanen, und höher als alle Devas.

So wie für einen Mann der spirituelle Lehrer, der spirituelles Wissen gibt, der Beste und Höchste ist, so sind für die Frauen ihre Ehemänner das Höchste und Beste von allem.

Oh, ich vermag nicht die Herrlichkeit meines geliebten Mannes zu begreifen, durch dessen Gunst ich die alleinige Gebieterin über Milliarden von Gopis, über unzählige Universen (brahmānda), mit allem, was in ihnen ist, und über alle Welten von Bhūr (Erde) bis Goloka, bin. Oh, die weibliche Natur ist wahrlich unüberwindlich!

Nachdem Rādhikā diese Worte gesprochen hatte, begann sie hingebungsvoll Shrī Krishna zu verehren, während unaufhörlich die Tränen ihren Augen entströmten. Sie rief aus: O Herr, o Herr, o Ramana, bitte zeige dich mir! Durch die Trennung von dir bin ich ganz schwach und voller Kummer!

Nachdem Dakshinā Devī aus Goloka vertrieben worden war, übte sie für lange Zeit eine strenge Askese (tapasyā) aus und ging schließlich in den Körper von Kamalā ein.

Als die Devas dann ein sehr schwieriges Yagya durchführten, stellte sich keinerlei Frucht dieses Opfers ein. Darüber waren sie sehr traurig und begaben sich schließlich zu Brahmā. Als Brahmā hörte, was geschehen war, richtete er sich lange Zeit in seiner Meditation hingebungsvoll auf Vishnu aus und erhielt schließlich eine Antwort von Vishnu.

Vishnu ließ Dakshinā in Gestalt von Martya Lakshmī aus dem Körper von Mahā Lakshmī hervortreten und gab sie in die Obhut von Brahmā. Damit die Devas wieder in den Genuss der Früchte ihrer Aktivitäten kommen können, gab Brahmā wiederum die von Nārāyana manifestierte Dakshinā Devī in die Obhut des Yagya Deva.

Yagya Deva verehrte daraufhin die Dakshinā Devī auf angemessene Weise und trug ihr voller Freude Lobeshymnen vor.

Die Farbe des Körpers der Devī Dakshinā glich der von geschmolzenem Gold und ihr Glanz glich dem von zehn Millionen Monden.

Sie war überaus liebreizend, schön und bezaubernd. Ihr Körper war sehr zart, ihr Antlitz erinnerte an Wasserlilien und ihre Augen an Padmā Palāsa (Lotusblüten).

Die Devī, die aus dem Körper von Lakshmī hervorgegangen war und sogleich von Brahmā verehrt wurde, trug himmlische Seidengewänder. Ihre Lippen glichen Bimba-Früchten. Das Haar der keuschen, bezaubernden Devī war mit Girlanden aus Mālatī-Blüten geschmückt. Ein süßes Lächeln zierte ihr Antlitz. Herrlich gekleidet, reichlich mit Juwelenschmuck geziert und frisch gebadet entzückte sie den Geist der Munis. Auf ihrer Stirn waren eine kunstvolle Markierung aus Moschus und ein mit duftender Sandelpaste eingeriebenes Sindūra-Mal zu sehen. Sie hatte breite Hüften und volle Brüste und es schien, dass sie von den Blütenpfeilen des Liebesgottes Kāmadeva getroffen worden war.

So trat die Devī Dakshinā in Erscheinung und als Yagya Deva sie erblickte, schwanden ihm die Sinne. Schließlich heiratete er sie nach den vorgeschriebenen Riten und Zeremonien. Volle einhundert göttliche Jahre lang erfreute er sich dann mit ihr an einsamen Orten und die Freude an ihrer Vereinigung glich der von Lakshmī und Nārāyana.

Schließlich wurde Dakshinā schwanger und ihre Schwangerschaft dauerte zwölf göttliche Jahre lang. Dann brachte sie zur rechten Zeit als Frucht des Karmas einen schönen Sohn zur Welt. Wenn ein Karma vollständig gereift ist, so überbringt der Sohn die Früchte dieses Karmas. Yagya Deva und seine Gemahlin Dakshinā nannten ihren Sohn Karmaphala, den Überbringer der Früchte der Handlungen, dessen Aufgabe es war, die erwünschten Früchte aller Yagyas und heiligen Handlungen zu übermitteln – so verkünden es die Pandits, die gelehrten Kenner des Veda.

Von dieser Zeit an begann Yagya Deva, zusammen mit seiner Ehefrau Dakshinā und seinem Sohn Karmaphala, allen Menschen die Früchte ihrer Handlungen zu überbringen.

Die Devas waren hierüber sehr erfreut und begaben sich dann in ihre jeweiligen Heimstätten zurück.

Daher sollten die Karma Kartas – die Menschen, die Handlungen (hier und im Folgenden sind insbesondere Opferhandlungen gemeint) ausführen, – Dakshinā (Opferlohn) geben und damit dann sogleich eine Handlung abschließen. Die Veden sagen aus, dass sich die Früchte der Karmas augenblicklich einstellen, sobald der Karma Karta die Dakshinā gegeben hat.

Falls ein Karma Karta, nachdem er eine Handlung abgeschlossen hat, durch unglückliche Umstände oder aus Unwissenheit den Brahmanen keine Dakshinā gibt, so verdoppelt sich nach Ablauf einer Muhūrta (48 Minuten) seine Dakshinā-Schuld. Nach Ablauf einer Nacht hat sich die Schuld bereits verhundertfacht. Wenn drei Nächte vergangen sind, ohne dass die Dakshinā gegeben wurde, so verhundertfacht sich die Schuld noch einmal. Der Betrag verdoppelt sich, nachdem eine Woche vergangen ist, und nach Ablauf eines Monats verhunderttausendfacht sich die Schuld noch einmal. Nachdem ein Jahr vergangen ist, wird die Schuld zehnmillionenfach vergrößert und die Handlung trägt zudem keinerlei Frucht.

Ein solcher Karma Karta, der die Dakshinā schuldig bleibt, wird als unrein angesehen und als jemand, der sich unrechtmäßig das Eigentum der Brahmanen angeeignet hat. Er hat kein Recht mehr, weiterhin Handlungen auszuführen.

Als Strafe für diese Sünde wird er krank und zum Bettler. Lakshmī Devī verflucht ihn schwer und verlässt sein Haus, sodass die Ahnen (pitri) danach kein Shraddhā oder Tarpanam mehr annehmen, das ein solch übler Mensch ihnen darbringt. Die Devas nehmen seine Verehrung nicht mehr an und das Feuer lehnt ab, was er als Darbringung in das Opferfeuer gießt.

Wenn derjenige, der ein Opfer durchführen lässt (der Yajamāna), nicht den zugesagten Opferlohn gibt und der Brahmane, dem die Dakshinā zusteht, diese nicht einfordert, dann gehen beide in die Hölle ein. Aber wenn der Yajamāna die Dakshinā nicht zahlt, nachdem der Opferpriester sie eingefordert hat, dann fällt nur der Yajamāna in die Hölle wie ein aufgehängter Krug, dessen Seil abgetrennt wurde.

Ein solcher Yajamāna wird als Brahmāsvapahārī angesehen – als einer, der einen Brahmanen beraubt hat – und geht schließlich in die Kumbhīpāka-Hölle ein. Dort wird er einhunderttausend Jahre lang von Yamas Dienern bedroht und bestraft. Danach wird er als armer und kranker Chāndāla wiedergeboren. Außerdem fallen sieben vergangene und sieben zukünftige Generationen seiner Familie ebenfalls der Hölle anheim.

O Nārada, somit habe ich dir die Geschichte von Dakshinā vorgetragen. Was möchtest du sonst noch hören. Sprich.

Nārada sagte: O bester aller Munis, wer erlangt die Früchte jenes Karmas, für das keine Dakshinā gegeben wurde? Und bitte beschreibe mir die Methode, mit der Yagya Deva die Devī Dakshinā verehrte.

Nārāyana sprach: Wo können die Früchte einer Opferhandlung ohne Dakshinā zu finden sein? Nur diejenige Opferhandlung trägt Früchte, bei der Dakshinās gegeben wurden. Und die Früchte der Opferhandlungen ohne Dakshinā? An denen erfreut sich der Asuraherrscher Bali, der in der Unterwelt Pātāla lebt, und kein anderer.

Denn vor Zeiten hat Vāmana Deva bestimmt, dass diese Früchte dem König Bali zukommen.

Alles, was in Shraddhās dargebracht wird, die nicht in Einklang mit dem Veda stehen, wo Darbringungen wahllos und ohne Glauben ausgeführt werden, die von einem Brahmanen durchgeführt werden, welcher der Ehemann einer Vrishala (ein zwölfjähriges Mädchen) ist, die von einem unreinen Brahmanen geleitet und von unreinen Menschen in Auftrag gegeben werden, und die Opfergaben, die von jemandem dargebracht werden, der keine Hingabe an seinen spirituellen Meister (guru) besitzt – all diese sind dem König Bali vorbehalten und er genießt alle deren Früchte.

O mein Kind, nun teile ich dir das Dhyāna Stotra und die Methode der Verehrung der Dakshinā Devī entsprechend dem Kanva Shākhā mit. Höre.

Als vor Zeiten dem Yagya Deva die überaus tüchtige Dakshinā als Ehefrau zugeführt wurde, war er von ihrem Anblick ganz bezaubert und begann sie in seiner Verliebtheit zu preisen: O Schöne, du warst zuvor die oberste der Gopīs in Goloka. Du warst wie Rādhā und du warst die liebste Freundin von Shrī Rādhā, der geliebten Gemahlin von Shrī Krishna.

In der Vollmondnacht des Monats Kārtika bist du im Rāsa Mandala während des großen Festes, das Rādhā gewidmet war, aus der rechten Schulter von Lakshmī hervorgegangen; daher wurdest du Dakshinā genannt. O Schöne, schon zuvor warst du die Heimstatt guter Eigenschaften; daher war dein Name Sushīlā. Dann wurdest du infolge des Fluches von Rādhā zu Dakshinā. Es ist wahrlich ein großes Glück für mich, dass du aus Goloka vertrieben wurdest und hierhergekommen bist.

O vom Glück reich Gesegnete, bitte erbarme dich jetzt meiner und nimm mich als deinen Ehemann an. O Devī, du schenkst denjenigen, die Opferhandlungen ausführen, die Früchte ihrer Tätigkeit und ohne dich würden ihre Handlungen keinerlei Frucht tragen. Und wenn du nicht in ihren Handlungen gegenwärtig wärst, würden ihre Aktivitäten niemals in großer Herrlichkeit erstrahlen.

Ohne dich vermochten weder Brahmā noch Vishnu noch Maheshvara oder die zehn Dikpālas, die Hüter der Weltgegenden, die Früchte der Handlungen zuzuweisen.

Brahmā ist Karma in Person, Maheshvara ist die Gesamtheit der Früchte der Handlungen in Person und ich selbst, Vishnu, bin die Yagyas in Person. Du aber bist die Essenz von allen. Du bist die eigenschaftslose Parā Prakriti, das höchste Brahman in Person, die Schenkerin der Früchte der Handlungen. Ohne dich könnte Bhagavān Shrī Krishna nicht die Früchte der Handlungen zuweisen.

O Geliebte, mögest du in jedem Leben meine Shakti sein. O du, deren Antlitz in herrlichem Glanze erstrahlt, ohne dich wäre ich ganz unfähig, irgendeine Handlung zu vollenden.

O Nārada, so stand Yagya Deva vor der Dakshinā Devī und pries sie. Sie, die aus der Schulter von Lakshmī hervorgegangen war, freute sich über das von ihm vorgetragene Stotra und akzeptierte ihn als ihren Ehemann.

Wenn jemand während eines Opfers dieses Dakshinā Stotra rezitiert, so erlangt er all die erwünschten Ergebnisse des Yagyas.

Wenn jemand, um seinen Ruhm zu vergrößern, ein Rajasūya Yagya, Vājapaya Yagya, Gomedha Yagya, Naramedha Yagya, Ashvamedha Yagya, Lāngala Yagya oder Vishnu Yagya ausführt oder Reichtum oder Landbesitz verschenkt, Wasserspeicher oder Brunnen graben lässt, Früchte spendet, die Yagyas namens Gaja, Loha, Svarna, Ratna, Tāmra, ein Shiva Yagya, Rudra Yagya, Shakra Yagya, Bandhuka Yagya, Varuna Yagya, Kandaka Yagya, Shuchi Yagya, Dharma Yagya, Pāpamochana Yagya, Brahmānī Karma Yagya oder das segensreiche Prakriti Yagya ausführen lässt und man dabei dieses Dakshinā Stotra rezitiert, so wird die Opferhandlung frei von Störungen oder Hindernissen vonstattengehen – daran gibt es gar keinen Zweifel.

Von dem Stotra wurde somit berichtet. Höre nun von dem Dhyānam und der Methode der Verehrung.

Als Erstes soll die Verehrung der Dakshinā Devī mit einem Shālagrāma-Stein oder einem irdenen Krug vollzogen werden. Das Dhyānam lautet so: O Dakshinā, du bist aus der rechten Schulter von Lakshmī hervorgegangen und du bist eine Teilmanifestation von Kamalā. Du bist tüchtig (daksha) in allen Aktivitäten und du schenkst die Früchte aller Handlungen. Du bist die Shakti von Vishnu und wirst überall hoch geachtet und verehrt. Du schenkst alles, was gut und segensreich ist.

Du bist personifizierte Reinheit und du verleihst Reinheit. Du bist voller guter Eigenschaften. Dir wende ich mich in der Meditation zu.

Mit dieser Meditation sollte ein intelligenter Mensch die Devī Dakshinā mit dem zugehörigen Mantra verehren. Dann sollen, von vedischen Mantras begleitet, die verschiedenen Opfergaben dargebracht werden.

Das Mantra für die Devī Dakshinā ist *Om Shrīm Klīm Hrīm Dakshināyai Svāhā,* so sagen die Veden. Mit diesem Mantra sollen all die Gaben wie Pādyas, Arghyas usw. dargebracht werden und so soll man die Dakshinā Devī den Regeln entsprechend hingebungsvoll verehren.

O Nārada, somit habe ich dir die Geschichte von Dakshinā erzählt, durch die Freude, Glück und die Früchte der Opferhandlungen erlangt werden.

Für denjenigen, der sich in diesem Bhāratavarsha mit Opferhandlungen befasst und der dieses Dhyānam der Dakshinā aufmerksam hört, wird das Opfer frei von jeglichen Mängeln und erfolgreich sein.

Ja, wer keine Söhne hat, erlangt dadurch gute und tüchtige Söhne. Wer keine Ehefrau hat, erlangt die allerbeste, schönste Ehefrau von gutem Charakter, die eine schlanke Taille hat, ihm viele Söhne zu schenken vermag, süße Worte spricht sowie hingebungsvoll, keusch, rein und eine Kulinā – eine edle Frau – ist. Wer ungebildet ist, erlangt dadurch eine hohe Bildung. Wer arm ist, erlangt Wohlstand in Fülle. Wer kein Land besitzt, gewinnt reiche Ländereien und wer keine Diener hat, erlangt zahlreiche Diener.

Wenn ein Mensch einen Monat lang dieses Stotra der Dakshinā Devī hört, überwindet er alle Schwierigkeiten und Gefahren, Trennung von Freunden, Probleme, Gefangenschaft und alle anderen Widrigkeiten.

Hier endet im neunten Buch des Shrimad Devī Bhāgavatam, des Mahāpurānam von 18.000 Versen von Maharishi Veda Vyāsa, das fünfundvierzigste Kapitel: Die Geschichte von Dakshinā.

Kapitel 46
Die Geschichte der Shashtī Devī

Nārada sagte: O du bester aller Vedenkenner, ich habe von dir nun die Erzählungen über viele Devīs gehört. Nun möchte ich gerne noch die Erzählungen über weitere Devīs hören. Bitte sei so freundlich und berichte mir davon.

Nārāyana sprach: O bester aller Brahmanen, es gibt eine ganze Reihe von Geschichten über die Leben und die glorreichen Taten all der Devīs. Sage nun, über das Leben welcher Devīs ich dir berichten soll.

Nārada sagte: O Herr, Shashtī, Mangalā Chandī und Manasā – sie alle sind Teilmanifestationen der Prakriti. Ich möchte nun gerne etwas über ihre Leben erfahren.

Nārāyana sprach: O mein Kind, ein Sechstel der Prakriti wird Shashtī genannt. Die Devī Shashthī ist die Gottheit, die über Säuglinge und Kinder gebietet. Sie ist die Māyā von Vishnu und sie schenkt allen Söhne. Sie ist eine der sechzehn Mātrikās. Man kennt sie unter dem Namen Devasenā. Sie hält pflichtgetreu Gelübde (vrata) ein. Sie ist die keusche und über alles geliebte Ehefrau von Skanda. Sie entscheidet über die Langlebigkeit der Kinder und ist stets damit beschäftigt, die Kinder zu behüten und in der Tat weilt diese Siddha Yoginī stets in der Nähe der Kinder.

O bester aller Brāhmanas, ich will dir nun die Methode der Verehrung dieser Devī beschreiben und dir die Geschichte erzählen, wie sie Kinder schenkt, die ich selbst von Dharma Deva gehört habe. Höre.

Svāyambhuva Manu hatte einen Sohn namens Priyavrata. Dieser war ein großer Yogīndra und war stets damit beschäftigt, Askese zu praktizieren. Er hatte keinerlei Wunsch nach einer Ehefrau, aber nachdem Brahmā ihn eindringlich darum gebeten hatte, heiratete er schließlich. Aber viele Tage vergingen und er konnte immer noch nicht in das Antlitz eines Sohnes schauen. Dann wurde Maharishi

Kashyapa zum leitenden Priester eines Putreshti Yagya (ein Opfer zur Erlangung eines Sohnes bestimmt). Nach Abschluss dieses Opfers gab Priyavrata seiner Ehefrau Mālinī die Opfergabe namens Charu. Nachdem Mālinī das Charu gegessen hatte, wurde sie schwanger. Ihre Schwangerschaft dauerte zwölf Jahre und am Ende dieser zwölf Jahre brachte sie einen voll entwickelten Sohn von goldener Hautfarbe zur Welt, aber dieser Sohn war leblos und seine beiden Augäpfel waren nach oben gerichtet. Als die Freundinnen von Mālinī dies sahen, waren sie sehr traurig und begannen zu weinen und die Mutter des Kindes war so bekümmert, dass sie das Bewusstsein verlor.

O Muni, dann nahm der König seinen Sohn an die Brust und ging mit ihm zum Verbrennungsplatz. Dort begann er mit dem Kind an seiner Brust laut zu weinen. Er war eher bereit, selbst sein Leben aufzugeben als den Sohn von seiner Brust fort zu lassen.

In diesem Moment erblickte der König im Luftraum über sich ein Luftfahrzeug. Es war aus Juwelen gefertigt und weiß wie Bergkristall und es näherte sich ihm. Das Fahrzeug erstrahlte in seinem eigenen Glanz. Es war mit einem weißen Seidenstoff überzogen, der seine Schönheit noch vergrößerte. Unzählige Girlanden verschiedenster Farben verliehen ihm einen lieblichen, zauberhaften Anblick.

Auf diesem Fahrzeug saß eine wunderschöne Siddha Yoginī von lieblicher Gestalt. Ihre Hautfarbe glich der reinen Farbe weißer Champaka-Blüten. Sie erstrahlte im Glanz immerwährender Jugend. Sie war mit prächtigem Juwelenschmuck geziert und ihr Lächeln zeigte an, dass sie stets gnädig bereit war, ihren Verehrern Gutes zu tun. Als der König Priyavrata sie erblickte, nahm er das Kind von seiner Brust und legte es vorsichtig auf den Boden. Dann begann er die Göttin zu verehren und ihr voller Liebe und Hingabe Hymnen vorzutragen. Dann fragte er die friedvolle Göttin, die Gemahlin des Skanda: O Schöne, wer bist du? Wessen Gemahlin und wessen Tochter bist du? Dein herrlicher Anblick zeigt mir, dass du vom Glück gesegnet und hoch geehrt unter den Frauen bist.

O Nārada, vor Zeiten, als die Daityas die Devas um all ihren Status und ihre Besitztümer gebracht hatten, wurde diese göttliche Frau zur Oberbefehlshaberin der Devas ernannt und errang den Sieg für sie. Seither wird sie daher Devasenā genannt.

Als Devasenā, die einst für die Devas den Sieg errang und damit der Welt Gutes tat, die Worte des Königs Priyavrata vernahm, sagte sie: O König, ich bin die geistgeborene Tochter von Brahmā. Mein Name ist Devasenā. Der Schöpfer hat mich einst aus seinem Geist erschaffen und mich dem Skanda zur Frau gegeben.

Unter den Mātrikās kennt man mich als Shashthī, die Gemahlin des Skanda. Ich bin ein Sechstel der Prakriti, daher gab man mir den Namen Shashtī.

Ich gebe denjenigen Söhne, die keine Söhne haben und denjenigen Ehefrauen, die keine Ehefrauen haben. Ich schenke den Armen Reichtum und Tatkraft denen, die Vollbringer von Taten (Karmīs) sind.

Freude, Schmerz, Furcht, Kummer, Glück, Gutes sowie Wohlstand oder Widrigkeiten sind allesamt Früchte des Karmas. Als Folge der eigenen Handlungen erlangen Menschen zahlreiche Söhne und ebenfalls als Folge der eigenen Handlungen verlieren Menschen sämtliche Nachkommen ihrer Familie.

Als Ergebnis ihres Handelns (karma) bekommen Menschen tote Söhne und als Ergebnis ihrer Handlungen erlangen Menschen ein langes Leben.

Alle erleben die Früchte ihrer Handlungen und ob sie nun gute Eigenschaften besitzen oder verunstaltet sind, ob sie viele Frauen haben oder ob sie gar keine Frau haben, ob sie schön sind, tugendhaft oder krank – all dies ergibt sich aus dem eigenen Karma. Menschen werden infolge ihrer Karmas krank und wenn sie dann Heilung finden, ist das ebenfalls eine Auswirkung ihrer eigenen Handlungen.

Daher, O König, wird in den Veden gesagt, dass Karma das Mächtigste von allen ist.

Mit diesen Worten nahm Devasenā das tote Kind auf ihren Schoß und durch ihre Weisheit erweckte sie das Kind sogleich zum Leben. Der König lächelte, als er das Kind von goldener Hautfarbe lebendig vor sich sah.

Dann nahm Devasenā das Kind an sich, verabschiedete sich von dem König und machte sich zum Aufbruch bereit. Als der König dies sah, wurden sein Hals und sein Gaumen ganz trocken (vor Furcht) und er begann aufs Neue, der Devī Shashthī Hymnen zu singen. Die Devī Shashthī war sehr erfreut über das von dem König vorgetragene Stotra und sprach zu ihm: O König, alles, was die Veden aussagen, besteht aus Karmas. Du bist der Sohn des Svāyambhuva Manu und der Herr über die drei Welten. Wenn du versprichst meine Verehrung in den drei Welten zu verbreiten und auch du selbst mich verehrst, dann werde ich dir deinen schönen Sohn, den Lotus deiner Familie, geben.

Dein Sohn kam als Teilinkarnation von Nārāyana zur Welt und er wird unter dem Namen Suvrata großen Ruhm erlangen. Er wird überaus tüchtig und gebildet sein. Er wird die Erinnerung an seine vorherigen Leben besitzen und der beste aller Yogis sein. Er wird einhundert Yagyas durchführen.

Er wird der beste von allen sein und die Kshatriyas (Krieger und Herrscher) werden ihr Haupt vor ihm neigen. Er wird die Kraft von einhunderttausend mächtigen Elefanten besitzen und er wird reich, vom Glück gesegnet und rein sein. Die gebildeten Menschen werden ihn über alles lieben. Er wird hohe Gelehrsamkeit besitzen und den Asketen die Früchte ihrer Askese schenken. Er wird weithin berühmt sein und den drei Welten Wohlergehen und Wohlstand schenken.

Mit diesen Worten übergab Devasenā dem König das Kind. Nachdem der König der Devī versprochen hatte, ihre Verehrung in der Welt zu verbreiten, gewährte sie ihm die Erfüllung seiner Herzenswünsche und stieg mit ihrem göttlichen Fahrzeug zum Himmel empor.

Der König war von großer Freude erfüllt. In Begleitung seiner Minister kehrte er in seine Hauptstadt zurück und verkündete allen, was seinem Sohn widerfahren war. Die Damen des Königshofes waren hocherfreut, als sie all dies vernahmen. Zum Anlass der Wiederbelebung seines Sohnes ließ der König überall segensreiche Zeremonien und Festlichkeiten veranstalten. Und so begann die Verehrung der Shashthī Devī in der Welt. Die Brahmanen wurden reich beschenkt. Seither wurden stets an jedem sechsten Tag der hellen Hälfte eines jeden Monates große Festlichkeiten zu Ehren der Shashthī Devī abgehalten und im gesamten Königreich wurde immer am sechsten Tag nach der Geburt eines Kindes die Devī Shashthī verehrt.

Am glückverheißenden einundzwanzigsten Tag nach der Geburt eines Kindes, anlässlich der Zeremonie, in der man dem sechs Monate alten Kind zum ersten Mal Reis zu essen gibt und während aller anderen segensreichen Zeremonien für Kinder wurde überall die Verehrung der Shashthī Devī eingeführt und auch der König selbst führte mit großer Achtsamkeit und den rechten Vorschriften entsprechend diese Verehrungszeremonien aus.

Nun will ich dir von dem Dhyānam und der Methode der Verehrung der Shashthī Devī erzählen, wie sie mir von Dharma Deva berichtet und in der Kauthuma Shākhā überliefert wurde. Höre. Er sagte zu mir: Man soll die Devī Shashthī, die eine Manifestation eines Sechstels der Prakriti ist, in einem Shālagrāma-Stein, einem Krug, in einem auf dem Boden eines Raumes aufgemalten Symbol, auf der Wurzel eines Bata-Baumes oder in einem Bildnis oder einer Statue der Devī verehren. Das Dhyānam lautet so: O Devasenā, du bist die Schenkerin guter Söhne und großen Glücks. Du bist Mitgefühl und Freundlichkeit und die Ahnherrin der Welt. Deine Farbe gleicht dem strahlenden Weiß der Champaka-Blüten. Du trägst herrlichen Juwelenschmuck an deinem Körper. Du bist rein und du bist wahrlich die höchste und beste Devī. Verehrung dir! Auf dich ist meine Meditation ausgerichtet.

Nach diesem Dhyānam sollte der Verehrer eine Blume auf seinen Kopf legen. Nachdem er nochmals meditiert und das entsprechende Mantra wiederholt hat, soll er dann Pādya, Arghya, Āchamanīya, Wohlgerüche, Blumen, Dhūpa, Dīpa, Nahrung und die besten Wurzeln und Früchte darbringen und mit diesen unterschiedlichen Gaben die Shashthī Devī verehren.

Om Hrīm Shashthī Devyai Svāhā ist das spezielle Mantra der Shashthī Devī. Dieses großartige Mantra sollte ein Mensch seiner geistigen Kraft entsprechend wiederholen.

Nach dem Japam sollte der Verehrer voller Hingabe und mit ungeteilter Aufmerksamkeit der Devī Hymnen vortragen und sich dann vor ihr verneigen. Das Sāmaveda-Stotra der Shashthī Devī ist wunderschön und schenkt Söhne.

Der lotusgeborene Brahmā sagte einst, dass man mit Gewissheit einen guten Sohn erlangt, wenn man dieses achtsilbige Mantra einhunderttausend Mal wiederholt (japam).

O bester aller Munis, nun werde ich dir das von Priyavrata verfasste segensreiche Stotra der Shashthī Devī vortragen. Höre. Die eigenen Herzenswünsche erfüllen sich dem, der dieses sehr geheime Stotra liest.

Der König Priyavrata sagte: O Devī Devasenā, ich verneige mich vor dir! Du verleihst Siddhis. Du bist friedvoll. Verehrung dir! Du bist die Schenkerin alles Guten, du bist Devasenā. Du bist Shashthī Devī. Ich verneige mich ehrerbietig vor dir!

Du gewährst den Menschen die Erfüllung ihrer Herzenswünsche und schenkst ihnen Söhne und Wohlstand, daher Verehrung dir! Du schenkst Freude und Befreiung (moksha). Du bist Shashthī Devī. Ich verneige mich ehrerbietig vor dir!

O Shashthī Devī, du bist ein Sechstel dieser Schöpfung. Du bist eine Siddha Yoginī und so verneige ich mich ehrerbietig vor dir!

Du bist die Essenz des Lebens. Du bist Sāradā. Du bist die höchste Devī. Daher verneige ich mich wieder und wieder vor dir.

Du bist Shashthī Devī, die Gottheit, die über alle Kinder gebietet. Du schenkst Gutes. Du selbst bist die verkörperte Gutheit und du gewährst die Früchte aller Handlungen.

O Shashthī Devī, du zeigst deinen Verehrern deine göttliche Gestalt. Ich verneige mich ehrerbietig vor dir!

Du bist Shuddha Sattva (perfekte Reinheit) und wirst von allen Menschen bei all ihren Handlungen hoch geehrt und geachtet. Du bist die Gemahlin des Gottes Skanda. Alle Wesen verehren dich.

O Shashthī Devī, du hast einstmals die Devas gerettet, daher Verehrung dir!

O Shashthī Devī, in dir sind weder Neid noch Zorn, daher Verehrung dir.

O Sureshvarī, bitte gewähre alles, was mir lieb ist, und schenke mir Söhne. Verleihe mir die Gabe, von allen Menschen geachtet zu werden. Schenke mir den Sieg und vernichte meine Feinde.

O Maheshvarī, schenke mir die Fähigkeit, in Einklang mit dem göttlichen Gesetz zu leben (dharma). Gib mir Ruhm und Ehre. Ich verneige mich wieder und wieder vor der Shashthī Devī.

O Shashthī Devī, die du von allen respektvoll verehrt wirst, schenke mir Ländereien, schenke mir gehorsame Untertanen, schenke mir Gelehrsamkeit. Mögest du allzeit für mein Wohlergehen sorgen. Wieder und wieder verneige ich mich ehrerbietig vor der Shashthī Devī.

O Nārada, nachdem Priyavrata so die Devī gepriesen hatte, erlangte er durch ihre Gunst einen ruhmreichen Sohn, der über ein großes Reich herrschte.

Wenn ein Mensch, der keinen Sohn hat, ein Jahr lang immer wieder dieses Stotra der Shashthī Devī mit ungeteilter Aufmerksamkeit hört, erlangt er mühelos einen ausgezeichneten Sohn, dem ein langes Leben beschieden ist.

Selbst eine unfruchtbare Frau, die ein Jahr lang Devasenā hingebungsvoll verehrt und dieses Stotra hört, wird dadurch von allen ihren Sünden geläutert und erlangt einen Sohn, der durch die Gnade der Shashthī Devī ein großer Held sein wird, alle guten Eigenschaften und eine gute Bildung besitzt sowie berühmt ist und lange lebt.

Eine Frau, die nur ein einziges Kind hat oder nur tote Kinder zur Welt brachte, erlangt durch die Gnade der Devī mühelos einen guten Sohn, wenn sie ein Jahr lang voller Hingabe dieses Stotra hört.

Wenn Vater und Mutter während der Krankheit ihres Kindes beide voller Hingabe diese Erzählung über Shashthī Devī hören, dann wird ihr Kind durch die Gnade der Devī von seiner Krankheit geheilt.

Hier endet im neunten Buch des Shrimad Devī Bhāgavatam, des Mahāpurānam von 18.000 Versen von Maharishi Veda Vyāsa, das sechsundvierzigste Kapitel: Die Geschichte der Shashthī Devī.

Kapitel 47
Die Geschichte von Manasā

Nārāyana sprach: O Nārada, somit habe ich dir die Erzählung über Shashthī vorgetragen, wie sie in den Veden überliefert ist. Höre nun die Erzählung über Mangala Chandī, die von den Veden bestätigt und von allen gebildeten Menschen hoch geachtet wird.

Jene Chandī, die überaus tüchtig in allen Arten segensreicher Tätigkeiten ist und welche das Segensreichste verkörpert unter all dem, was gut ist, ist Mangala Chandikā. Oder man kann sagen, dass diejenige Chandī, die von Mangala (Mars), dem Sohn der Erde, verehrt wird und die allen Wünschen Erfüllung bringt, Mangala Chandikā ist. Oder man kann sagen, dass die Mūla Prakriti, die Herrin des Universums, die allgnädige Göttin Durgā, die Gestalt von Mangala Chandī angenommen und so zu der von den Frauen zu verehrenden Gottheit (ishta devatā) wurde.

Als einstmals ein Kampf mit dem Dämon Tripurāsura stattfand, wurde Mangalā Chandikā erstmals in einem kritischen Augenblick des Kampfes von Mahādeva verehrt, dem Vishnu dazu geraten hatte.

O Brahmane, während des laufenden Kampfes warf der Daitya voller Zorn einen gewaltigen Wagen nach Mahādeva. Als dieser Wagen auf ihn zuschoss, gaben Brahmā und Vishnu Mahādeva den guten Rat, die Devī Durgā zu verehren, den Shankara sogleich beherzigte. Daraufhin erschien Durgā Devī in Gestalt von Mangala Chandī auf dem Schlachtfeld und sprach zu Shiva die Worte: Sei frei von Furcht, sei frei von Furcht. Bhagavān Vishnu wird in Gestalt eines Büffels dein Reittier sein, ich werde dir als deine Shakti im Kampf zur Seite stehen und auch Hari, der voller Māyā ist, wird dir helfen. So sollst du den Feind erschlagen, der die Devas ihrer Besitztümer beraubt hat.

O mein Kind, mit diesen Worten verschwand die Devī Mangala Chandī und wurde zur Shakti von Mahādeva. Daraufhin tötete der Gemahl der Umā mit Hilfe einer Waffe, die Vishnu ihm gegeben hatte, den mächtigen Asura. Als der Daitya tot zu Boden fiel, begannen die Devas und die Rishis voller Hingabe und mit tief geneigten Häuptern Mahādeva Lobeshymnen zu singen und vom Himmel regnete sogleich ein Blütenschauer auf Mahādevas Haupt herab. Brahmā und Vishnu freuten sich sehr und beglückwünschten Shankara.

Auf den Rat von Brahmā und Vishnu hin nahm Shankara voller Freude ein Bad und begann anschließend hingebungsvoll, die Devī Mangala Chandī mit Gaben von Pādya, Arghya, Āchamanīya und zahlreichen prächtigen Gewändern zu verehren. In der Zeremonie der Verehrung wurden zudem Blumen, Sandelpaste, eine Reihe von Ziegen, Schafen, Büffeln, Bisons, Vögeln, Gewändern, Schmuckstücken, Girlanden und Nahrung wie Pāyasa (eine Zubereitung aus Reis, Ghee, Milch und Zucker), Pistaka, Honig, Wein und verschiedenartige süße Früchte als Opfergaben dargebracht und die Festlichkeiten waren von Tanz, Musik, Gesang und dem Chanten des Namens der Devī Mangala Chandī begleitet.

Mahādeva rezitierte das Dhyānam entsprechend dem Mādhyandīna und brachte die Opfergaben dar, während er das einundzwanzigsilbige Mantra der Devī *Om Hrīm Shrīm Klīm Sarvapujye Devī Mangala Chandīke Hum Phat Svāhā* rezitierte. Während dieser Verehrung ist auch der Kalpa Vriksha, der alle Wünsche erfüllende göttliche Baum, zu verehren. O Nārada, wenn man das genannte Mantra eine Million Mal wiederholt, stellt sich Mantra Siddhi – das Erscheinen der Gottheit des Mantras – ein.

Nun will ich dir von dem Dhyānam der Mangala Chandī berichten, wie es in den Veden aufgeführt und allseits anerkannt ist. Höre.

O Devī Mangala Chandīke, du stehst stets in der Blüte der Jugend. Deine Lippen gleichen Bimba-Früchten. Deine Zähne sind ebenmäßig und von reinem Glanz. Dein Antlitz gleicht dem Herbstlotus, deine Farbe weißen Champaka-Blüten und deine Augen gleichen blauen Lilien.

Du bist die Erhalterin und Beschützerin der Welt und du schenkst alle Arten von Wohlstand. Du bist das Licht in diesem dunklen Ozean der Welt. Auf dich richte ich mich mit diesem Dhyānam aus.

Dies ist das Dhyānam. Höre nun das Stotra, welches Mahādeva vor ihr rezitierte.

Mahādeva sprach: O Mutter, beschütze mich, beschütze mich – O Devī Mangala Chandīke, du Zerstörerin aller Schwierigkeiten und Probleme! Du schenkst Freude und alles, was gut ist. Du bist überaus geschickt darin, Freude und Glück zu schenken. Du gewährst Seligkeit und Reichtum. Du bist die allsegensreiche Mangala Chandīkā.

Du bist Mangalā (die Glückverheißende), die Verkörperung alles Guten. Du bist die segensreichste aller Segensreichen. Du schenkst den Guten alles, was gut ist.

Du verdienst am Dienstag, dem Tag des Mangala (Mars), verehrt zu werden. Du bist die Göttin, die das Ziel aller Wünsche ist. Der König Mangala, der in der Familie des Manu geboren wurde, verehrt dich alle Zeit. Du bist die Gottheit, die über Mangala, den Planeten Mars, gebietet. Du bist die Schatzkammer, die alles Gute dieser Welt in sich trägt.

Du bist es, welche die segensreiche Erlösung (moksha) schenkt. Du bist die Beste von allen. Du bist die Verkörperung alles Guten. Du lässt einen über alle Aktivitäten (karma) hinausgehen. Die Menschen verehren dich an jedem Dienstag und du schenkst allen die Überfülle der Seligkeit.

Nachdem Shambhu die Devī Mangala Chandīkā mit diesem Stotra gepriesen hatte, kehrte er in seine Heimat zurück.

So wurde die Devī Sarva Mangalā als Erstes von Mahādeva verehrt. Als Nächstes wurde sie dann von dem Graha Mangala, dem Planeten Mars, verehrt, dann von dem König Mangala und dann an jedem Dienstag von den Frauen eines jeden Haushaltes. Als fünftes wurde sie schließlich von allen Menschen verehrt, denen ihr Wohlergehen am Herzen liegt. So wurde in jedem Universum die Devī Mangal Chandīkā als Erstes von Mahādeva verehrt und dann überall von allen Devas, Munis, Mānavas und Manus.

O Muni, wer mit ungeteilter Aufmerksamkeit dieses Stotra der Devī Mangala Chandīkā hört, dem begegnet nirgends irgendein Übel, sondern ihm widerfährt alles Gute. Er erlangt zahlreiche Söhne und Enkel, und so mehrt sich sein Wohlstand mehr und mehr – wahrlich mehr und mehr.

Nārāyana fuhr fort: O Nārada, somit habe ich dir nun im Einklang mit den Veden die Geschichten von Shashthī und von Mangala Chandīkā erzählt. Vernimm nun die Geschichte von Manasā, die ich selbst aus dem Munde von Dharma Deva gehört habe.

Manasā ist die geistgeborene Tochter von Maharishi Kashyapa, daher wird sie Manasā genannt; oder vielleicht wird sie Manasā genannt, weil sie mit dem Geist (manas) spielt; oder der Name entstand, weil ihr Geist in der auf Gott gerichteten Meditation in ekstatischer Gottesliebe versinkt. Sie erfreut sich an ihrem eigenen Selbst und ist eine große Verehrerin von Vishnu und eine Siddha Yoginī. Sie verehrte drei Yugas lang Shrī Krishna und dann wurde sie eine Siddha Yoginī. Als Shrī Krishna, der Herr der Gopīs, Manasās von der Askese abgemagerten Körper sah, der so dem des Muni Jarat Kāru glich, sprach er sie mit dem Namen Jarat Kāru an. Seither wird sie auch Jarat Kāru genannt. Krishna, der Ozean an Barmherzigkeit, erfüllte ihr aus Freundlichkeit ihren Herzenswunsch. Sie verehrte ihn und umgekehrt verehrte Shrī Krishna sie ebenfalls.

In den Himmeln, in der Welt der Nāgas (Schlangenwesen), auf der Erde, in Brahmāloka und in allen anderen Welten kennt man die Devī Manasā als Göttin von sehr heller Hautfarbe und ihre bezaubernde Schönheit ist überall bestens bekannt. Wegen ihrer sehr hellen Hautfarbe wird sie in der Welt Jagad Gaurī genannt. Ein anderer Name von ihr ist Shaivī, weil sie eine Schülerin von Shiva ist. Sie wird Vaishnavī genannt, weil sie eine große hingebungsvolle Verehrerin von Vishnu ist.

Sie rettete einst während des von Parīkshit veranstalteten Schlangenopfers die Nāgas und wird daher Nageshvarī und Nāga Bhaginī genannt. Sie vermag die Wirkung von Gift zu neutralisieren.

Sie wird auch Vishaharī genannt. Weil sie von Mahādeva den Siddha Yoga erhielt, ist ihr Name Siddha Yoginī. Sie erhielt von Shiva das große Wissen und man nennt sie deswegen Gyānayutā.

Weil sie die Fähigkeit besitzt, die Toten wieder lebendig zu machen, trägt sie den Namen Mritasanjīvanī.

Da sie die Mutter des großen Muni Āshtika ist, kennt man sie in der Welt unter dem Namen Āshtikamātā.

Weil sie die geliebte Ehefrau des erleuchteten Yogi Muni Jarat Kāru ist, der von allen verehrt wird, erhielt sie die Namen Jarat Kārupriya.

Jaratkāru, Jagadgaurī, Manasā, Siddha Yoginī, Vaishnavī, Nāga Bhaginī, Shaivī, Nageshvarī, Jaratkārupriyā, Āshtikamātā, Vishaharī und Mahā Gyānayutā – dies sind die zwölf Namen von Manasā, die überall im Universum verehrt wird.

Wer während der Verehrung der Manasā Devī diese zwölf Namen rezitiert, dessen Familie und er selbst müssen sich nicht vor Schlangen fürchten.

Wenn jemand sich vor Schlangen in seinem Bett fürchtet, wenn das Haus von Schlangen befallen ist, wenn man sich an einen Ort begibt, an dem Schwierigkeiten mit Schlangen zu befürchten sind oder wenn der eigene Körper bereits von Schlangen umschlungen ist – dann fällt sämtliche Furcht vor Schlangen von einem ab, wenn man dieses Stotra von Manasā liest oder hört. Daran besteht kein Zweifel.

Die Schlangen flüchten voller Furcht beim Anblick eines Menschen, der täglich das Manasā Stotra rezitiert.

Wer das Manasā Mantra eine Million Mal wiederholt, erlangt Erfolg (siddhi) in Bezug auf dieses Stotra. Die Schlangen werden dann zu seinem Schmuck und sie tragen ihn sogar auf ihren Rücken. Wer ein großer Siddha dieses Stotrams ist, kann auf einem Sitz aus Schlangen Platz nehmen und auf einem Bett aus Schlangen schlafen. Schließlich wird er sich dann Tag und Nacht am Zusammensein mit Vishnu erfreuen.

Hier endet im neunten Buch des Shrimad Devī Bhāgavatam, des Mahāpurānam von 18.000 Versen von Maharishi Veda Vyāsa, das siebenundvierzigste Kapitel: Die Geschichte von Manasā.

Kapitel 48
Die Geschichte von Manasā (Fortsetzung)

Nārāyana sprach: O Nārada, nun werde ich von dem Dhyānam und der Methode der Verehrung der Shrī Devī Manasā sprechen, wie sie im Sāma Veda beschrieben ist. Höre.

Dieses Dhyānam widme ich der Devī Manasā, deren helle Farbe der Farbe von weißen Champaka-Blüten gleicht, deren Körper mit herrlichem Juwelenschmuck geziert ist, deren Gewand vom Feuer geläutert ist, deren heilige Schnur aus Nāgas (Schlangen) besteht, die voller Weisheit ist, welche die beste aller großen Gyānins (der zur Erkenntnis Gelangten) ist, die als Gottheit über die Siddhas gebietet, die selbst eine Siddha ist und allen die Siddhis (höhere Geisteskräfte) schenkt. O Muni, zu diesem Dhyānam sollte man ihr Blumen, Wohlgerüche, Schmuck, Nahrung und verschiedene andere Gaben darbringen und dabei das ihr zugeordnete Samenmantra aussprechen.

O Nārada, das folgende aus zwölf Silben bestehende Siddha-Mantra bringt den Bhaktas die Erfüllung aller ihrer Wünsche wie der himmlische Kalpa-Baum. Das Wurzelmantra ist den Veden zufolge *Om Hrīm Shrīm Klīm Aim Manasā Devyai Svāhā*.

Wenn man dies fünfhunderttausend Mal wiederholt, so erlangt man Erfolg (siddhi) darin. Wer so die Meisterschaft in Bezug auf dieses Mantra erlangt hat, gewinnt dadurch unermesslichen Ruhm in dieser Welt. Gift ist wie Nektar für ihn und er wird so berühmt wie Dhanvantarī.

O Nārada, wer am Sankrānti-Tag – dem Tag, an dem die Sonne ihr Zeichen wechselt – in einem abgelegenen Raum die Devī Manasā Īshāna anruft und sie hingebungsvoll verehrt oder wer der Devī am fünften Tag eines Halbmonates Tiere opfert, erlangt mit Gewissheit Reichtum, Söhne, Ruhm und Ehre. Somit habe ich dir die Methode der Verehrung der Manasā Devī beschrieben. Höre nun eine Erzählung über die Devī, die ich von Dharma gehört habe.

Vor Zeiten wurden die Menschen auf der Erde in große Furcht vor Schlangen versetzt und nahmen deshalb Zuflucht zu Kashyapa, dem besten aller Munis. Der Maharishi Kashyapa war sehr besorgt, als er dies hörte. Er verfasste daraufhin zusammen mit Brahmā und auf dessen Anweisung hin in Einklang mit den vedischen Prinzipien hierfür ein Mantra. Während er dieses Mantra verfasste, richtete er seinen Geist mit großer Intensität auf die Devī, die als Gottheit über dieses Mantra gebietet. Durch die Kraft seiner Askese (tapasyā) und durch seine Geisteskraft erschien daraufhin die Devī Manasā, die diesen Namen erhielt, weil sie durch die reine Kraft seines Geistes (manas) in Erscheinung getreten war.

Direkt nach ihrer Geburt begab sich die Devī in Gestalt eines jungen Mädchens zur Heimstätte von Shankara in Kailāsha und begann ihn dort zu verehren und ihm voller Hingabe Hymnen zu singen. Nachdem die Tochter des Kashyapa Mahādeva eintausend göttliche Jahre lang hingebungsvoll gedient hatte, war er mit ihrer Verehrung zufrieden. Er gab ihr das große Wissen, wies sie an, den Sāma Veda zu rezitieren und gewährte ihr das achtsilbige Krishna Mantra, das einem alle Wünsche erfüllenden Kalpa-Baum gleicht. *Shrīm Hrīm Klīm Krishnāya Namah* war dieses achtsilbige Mantra.

Sie erhielt dann von Shiva ein Kavacha (Amulett), das für alle drei Welten segensreich war, und die Methode der Verehrung mit allen Anweisungen für Purashcharana (die Wiederholung des Namens der Gottheit und die zugehörigen Darbringungen) und begab sich auf Anweisung von Shankara nach Pushkara, um dort eine äußerst strenge Askese zu praktizieren. Dort verehrte sie dann drei Zeitalter (yuga) lang Shrī Krishna.

Schließlich erschien Shrī Krishna vor ihr. Als das Mädchen, das von der Askese sehr mitgenommen war, Krishna vor sich sah, verehrte sie ihn sogleich und umgekehrt wurde auch sie von Shrī Krishna verehrt. Krishna schenkte ihr eine Wunschgabe mit den Worten: Mögest du in der ganzen Welt verehrt werden, und verschwand.

O Nārada, so wurde die Devī als Erstes vom höchsten Bewusstsein, Krishna selbst, verehrt. Als Nächstes verehrte Shankara sie und als drittes dann der Maharishi Kashyapa und die Devas. Anschließend wurde sie von den Munis, Manus, Nāgas und von den Menschen verehrt und ihr Ruhm verbreitete sich in allen drei Welten.

Kashyapa gab sie dann dem Jaratkāru Muni zur Frau und auf Bitten des Brahmanen Kashyapa heiratete sie der Muni Jarat Kāru.

Eine Weile nach der Hochzeit war Jarat Kāru von seiner langen Askese ermüdet und er legte seinen Kopf auf den Schoß seiner Ehefrau und fiel in einen tiefen Schlaf.

Als schließlich der Abend nahte und die Sonne am Untergehen war, dachte Manasā: Wenn mein Gemahl jetzt sein abendliches Sandhyā versäumt, das zu den täglichen Pflichten eines Brahmanen gehört, würde er damit eine Sünde begehen, welche der eines Brahmanenmordes (brahmahattyā) gleich kommt. Die vedischen Schriften bringen ganz klar zum Ausdruck, dass ein Brahmane, der nicht morgens und abends sein Sandhyā ausführt, damit ganz und gar unrein wird und Brahmahattyā und ähnliche Todsünden auf sich lädt.

Mit solchen Erwägungen über die Anweisungen der Veden in ihrem Geist weckte sie schließlich ihren Ehemann auf, der sich daraufhin von seinem Schlaf erhob.

Der Muni Jarat Kāru sagte daraufhin zu ihr: O du keusche Frau, ich habe gerade selig geschlafen. Warum hast du meinen Schlaf unterbrochen? Eine Frau, die ihrem Ehemann Übles tut, vernichtet damit sämtliche Früchte ihres Einhaltens von Gelübden, ihrer Askese, ihres Fastens, ihres freigebigen Spendens und ihrer anderen verdienstvollen Handlungen – wahrlich, all dies erweist sich als nutzlos für eine Frau, die ihrem Ehemann Unerfreuliches antut.

Man sagt, dass eine Ehefrau, die ihren Mann hingebungsvoll verehrt, damit Shrī Krishna selbst verehrt. Um den Gelübden einer solchen keuschen Frau Erfüllung zu bringen, wird Hari selbst zu ihrem Ehemann.

Alle Arten von wohltätigen Handlungen auszuführen, Spenden zu verteilen, zu fasten, sämtliche Tugenden zu praktizieren, sich stets an die Wahrheit zu halten oder die Devas zu verehren – nichts von alledem kommt für eine Frau auch nur einem Sechzehntel an Verdienst (punyam) gleich wie der hingebungsvolle Dienst an ihrem Ehemann. Eine Frau, die in diesem heiligen Lande Bhārata ihrem Ehemann hingebungsvoll dient, gelangt schließlich zusammen mit ihrem Ehemann in die Vaikuntha-Welt.

Eine Frau, die ihrem Ehemann Ungemach bereitet oder unerfreuliche Worte zu ihrem Ehemann spricht, entstammt gewiss einer schlechten Familie. Sie geht für diese Sünde in die Kumbhīpāka Hölle ein und muss dort solange bleiben, wie Sonne und Mond existieren. Schließlich wird sie dann als eine Chāndālī wiedergeboren, die weder Ehemann noch Söhne hat.

Mit diesen Worten, die Jarat Kāru, der beste aller Munis, aussprach, wurde er sehr ungehalten und seine Lippen begannen vor Zorn zu beben.

Als Manasā, die beste aller Frauen, dies sah, zitterte sie vor Furcht und sagte zu ihrem Gemahl: Ich habe deinen Schlaf unterbrochen und dich aufgeweckt, weil ich befürchtete, du würdest sonst die Zeit deines Sandhyā verpassen. Bestrafe mich, wie du es für angemessen hältst. Ich weiß sehr wohl, dass ein Mensch, der einen anderen beim Essen, Schlafen oder beim zärtlichen Zusammensein mit dem anderen Geschlecht stört, in die Kālasūtra-Hölle eingeht und dort so lange bleiben muss, wie Sonne und Mond existieren.

O Nārada, nachdem die Devī Manasā diese Worte gesprochen hatte, fiel sie ihrem Mann zu Füßen und weinte unaufhörlich.

Als der Sonnengott Sūrya bemerkte, dass der Muni voller Zorn war und kurz davor war, seine Ehefrau zu verfluchen, eilte er sogleich zusammen mit Sandhyā Devī herbei und sprach zu Jarat Kāru: O Bhagavān, als deine keusche Ehefrau bemerkte, dass ich am Untergehen war und dachte, dass du dein Dharma versäumen könntest, hat sie dich aufgeweckt. O Brahmane, daher nehme auch ich nun Zuflucht zu dir und bitte dich um Vergebung.

O Bhagavān, du solltest mich nicht verfluchen – umso mehr, wo doch das Herz eines Brahmanen so weich und sanft wie frische Butter ist. Der Zorn eines Brahmanen hält ja nicht länger an, als ein Augenzwinkern dauert. Wenn ein Brahmane zornig wird, vermag er diese ganze Welt zu verbrennen, um dann eine neue Schöpfung hervorzubringen. Wer hat so viel Macht wie ein Brahmane? Ein Brahmane ist ein Teil von Brahman und er erstrahlt Tag und Nacht im feurigen Glanze (tejas) Brahmans. Ein Brahmane ist stets in seiner Meditation auf das ewige Licht Brahmans ausgerichtet.

O Nārada, als der Brahmane diese Worte des Sonnengottes hörte, war er besänftigt und segnete ihn. Der Sonnengott kehrte daraufhin mit diesem Segen in seine Heimat zurück.

Um sein zuvor gegebenes Versprechen zu halten, dass er seine Frau verlassen würde, falls sie ihm einmal ungehorsam wäre, verstieß der Brahmane Jarat Kāru seine Ehefrau Manasā, die darüber äußerst traurig war und voller Schmerz und Verzweiflung weinte.

In diesem Augenblick des Kummers und der Gefahr rief Manasā sich ihre Īshta Devata, Mahādeva, Brahmā, Hari und ihren Vater Maharishi Kashyapa ins Bewusstsein. Im selben Augenblick, wo sie dies tat, erschienen dort sogleich Shrī Krishna, der Herr der Gopīs sowie Mahādeva, Brahmā und Maharishi Kashyapa vor Ihr.

Als Jarat Kāru Shrī Krishna vor sich sah, seinen eigenen persönlichen Gott, der über der Prakriti steht, begann er ihn sogleich zu preisen und verneigte sich immer wieder vor ihm. Dann verneigte er sich auch vor Mahādeva, Brahmā und Kashyapa und erkundigte sich bei ihnen, warum sie gekommen waren.

Brahmā verneigte sich sogleich zu den Lotusfüßen von Hrishikesha und brachte dann zu diesem Zeitpunkt mit angemessenen Worten zum Ausdruck, dass der Brahmane Jarat Kāru, wenn er tatsächlich entschlossen sei, seine rechtmäßige Ehefrau zu verlassen, die treu ihrem Dharma folgt, zunächst um sein eigenes Dharma zu erfüllen dafür sorgen sollte, dass sie einen Sohn von ihm zur Welt bringt.

Brahmā sagte zu Jarat Kāru: O Muni, jeder Mann kann seine Ehefrau verlassen, nachdem er sie geschwängert hat und sie einen Sohn von ihm bekam; wenn er jedoch seine Ehefrau verlässt, ohne dass sie einen Sohn von ihm bekam, dann verliert er dadurch all seinen spirituellen Verdienst (punyam) – dieser weicht von ihm, wie Wasser durch ein Sieb entweicht.

O Nārada, als der Muni Jarat Kāru diese Worte Brahmās vernommen hatte, rezitierte er mit Unterstützung seiner Yogakraft ein Mantra, berührte den Nabel von Manasā und sprach zu ihr: O Manasā, aus deinem Leibe wird ein Sohn geboren werden, der selbstbeherrscht und tugendhaft ist und der beste aller Brahmanen sein wird. Jener Sohn wird voller feuriger Geisteskraft sein, berühmt und überaus tüchtig. Er wird ein unübertrefflicher Kenner der Veden sein, ein großer Gyānin und der beste aller Yogis.

Ein Sohn ist dann ein wahrer Sohn, wenn er seine Familie erhebt, tugendhaft ist und Hingabe an Hari besitzt. Bei der Geburt eines solchen Sohnes tanzen sämtliche Ahnen (pitri) der Familie voll großer Freude.

Und eine Ehefrau ist dann eine wahre Ehefrau, wenn sie Hingabe an ihren Ehemann besitzt, einen guten Charakter und eine süße Sprechweise hat – eine solche Ehefrau ist eine gute Mutter von Söhnen, die Frau der Familie und sie ist die Bewahrerin der Familie.

Ein Freund ist dann ein wahrer Freund und ein Erfüller der Wünsche, der Hingabe an Hari vermittelt. Ein Vater ist dann ein wahrer Vater, wenn er den Weg zur Hingabe an Hari weist. Und die wahre Mutter ist sie, durch die der Zwang, immer wieder in neue Körper eingehen zu müssen, für immer, ja, für immer endet.

Eine Schwester ist dann eine wahre Schwester, wenn durch sie die Furcht vor dem Tod dahinschwindet. Ein Guru ist ein wahrer Guru, wenn er einem das Vishnu-Mantra gibt und einem wahre Hingabe an

Vishnu vermittelt. Ein Guru ist wahrlich ein Wissensschenker, der einem die ganz auf Shrī Krishna ausgerichtete Meditation lehrt, in dem dieses gesamte bewegte und unbewegte Universum – von Brahmā bis hinunter zu einem einfachen Grashalm – entsteht und vergeht. Daran gibt es keinerlei Zweifel.

Welches Wissen kann höher sein als das Wissen von Shrī Krishna? Das aus den Veden oder aus Opfern oder aus irgendeiner anderen Quelle erlangte Wissen ist nicht höher als der Dienst an Shrī Krishna. Die Hingabe an Shrī Hari und sein Wissen sind die Essenz allen Wissens. Alles andere ist nur ein eitles Zerrbild von Wissen. Durch dieses wirkliche Wissen werden die Fesseln durchtrennt, die einen an diese Welt binden.

Ein Guru, der nicht Wissen von Shrī Hari und Hingabe an ihn vermittelt, ist nicht der wahre Guru, sondern vielmehr ein Feind, der einen in Knechtschaft und Gebundenheit führt. Wahrlich, ein Guru tötet seinen Schüler, wenn er ihn nicht zur Freiheit führt. Niemand verdient die Bezeichnung Guru oder Vater oder Freund, der einen nicht von dem Schmerz erlöst, immer wieder in neue Mutterschöße einzugehen und immer wieder zu sterben.

Wahrlich, man kann jemanden niemals einen wahren Freund nennen, der einem nicht den Weg zu dem unvergänglichen Shrī Krishna weist, der die Quelle der höchsten Glückseligkeit ist.

Daher, o du keusche Frau, solltest du jenen unvergänglichen Para Brahmā Shrī Krishna verehren, der jenseits aller begrenzten Eigenschaften existiert.

O Geliebte, ich habe dich unter einem Vorwand verlassen, bitte verzeihe mir das. Die keuschen Ehefrauen sind ja stets voller Vergebung und werden niemals zornig, denn sie wurden aus reinem Sattva geboren. Ich werde mich jetzt nach Pushkara begeben um dort Tapasyā zu praktizieren und du mögest gehen, wohin es dir gefällt. Der Geist derer, die frei von weltlichen Begierden sind, weilt ja stets zu den Lotusfüßen von Shrī Krishna.

O Nārada, als die Devī Manasā diese Worte von Jarat Kāru vernommen hatte, wurde sie von großem Kummer und Schmerz ergriffen. Tränen entströmten ihren Augen und sie sprach voller Demut zu ihrem geliebten Ehemann: O Herr, dadurch, dass ich deinen Schlaf unterbrach, habe ich dir keine solche Kränkung zugefügt, dass du mich deswegen ganz und gar verlassen solltest.

Aber bitte sei so freundlich und gewähre mir, dass du zu mir kommst, sobald ich deiner im Geist gedenke.

Die Trennung von einem Freund ist schmerzlich. Noch schmerzlicher ist die Trennung von einem Sohn. Ein Ehemann jedoch ist einem lieber als einhundert Söhne, daher ist die Trennung vom Ehemann am schwersten von allem zu ertragen.

Für die Frauen ist der Ehemann das Liebste von allem auf dieser Erde, daher wird er Priya genannt – der Allerliebste.

So wie das Herz von jemandem, der nur einen einzigen Sohn hat, an diesen Sohn gebunden ist, das Herz eines Vaishnava an Shrī Hari gebunden ist, der Geist eines Einäugigen an sein verbliebenes Auge gebunden ist, der Geist eines Durstigen an Wasser gebunden ist, der Geist eines Hungrigen an Essen gebunden ist, der Geist eines von Leidenschaft Ergriffenen an die Lust gebunden ist, der Geist eines Diebes an die Besitztümer anderer gebunden ist, der Geist eines Lüsternen an sein Freudenmädchen gebunden ist, der Geist der Gebildeten an die vedischen Schriften gebunden ist und der Geist eines Händlers an seinen Handel gebunden ist – so ist der Geist der keuschen Ehefrauen an ihre Ehemänner gebunden.

Mit diesen Worten fiel Manasā ihrem Mann zu Füßen. Jarat Kāru, der Ozean der Barmherzigkeit, nahm sie einen Moment lang auf seinen Schoß und tränkte ihren Körper mit seinen Tränen und auch die Devī Manasā tränkte den Schoß des Munis mit ihren Tränen des Kummers über die Trennung von ihm.

Etwas später erwachte in ihnen beiden die wahre Erkenntnis und beide wurden dadurch frei von Furcht. Jaratkāru erleuchtete seine

Ehefrau und gab ihr den Rat, immer wieder in ihrer Meditation zu den Lotusfüßen von Shrī Krishna, des höchsten Bewusstseins in Person, Zuflucht zu nehmen. Dann ging er fort, um sich seinem Tapasyā zu widmen.

Manasā begab sich daraufhin in ihrem Kummer zu ihrem Īshta Deva Mahādeva nach Kailāsha. Das segensreiche Paar Shiva und Pārvatī trösteten sie dort mit Wissen und gutem Rat.

Einige Zeit später brachte sie an einem glückverheißenden Tag und in einem glückverheißenden Augenblick einen Sohn zur Welt, der eine Teilinkarnation war von Nārāyana, dem Guru der Yogis und dem spirituellen Lehrer der Weisen (gyānin).

Das Kind vernahm noch im Mutterleib die Unterweisung im höchsten Wissen aus dem Munde von Mahādeva. Daher wurde er bereits als Yogīndra (Herrscher unter den Yogis) und als spiritueller Lehrer der Gyānins geboren.

Bei seiner Geburt führte Bhagavān Shankara die Geburtszeremonie und eine Reihe weiterer segensreicher Zeremonien durch. Die Brahmanen rezitierten für das Wohlergehen des Kindes die Veden. Shankara verteilte große Reichtümer, Juwelen, kostbarste Edelsteine und Kirītas an die Brahmanen und Pārvatī spendete anderen von ihnen einhunderttausend Kühe und zahlreiche herrliche Juwelen. Einige Tage später lehrte Mahādeva ihn die vier Veden mitsamt ihren Angas und gab ihm abschließend das Mrityunjaya-Mantra (ein Mantra, mit dem man über den Tod siegt). Da in Manasās Geist die Hingabe zu ihrem Ehemann und die Hingabe zu ihrem Īshta Deva und ihrem Guru vorherrschte, erhielt das Kind den Namen Āshtika.

Āshtika erhielt von Shankara das Mahā Mantra und begab sich auf dessen Anweisung hin nach Pushkara, um dort Vishnu, die Verkörperung des höchsten Bewusstseins, zu verehren. Dort praktizierte er dreihunderttausend Jahre der Götter lang Tapasyā und kehrte dann zurück, um sich vor dem großen Yogi Shankara zu verneigen. Nachdem Āshtika sich vor Shankara verneigt hatte, blieb er eine Weile bei ihm und begab sich dann zusammen mit seiner Mutter Manasā zu der Einsiedelei von deren Vater Kashyapa.

Als der Maharishi seine Tochter Manasā zusammen mit ihrem Sohn erblickte, kannte seine Freude keine Grenzen. Zum Wohle des Kindes bewirtete er unzählige Brahmanen und verschenkte Hunderttausende kostbarer Juwelen an sie. Auch die Freude von Kashyapas Ehefrauen Aditi und Diti war grenzenlos und so blieb Manasā dort für eine lange, lange Zeit zusammen mit ihrem Sohn. O mein Kind, höre nun in diesem Zusammenhang eine Geschichte.

Eines Tages verfluchte infolge von schlechtem Karma ein Brahmane den König Parīkshit, den Sohn von Abhimanyu. Shringī, der Sohn eines Rishis, schlürfte Wasser aus dem Fluss Kaushikī und sprach folgenden Fluch über den König aus: Nach Ablauf einer Woche wird die Schlange Takshaka dich beißen und du wirst in dem Gift jener Schlange Takshaka verbrennen. Als der König Parīkshit von diesem Fluch erfuhr, begab er sich, um sein Leben zu retten, in einen Palast, der so von der Außenwelt abgeschirmt war, dass selbst der Wind nicht in ihn einzudringen vermochte.

Am Ende der Woche traf Dhanvantarī unterwegs auf einer Straße den Schlangenherrscher Takshaka, der auf dem Weg war, den König zu beißen. Die beiden unterhielten sich miteinander und wurden gute Freunde. Takshaka schenkte Dhanvantarī schließlich ein kostbares Juwel. Dhanvantarī nahm das Juwel hocherfreut entgegen und kehrte zufrieden in seine Heimat zurück.

Der König Parīkshit lag gerade auf seiner Bettstatt, als er von Takshaka gebissen wurde. Der König starb sogleich und ging in die andere Welt ein.

Sein Sohn König Janamejaya führte für seinen Vater die Bestattungsfeierlichkeiten durch und begann danach mit einem großen Sarpa Yagya, einem Schlangenopfer. Im Brahmā Teja des Opferfeuers verloren unzählige Schlangen ihr Leben. Takshaka wurde deshalb von großer Furcht ergriffen und nahm Zuflucht zu Indra.

Die Brahmanen, die das Schlangenopfer durchführten, bereiteten sich darauf vor, Takshaka zusammen mit Indra zu verbrennen. Daraufhin begab sich Indra zusammen mit den anderen Devas zu Manasā. Voller Furcht begann Indra Hymnen an Manasā zu chanten.

Manasā rief ihren Sohn Āshtika herbei, der zur Opferversammlung des Königs Janamejaya ging und dort darum bat, das Leben von Indra und Takshaka zu verschonen. Der König gewährte auf Anweisung der Brahmanen die Bitte, das Leben der beiden zu verschonen.

Der König vollendete danach sein Opfer und verteilte freudig die Dakshinās an die Brahmanen. Dann begaben sich die Brahmanen, Munis und Devas gemeinsam zu Manasā, verehrten sie und sangen ihr Lobeshymnen.

Indra brachte ihr zahlreiche Gaben dar und verehrte Manasā mit Hingabe und mit großer Liebe und Achtsamkeit und trug ihr Hymnen vor. Er verneigte sich vor ihr und brachte ihr – den Anweisungen von Brahmā, Vishnu und Mahesha entsprechend – sechzehn Arten von Gaben und andere wertvolle, erfreuliche und gute Dinge dar.

O Nārada, nachdem Indra und die anderen Devas so die Devī Manasā verehrt hatten, kehrten sie in ihre Heimstätten zurück.

Somit habe ich dir die Geschichte von Manasā erzählt. Was möchtest du sonst noch hören. Sprich.

Nārada sagte: O Herr, wie genau pries Indra sie und was war seine Methode ihrer Verehrung. Darüber möchte ich alles hören.

Nārāyana sprach: Indra nahm zuerst ein Bad und führte Āchamana durch und nachdem er sich so geläutert hatte, zog er saubere frische Gewänder an und ließ Manasā Devī auf einem Juwelenthron Platz nehmen. Dann rezitierte er die vedischen Mantras und ließ sie ein Bad in dem Wasser der Mandākinī und des himmlischen Flusses Gangā nehmen, das aus einem Juwelenkrug ausgegossen wurde. Dann ließ er sie ein wunderschönes feuerfestes Gewand anziehen. Anschließend sorgte er dafür, dass ihr ganzer Körper hingebungsvoll mit Sandelpaste eingerieben wurde und brachte ihr Wasser zum Waschen der Füße und Arghya, eine Gabe aus Gras, Blumen und Reis, und andere Dinge als Vorbereitung für ihre Verehrung dar.

Als Nächstes wurden die sechs Devatās Ganesha, Sūrya, Agni, Vishnu, Shiva und Shivā verehrt. Schließlich wurden der Devī Manasā mit dem zehnsilbigen Mantra *Om Hrīm Shrīm Manasā Devyai Svāhā* sämtliche Gaben dargebracht.

Von dem Gott Vishnu angeleitet verehrte Indra von großer Freude erfüllt die Devī mit sechzehn herrlichen Gaben, die für andere nur schwer zu erlangen sind. Trommeln und Musikinstrumente erklangen und aus der Himmelswelt fiel ein Regen duftender Blüten auf das Haupt von Manasā herab.

Dann begann Indra mit Tränen in den Augen auf den Rat von Brahmā, Vishnu, Mahesha, der Devas und der Brahmanen hin Hymnen an Manasā zu chanten, während sein Körper von Wellen der Freude durchströmt wurde und seine Haare sich vor Ekstase aufrichteten.

Indra sprach: O Devī Manase, du bist wahrlich die höchste unter den keuschen Frauen. Daher möchte ich dich mit Hymnen besingen.

Du bist höher als das Höchste. Du stehst über allem. Wie soll ich dich angemessen verehren? Wenn man Hymnen vorträgt, so beschreibt man darin das Wesen und die Eigenschaften von jemandem – dies sagen die Veden. Aber, o Prakriti, ich bin ganz und gar unfähig, dich zu erkennen und deine Eigenschaften zu beschreiben.

Dein Wesen ist Shuddha Sattva – reinstes Sattva. Du bist gänzlich frei von Zorn und Übelwollen. Der Muni Jaratkāru brachte es nicht über sich, sich von dir zu trennen, daher musste er zuvor darum beten, dass es ihm gelingen möge, sich von dir zu trennen.

O Keusche, somit verehre ich dich. Du verdienst dieselbe Verehrung wie meine Mutter Aditi. Du bist meine Schwester voller Barmherzigkeit. Du bist die Mutter, die voller Vergebung ist.

O Sureshvarī, durch dich wurden meine Frau, meine Söhne und mein Leben gerettet. Ich verehre dich! Möge deine Liebe zu uns immer mehr zunehmen.

O Weltenmutter, du bist ja ewig. Obwohl deine Verehrung überall in diesem Universum weit verbreitet ist, verehre ich dich nun, damit deine Verehrung sich noch weiter und weiter ausbreitet.

O Mutter, diejenigen, die dich hingebungsvoll verehren am Sankrānti-Tag im Monat Āshūdha oder am Nāga-Panchamī-Tag oder am Sankrānti-Tag eines jeden Monates oder jeden Tag – sie erlangen eine Zunahme an Söhnen und Enkeln, an Reichtum und am Besitz von Getreide und werden berühmt, hochzufrieden, gebildet und überall geehrt.

Wenn jemand dich aus Unwissenheit nicht verehrt oder dich sogar schmäht, der wird ohne Lakshmī (glücklos) sein und wird sich stets vor Schlangen fürchten müssen.

Du bist die Griha Lakshmī aller Familienväter und die Rāja Lakshmī von Vaikuntha. Bhagavān Jarat Kāru, der große Muni, der als Teilinkarnation von Nārāyana geboren wurde, ist dein Ehemann.

Dein Vater Kashyapa hat dich durch die Macht seines Tapas aus seinem Geist erschaffen, um uns zu retten. Du bist seine geistige Schöpfung und daher ist dein Name Manasā. Du selbst bist in dieser Welt durch deine eigene Geisteskraft zu einer Siddha Yoginī geworden und daher hast du in dieser Welt als Manasā Devī großen Ruhm und allseitige Verehrung erlangt. Die Devas verehren dich stets voller Hingabe in ihrem Geist und daher rufen die Gelehrten dich mit dem Namen Manasā an.

O Devī, du dienst stets der Wahrheit, denn dein eigenes Wesen ist lautere Wahrheit. Mit Gewissheit wird wahrlich derjenige dich erlangen, der stets an dich als die Verkörperung reiner Wahrheit denkt.

O Nārada, nachdem Indra so seine Schwester Manasā gepriesen und die Wunschgabe von ihr erlangt hatte, kehrte er, in seine eigenen prächtigen Gewänder gekleidet, in sein Heim zurück.

Die Devī Manasā lebte nach dieser Verehrung durch ihren Bruder – überall geachtet und verehrt – lange Zeit zusammen mit ihrem Sohn im Hause ihres Vaters.

Eines Tages kam die himmlische Kuh Surabhi von Goloka zu Manasā und bereitete ihr ein Bad aus göttlicher Milch, verehrte sie voller Hingabe und enthüllte ihr alle Aspekte des höchsten Wissens (tattva gyāna), das stets äußerst vertraulich zu behandeln ist.

O Nārada, so ging die Devī Manasā, von den Devas und von Surabhi verehrt, in die Himmelswelten ein.

O Muni, wer dieses von Indra verfasste heilige Stotra rezitiert und Manasā verehrt, erlangt zusammen mit allen Mitgliedern seiner Familie Freiheit von jeglicher Furcht vor Schlangen.

Wenn jemand in diesem Stotra ein Siddha (Meister) wird, so wird Gift für ihn wie Nektar sein. Man gelangt zur Meisterschaft in diesem Stotra, wenn man es fünfhunderttausend Mal rezitiert. Ein solcher Siddha kann auf einem Bett aus Schlangen schlafen und sogar auf Schlangen reiten.

Hier endet im neunten Buch des Shrimad Devī Bhāgavatam, des Mahāpurānam von 18.000 Versen von Maharishi Veda Vyāsa, das achtundvierzigste Kapitel: Die Geschichte von Manasā (Fortsetzung).

Kapitel 49
Die Geschichte von Surabhi

Nārada sagte: O Nārāyana, wer war jene Surabhi, die aus der Goloka-Welt herbeikam? Ich möchte mehr von ihr und ihrem Leben erfahren. Bitte sei so freundlich und erzähle mir davon.

Nārāyana sprach: O Devarishi, die Devī Surabhī stammt aus Goloka (Goloka bedeutet wörtlich: Welt der Kuh). Sie war die erste Kuh der Schöpfung und alle anderen Kühe sind aus ihr hervorgegangen. Sie ist die Gottheit, die über die Kühe gebietet. Ich werde dir nun ihre Geschichte von den ersten Anfängen an erzählen. Höre.

Vor Zeiten erschien sie in dem heiligen Vrindāvan.

Eines Tages begab sich der Gemahl der Rādhā zusammen mit Rādhā und den Gopīs voller Freude in das heilige Vrindāvan und als er sich dort an einem einsamen Ort vergnügte, entstand in seinem Geist plötzlich der Wunsch Milch zu trinken. Daraufhin erschuf er dann ganz mühelos aus seiner linken Körperhälfte zusammen mit ihrem Kalb die von herrlicher Milch erfüllte Devī Surabhi. Das Kalb der Surabhi ist nichts anderes als die Manifestation seines Wunsches nach Milch.

Als Shrīdāma (Krishna) Surabhi sah, molk er ihre Milch in einen irdenen Krug. Diese Milch ist süßer als selbst der Nektar der Unsterblichkeit und sie verhindert Geburt und Tod. Der Herr der Gopīs trank von der Milch und die Milch, die aus dem Krug heraustropfte, sammelte sich zu einem großen Reservoir. Dieses Reservoir war einhundert Yojanas lang und breit und ist in Goloka unter dem Namen Kshīrasāgara (Milchozean) bekannt. Die Gopīkās und Rādhā tummeln sich voller Freude darin.

Durch den Willen von Shrī Krishna, dessen Wesen ganz und gar göttlicher Wille ist, erschienen zahlreiche Juwelen und Edelsteine in diesem Ozean. Dann traten plötzlich aus jeder Pore von Surabhi Milliarden (ein Lakh Kotis) von Kāmadhenus – alle Wünsche erfüllende göttliche Kühe – hervor, sodass jeder Gopa, der in Goloka lebte, eine Kāmadhenu sein eigen nannte und jedes Haus dort eine solche göttliche Kuh besaß.

Es gab dann so viele Kälber der Kāmadhenus, dass ihre Anzahl ins Unermessliche ging und so füllte sich das gesamte Universum mit Kühen. Dies ist der Ursprung der Kuh-Schöpfung.

O Nārada, Surabhi wurde als Erstes von Bhagavān Shrī Krishna verehrt und deshalb wird sie überall so hoch geachtet. Am nächsten Tag, in der Divāli-Nacht, wurden auf Anweisung von Shrī Krishna Festlichkeiten zu Ehren von Surabhi abgehalten. Dies habe ich aus dem Munde von Dharma Deva gehört.

O mein Kind, vernimm nun das Dhyānam, das Stotra und die Methode der Verehrung von Surabhi, wie die Veden es verkünden. Darüber will ich nun sprechen.

Om Surabhyai Namah ist das sechssilbige Hauptmantra von Surabhi. Wenn jemand dieses Mantra einhunderttausend Mal wiederholt, wird er zu einem Siddha dieses Mantras. Dieses Mantra ist wie ein alle Wünsche erfüllender göttlicher Baum (kalpa vriksha) für die Verehrer.

Das Dhyānam von Surabhi wird im Yajur Veda erwähnt. Erfolg, Wohlstand und Freiheit sind die Ergebnisse der Verehrung von Surabhi.

Das Dhyānam lautet wie folgt: O Surabhi, du bist Lakshmī, du bist die Beste, du bist Rādhā. Du bist die bedeutendste aller Begleiterinnen von Shrī Rādhā. Du bist die Erste und der Ursprung der Kuh-Schöpfung. Du bist heilig und du segnest die Wesen. Du erfüllst die Wünsche der Verehrer und du läuterst das gesamte Universum. Daher widme ich dir diese Meditation.

Die Brahmanen rezitieren dieses Dhyānam und verehren die Devī Surabhi in Krügen, auf dem Kopf von Kühen, in den Pflöcken, an die Kühe angebunden sind, oder in einem Shālagrāma-Stein oder im Wasser oder Feuer.

O Muni, wer am Morgen nach der Divāli-Nacht die Devī Surabhi verehrt, erlangt seinerseits Verehrung in dieser Welt.

Einstmals geschah es im Vārāhakalpa, das Surabhi durch den Einfluss der Māyā von Shrī Vishnu keine Milch spendete. Die Devas wurden darüber äußerst besorgt. Sie begaben sich nach Brahmāloka und begannen Brahmā zu preisen. Auf Brahmās Rat hin begann Indra dann Hymnen an die Devī Surabhī zu chanten.

Der Devendra sagte: O Weltenmutter, o Devī, o Mahādevī, o Surabhi. Du bist der Ursprung der Kuh-Schöpfung. Verehrung dir!

Du bist die geliebte Begleiterin von Rādhā und du bist eine Teilmanifestation von Kamalā. Du bist Krishna sehr lieb. Du bist die Mutter aller Kühe. Ich verneige mich ehrerbietig vor dir.

Du gleichst dem Kalpa Vriksha, dem alle Wünsche erfüllenden göttlichen Baum. Du bist die Herrin über alle. Du schenkst Milch, Reichtum und Wohlstand und die stete Zunahme von all diesem. Ich verneige mich ehrerbietig vor dir. Du bist gut und segensreich und du schenkst Kühe. Verehrung dir! Du schenkst Ruhm, Ehre und Dharma und so verneige ich mich ehrerbietig vor dir.

O Nārada, als die ewige Surabhi, die Schöpferin der Welt, diese von Indra vorgetragene Lobeshymne vernahm, war sie sehr erfreut und erschien in Brahmāloka. Sie gewährte Indra die Erfüllung seiner Herzenswünsche, die kaum ein anderer zu erlangen vermag und begab sich dann nach Goloka. Auch die Devas kehrten in ihre Heimstätten zurück.

Die ganze Welt war nun von Milch erfüllt. Aus der Milch wurde geläuterte Butter gewonnen und mit der geläuterten Butter wurden in den Yagyas die Devas genährt, die darüber hoch erfreut waren.

O mein Kind, wer hingebungsvoll diese heilige Surabhi-Hymne rezitiert, erlangt Kühe und andere wertvolle Güter, Ruhm, Ehre und Söhne.

Die Rezitation dieses Stotra erhebt einen Menschen zu jemandem, der in sämtlichen heiligen Pilgerstätten sein Bad genommen und der die Früchte sämtlicher Opfer an sich genommen hat. Er erfreut sich in dieser Welt seines Lebens und geht schließlich in den Tempel von Shrī Krishna ein. Nachdem er dort lange Zeit im Dienst an Krishna verbracht hat, wird er befähigt, ein Sohn Brahmās zu werden.

Hier endet im neunten Buch des Shrimad Devī Bhāgavatam, des Mahāpurānam von 18.000 Versen von Maharishi Veda Vyāsa, das neunundvierzigste Kapitel: Die Geschichte von Surabhi.

Kapitel 50
Die Herrlichkeit der Shakti

Nārada sagte: O Bhagavān, ich habe nun all die in Einklang mit den vedischen Schriften stehenden Erzählungen über Prakriti gehört, die zu Freiheit von Geburt und Tod in dieser Welt führen. Nun möchte ich die sehr geheime Geschichte von Shrī Rādhā und Durgā hören, wie sie in den Veden beschrieben wird. Obwohl du mir schon viel über die Herrlichkeit der beiden berichtet hast, bin ich noch nicht gesättigt. Wahrlich, wo kann es jemanden geben, dessen Herz nicht dahinschmilzt, wenn er von der Herrlichkeit dieser beiden hört! Diese Welt ging aus den Teilmanifestationen dieser beiden Göttinnen hervor und sie wird von ihnen beherrscht. Die Hingabe an sie befreit einen ganz mühelos von den Fesseln des Samsāra. O Muni, bitte sei so freundlich und berichte mir nun von ihnen.

Nārāyana sprach: O Nārada, ich beschreibe dir nun die Eigenschaften von Rādhā und Durgā, wie sie in den Veden dargelegt werden. Höre.

Ich habe bisher noch niemandem von diesem Geheimnis erzählt, das die Essenz aller Essenzen und höher als das Höchste ist. Dies soll man äußerst vertraulich behandeln. Nachdem man es gehört hat, soll man es niemand anderem enthüllen.

Rādhā gebietet über den Lebensatem (prāna) und Durgā gebietet über die Unterscheidungskraft oder den Intellekt (buddhi). Aus diesen beiden (Energie und Intelligenz) hat die Mūlaprakriti dieses Universum hervorgebracht. Diese beiden Shaktis (Bewusstseinsenergien) lenken das gesamte Universum. Alles – vom Mahāvirāt bis hin zum kleinsten Insekt, ob bewegt oder unbewegt, – steht unter der Herrschaft der Mūlaprakriti. Diese beiden gilt es zufrieden zu stellen. Bevor diese beiden nicht gnädig gestimmt sind, kann Befreiung nicht erlangt werden. Daher soll man der Mūlaprakriti dienen, um sie gnädig zu stimmen.

Von den beiden Manifestationen der Mūlaprakriti werde ich dir nun vollständig das Rādhā-Mantra beschreiben. Höre.

Brahmā, Vishnu und andere verehren stets dieses Mantra. Das wichtigste Mantra ist *Shrī Rādhāyai Svāhā.* Durch dieses sechssilbige Mantra erlangt man mühelos Dharma und andere Früchte. Wenn man *Hrīm* zu diesem sechssilbigen Mantra hinzufügt, erlangt man wunschgemäß Edelsteine und Juwelen. Selbst wenn man tausend Koti Münder und einhundert Koti Zungen hätte (ein Koti ist zehn Millionen), könnte man die Herrlichkeit dieses Mantras nicht angemessen beschreiben. Dieses Mantra wurde als Erstes von Krishna erlangt, als die körperlose Stimme der Mūlaprakriti vom Himmel herab zu hören war – dies war im Rāsa Mandalam in der Welt Goloka, wo freudevoll alle Arten von Liebesempfindungen erfahren werden. Von Krishna erhielt Vishnu das Mantra; von Vishnu erhielt es Brahmā, von Brahmā Virāt, von Virāt Dharma und von Dharma habe ich dieses Mantra erhalten. Durch das Wiederholen dieses Mantras erlangte ich Ruhm als Rishi.

Brahmā und die anderen Devas widmen sich stets von Ekstase und allergrößter Freude erfüllt der Meditation der Mūlaprakriti. Ohne die Verehrung von Rādhā kann die Verehrung von Shrī Krishna nicht durchgeführt werden. Daher sollten die Menschen, die Verehrer von Vishnu sind, als Erstes nach Kräften Rādhā verehren.

Rādhā ist die Gottheit, die über den Prāna von Shrī Krishna gebietet. Daher ist Krishna so abhängig von Rādhā. Die Herrin des Rāsa

Mandalam ist stets ganz nah bei ihm. Ohne sie könnte Krishna auch nicht einen einzigen Augenblick leben. Der Name Rādhā stammt von Rādhnoti ab, was vollkommene Wunscherfüllung bedeutet. Daher wird Mūlaprakriti Rādhā genannt.

Ich bin der Rishi aller Mantras – außer dem Durgā-Mantra, das hier in diesem neunten Buch aufgeführt ist. Gāyatrī ist das Metrum (chhanda) dieser Mantras und Rādhikā ist ihr Devatā. Wahrlich, Nārāyana ist der Rishi all dieser Mantras, Gāyatrī ist das Chhanda, Prānava (Om) ist der Same (bīja) und Bhuvaneshvarī ist die Shakti.

Als Erstes soll das Hauptmantra sechs Mal wiederholt werden. Dann soll man sich der Meditation der großen Devī Rādhikā, der Shakti der Rishis, widmen – so, wie es im Sāma Veda beschrieben wird. Rādhās Meditation lautet wie folgt: O Devī Rādhike, deine Hautfarbe gleicht der weißen Champaka-Blume. Dein Antlitz gleicht dem Vollmond im Herbst. Dein Körper erstrahlt mit dem Glanz von zehn Millionen Monden. Deine Augen gleichen der Schönheit einer Lotusblüte im Herbst. Deine Lippen sind rot wie Bimba-Früchte. Deine Hüften sind breit und mit einem prächtigen Gürtel geziert. Dein Antlitz ist stets huldvoll und zeigt ein süßes Lächeln. Deine Brüste stellen in ihrer Fülle die vordere Wölbung des Körpers eines Elefanten in den Schatten.

Du erscheinst immer in der jugendlichen Gestalt eines zwölfjährigen Mädchens. Dein gesamter Körper ist mit herrlichem Schmuck geziert. Du verkörperst die Wellen des Ozeans der Liebesempfindungen (shringāra). Du bist stets bereit, dich deinen Verehrern gegenüber huldvoll zu erweisen. Im Schopf deines Haares leuchten Mallikā- und Mālatī-Blüten. Dein Körper gleicht in seiner Zartheit und Sanftheit einer Rankenpflanze.

Du hast deinen Sitz in der Mitte des Rāsa Mandalam eingenommen als dessen höchste Gebieterin. Deine eine Hand zeigt deine Bereitschaft an Wunschgaben zu gewähren und die andere Hand zeigt die Geste *Sei frei von Furcht.*

Du strahlst höchsten Frieden aus und stehst stets in der Blüte der Jugend. Du hast auf einem Juwelenthron Platz genommen und du bist die erhabene Führerin der Gopīkās. Du bist Krishna lieber als selbst sein eigenes Leben. O Parameshvarī, die Veden enthüllen deine wahre Natur.

Nach dieser Meditation soll man auf einem Shālagrāma-Stein, einem Krug, einem Yantra oder einem achtblättrigen Lotus die rituelle Waschung der Devī vollziehen und sie anschließend angemessen verehren.

Als Erstes ist die Devī anzurufen. Dann soll man Pādya und Āsana usw. darbringen, wobei bei der Darbringung jeder Gabe das Hauptmantra auszusprechen ist. Nachdem Wasser zum Waschen beider Füße dargebracht wurde, soll man Arghya auf dem Kopf platzieren und drei Mal Āchamanīyam-Wasser für das Gesicht darbringen.

Als Nächstes sollen Madhuparka (eine Gabe aus Honig, Milch usw.) und eine Kuh dargebracht werden, die reichlich Milch gibt.

Dann soll man das Yantra als den Ort ansehen, an dem das rituelle Bad der Devī vollzogen wird. Anschließend soll ihr Körper abgetrocknet und in ein frisch gewaschenes Gewand gekleidet werden.

Als Nächstes sind Sandelpaste und verschiedene Arten von Schmuck darzubringen. Dann sollen aus unterschiedlichen Blumen wie Tulasī Manjari, Parijāta, Satapatra usw. geflochtene Girlanden dargebracht werden.

Anschließend soll man die acht Blätter des Lotus als die Mitglieder der Familie der Devī betrachten und man soll ihnen im Uhrzeigersinn Gaben darbringen und zwar in folgender Reihenfolge: Mālāvatī auf dem Lotusblatt direkt vor der Devī (im Osten von ihr), Mādhavī im Südosten, Ratnamālā im Süden, Sushīlā im Südwesten, Sashikalā im Westen, Pārijāta im Nordwesten, Parāvatī im Norden und die segensreiche Sundarī im Nordosten.

Außerhalb davon sollen Brāhmī und die anderen Mātrikās verehrt werden und an den Bhūpūras (den Eingängen des Yantra) die

Dikpālas, die Hüter der Himmelsgegenden, und die Waffen der Devī, der Donnerkeil und andere. Dann sollen sämtliche Dienerinnen der Devī mit Wohlgerüchen und zahlreichen anderen Gaben verehrt werden. Nach Abschluss der Verehrung soll mit Achtsamkeit und Hingabe die Hymne namens Sahasranāma Stotra (tausend Namen der Devī) gechantet werden.

O Nārada, ein intelligenter Mensch, der auf diese Weise die Rājeshvarī Devī Rādhā verehrt, wird wie Vishnu und geht in Goloka ein. Wer am Vollmondtag des Monats Kārtika Shrī Rādhās Geburtstag feiert, erlangt den Segen von Shrī Rādhā, die dann stets in seiner Nähe weilt.

Aus einem bestimmten Grund wurde Rādhā, deren Heimat Goloka ist, in Vrindāvan als die Tochter von Vrishavānu geboren.

Jedenfalls soll entsprechend der zuvor in diesem Kapitel genannten Anzahl der Silben des Mantras ein Zehntel von Purashcharana und Homa durchgeführt werden. Homa ist dabei mit Ghee, Honig und Milch hingebungsvoll darzubringen, wobei diese drei Bestandteile mit Til zu vermischen sind.

Nārada sagte: O Bhagavān, beschreibe mir nun bitte die Hymne (stotra), mit der die Devī erfreut werden kann.

Nārāyana sprach: O Nārada, ich trage nun das Rādhā Stotra vor. Höre: O höchste Gottheit, die du im Rāsa Mandalam weilst. O höchste Gebieterin über das Rāsa Mandalam, die Krishna lieber ist als selbst sein eigenes Leben – vor dir verneige ich mich.

O du Mutter der drei Welten, o du Ozean der Barmherzigkeit, sei mir gnädig gewogen. Brahmā, Vishnu und die anderen Devas verneigen sich zu deinen Lotusfüßen. Du bist Sarasvatī. Du bist Sāvitrī. Du bist Shankarī – vor dir verneige ich mich.

Du bist Gangā. Du bist Padmāvatī. Du bist Shashthī. Du bist Mangalā Chandikā. Du bist Manasā. Du bist Tulasī. Du bist Durgā. Du bist Bhagavatī. Du bist Lakshmī. Du bist alles, was existiert, – vor dir verneige ich mich.

Du bist die Mūlaprakriti. Du bist der Ozean der Barmherzigkeit. Verehrung dir! Sei uns gnädig und rette uns aus diesem Ozean des Samsāra.

O Nārada, wer sich Rādhā in sein Bewusstsein ruft und drei Mal täglich dieses Stotra liest, empfindet keine Begierde mehr nach irgendetwas in dieser Welt. Er wird schließlich in Goloka eingehen und immerdar im Rāsa Mandalam weilen. O mein Kind, dieses große Geheimnis soll man niemals irgendjemandem mitteilen.

Jetzt beschreibe ich dir die Methode der Verehrung von Durgā Devī. Höre.

Wenn irgendjemand in dieser Welt sich Durgā in Erinnerung ruft, vor dem schwinden alle Schwierigkeiten und Probleme dahin. Und man erblickt nirgendwo jemanden, der sich nicht an Durgā erinnert. Sie wird von allen verehrt. Sie ist die Mutter von allen und die wundervolle Shakti von Mahādeva. Sie ist die Gottheit, die über den Intellekt oder die Unterscheidungskraft (buddhi) von allen gebietet.

Sie herrscht über das Herz aller Wesen und sie beseitigt für alle die großen Schwierigkeiten und Gefahren – daher wird sie in dieser Welt Durgā genannt.

Sie wird von allen verehrt, ob sie nun Shaivas (Verehrer von Shiva) oder Vaishnavas (Verehrer von Vishnu) sind. Sie ist die Mūlaprakriti (die uranfängliche schöpferische Intelligenz) und aus ihr gehen Schöpfung, Erhaltung und Zerstörung des Universums hervor.

O Nārada, nun nenne ich dir das neunsilbige Durgā-Mantra, das beste aller Mantras. *Aim Hrīm Klīm Chāmundāyai Vichche* ist das neunsilbige Bīja-Mantra (Samenmantra) von Shrī Durgā. Es gleicht einem alle Wünsche erfüllenden Kalpa Vriksha – dem göttlichen Baum. Man sollte unbedingt dieses Mantra verehren.

Brahmā, Vishnu und Mahesha sind die Rishis dieses Mantras. Gāyatrī, Ushnik und Anusthubh sind die Metren (chhandas). Mahā Kālī, Mahā Lakshmī und Sarasvatī sind die Devatās. Rakta Dantikā, Durgā und Bhrāmarī sind die Bījas. Nandā, Shākambharī und Bhīmā sind die Shaktis und Dharma, Artha und Kāma sind die Anwendungsgebiete (viniyoga) dieses Mantras. Weise den Kopf dem Rishi des Mantras zu. Weise das Chhandas dem Mund zu und Devatā dem Herzen. Dann weise um Erfolg (siddhi) zu erlangen die Shakti der rechten Brust zu und den Bīja der linken Brust.

Danach führe das Sadamga Nyāsa wie folgt durch: *Aim Hridayāya Namah, Hrīm Shirase Svāhā, Klīm Shikhāyām Vashat, Chāmundāyai Kavachāya Hum, Vichche Netrābhyām Vausat, Aim Hrīm Klīm Chāmundāyai Vichche, Karatalaprishihābhyām Phat.*

Als Nächstes sprich folgende Mantras und berühre dabei die zugeordnete Körperpartie: *Aim Namah Shikhāyām, Hrīm Namah* und das rechte Auge, und das linke Auge, *Chām Namah* und das rechte Ohr, *Mum Namah* und das linke Ohr, *Ndam Namah* und die Nasenlöcher, *Vim Namah* und das Gesicht, *Chchem Namah* und den Anus und schließlich *Aim Hrīm Klīm Chāmundāyai Vichche* und den ganzen Körper.

Dann führe das folgende Dhyānam durch: O Chāmunde, du hältst in deinen zehn Händen die Waffen Khadga (Axt), Chakra (Diskus), Gadā (Keule), Vāna (Pfeile), Chāpa (Bogen), Parigha, Shūla (Speer), Bhūshundī, Kapāla und Khadga.

Du bist Mahā Kālī. Du hast drei Augen. Dein Körper ist mit verschiedenen Arten von Schmuck geziert. Du erstrahlst in einem dunklen Glanze, der dem des Lilānjan (ein schwarzes Pigment) gleicht. Du hast zehn Gesichter und zehn Füße.

Der lotusgeborene Brahmā sang dir einst Hymnen, um die Vernichtung der Asuras Madhu und Kaitabha herbeizuführen. Ich verneige mich vor dir.

So soll man das Dhyānam von Mahā Kālī ausführen, deren Natur Kāmabīja (die Samenform oder Essenz der Wünsche und Wunscherfüllung) ist.

Das Dhyānam von Mahā Lakshmī lautet wie folgt: O Mahā Lakshmī, o Vernichterin des Asuras Mahisha. Du trägst in deinen

Händen eine Girlande aus Aksha (eine Art von Samen), Parashu (Kriegsaxt), Gadā (Keule), Ishu (Pfeile), Kulisha (Donnerkeil), Padmā (Lotus), Dhanu (Bogen), Kundikā (den Wasserkrug eines Schülers), Kamandalu, Danda (Stock), Shakti (Speer), Asi (Schwert), Charma (Schild), Padmā (Lotusblüte), Ghantā (Glocke), Shurāpātra (Trinkgefäß), Shūla (Axt), Pāsha (Schlinge) und Sudarshana (Diskus).

Deine Farbe ist die der aufgehenden Sonne. Du sitzt auf einer roten Lotusblüte. Deine Natur ist die von Māyābīja (die Essenz der Ausstrahlung der absoluten Wirklichkeit). Daher Verehrung dir!

Als Nächstes folgt das Dhyānam von Mahā Sarasvatī: O Mahā Sarasvatī! Du hältst Glocke, Axt, Pflug (hala), Muschelhorn, Mushala (Keule), Sudarshana (Diskus), Bogen und Pfeile in Händen. Deine Farbe gleicht der Farbe der Kunda-Blume. Du bist die Vernichterin von Shumbha und anderen Daityas. Deine Natur ist die von Vānībīja (die Essenz von Wissen und Sprache). Dein Körper trägt die Fülle von Sein, Intelligenz und Seligkeit (sat-chit-ānanda) in sich. Verehrung dir!

O Nārada, nun beschreibe ich dir das Yantra von Mahā Sarasvatī. Höre.

Zeichne als Erstes ein Dreieck, dann das Hexagramm. Um das Hexagramm zeichne den achtblättrigen Lotus und um ihn herum vierundzwanzig Blütenblätter. Um diese herum zeichne dann das Haus. Dann soll man in dem so gezeichneten Yantra oder in einem Shālagrāma-Stein oder in einem Krug oder in einem Bildnis oder im Vānalingam oder in der Sonne mit auf nichts anderes gerichtetem Herzen die Devī verehren.

Dann verehre den Pītha (Sitz) und die auf dem Podium sitzenden Gottheiten, als da sind Jayā, Vījayā, Ajitā, Aghorā, Mangalā und andere Pītha Shaktis.

Dann verehre mit der sogenannten Āvarana Pūja die begleitenden Gottheiten: Brahmā mit Sarasvatī im Osten, Nārāyana mit Lakshmī in der Nairit-Ecke, Shankara mit Pārvatī in der Vāyu-Ecke, den Löwen im Norden der Devī und Mahāsura zur Linken der Devī. Schließlich verehre dann Mahisha.

Als Nächstes verehre Nandajā, Raktadantā, Shakambharī, Shivā, Durgā, Bhīmā und Bhrāmarī und danach auf den acht Blättern des Lotus Brahmā, Maheshvarī, Kaumārī, Vaishnavī, Vārāhī, Nāra Simhī, Aindrī und Chāmundā.

Anschließend verehre auf den vierundzwanzig Blättern des Lotus, mit dem Blatt an der Vorderseite der Devī beginnend, die Vishnu Māyā, Chetanā, Buddhi, Nidrā (Schlaf), Hunger, Schatten, Shakti, Durst, Frieden, Jāti, Demut, Glaube, Ruhm, Lakshmī, Stärke, Vriti, Shruti, Erinnerung, Barmherzigkeit, Tushti, Pushti, Bhrānti (Irrtum) und andere Mātrikas.

An den Ecken der Eingänge des Yantras sind als Nächstes dann Ganesha, die Kshettrapālas, Vatuka und die Yoginīs zu verehren und anschließend soll man außerhalb davon Indra und die anderen Devas, die mit ihren göttlichen Waffen ausgerüstet sind, den zuvor genannten Regeln entsprechend verehren. Um die Weltenmutter zufrieden zu stellen soll man der Mutter zahlreiche hochwertige Gaben von Gegenständen darbringen, wie sie üblicherweise von edlen und königlichen Persönlichkeiten geschenkt werden. Dann ist das Mantra zu wiederholen, wobei man sich über dessen äußerliche und innerliche Bedeutung klar sein soll. Dann soll vor der Devī das Saptashati Stotra wiederholt werden. Kein anderes Stotra in den drei Welten gleicht diesem Stotra. Auf diese Weise soll jeden Tag Durgā, die Gottheit der Götter, verehrt und zufriedengestellt werden. Wer dies tut, für den kommt ganz mühelos die Erlangung der vier Hauptlebensziele des Menschen – Dharma (rechtschaffene Pflichterfüllung), Artha (Erwerb von Wohlstand), Kāma (Genuss von Sinnesfreuden) und Moksha (Befreiung, Erleuchtung) – in Reichweite.

O Nārada, somit habe ich dir die Methode der Verehrung der Devī Durgā beschrieben, durch welche die Menschen Wunscherfüllung erlangen.

Hari, Brahmā und sämtliche Devas, Manus, Munis, die Yogis voller Erkenntnis, die Āshramīs, Lakshmī und die anderen Devīs – sie alle widmen sich der Meditation von Shivānī. Wenn ein Mensch sich Durgā in sein Bewusstsein ruft, wird dadurch seine Geburt mit Erfolg gekrönt.

Die vierzehn Manus erlangten ihren Status als Manus und die Devas gewannen ihre Rechte als Devas durch die Meditation zu den Lotusfüßen von Durgā.

O Nārada, somit habe ich dir die schwer zu findenden Geschichten der fünf Prakritis und ihrer Teilmanifestationen erzählt. Wahrlich, indem man diese hört, erlangt man die vier Hauptziele des menschlichen Lebens: Dharma, Artha, Kāma und Moksha. Wer keine Söhne hat, erlangt dadurch Söhne, und wer ohne Bildung ist, erlangt dadurch Bildung – was immer man sich wünscht, erlangt man dadurch, dass man dies hört.

Die Devī Jagaddhātrī wird gewiss zufrieden mit jemandem sein, der dies neun Nächte lang mit unabgelenktem Geist vor der Devī liest.

Die Devī wird demjenigen zu Diensten sein, der täglich ein Kapitel dieses neunten Buches liest – vorausgesetzt, der Leser handelt auch so, wie es der Devī wohlgefällig ist.

Wer vorab wissen möchte, welche guten oder weniger guten Ergebnisse das Lesen dieses Bhāgavatam für ihn zeitigen wird, der muss die entsprechenden segensreichen oder widrigen Vorzeichen durch ein jungfräuliches Mädchen oder ein Brahmanenkind herausfinden.

Dafür soll man zunächst einen Entschluss (sankalpa) fassen und das Buch verehren. Dann soll man sich wieder und wieder vor der Devī Durgā verneigen. Dann soll man ein frisch gebadetes jungfräuliches Mädchen herbeikommen lassen, es angemessen verehren und ihm einen goldenen Schreibstift in die Hand geben, den es über dem Körper (des Befragenden) hält. Die jeweiligen segensreichen oder widrigen Ergebnisse kann man dann von den Bewegungen dieses

Stiftes ablesen und so erkennen, was die Auswirkungen des Lesens des Bhāgavatams sein werden.

Wenn die Bewegungen des goldenen Stiftes, den das jungfräuliche Mädchen hält, vage oder indifferent bleiben, so wird auch das Lesen des Bhāgavatams entsprechend wirken. Daran besteht keinerlei Zweifel.

Hier endet im neunten Buch des Shrimad Devī Bhāgavatam, des Mahāpurānam von 18.000 Versen von Maharishi Veda Vyāsa, das fünfzigste Kapitel: Die Herrlichkeit der Shakti.

Ende des neunten Buches

Buch 10

Kapitel 1
Die Geschichte von Svāyambhuva Manu

Nārada sagte: O Nārāyana, der du das gesamte Universum stützt und hältst, o Erhalter von allem, du hast die ruhmreichen Taten der Devī beschrieben, die alle Sünden beseitigen. Bitte beschreibe mir nun die verschiedenen Gestalten, welche die Devī in jedem Manvantara in dieser Welt angenommen hat, und ihre göttliche Herrlichkeit.

O du Gnadenvoller, beschreibe bitte auch, wie und von wem sie verehrt und gepriesen wurde und wie sie, die ihren Verehrern gegenüber so freundlich ist, deren Wünsche erfüllt, nachdem sie auf diese Weise zufriedengestellt wurde.

Ich bin äußerst begierig, mehr von den herrlichen und glückseligen Eigenschaften der Devī zu hören.

Shrī Nārāyana sagte: Vernimm denn, o Maharishi, den Bericht von der Herrlichkeit und Größe der Devī Bhagavatī, der zur Hingabe der Verehrer führt, alle Arten von Wohlstand zu schenken und sämtliche Sünden zu vernichten vermag.

Aus dem Nabellotus von Vishnu, dem Träger des göttlichen Diskus, wurde Brahmā, der Schöpfer dieses Universums, geboren, der unermesslich Energievolle, der Großvater aller Welten.

Nachdem der viergesichtige Brahmā geboren war, erschuf er aus seinem Geist den Svāyambhuva Manu und dessen Gemahlin Shatarūpā, die Verkörperung aller Tugenden. Aus diesem Grund wurde Svāyambhuva Manu weithin als geistgeborener Sohn von Brahmā bekannt.

Svāyambhuva Manu erhielt von Brahmā die Aufgabe zu erschaffen und sich zu vervielfältigen. Er erschuf am Ufer des segensreichen Milchozeans (kshīra samudra) ein irdenes Abbild der Devī Bhagavatī, der Schenkerin allen Glücks und allen Erfolgs, und widmete sich ihrer Verehrung, indem er das überaus wirkungsvolle Hauptmantra der Gottheit der Sprache (vāgbhava) wiederholte. Im Verlauf dieser Praxis reduzierte Svāyambhuva Manu mehr und mehr seinen Atem und seine Nahrungsaufnahme und wurde ganz dünn und ausgemergelt. Dabei hielt er Gelübde wie Yama, Niyama und andere ein.

Einhundert Jahre lang stand er unablässig nur auf einem Bein und es gelang ihm, Herrschaft über die sechs Arten von Leidenschaften (Begierde, Zorn usw.) zu erlangen. Seine Meditation zu Füßen der Ādyā Shakti war so intensiv, dass er schließlich nach außen hin leblos wie ein Baum oder ein Stück Mineral erschien.

Schließlich erschien infolge seines Tapas die Devī, die Weltenmutter, vor ihm und sagte: O König, erbitte göttliche Gaben von mir. Als der König diese glückverheißenden Worte hörte, erbat er das, was er lange Zeit als seinen Herzenswunsch in sich getragen hatte und was selbst von den Devas kaum zu erlangen ist.

Manu sagte: O großäugige Göttin, dein sei der Sieg, die du in den Herzen aller Wesen wohnst. O hochgeehrte und allseits verehrte Göttin, o Erhalterin der Welten, o segensreichste aller Segensreichen, durch deinen gnädigen Blick wurde der Lotusgeborene dazu befähigt die Welten zu erschaffen, wurde Vishnu dazu befähigt sie zu erhalten und wurde Rudra Deva dazu befähigt sie innerhalb einer einzigen Minute zu zerstören. Auf deine Anweisung hin bekam Indra, der Gemahl der Shachī, die Aufgabe über die drei Welten zu herrschen und weist Yama, der Herr über die Dahingeschiedenen, den Verstorbenen ihren Verdiensten oder Sünden entsprechend die Früchte ihrer Handlungen als Belohnungen oder Strafen zu.

O Mutter, durch deine Gnade wurde Varuna, der die Schlinge in Händen trägt, zum Herrn und Erhalter aller im Wasser lebenden Wesen, und durch deine Gnade wurde Kubera, der Herrscher der Yakshas, zum Gebieter über die Reichtümer.

Agni, Nairrit, Vāyu, Īshāna und Ananta Deva sind Teilmanifestationen von dir und gedeihen durch deine Macht.

Wenn du, o Devī, gewillt bist, mir meinen Herzenswunsch zu erfüllen, dann, o Segensreiche, lass bitte all die großen Hindernisse dahinschwinden, die meinem Auftrag der Fortschöpfung in diesem Universum und der Ausdehnung meines Herrschaftsgebietes im Wege stehen.

Und wenn jemand dieses herrliche Vāgbhava-Mantra verehrt oder diese Geschichte unserer Begegnung mit Hingabe hört oder bewirkt, dass andere sie hören, dann mögen all diese ganz mühelos Erfolg und Freuden und Befreiung erlangen. Insbesondere mögen sie die Fähigkeit erlangen, sich an ihre vergangenen Leben zu erinnern, Meister der Redekunst zu werden, umfassende Schönheit zu erlangen, sich erfolgreich Wissen anzueignen, Erfolg im Handeln zu erlangen und insbesondere reich an Kindern und Nachkommenschaft zu werden. O Bhagavatī, dies ist, was ich mir mehr als alles andere wünsche.

Hier endet im zehnten Buch des Shrimad Devī Bhāgavatam, des Mahāpurānam von 18.000 Versen von Maharishi Veda Vyāsa, das erste Kapitel: Die Geschichte von Svāyambhuva Manu.

Kapitel 2
Das Gespräch zwischen Nārada und dem Berg Bindhya

Die Devī sprach: O König, o Mächtigarmiger, all dies gewähre ich dir. All das, worum du gebeten hast, gebe ich dir. Ich bin sehr erfreut über deine harte Askese und deine Rezitation des Vāgbhava-Mantras.

Wisse, dass meine Macht, die Fürsten der Daityas zu töten, unfehlbar ist. O mein Kind, dein Königreich soll frei von Feinden sein und dein Wohlstand soll stetig zunehmen. Deine Hingabe an mich soll unerschütterlich sein und wahrlich: Schließlich wirst du dann den Zustand ewiger Freiheit (nirvāna mukti) erlangen.

O Nārada, nachdem die große Göttin dem hochherzigen Manu Wunscherfüllung gewährt hatte, verschwand sie vor seinen Augen und begab sich in das Gebiet des Bindhya-Berges.

O Devarishi, dieser Bindhya-Berg erhob sich einst mehr und mehr zu solcher Höhe, dass er nahe daran war, den Lauf der Sonne zu behindern, bis er schließlich von Maharishi Agastya, den aus einem Wasserkrug (kumbha) Geborenen, in seine Schranken gewiesen wurde. Varadeshvarī, die jüngere Schwester von Vishnu, weilt dort als Bindhyavāsinī. O bester aller Munis, diese Devī wird von allen verehrt.

Shaunaka und die anderen Rishis sagten: O Sūta, wer war jener Bindhya-Berg? Und warum strebte er danach, sich so hoch in den Himmel emporzutürmen, dass er den Lauf der Sonne behindert? Und warum gebot Agastya, der Sohn von Mitrāvaruna, seinem Emporstreben Einhalt? Bitte sei so freundlich und schildere uns das in allen Einzelheiten. O Heiliger, wir sind noch nicht davon gesättigt, den glückseligen Nektar der Unsterblichkeit der Erzählungen über die Herrlichkeit der Devī zu genießen, der deinem Munde entströmt. Unser Durst danach hat eher noch zugenommen.

Sūta sprach: O ihr Rishis, der Bindhya-Berg war einst hoch geehrt und wurde als das Oberhaupt aller Berge auf Erden angesehen. Er war mit großen Wäldern von gewaltigen Bäumen bedeckt, die, von Schlingpflanzen und blütenreichen Büschen umgeben, einen sehr schönen Anblick boten.

Auf ihm tummelten sich voller Freude zahllose gesunde, starke und lebensfrohe Rehe, Wildschweine, Büffel, Affen, Hasen, Füchse, Tiger und Bären. Die Devas, Gandharvas, Apsarās und Kinnaras kamen dort hin und badeten in den nahegelegenen Flüssen. Auch alle Arten von Früchte tragenden Bäumen waren hier zu finden.

Zu diesem herrlichen Bindhya-Berg kam einst der stets heitere Devarishi Nārada auf seiner Rundreise durch die Welten. Als der Bindhya-Berg den Maharishi Nārada herannahen sah, erhob er sich sogleich, ehrte ihn mit Pādya und Arghya und bot ihm einen guten Sitz (āsana) an. Nachdem der Muni erfreut Platz genommen hatte sprach der Berg zu ihm.

Bindhya sagte: O Devarishi, bitte sei nun so freundlich und sage mir, in welcher Absicht du hierhergekommen bist. Deine Ankunft hier ist wahrlich ein großer Segen! Mein Haus wird heute durch dein Hiersein geheiligt.

O Deva, gleich der Sonne auf ihrem Weg segnest du die Wesen, die dir auf deiner Reise begegnen, mit Freiheit von jeglicher Furcht. Daher, O Nārada, sei bitte so freundlich und teile mir mit, was der Grund deines wahrlich wunderbaren Erscheinens hier ist.

Nārada antwortete: O Bindhya, o Feind Indras – ich komme gerade von dem Berg Sumeru. Dort sah ich die prächtigen Heimstätten von Indra, Agni, Yama und Varuna. Ich sah die Häuser jener Regenten der Himmelsgegenden, die sich immerdar an allen schönen Dingen des Lebens erfreuen.

Nachdem Nārada diese Worte gesprochen hatte, seufzte er schwer. Als Bindhya, der König der Berge, den schweren Seufzer des Munis bemerkte, fragte er ihn mit großer Anteilnahme: O Devarishi, warum hast du eben einen solch schweren Seufzer ausgestoßen? Bitte sei so freundlich und sage mir das.

Als Nārada dies hörte, sagte er: O mein Kind, höre denn, warum ich so schwer seufzte. Schau, der Berg Himālayā ist der Vater von Gaurī und der Schwiegervater von Mahādeva; deshalb ist er der am meisten verehrte aller Berge. Der Berg Kailāsha wiederum ist die Heimstatt von Mahādeva; deshalb wird auch er verehrt und man besingt seine Fähigkeit alle Sünden zu zerstören. Ebenso werden auch der Nishadha, der Nīla, der Gandhamādana und andere Berge dort verehrt, wo sie sich befinden.

Aber sie werden noch übertroffen von dem Berg Sumeru, den die tausendstrahlige Sonne, das Selbst des Universums, mitsamt den Planeten und Sternen umwandelt; er sieht sich selbst als den herrlichsten und größten aller Berge an und denkt *Ich bin der Allerhöchste, niemand in den drei Welten gleicht mir.* Als ich mich eben an diese selbstgefällige Arroganz des Sumeru erinnerte, musste ich so schwer seufzen.

O Bindhya, wir beide sind ja Asketen und wir brauchen uns daher eigentlich nicht über solche Dinge zu unterhalten, aber irgendwie hat unser Gespräch mich dazu gebracht, dir dies zu erzählen. Jetzt muss ich aber wieder nach Hause zurückkehren.

Hier endet im zehnten Buch des Shrimad Devī Bhāgavatam, des Mahāpurānam von 18.000 Versen von Maharishi Veda Vyāsa, das zweite Kapitel: Das Gespräch zwischen Nārada und dem Berg Bindhya.

Kapitel 3
Wie der Berg Bindhya den Lauf der Sonne aufhielt

Sūta sagte: O ihr Rishis, nach diesen Worten begab sich der Devarishi Nārada, der große Weise und Muni, der nach Belieben in der Welt umherwandelt, nach Brahmāloka.

Nachdem der Muni fortgegangen war, wurde der Bindhya von großer Unruhe und Sorge ergriffen und konnte keinen inneren Frieden mehr finden. Er dachte: Was kann ich nur tun, um den Meru zu übertreffen? Bevor mir das nicht gelungen ist, können mein Wohlbefinden und mein innerer Friede nicht wiederhergestellt werden. Die edlen Persönlichkeiten haben mich stets für meinen Enthusiasmus und meine Energie gepriesen – aber Schande über meine Energie, meine Ehre, meinen Ruhm und meine Familie! Schande über meine Stärke und Heldenhaftigkeit!

O ihr Rishis, nachdem der Bindhya eine Weile in seinem Geist solchen Überlegungen nachgegangen war, kam er schließlich zu folgendem üblen Entschluss: Jeden Tag umwandeln die Sonne, die Sterne und die Planeten den Sumeru; darauf begründet der Sumeru alle Zeit seine Arroganz. Wenn ich nun mit meinem Gipfel den Gang der Sonne aufhalten könnte, dann könnte Sūrya nicht mehr den Sumeru umkreisen. Wenn ich das erreichen kann, wird dies gewiss den übermäßigen Stolz des Sumeru zurechtstutzen.

Nachdem Bindhya zu diesem Entschluss gekommen war, erhob er seinen Gipfel in Gestalt seiner beiden mächtigen Arme zum Himmel empor und blockierte damit den Himmelpfad. In dieser äußerst unbequemen Haltung verbrachte er die Nacht in dem Gedanken, so bei Sonnenaufgang den Weg des Sonnengottes zu blockieren.

Als der Morgen anbrach, waren alle Himmelsgegenden rein und klar. Der alle Finsternis zerstörende Sonnengott erhob sich in Udaya Giri und klarte den Himmel mit seinen Strahlen auf. Als die Lotusblumen ihn erblickten, öffneten sie sich voller Freude, während die herrlichen weißen Wasserlilien ihre Blütenblätter schlossen, als wenn sie von einem Liebhaber Abschied genommen hätten, der sich an einen fernen Ort begeben hatte. Die Menschen begannen mit Tagesanbruch ihre Tätigkeiten aufzunehmen und die Verehrung der Götter, die Darbringungen an die Götter, die Homa-Opfer und die Darbringungen an die Pitris begannen.

Der Sonnengott setzte seinen Weg fort und unterteilte den Tag in drei Abschnitte: Morgen, Mittag und Nachmittag. Als Erstes erfreute er die östliche Himmelsgegend, die einer Frau glich, die unter der Trennung von ihrem Geliebten litt. Dann segnete er die südöstliche Himmelsgegend. Aber als er anschließend rasch in Richtung Süden voranschreiten wollte, konnten die Pferde seines Sonnenwagens nicht mehr weiter vorwärts eilen. Als Aruna, der Lenker des Sonnenwagens, dies bemerkte, informierte er Sūrya darüber, was geschehen war.

Aruna sagte: O Sūrya, der Bindhya ist von großer Eifersucht gegenüber dem Sumeru ergriffen worden, weil du täglich den Berg Sumeru umwandelst. Er hat sich sehr hoch emporgerichtet, um deinen Weg über den Himmel zu blockieren – in der Hoffnung, dass du dann stattdessen ihn selbst umwandelst. So wetteifert er nun mit dem Berg Sumeru.

Sūta sprach: O ihr Rishis, als der Sonnengott diese Worte seines Wagenlenkers vernommen hatte, dachte er bei sich: Oh, der Bindhya blockiert meinen Weg über den Himmel. Was vermag ein großer Held nicht zu vollbringen, wenn er auf den falschen Weg geraten ist. Oh, die Bewegung meiner Pferde wurde heute aufgehalten. Das Schicksal ist wahrlich die größte Kraft von allen! Selbst wenn ich von Rāhu verdunkelt werde, halte ich nicht auch nur einen Augenblick an. Jetzt aber ist mein Weg blockiert und ich muss hier lange Zeit warten. Das Schicksal (daiva) hat wahrlich große Macht. Was soll ich nur tun?

Als der Lauf der Sonne auf diese Weise aufgehalten wurde, fühlten sich alle – von den Göttern bis zum niedrigsten Wesen – gänzlich hilflos und wussten nicht mehr, was sie tun sollten. Chitragupta und andere Verwalter des Universums richten den zeitlichen Ablauf ihrer Aktivitäten am Lauf der Sonne aus und nun wird die Sonne durch den Bindhya-Berg aufgehalten und kann sich nicht mehr fortbewegen. Welch ein Schicksalsschlag!

Nachdem der Bindhya in seiner Arroganz den Lauf der Sonne aufgehalten hatte, konnten die Opfer an die Devas nicht mehr durchgeführt und auch die Gaben an die Pitris nicht mehr übermittelt werden. Die Welt war vom Untergang bedroht.

Für die Menschen, die im Westen und Süden lebten, wurde die Nacht künstlich verlängert und sie schliefen weiter. Die Menschen im Osten und im Norden wurden von den kraftvollen Strahlen der Sonne versengt, sodass einige von ihnen starben und andere krank wurden.

Auf der ganzen Erde wurden keine Shraddhās und Verehrungen der Devas und Pitris mehr durchgeführt und ringsum erhoben sich Schreie der Qual und der Verzweiflung.

Indra und die anderen Devas wurden äußerst besorgt und begannen darüber nachzudenken, was jetzt zu tun sei.

Hier endet im zehnten Buch des Shrimad Devī Bhāgavatam, des Mahāpurānam von 18.000 Versen von Maharishi Veda Vyāsa, das dritte Kapitel: Wie der Berg Bindhya den Lauf der Sonne aufhielt.

Kapitel 4
Die Devas begeben sich zu Mahādeva

Sūta sagte: O ihr Rishis, schließlich machten sich Indra und die anderen Devas zusammen mit Brahmā auf den Weg zu Mahādeva um bei ihm Zuflucht zu nehmen. Sie verneigten sich vor ihm, dem Deva der Devas, der den Mond auf seiner Stirn trägt, und sangen ihm süße und herrliche Lobeshymnen: O du oberster Führer der Heerscharen der Götter, dein sei der Sieg! O du, dessen Lotusfüßen Umā hingebungsvoll dient, dein sei der Sieg! O du, der du deinen Verehrern die acht Siddhis und Vibhūtis verleihst, dein sei der Sieg! O du, der du den stillen Hintergrund des großen dramatischen Tanzes der unüberwindlichen Māyā verkörperst, du bist in deinem innersten wahren Wesen das allerhöchste Bewusstsein. Du reitest auf deinem Reittier, dem Büffel und wohnst in Kailāsha. Du bist der Herr über alle Devas. O du, dessen Schmuck aus Schlangen besteht, der du selbst hoch geehrt bist und anderen Ehre verleihst, o du, der Ungeborene, der zugleich alle Formen und Gestalten umfasst, o Shambhu, der du dich stets an deinem eigenen Selbst erfreust, dein sei der Sieg! O du, der Gebieter über all deine Begleiter, o Girīsha, o Verleiher gewaltiger Kräfte, der du von Mahā Vishnu gepriesen wirst; o du, der im Herzenslotus von Vishnu lebt und der stets tief in Mahā-Yoga versunken ist – Verehrung dir!

O du, der durch Yoga erkannt werden kann und der selbst der reine Yoga in Person ist, o Herr des Yoga, wir verneigen uns ehrerbietig vor dir. Du schenkst den Yogis die Früchte des Yoga. O Herr und Retter der Hilflosen, o Verkörperung des Ozeans der Barmherzigkeit, o Heiler der Kranken, o Allmächtiger, o du, der alle drei Gunas – Sattva, Rajas und Tamas – in sich fasst, o du dessen Wahrzeichen der Bulle ist, der Dharma verkörpert – du bist wahrlich die große Kāla (Zeit) selbst und der Herr über die Zeit. Verehrung dir!

Als der Herr der Devas, dessen Wahrzeichen der Bulle ist und der die in den Opfern dargebrachten Gaben in Empfang nimmt, so von den Göttern gepriesen wurde, sprach er lächelnd mit tiefer Stimme zu ihnen: O ihr glanzreichen Devas, Bewohner der Himmelswelt, ich bin erfreut über die Lobpreisungen, die ihr mir vorgetragen habt und ich werde euer aller Wünsche erfüllen.

Die Devas sagten: O Herr über die Devas, o Girīsha, dessen Stirn der Mond ziert, o Wohltäter der in Not Geratenen, o Mächtiger, bitte tue uns Gutes! O du Sündloser, der Berg Bindhya wurde von Eifersucht gegenüber dem Berg Sumeru ergriffen; er hat sich hoch in den Himmel erhoben und den Lauf der Sonne blockiert und bereitet allen dadurch großen Kummer. O du Wohltäter aller Wesen, o Īshāna, bitte stutze diesen Berg, der sich unmäßig hoch erhoben hat!

Wie sollen wir die Zeiten einteilen, wenn der Lauf der Sonne angehalten wurde! Wenn das Wissen über den rechten Zeitpunkt verloren gegangen ist, sind die Opfer an die Devas und die Darbringungen an die Pitris so gut wie völlig zuschanden geworden.

O Deva, wer soll uns nun beschützen? Du bist für uns und für all die Wesen, die jetzt voller Panik sind, der Zerstörer unserer Furcht. O Deva, o Herr von Girīsha, bitte sei uns gnädig gewogen!

Shrī Bhagavān sagte: O ihr Devas, es liegt nicht in meiner Macht, den Bindhya-Berg zu stutzen. Lasst uns zum Gemahl der Ramā gehen und ihm unsere Verehrung erweisen. Er ist unser Herr, dem Verehrung gebührt. Er ist Govinda, Bhagavān Vishnu, die Ursache aller Ursachen. Wir wollen zu ihm gehen, ihm von unseren Sorgen berichten und er wird sie gewiss beseitigen.

Als Indra, Brahmā und die anderen Devas diese Worte von Girīsha gehört hatten, machten sie sich mit Mahādeva an der Spitze vor Furcht zitternd auf den Weg nach Vaikuntha.

Hier endet im zehnten Buch des Shrimad Devī Bhāgavatam, des Mahāpurānam von 18.000 Versen von Maharishi Veda Vyāsa, das vierte Kapitel: Die Devas begeben sich zu Mahādeva.

Kapitel 5
Die Devas suchen Vishnu auf

Sūta sagte: Als die Devas Vaikuntha erreichten und dort den Gemahl der Lakshmī erblickten, den Deva der Devas, den Lehrer des ganzen Universums, dessen Augen in ihrer Schönheit voll erblühten Lotusblumen glichen und der in herrlichem Glanze erstrahlte, begannen sie ihn mit vor intensiven Gefühlen der Hingabe stockenden Stimmen wie folgt zu preisen: Sieg dem erhabenen Vishnu, dem Gemahl der Ramā! Du existiert noch vor dem Virāt Purusha. O Feind der Daityas, der du in allen Wesen die Wünsche erzeugst und allen die Erfüllung ihrer Wünsche gewährst, o Govinda, du bist der große kosmische Eber und all die großen Opfer sind Teil deines eigenen Wesens.

O Mahā Vishnu, o Herr über das Dharma, du bist die Ursache des Ursprungs dieses Universums. Du hast einst in deiner Inkarnation als kosmischer Fisch der Erde geholfen, indem du die Veden rettetest.

O Satyavrata in Gestalt des kosmischen Fisches, wir verneigen uns ehrerbietig vor dir!

O Feind der Daityas, o Ozean der Barmherzigkeit, der aus reiner Gnade die Handlungen der Devas ausführt und ihnen hilft. O Gott, der du dich einst als kosmische Schildkröte verkörpert hast, du gewährst den Wesen ewige Befreiung. Verehrung dir!

O Vishnu, der du einstmals die Gestalt des kosmischen Ebers annahmst, um Jaya und andere Daityas zu vernichten und die Erde aus den Gewässern emporzuheben, Verehrung dir!

Du hast einst in der Nrisimha Mūrti die Halb-Mensch- und Halb-Löwen-Gestalt angenommen und mit deinen Krallen den Asuraherrscher Hiranya Kashipu in Stücke gerissen, der so stolz auf die von ihm erlangte Wunschgabe war. Wir verneigen uns vor dir, Verehrung dir!

In deiner Inkarnation als Zwerg hast du den Asurakönig Bali überlistet, der durch die Erlangung der Herrschaft über die drei Welten größenwahnsinnig geworden war.

Wir verneigen uns vor dir, der du in deiner Inkarnation als Parashu Rāma den tausendköpfigen Kārta Vīryāryuna und andere grausame und böse Kshatriyas erschlagen hast. Verehrung und abermals Verehrung dir, der du damals aus dem Leib von Renukā als Sohn des Jamadagni geboren wurdest.

Verehrung dir, der du in deiner Rāma-Inkarnation als unübertrefflich mächtigarmiger und tapferer Sohn des Dasharatha zur Welt kamst und die Köpfe des grausamen Rākshasas Rāvana, des Sohnes von Pulastya, abschlugst.

Wir verneigen uns wieder und wieder vor dir, dem großen Herrn der Welten, der du in deiner Inkarnation als Krishna die Erde aus den Fängen der bösartigen Könige wie Duryodhana, Kamsa und anderer befreitest und das Dharma wiederherstelltest, indem du die zu dieser Zeit allgemein vorherrschenden falschen und schädlichen Vorstellungen und Lebensprinzipien beseitigtest.

Wir verneigen uns vor dir in deiner Inkarnation als Buddha, in der du auf der Erde erschienst, um dem Schlachten unschuldiger Tiere und der Durchführung pervertierter Opferzeremonien Einhalt zu gebieten.

Verehrung dir, dem höchsten Gott. Wenn in der Zukunft fast alle Menschen zu Mlechchas (fleischessenden Barbaren) geworden sind, die von grausamen und bösartigen Herrschern gnadenlos unterdrückt werden, dann wirst du dich selbst erneut inkarnieren und in der Gestalt von Kalki alle Missstände auf Erden beseitigen. Wir verneigen uns vor dir in deiner Manifestation als Kalki!

O Deva, dies sind deine zehn großen Inkarnationen, die du annimmst, um deine Verehrer zu beschützen und die bösartigen Daityas zu töten. Daher wirst du zu Recht als der große Erlöser von all unserem Kummer bezeichnet.

O Devadeva, dein sei der Sieg! Du bist der Gott, der die Gestalt von Frauen und von Wasser angenommen hat, um die Leiden deiner Verehrer zu beseitigen. Wer außer dir könnte so freundlich und liebevoll sein, o du Ozean an Barmherzigkeit!

O ihr Rishis, als die Heerscharen der Devas mit diesen Worten den in gelbe Gewänder gekleideten Vishnu gepriesen hatten, verneigten sie sich vor ihm, indem sie mit acht Gliedmaßen den Boden berührten.

Als Vishnu Gadādhara ihre Lobeshymnen vernommen hatte, erfreute er sie mit folgenden Worten.

Shrī Bhagavān sprach: O ihr Devas, ich bin erfreut über eure Hymne. Macht euch keine Sorgen, ich werde all euren unerträglichen Kummer beseitigen. O ihr Devas, ich bin sehr erfreut über die Lobeshymnen, die ihr mir dargebracht habt. Nun erbittet euch Wunschgaben von mir. Ich werde eure Wünsche erfüllen, selbst wenn es äußerst schwer erscheinen mag.

Jeder, der früh am Morgen aufsteht und voller Hingabe dieses von euch vorgetragene Stotra rezitiert, wird niemals Problemen oder Kummer begegnen. O ihr Devas, weder Armut noch üble Vorzeichen, weder Vetālas (Gespenster) noch Planeten oder Brahmā Rākshasas oder irgendwelches Unglück werden ihm jemals etwas anhaben können. Keine Krankheit, ob sie nun von Vāta-, Pitta- oder Kapha-Störungen herrührt und auch kein vorzeitiger Tod wird über ihn kommen. Seine Familie wird nicht ausgelöscht werden und er wird sein Leben in fortdauernder Freude verbringen.

O ihr Devas, diese Hymne vermag alles zu geben. Beides – weltliche Freuden und spirituelle Freiheit – können durch sie mühelos erlangt werden. Daran gibt es keinerlei Zweifel. Nun sagt mir, was euer Problem ist. Ich werde es sogleich lösen. Daran kann nicht der geringste Zweifel bestehen.

Die Devas freuten sich sehr, als sie diese Worte des Shrī Bhagavān hörten, und wandten sich dann erneut an Shrī Vishnu.

Hier endet im zehnten Buch des Shrimad Devī Bhāgavatam, des Mahāpurānam von 18.000 Versen von Maharishi Veda Vyāsa, das fünfte Kapitel: Die Devas suchen Vishnu auf.

Kapitel 6
Die Devas flehen den Muni Agastya um Hilfe an

Sūta sagte: O ihr Rishis, als die Devas die Worte des Gemahls der Lakshmī hörten, freuten sie sich alle und sprachen zu Vishnu.

Die Devas sagten: O Deva der Devas, o Mahā Vishnu, o Schöpfer, Erhalter und Zerstörer des Universums. O Vishnu, der Berg Bindhya hat sich hoch aufgerichtet und den Lauf der Sonne unterbrochen. Daher sind alle Aktivitäten auf der Erde zum Erliegen gekommen und wir empfangen nicht mehr unseren Anteil aus den Opferhandlungen. Wir wissen jetzt nicht mehr, wohin wir gehen und was wir tun sollen.

Shrī Bhagavān sprach: O ihr Devas, in Benares weilt derzeit der unermesslich energievolle Muni Agastya und widmet sich dort dem

Dienst an der uranfänglichen Shakti, der Erschafferin des Universums. Einzig und allein dieser Muni vermag die unnatürliche Ausdehnung des Bindhya-Berges zu beenden. Daher solltet ihr euch alle zu dem von feuriger Energie erfüllten Dvija Agastya nach Benares begeben – zu jener höchsten Stätte, an der die Menschen Nirvāna erlangen – und ihn dort um seine Hilfe anflehen.

Sūta sagte: O ihr Rishis! Die Devas waren sehr erfreut über diesen Rat von Vishnu. Sie verabschiedeten sich ehrerbietig von ihm und begaben sich in die Stadt Benares. Innerhalb eines Augenblickes hatten sie Benares erreicht. Dort badeten sie, widmeten sich Zeremonien der Verehrung, brachten den Pitris Tarpanas dar und verteilten wohltätige Spenden. Dann begaben sie sich in das herrliche Āshram des Muni Agastya.

Im Bereich der Einsiedelei tummelten sich zahlreiche vierbeinige Tiere. Inmitten von unterschiedlichen Bäumen hielten sich dort Pfaue, Reiher, Gänse, Chakravākas und zahlreiche andere Vögel auf sowie Tiger, Wölfe, Rehe, Wildschweine, Nashörner, junge Elefanten, Antilopen und andere Tierarten. Obwohl auch wilde, fleischfressende Tiere unter ihnen waren, gab es an diesem Ort keinerlei Furcht und alles bot einen überaus harmonischen und schönen Anblick. Die Devas traten vor den Muni, fielen ihm zu Füßen und verneigten sich wieder und wieder vor ihm. Dann trugen sie ihm Hymnen vor.

Die Devas sagten: O Herr der Dvījas, o hochgeehrter und verehrungswürdigster Muni, dein sei der Sieg!

Du wurdest aus einem Wasserkrug geboren. Du bist der Vernichter des Asura Vātāpi. Verehrung dir!

In dir, dem Sohn von Mitrāvaruna, ist Shrī (glanzvolle Freude) in Fülle. Du bist der Gemahl von Lopāmudrā. Du bist die Heimstatt allen Wissens. Du bist der Ursprung aller vedischen Schriften. Verehrung dir!

Wenn du aufgehst (als der Stern Canopus), werden die Gewässer des Ozeans klar und leuchtend. Verehrung dir! Bei deinem Aufgang erblühen die Kāsha-Blumen. Dein Kopf ist mit dem verfilzten Schopf eines Asketen geziert und du lebst stets mit deinen Schülern zusammen. Shrī Rāma Chandra ist einer deiner bedeutenden Schüler.

O großer Muni, du verdienst den Lobpreis seitens aller Devas. O Bester von allen, o Schatzhaus aller guten Eigenschaften, o erhabener Muni, wir verneigen uns vor dir und deiner Gemahlin Lopāmudrā!

O Herr, o überaus Energievoller, wir alle werden durch die übermäßige Ausdehnung des Bindhya-Berges von großen Qualen heimgesucht und daher nehmen wir Zuflucht zu dir. Bitte sei uns gnädig gewogen.

Als der überaus tugendhafte Muni Agastya, der Zweifachgeborene, so von den Göttern gepriesen worden war, lächelte er und sprach wohlwollend zu ihnen: O ihr Devas, ihr seid die Herrscher über die drei Welten, steht über allen, seid erhaben und die Bewahrer der Welten. Wie es euch gefällt, vermögt ihr Gunst oder Ungunst zu erweisen und alles zu vollbringen. Und vor allem habt ihr euren Indra, den Herrscher über die Himmelswelten, der den Donnerkeil als Waffe trägt und dem die acht Siddhis, die höheren Geisteskräfte, jederzeit zu Diensten sind, als Herrscher der Devas unter euch. Was kann es geben, das er nicht zu tun vermag?

Dann ist da noch Agni, der Allesverbrenner, der stets die Opfergaben zu den Göttern und den Ahnen emporträgt und der der Mund der Götter ist. Gibt es irgendetwas, das er nicht zu vollbringen vermag?

O ihr Devas, darüber hinaus ist auch noch Yama unter euch, der Gebieter über die Rākshasas, der Zeuge aller Handlungen, der stets überaus schnell den Missetätern ihre Strafen zukommen lässt, der Yama Rāja von schrecklichem Anblick. Was kann es geben, das er nicht zu tun vermag?

Dennoch, o ihr Devas, wenn ihr irgendetwas zu tun beabsichtigt, zu dem mein Mitwirken erwünscht ist, so bin ich gern dazu bereit und werde es ganz zweifellos tun.

Als die Devas diese Worte des Munis hörten, wurden sie sehr glücklich und trugen voller Freude ihr Anliegen vor: O Maharishi, der Bindhya-Berg hat sich zu gewaltiger Höhe ausgedehnt und hält den Lauf der Sonne auf ihrer Himmelsbahn auf. Das gesamte Universum vereint sich in einem Aufschrei des Leidens und der Verzweiflung und die drei Welten stehen am Rande der Vernichtung.

O Muni, was wir uns wünschen, ist dies: Dass du durch die Macht deiner Askese (tapas) die übermäßige Höhe des Bindhya-Berges zurechtstutzen mögest.

O Agastya, ganz gewiss vermagst du durch die feurige Energie, die du durch deine Askese angesammelt hast, den Berg zu erniedrigen und in seine Schranken zu weisen. Dies ist unser aller Wunsch.

Hier endet im zehnten Buch des Shrimad Devī Bhāgavatam, des Mahāpurānam von 18.000 Versen von Maharishi Veda Vyāsa, das sechste Kapitel: Die Devas flehen den Muni Agastya um Hilfe an.

Kapitel 7
Wie die übermäßige Erhebung des Berges Bindhya korrigiert wurde

Sūta sagte: Nachdem Agastya, der beste aller Brahmanen, diese Worte der Devas gehört hatte, versprach er sich ihrer Sache anzunehmen. O ihr Rishis, alle Devas waren hocherfreut, als der Muni, der aus einem Wasserkrug geboren wurde, dieses Versprechen gegeben hatte. Sie sagten ihm Lebewohl und kehrten dann voller Freude in ihre Heimstätten zurück.

Der Muni aber sprach zu seiner Ehefrau Lopāmudrā die folgenden Worte: O Königstochter, der Bindhya-Berg hat den Lauf der Sonne angehalten und dadurch großes Unheil heraufbeschworen.

Wenn ich darüber nachdenke, wie diese Unruhe in mein Leben treten konnte, so fällt mir ein, was die Seher der Wirklichkeit zuvor in Bezug auf Kāshī gesagt haben. Sie sagten, dass sich einem Sādhu, der sich dauerhaft in Kāshī niederlassen will, bei jedem seiner Schritte zahlreiche Hindernisse in den Weg stellen würden. Wer Mukti, den Zustand ewiger Freiheit, erlangen will, sollte niemals Kāshī verlassen, den Avimukta-Ort schlechthin. Aber, o Liebe, heute hat sich mir nun ein Hindernis für meinen Aufenthalt in Kāshī in den Weg gestellt.

Nachdem der Muni voller Kummer noch weiter mit seiner Ehefrau über verschiedene Themen gesprochen hatte, nahm er ein Bad im Manikarnikā Ghāt, erschaute den Herrn Vishveshvara, verehrte Dandapānī und begab sich dann zu Kāla Bhairava, zu dem er Folgendes sagte: O mächtigarmiger Kālabhairava, du vernichtest die Furcht deiner Verehrer. Du bist der Gott dieser Stadt Kāshī. Warum nur vertreibst du mich nun aus diesem Kāshīdhām.

O Herr, für deine Verehrer beseitigst du ja alle Hindernisse und beschützt sie. Warum, o Vernichter des Kummers deiner Bhaktas, vertreibst du mich dann von hier?

Ich habe niemals schlecht über andere gesprochen, noch habe ich irgendjemandem gegenüber Heuchelei betrieben oder gelogen. Wegen welcher Sünde vertreibst du mich dann hier aus Kāshī?

O ihr Rishis, nachdem der aus einem Wasserkrug geborene Muni Agastya, der Gemahl der Lopāmudrā, so zu Kāla Bhairava gebetet hatte, begab er sich zu Sākshi Ganesha, dem Vernichter allen Übels. Nachdem er ihn verehrt und ihn geschaut hatte, verließ der Agastya Kāshī in Richtung Süden.

Der Muni, der Ozean segensreicher Fülle, verließ Kāshī zusammen mit seiner Ehefrau, aber es bereitete ihm großen Kummer, diese Stadt zu verlassen und er dachte immerfort an sie.

Gleichsam auf dem Fahrzeug seines Askesereichtums dahingleitend kam er innerhalb eines Augenblickes am Berg Bindhya an und sah, dass der Berg sich zu gewaltiger Höhe emporgereckt hatte und so den Himmelspfad der Sonne blockierte.

Als der Berg Bindhya den Muni Agastya vor sich sah, begann er zu erzittern und – als ob er gleichsam der Erde etwas vertraulich zuflüstern wollte – machte sich zwergenhaft klein, indem er sich tief vor dem Muni verneigte und sich vor ihm auf die Shashtānga-Weise (mit acht Gliedmaßen den Boden berührend) flach wie ein Stock zu Füßen warf.

Der Muni Agastya war erfreut, den Berg Bindhya in dieser niederen Haltung vor sich zu sehen und sprach mit einem Ausdruck des Wohlwollens zu ihm:

O mein Kind, du verharrst am besten in dieser Stellung, bis ich wiederkomme, denn, mein Kind, ich wäre ganz und gar nicht in der Lage dazu, deine luftigen Höhen zu erklimmen.

Mit diesen Worten machte der Muni sich auf den Weg Richtung Süden. Nachdem er den Gipfel des Bindhya überquert hatte, stieg er Schritt für Schritt in die Ebene dahinter hinab. Er ging immer weiter nach Süden, wo er den Berg Shrī Shaila erblickte und gelangte schließlich zum Malayāchala, wo er seine Einsiedelei (āshram) errichtete und sich niederließ.

O Shaunaka, die Devī Bhagavatī, die von dem Muni verehrt wurde, begab sich dann zum Bindhya-Berg und ließ sich dort nieder – und so wurde sie in den drei Welten unter dem Namen Bindhyavāsinī bekannt.

Sūta fuhr fort: Jeder, der diese wunderbar reine Erzählung über den Muni Agastya und den Berg Bindhya hört, wird von allen Sünden befreit und alle seine Feinde werden augenblicklich vernichtet. Das Anhören dieser Geschichte verleiht den Brahmanen Wissen, den Kshatriyas Sieg, den Vaishyas eine Fülle an Reichtum und Getreide und den Shūdras Sinnesfreuden.

Wer diese Geschichte hört, erlangt Dharma, wenn ihn nach Dharma verlangt, erlangt unermesslichen Reichtum, wenn er Reichtum begehrt und vollkommene Wunscherfüllung, wenn er nach Wunscherfüllung trachtet. Vor Zeiten hat einst Svāyambhuva Manu voller Hingabe die Devī verehrt und dadurch die Herrschaft über den Zeitraum seines Manvantara erlangt.

O Shaunaka, somit habe ich dir von dem heiligen Wesen der Devī in diesem Manvantara berichtet. Was soll ich sonst noch erzählen? Sprich.

Hier endet im zehnten Buch des Shrimad Devī Bhāgavatam, des Mahāpurānam von 18.000 Versen von Maharishi Veda Vyāsa, das siebte Kapitel: Wie die übermäßige Erhebung des Berges Bindhya korrigiert wurde.

Kapitel 8
Der Ursprung von Manu

Shaunaka sagte: O Sūta, du hast den wunderbaren Bericht über den ersten Manu Svāyambhuva vorgetragen. Nun sei bitte so freundlich und berichte von der Geschichte der anderen überaus energievollen, göttergleichen Manus.

Sūta sprach: O ihr Rishis, nachdem der hochweise Nārada, der im Wissen der Shrī Devī bestens bewandert ist, den Bericht über den ruhmreichen Charakter des ersten Svāyambhuva Manu vernommen hatte, entstand in ihm der Wunsch, auch von den anderen Manus zu hören und er sagte zu dem ewigen Nārāyana: O Deva, nun mache mir bitte die Freude und berichte mir von der Herkunft und dem Leben der anderen Manus.

Nārāyana sprach: O Devarishi, über den ersten Manu habe ich dir bereits alles erzählt. Er verehrte die Devī Bhagavatī und erlangte so sein vollkommen von Feinden freies Königreich. Dies weißt du also bereits.

Manu hatte zwei heldenhafte Söhne: Priyavrata und Uttānapāda. Sie regierten ruhmvoll ihre Königreiche.

Sein Sohn Priyavrata von unbesiegbarem Heldenmut ist unter den Weisen als der zweite Svārochisa Manu bekannt. Von allen Wesen geliebt erbaute dieser Svārochisa Manu seine Einsiedelei nahe den Ufern der Kālindī auf, errichtete ein irdenes Abbild der Devī

Bhagavatī und verehrte voller Hingabe die Devī, während er sich einer strengen Askese unterwarf und sich ausschließlich von trockenen Blättern ernährte.

Auf diese Weise verbrachte er zwölf Jahre in jenem Wald, bis schließlich die Devī, im Glanze von tausend Sonnen erstrahlend, vor ihm erschien. Sie war sehr erfreut über seine Hymnen der Hingabe an sie. Die Devī, die Retterin der Devas, die Verkörperung guter Gelübde, gewährte ihm unbestrittene Herrschaft über ein ganzes Manvantara (ein Manvantara entspricht dreihundertsechs Millionen und siebenhundertzwanzigtausend Jahren auf der Erde) und dadurch wurde die Devī unter dem Namen Tārinī Jagaddhātrī berühmt.

O Nārada, so erlangte Svārochisa durch seine Verehrung der Devī seine sichere Herrschaft über ein von Feinden freies Reich. Er etablierte pflichtgemäß das Dharma auf Erden, erfreute sich zusammen mit seinen Söhnen seines Königreiches und ging dann am Ende des Manvantaras in die Himmelswelten ein.

Priyavratas Sohn Uttama wurde der dritte Manu. Er praktizierte drei Jahre lang an einem abgelegenen Ort Tapasyā an den Ufern der Gangā, wiederholte das Vāgbhava-Bīja-Mantra und erlangte so den Segen und die Gunst der Devī.

Er verehrte die Devī mit ekstatischer Hingabe und unabgelenktem Geist und erlangte von ihr als Gabe ein von Feinden freies Königreich und eine ununterbrochene Abfolge von Söhnen und Enkeln. Nachdem er die Freuden der Königsherrschaft und die segensreichen Gaben des Yuga Dharma genossen hatte, ging er schließlich in die herrliche Stätte ein, die von den allerbesten Rājarishis erlangt wird – wahrlich ein überaus mit Glück gesegnetes Leben.

Priyavratas anderer Sohn namens Tamasa wurde der vierte Manu. Er widmete sich am südlichen Ufer des Flusses Narmadā der Askese, wiederholte dort das Kāma-Bīja-Mantra, das spirituelle Passwort von Kāma und verehrte die Weltenmutter. Im Frühling und im Herbst vollzog er das Navarātri-Gelübde und erlangte die Gunst der Devī, indem er hingebungsvoll die herrliche lotusäugige Deveshī verehrte.

Als er die Gnade und Gunst der Devī erlangt hatte, chantete er ihr ausgezeichnete Hymnen und vollzog Pranāms (Verehrung der Lotusfüße der Devī).

Dann erfreute er sich frei von Furcht, Feinden oder Widrigkeiten irgendwelcher Art seines weithin ausgedehnten Königreiches. Er zeugte seiner Ehefrau zehn Söhne, die allesamt überaus kraftvoll und mächtig waren, und stieg dann in die herrlichen Himmelswelten auf.

Raivata, der jüngere Bruder von Tamasa, wurde der fünfte Manu. Er praktizierte am Ufer der Kālindī eine harte Askese und wiederholte dort das Kāma-Bīja-Mantra – das spirituelle Passwort von Kāma, die Zuflucht der Sādhakas (der spirituellen Aspiranten), welches die höchste Macht der Sprache und sämtliche Siddhis zu schenken vermag, – und verehrte auf diese Weise die Devī.

Dadurch erlangte er die herrliche Himmelswelt, unermessliche Kraft, ungefährdete Königsmacht, ungestörten Erfolg sowie eine ununterbrochene Reihe von Söhnen und Enkeln.

Dann etablierte der unvergleichlich ruhmreiche Held Raivata Manu die verschiedenen Aspekte des Dharma auf der Erde, genoss alle irdischen Freuden in Fülle und ging dann in Indras herrliche Himmelswelt ein.

Hier endet im zehnten Buch des Shrimad Devī Bhāgavatam, des Mahāpurānam von 18.000 Versen von Maharishi Veda Vyāsa, das achte Kapitel: Der Ursprung von Manu.

Kapitel 9
Der Bericht über Chākshusha Manu

Nārāyana sagte: O Nārada, ich will dir nun von der höchsten Herrlichkeit der Devī berichten und dir die Geschichte erzählen, wie Manu, der Sohn des Anga, durch seine Verehrung der Devī Bhagavatī ein ausgezeichnetes Königreich erlangte.

Der Sohn von König Anga namens Chākshusha wurde der sechste Manu.

Eines Tages begab er sich zu dem Brahmārishi Pulaha, nahm zu ihm Zuflucht und sagte: O Brahmārishi, du beseitigst ja allen Kummer und alles Leid derjenigen, die zu dir Zuflucht genommen haben und ich nehme nun Zuflucht zu dir. Bitte gib deinem ergebenen Diener einen Rat, wie er zum Herrn über unermessliche Reichtümer werden kann.

O Muni, was kann ich tun, damit ich die alleinige und unumschränkte Herrschaft über diese Welt erlange? Wie soll ich meine Waffen so herrichten und benutzen, dass niemand ihnen widerstehen kann? Wie kann ich eine ununterbrochene Reihe von Nachkommen hervorbringen und wie kann ich erreichen, dass ich stets jung bleibe und niemals gebrechlich werde? Und wie kann ich am Ende ewige Befreiung erlangen? O Muni, bitte sei so freundlich, tue mir Gutes und belehre mich über diese Themen.

Als der Muni dies gehört hatte, wollte er, dass der König die Devī verehrt und sagte: O König, höre aufmerksam zu, was ich dir heute sage: Verehre noch heute die all-segensreiche Shakti. Durch ihre Gnade werden sich alle deine Wünsche erfüllen.

Chākshusha sagte: O Muni, wie sieht diese heilige Verehrung der Shrī Bhagavatī aus? Wie soll ich sie durchführen? Bitte sei so freundlich und beschreibe mir das in allen Einzelheiten.

Der Muni sprach: O König, ich werde dir nun alles über die ausgezeichnete Pūja der Devī Bhagavatī enthüllen. Höre.

Du sollst stets das Samenmantra der Vāgbhava (Göttin der Sprache, Mahā Sarasvatī) wiederholen. Wenn man dreimal täglich Japam (stille Wiederholung) des Vāgbhava Bīja ausführt, erlangt man beides: ein Höchstmaß an weltlichen Freuden (bhukti) und schließlich Befreiung (mukti).

O Sohn eines Kshatriyas, es gibt kein besseres Bīja-Mantra als dieses der Devī Vāk. Durch das Japam dieses Bīja-Mantras nehmen Mut und Stärke zu und alle Arten von Erfolg (siddhi) stellen sich ein.

Durch dieses Japam ist Brahmā so mächtig und wurde zum Schöpfer des Universums, erhält Vishnu die Welt und wurde Maheshvara zum Zerstörer der Welten.

Die anderen Dikpālas, die Gebieter über die Weltgegenden, und die anderen Siddhas sind durch die Macht dieses Mantras zu großer Macht gelangt und dazu befähigt worden, anderen ihre Gunst oder Ungunst zu erweisen. Daher, o König, sollst auch du die Devī der Devas, die Weltenmutter, verehren und schon bald wirst du der Herr unermesslicher Reichtümer sein. Daran besteht keinerlei Zweifel.

O Nārada, auf diesen Rat des Rishi Pulaha hin begab sich der Sohn des Königs Anga an das Ufer des Flusses Virajā, um sich dort der Askese zu widmen. Der König Chākshusha widmete sich dort mit ungeteilter Aufmerksamkeit dem Japam des Vāgbhava-Bīja-Mantras und betrieb eine strenge Askese, wobei er als Nahrung ausschließlich die zu Boden gefallenen Blätter der Bäume zu sich nahm.

Im ersten Jahr seiner Askese nahm er Blätter zu sich, im zweiten Jahr trank er nur noch Wasser und im dritten Jahr ernährte er sich nur noch von Atemluft und stand unbeweglich wie eine Säule da.

Zwölf Jahre lang nahm er dann keine Nahrung mehr zu sich. Er setzte unbeirrt das Japam des Vāgbhava-Mantras fort und sein Herz und Geist wurden mehr und mehr geläutert. Als er ganz allein in der Meditation des Devī-Mantras da saß, erschien plötzlich vor ihm die Parameshvarī, die Weltenmutter, die Verkörperung von Lakshmī, der Fülle des Glücks. Die höchste Göttin, die Inkarnation der Fülle des

Feuers der Unbesiegbarkeit und die Verkörperung aller Devas, sprach dann voller Wohlwollen die folgenden süßen Worte zu Chākshusha, dem Sohn des Anga: O Herrscher über die Erde, ich bin erfreut über dein Tapasyā. Wünsche dir nun, was immer du möchtest und ich werde es dir gewähren.

Chākshusha sagte: O Göttin, die von allen Devas verehrt wird, o Gebieterin über den Deva der Devas. Du herrschst über alles von innen her. Du herrschst über alles von außen her. Du weißt ja alles, was ich als Wunsch in meinem Herzen trage. Aber, o Devī, wenn ich schon so vom Glück gesegnet bin, dass ich dich vor mir sehe, dann sage ich: Bitte gewähre mir die Königsherrschaft für den Zeitraum eines Manvantara.

Die Devī sprach: O bester aller Kshatriyas, ich gewähre dir für ein Manvantara die Königsherrschaft über die ganze Welt. Du wirst viele Söhne haben, die wahrlich allesamt sehr kraftvoll und mit guten Eigenschaften gesegnet sein werden. Dein Königreich wird unbehelligt sein von jeglicher Gefahr und schließlich wirst du ganz gewiss Befreiung (mukti) erlangen.

Nachdem Manu die Devī von tiefer Hingabe erfüllt gepriesen hatte, verschwand sie vor seinen Augen.

Durch die Gnade der Devī erfreute der sechste Manu sich seiner Herrschaft über die Erde und anderer Genüsse und wurde der beste aller Manus. Seine Söhne wurden ebenfalls Verehrer der Devī; sie waren überaus mächtig und kundig, wurden von allen hoch geehrt und erfreuten sich ihrer Königsherrschaft.

Nachdem Chākshusha Manu so durch seine Verehrung der Devī die Oberherrschaft über die Erde erlangt hatte, wurde er schließlich eins mit den heiligen Füßen der Devī.

Hier endet im zehnten Buch des Shrimad Devī Bhāgavatam, des Mahāpurānam von 18.000 Versen von Maharishi Veda Vyāsa, das neunte Kapitel: Der Bericht über Chākshusha Manu.

Kapitel 10
Die Geschichte über König Suratha

Nārāyana sprach: Der siebente Manu war dann der erhabene Herr, seine Exzellenz Vaivasvata Manu Shraddhā Deva, der von allen Königen geehrt wurde und sich der höchsten Seligkeit erfreute. Auch er führte eine strenge Askese zu Ehren der höchsten Devī durch und erlangte durch ihre Gnade ein Manvantara lang die Oberherrschaft über die Erde.

Der achte Manu war der Sohn der Sonne, der unter dem Namen Sāvarni bekannt ist. Diese große Persönlichkeit wurde von allen Königen geehrt. Er war freundlich, geduldig und mächtig. König Sāvarni hatte bereits in seinem vorherigen Leben die Devī verehrt und erlangte durch ihre Gnade die Königsherrschaft über ein Manvantara.

Nārada sagte: O Bhagavān, wie verehrte der Sāvarni Manu in seinem vorherigen Leben das irdene Bildnis der Devī? Bitte berichte mir darüber.

Nārāyana sprach: O Nārada, zur Zeit des Svārochisa Manu war dieser achte Manu ein berühmter Herrscher namens Suratha, der in der Dynastie von Chaitra geboren wurde und sehr mächtig war.

Er verstand es, gute Taten zu belohnen, war ein Meister der Kunst des Bogenschießens, sammelte unermessliche Reichtümer an und spendete großzügig. Er war überaus großherzig, ein gefeierter Dichter und wurde von allen hoch geehrt. Er war mit allen Aspekten der Kriegführung und Waffenkunde bestens vertraut und ein unbesiegbarer Zerschmetterer seiner Feinde.

Einstmals geschah es, dass mächtige Feinde die Stadt Kolā zerstörten, die dem edlen König gehörte. Danach belagerten sie mit Erfolg seine Hauptstadt, in der er sich aufhielt. Daraufhin zog König Suratha, der Sieger über alle seine Feinde, gegen seine Widersacher in den Kampf – aber er wurde von ihnen besiegt. Die Minister des

Königs nutzten diese Gelegenheit dazu, ihm alle seine Reichtümer zu rauben. Der glanzvolle König verließ daraufhin unter dem Vorwand, an einem Spiel teilnehmen zu wollen, ganz allein auf seinem Pferd die Stadt und ritt wie von Sinnen in der Gegend umher.

Schließlich gelangte der König zu der Einsiedelei des Muni Sumedhā, der die Fähigkeit (siddhi) besaß, in seinem Geist weit entfernte Dinge zu schauen.

Es war ein wunderschöner, von Stille erfüllter Āshram, der von friedfertigen, sanften Tieren und den Schülern des Muni bevölkert war. In dieser heiligen Einsiedelei wurde dem König das Herz leichter und er begann dort zu leben.

Eines Tages, als der Muni gerade seine heiligen Tätigkeiten der Verehrung beendet hatte, ging der König zu ihm, begrüßte ihn ehrerbietig und trug ihm demütig sein Anliegen vor.

Der König sagte: O Muni, ich leide großen seelischen Schmerz. O Gott auf Erden, warum leide ich so sehr, als wenn ich ein ganz unwissender Mensch wäre, obwohl ich doch reich an Wissen bin? Warum ist mein Geist, nachdem ich von meinen Feinden besiegt wurde, voller Mitgefühl denen gegenüber, die mir mein Königreich geraubt haben?

O bester aller Vedenkenner, was soll ich jetzt nur tun? Wohin soll ich gehen? Wie kann ich wieder glücklich werden? Bitte sage mir das, o Muni, ich bin nun ganz und gar von deiner großmütigen Gnade abhängig!

Der Muni antwortete: O Herr der Erde, vernimm denn von der unermesslich wundervollen Herrlichkeit der Devī, die ihresgleichen sucht. Sie allein vermag alle Wünsche zur Frucht zu bringen. Sie, die Mahā Māyā, ist diese ganze Welt. Sie ist die Mutter von Brahmā, Vishnu und Mahesha.

O König, erkenne, dass wahrlich sie und nur sie ganz allein es ist, welche die Herzen aller Wesen machtvoll ergreift und sie in vollkommene Dunkelheit des Wahnes und der Täuschung einhüllt. Sie ist allzeit die Schöpferin und Erhalterin des Universums und ebenso, in Gestalt von Hara, seine Vernichtung.

Jene Mahā Māyā bringt den Wünschen aller Wesen Erfüllung und sie kennt man als die unbesiegbare Kālarātri (die Nacht der Zeit). Sie ist Kālī, die Zerstörerin dieses ganzen Universums, und sie ist auch Kamalā, die im Lotus weilt. Wisse, dass diese ganze Welt auf ihr beruht und sich wieder in ihr auflösen wird. Daher ist sie die Allerhöchste und Beste.

O König, du musst wahrlich wissen, dass allein derjenige den Ozean des Wahnes (moha) zu überqueren vermag, der die Gnade der Devī erlangt – niemand kann auf andere Weise diesem anfangslosen Wahn (anādi moha) entkommen.

Hier endet im zehnten Buch des Shrimad Devī Bhāgavatam, des Mahāpurānam von 18.000 Versen von Maharishi Veda Vyāsa, das zehnte Kapitel: Die Geschichte über König Suratha.

Kapitel 11
Die Vernichtung von Madhu Kaitabha

Der König Suratha fragte: O bester aller Zweimalgeborenen, wer ist jene Devī, von der du gerade gesprochen hast? Warum verstrickt sie alle Wesen in Täuschung und Wahn? Mit welcher Absicht tut sie dies? Woraus wurde die Devī geboren? Was ist ihre Gestalt? Was sind ihre Eigenschaften? O Brahmane, bitte sei so freundlich und erkläre mir all dies.

Der Muni sprach: O König, ich werde dir nun die Natur der Devī Bhagavatī beschreiben und dir erklären, warum sie zu bestimmten Zeiten ihre Erscheinungsform manifestiert. Höre.

Vor Zeiten, als Bhagavān Nārāyana, der König der Yogis, auf dem Ozean, auf der kosmischen Schlange Ananta als Bett, in tiefem Schlaf da lag, nachdem er zuvor das Universum zerstört hatte, da gingen aus seinem Ohrenschmalz die monströsen Gestalten der beiden Dānavas

Madhu und Kaitabha hervor. Sie wollten Brahmā töten, der auf dem Lotus ruhte, der aus dem Nabel des Bhagavān hervorgegangen war.

Als der lotusgeborene Brahmā die beiden Daityas Madhu und Kaitabha erblickte und zugleich feststellte, dass Hari fest schlief, wurde er äußerst besorgt und dachte: Der Bhagavān schläft und diese beiden unbezähmbaren Daityas wollen mich töten. Was soll ich jetzt nur tun? Wohin soll ich gehen? Wie kann ich mich aus dieser Lage retten?

O mein Kind, nachdem der erhabene Lotusgeborene sich mit solchen Gedanken herumgequält hatte, kam er plötzlich zu einer praktischen Schlussfolgerung: Ich will nun zu Nidrā Devī, der Göttin des Schlafes, Zuflucht nehmen, zu der Mutter von allen, unter deren machtvollem Einfluss Bhagavān Hari in tiefem Schlaf versunken ist.

Dann begann Brahmā die Devī wie folgt zu preisen: O Devī der Devas, o Erhalterin der Welt, du erfüllst ja die Wünsche deiner hingebungsvollen Verehrer. O All-Segensreiche, du bist das höchste Brahman (para brahmā). Auf deine Anweisung hin gehen alle in ihren jeweiligen Bereichen ihren Tätigkeiten nach.

Du bist Kāla Rātri, die Nacht der Zerstörung. Du bist Mahā Rātri, die große kosmische Nacht. Du bist die furchterregend schreckliche Moha Rātri, die Nacht des Wahnes. Du bist allgegenwärtig und allwissend. Dein Wesen ist Paramānandam, höchste Glückseligkeit. Du wirst als die Große bezeichnet und wirst von allen hoch geehrt und verehrt. Ganz allein bist du in dieser Welt ganz und gar vom Rausch seliger Freude erfüllt. Allein durch Hingabe kann man dich gnädig stimmen.

Du bist die Beste von allem, was existiert und wirst als die Höchste besungen.

Du bist Tushti und Pushti (Zufriedenheit und Sättigung), du bist Kshamā (Vergebung), du bist Kānti (Schönheit) und du bist die Verkörperung der Barmherzigkeit. Du wirst von allen geliebt und von der ganzen Welt verehrt.

Wachen, Traum und tiefer Schlaf sind deine Natur. Du bist die Höchste und du bist die alleinige höchste Gottheit. Höchste Glückseligkeit ist untrennbar mit dir verbunden. Es gibt nichts Anderes als dich allein. Es gibt nur Eines und das bist du – daher wirst du als die Eine bezeichnet.

Und du wiederum wirst Zwei durch die Berührung mit deiner Māyā. Du bist die höchste Zuflucht von Dharma, Artha und Kāma – so bist du Drei. Du bist Turīya (der vierte Bewusstseinszustand in sich wacher vollkommener Stille) und so bist du Vier.

Du bist die Gottheit der fünf Elemente und so bist du Panchamī, Fünf. Du gebietest über die sechs Leidenschaften Lust (kāma), Zorn (krodha), Gier (lobha), Wahn (moha), Arroganz (mada) und Neid (matsarya) und so bist du Shashthī, Sechs. Du gebietest über die sieben Tage der Woche und gewährst die sieben Arten von Wunschgaben und so bist du Saptamī, Sieben.

Du bist die Gottheit der acht Vasus und so bist du Ashtamī, Acht. Du bist von den neun Rāgas (Emotionen) erfüllt, hast neun Teilmanifestationen und bist die Gottheit, welche über die neun Planeten gebietet, daher bist du Navamī, Neun.

Du durchdringst die zehn Weltgegenden und wirst aus allen zehn Weltgegenden oder zehn Himmelsrichtungen verehrt, daher wirst du Dashamī, Zehn, genannt. Die elf Rudras verehren dich, die Gottheit der elf Ganas und du liebst den elften Tag eines Halbmonats, daher wirst du Ekādashī, Elf, genannt. Du hast zwölf Arme und bist die Mutter der zwölf Ādityas, daher bist du Dvādashī, Zwölf.

Du bist den dreizehn Ganas lieb, bist die Gottheit der Vishve Devas und du bist die dreizehn Monate, einschließlich des unreinen Monates, des Malas Māsa, daher bist du Trayodashī, Dreizehn. Du gewährst den vierzehn Indras Wunscherfüllung und brachtest die vierzehn Manus zur Welt, daher bist du Chaturdashī, Vierzehn. Du wirst durch Panchadashī erkannt, daher bist du Fünfzehn. Du bist sechzehnarmig und auf Deiner Stirn leuchten allezeit die sechzehn

Phasen des Mondes; du bist der sechzehnte Strahl des Mondes namens Amā, daher bist du Shodashī, Sechzehn.

O Deveshī, obwohl du gestaltlos und eigenschaftslos bist, erscheinst du in allen Gestalten und Eigenschaften. Du hast jetzt den Gemahl der Ramā, den Bhagavān, den Deva der Devas, in Wahn und Dunkelheit eingehüllt. Diese beiden Daityas, Madhu und Kaitabha, sind unbezwingbar und überaus mächtig. Bitte lass den Herrn der Devas erwachen, damit diese getötet werden können.

Der Muni sagte: Als die Tamasi Devī, die Göttin des Schlafes und der Unwissenheit, die geliebte Gemahlin des Bhagavān, so von dem Lotusgeborenen gepriesen worden war, verließ sie Vishnu und bezauberte die beiden Daityas.

Als Vishnu, das höchste Bewusstsein, der Herr des Universums, der Bhagavān, der Deva der Devas, erwachte, sah er die beiden Daityas und als die beiden gewaltigen Dānavas Madhusūdana erblickten, kamen sie sogleich auf ihn zu um gegen ihn zu kämpfen. Fünftausend Jahre lang tobte der Kampf zwischen Vishnu und den beiden mächtigen Asuras. Schließlich wurden die beiden Dānavas, von ihrer eigenen Stärke berauscht, von der Māyā der Bhagavatī bezaubert, sodass sie zu dem höchsten Gott sagten: Erbitte eine Gabe von uns.

Als der Bhagavān Ādi Purusha dies hörte, erbat er sich von ihnen, dass sie beide noch am selben Tag durch ihn den Tod finden sollten. Die beiden überaus mächtigen Dānavas sagten daraufhin zu Hari: Nun gut, aber töte uns an einem Ort auf der Erde, der nicht von Wasser bedeckt ist.

O König, Bhagavān Vishnu, der das Muschelhorn und die Keule in Händen trägt, sprach daraufhin: Gut, so soll es geschehen.

Mit diesen Worten legte er ihre Köpfe auf seine Oberschenkel und trennte sie dann mit seinem göttlichen Diskus vom Körper.

O König, so trat Mahā Kālī, die Königin aller Yogas, bei diesem Ereignis in Erscheinung, nachdem sie von Brahmā gepriesen worden war.

O König, nun will ich dir von einem anderen Ereignis berichten, bei dem diese Devī Mahā Lakshmī in Erscheinung trat. Höre.

Hier endet im zehnten Buch des Shrimad Devī Bhāgavatam, des Mahāpurānam von 18.000 Versen von Maharishi Veda Vyāsa, das elfte Kapitel: Die Vernichtung von Madhu Kaitabha.

Kapitel 12
Die Geschichte von Sāvarni Manu

Der Muni sprach: O König, einstmals hatte der Asura Mahisha, der von einer Büffelkuh geboren wurde, sämtliche Devas besiegt und war zum Herrscher über das gesamte Universum geworden. Dieser unbezwingbare Dānava hatte die Götter gewaltsam aller ihrer Rechte beraubt und begann sich der Herrschaft über die drei Welten zu erfreuen.

Die besiegten Devas aber wurden aus ihren Heimen in der Himmelswelt verbannt. Schließlich machten sie sich mit Brahmā an der Spitze auf den Weg zu den herrlichen Welten, in denen Mahā Deva und Vishnu residierten und berichteten ihnen über all die Untaten des grausamen Asuras Mahisha.

Die Devas sagten: O Deva der Devas, der anmaßende Mahishāsura ist wahrlich unerträglich geworden. Er hat den Besitz und die Rechte der Heerscharen der Götter an sich gerissen und erfreut sich daran. Ihr beide seid ganz und gar dazu in der Lage den Asura zu töten. Warum ergreift ihr dann keine Maßnahmen, um ihn auf der Stelle zu vernichten?

Als Bhagavān Vishnu diese klagenden Worte der Devas hörte, wurde er sehr ungehalten. Auch Shankara, Brahmā und die anderen Devas waren zornentbrannt.

O König, aus dem Gesicht des zornigen Hari ging eine ungewöhnliche, feurige Energie hervor, die hell wie tausend Sonnen erstrahlte. Nach und nach gingen danach aus den Körpern sämtlicher Devas

Manifestationen feuriger Energie hervor. Die Devas waren voller Freude hierüber. Aus der vereinigten Gesamtmasse feuriger Energie formte sich dann auf einmal die wunderschöne Gestalt einer Frau.

Ihr Antlitz wurde aus der feurigen Energie gebildet, die aus dem Körper von Mahādeva hervorgetreten war. Ihre Haare entstanden aus Yamas feuriger Energie und ihre Arme aus der von Vishnu.

O König, aus der feurigen Energie des Mondgottes bildeten sich ihre beiden Brüste, aus der von Indra ihr Rumpf, aus der von Varuna ihre Lenden und ihre Oberschenkel, aus der der Erdgöttin ihre Hüften, aus der von Brahmā ihre Füße, aus der Energie der Vasus ihre Finger und aus Kuberas Glanz ihre Nase. Aus dem herrlichen Tejas von Prajāpati bildeten sich ihre Zähne heraus, aus dem von Agni ihre drei Augen, aus dem der Dämmerungen ihre Augenbrauen und aus dem feurigen Glanz von Vāyu ihre Ohren.

O Herrscher über die Menschen, so wurde die Bhagavatī Mahishamardinī aus dem Tejas der Devas geboren.

Als Nächstes überreichte Shiva ihr seine Shūla-Waffe (ein Speer), Vishnu den Diskus Sudarshana, Varuna sein Muschelhorn, Agni die Shakti-Waffe, Vāyu Bogen und Pfeile, Indra den Donnerkeil und die Glocke seines Elefanten Airāvata. Yama gab ihr seinen Stab der Vernichtung (kāla danda), Brahmā überreichte ihr Rudrāksha, Rosenkranz und Kamandalu. Der Sonnengott verlieh jeder ihrer Poren wunderbaren Strahlenglanz, die Zeit (Kāla) gab ihr eine scharfe Axt und einen Schild, der Ozean eine prächtige Halskette und herrliche Gewänder. Vishvakarma überreichte ihr voller Freude seine Krone sowie Ohrringe, Kataka, Angada, Chandrārdha und Fußkettchen und der Himālayā gab ihr einen mächtigen Löwen als Reittier sowie zahlreiche Juwelen und Edelsteine.

Kubera, der Herr der Reichtümer, überreichte ihr eine mit Rauschtrank gefüllte Schale und Bhagavān Ananta Deva gab ihr eine aus Schlangen bestehende Halskette. So wurde die Devī, die Weltenmutter, von allen Devas geehrt. Dann chanteten die von Mahishāsura grausam gequälten Devas der Weltenmutter Maheshvarī Mahā Devi zahlreiche Lobeshymnen.

Als die Deveshī von den Devas verehrt worden war und ihre Hymnen gehört hatte, stieß sie einen lauten Kriegsschrei aus. O König, von diesem Kriegsschrei aufgeschreckt erschien Mahishāsura in Begleitung seiner gesamten Armee vor der Bhagavatī. Dann schleuderte er die unterschiedlichsten Waffen durch die Luft, bis sich der Himmel durch sie verdunkelte und begann mit großem Geschick zu kämpfen.

Die zahlreichen Heerführer von Mahisha wie Chikshura, Durdhara, Durmukha, Vāskala, Tāmraka, Vidālāksha und andere mächtige Generäle, die Verkörperungen des Todesgottes glichen, begleiteten den Herrscher der Dānavas und so begann ein erbitterter Kampf.

Die Augen der Devī, die alle Wesen bezaubert, wurden rot vor Zorn und sie begann die Führer des gegnerischen Heeres zu töten. Als die Devī einen nach dem anderen seiner Heerführer im Kampf getötet hatte, erschien sogleich der in der magischen Kriegsführung bestens bewanderte Mahishāsura vor der Devī.

Der Herr der Dānavas begann durch seine magische Kraft unterschiedliche Gestalten anzunehmen und die Bhagavatī begann nacheinander diese seine Gestalten zu vernichten.

Daraufhin nahm der Daitya, der Zerschmetterer der Devas, die Gestalt eines Büffelstieres an und begann voller Wut gegen die Devī zu kämpfen. Die Devī aber schlug den Asura, den Todfeind der Devas, in enge Fesseln und schlug ihm dann mit ihrer Kriegsaxt den Kopf ab. Die Reste der Armee des Asuras flohen voller Panik, durcheinander rennend und laut schreiend, vom Schlachtfeld.

Die Devas waren von großer Freude erfüllt und begannen der Devī Hymnen zu chanten.

O König, so erschien Lakshmī Devī, um Mahishāsura zu töten.

Nun werde ich dir schildern, wie Sarasvatī erschien. Höre.

Vor langer Zeit wurden die beiden sehr mächtigen Daityas

Shumbha und Nishumbha geboren. Sie griffen die Devas an, überwältigten sie und beraubten sie ihrer Heimat und ihrer Rechte. Nachdem die Devas ihre Königreiche verloren hatten begaben sie sich in den Himālayā und brachten dort der Devī mit größter Hingabe Hymnen dar.

Die Devas sagten: O Deveshī, du bist ja überaus geschickt darin, die Probleme deiner Bhaktas zu beseitigen. Dein sei der Sieg! O du Sündlose, o Verkörperung der Vernichtung der Dānavas, o Deveshī von unendlichem Mut und grenzenloser Kraft, du vereinst in dir Brahmā, Vishnu und Mahesha. Wahrlich unermesslich ist deine Macht. Man kann dich mühelos durch die Macht der Hingabe erreichen. O Schöpferin, Bewahrerin und Vernichterin der Welten, o Mādhavī, o Schenkerin der höchsten Glückseligkeit, zur Zeit der Vernichtung aller Dinge (pralaya) tanzt du voller Freude und Ekstase.

O du Ozean der Barmherzigkeit, o Deva Deveshī, bitte sei uns gnädig gewogen! O du, die du das Leiden derer beseitigst, die Zuflucht zu dir nehmen, wir sind gekommen, um uns unter deinen Schutz zu begeben. Durch die Schreckensherrschaft von Shumbha und Nishumbha treiben wir gleichsam in einem endlosen Ozean umher; bitte rette uns, rette uns aus ihren schrecklichen Fängen!

O Devī, rette uns, bitte rette uns!

O König, als die Bhagavatī, die Tochter des Himalaya, so von den Devas gepriesen worden war, freute sie sich und aus ihrem Körper ging als eine weitere ihrer Erscheinungsformen die Devī Kaushikī hervor, die freundlich zu den Devas sagte: O ihr Suras, ich bin erfreut über eure Hymne. Nun sagt, welche Wunschgabe ihr begehrt.

Daraufhin baten die Devas sie um die folgende Gabe: O Devī, die beiden berüchtigten Daityas Shumbha und Nishumbha haben gewaltsam die Herrschaft über die drei Welten an sich gerissen. Shumbha, der grausame Herrscher über die Dānavas, hat uns mit der Kraft seiner Arme überwältigt und quält uns seither unaufhörlich. Bitte finde ein Mittel um ihn zu töten.

Die Devī sprach: O ihr Devas, seid ganz beruhigt. Ich werde die beiden Daityas Shumbha und Nishumbha töten und so den Dorn beseitigen, der euch quält. Schon sehr bald werde ich euren Wunsch erfüllen.

Nachdem die barmherzige Göttin diese Worte zu Indra und den anderen Devas gesprochen hatte, verschwand sie vor ihren Augen. Die Devas begaben sich daraufhin zu dem herrlichen Berg Sumeru und nahmen Zuflucht in dessen Höhlen. Als kurze Zeit später Chanda und Munda, die Untergebenen von Shumbha und Nishumbha, auf einer Erkundungsfahrt die unvergleichlich schöne Gestalt der Devī, die alle Welten bezaubert, erblickten, kehrten sie sogleich zurück zu ihrem König und sprachen zu ihm: O Vernichter deiner Feinde, o Verleiher großer Ehren, o großer König – du bist ja der Herrscher über alle Daityas und es steht dir zu, dich am Besitz aller Edelsteine und Juwelen der Welt zu erfreuen. Heute haben wir ein wunderbares Juwel in Gestalt einer schönen Frau erblickt, die dazu qualifiziert ist, von dir genossen zu werden. Du solltest sogleich diese makellos schöne Frau herbeibringen lassen und dich an ihr erfreuen. Unter all den Frauen der Asuras, Nāgas, Gandharvas, Dānavas oder Menschen gleicht keine ihr an Liebreiz.

Als Shumbha, der Quäler seiner Feinde, diese Worte seiner Untergebenen gehört hatte, sandte er sogleich Sugrīva als Botschafter zu ihr.

Der Bote begab sich so schnell wie möglich zu der Devī und übermittelte ihr, was Shumbha ihm aufgetragen hatte: O Devī, der Asura Shumbha hat die drei Welten erobert und die Devas dienen ihm nun. O Devī, er erfreut sich nun an den Edelsteinen und Juwelen dieser Welt und allen anderen herrlichen Dingen. O Devī, ich stehe als sein Botschafter vor dir, um dir seine Botschaft zu überbringen: O Devī, ich allein erfreue mich am Besitz sämtlicher Juwelen der Welt. O Schönäugige, auch du bist ja ein Juwel, daher solltest du mich verehren. O Schöne, sämtliche Juwelen aus den Welten der Devas, der

Daityas und der Menschen gehören mir bereits. Daher solltest auch du mir voller Liebe zu Diensten stehen.

Die Devī sagte: O Botschafter, du hast im Auftrag deines Königs diese Worte zu mir gesprochen, aber ich habe einst ein Gelübde abgelegt und kann nun nicht dagegen verstoßen. O Bote, höre, was ich gelobt habe: In den drei Welten werde ich nur dem zu eigen sein, der mich im Kampf besiegt und so meinen Stolz bricht. Ich werde nur jemandem gehören, der so stark ist wie ich selbst.

Der König der Daityas kann nun mein Gelübde erfüllen und mich heiraten, nachdem er mich im Kampf besiegt hat. Was vermag einer wie er nicht zu vollbringen? Und nun, o Bote, kehre zurück zu deinem Herrn und berichte ihm all das, damit der mächtige Shumbha mein Versprechen einlösen kann.

Nachdem der Bote die Worte der Mahādevī gehört hatte, kehrte er zu Shumbha zurück und berichtete ihm alles, was die Devī gesagt hatte. Shumbha, der überaus mächtige Herrscher über die Daityas, war sehr erzürnt, als er die unerfreulichen Worte seines Botschafters hörte. Er befahl sogleich den Daitya namens Dhumrāksha zu sich und sagte zu ihm: O Dhumrāksha, höre genau zu, was ich dir jetzt sage. Ziehe los und zerre diese Frau von üblem Charakter an ihren Haaren hierher zu mir. Beeile dich und mach dich unverzüglich auf den Weg.

Auf diesen Befehl hin machte sich der mächtige Dhumrāksha, der beste aller Daityas, sogleich in Begleitung von sechzigtausend Daityas auf den Weg zur Devī. Als er sie sah, rief er ihr mit lauter Stimme zu: O herrliche Frau, verehre sofort unseren Herrscher Shumbha, der überaus stark und mächtig ist – dann werden alle Arten von Freuden dein sein. Andernfalls aber werde ich dich an deinen Haaren ergreifen und dich eigenhändig vor den Herrn über die Daityas schleppen.

Als die Devī auf diese Weise von Dhumrāksha Daitya, dem Feind der Devas, angesprochen wurde, sagte sie: O Starkarmiger, o Daitya, was du da sagst, ist vollkommen richtig, aber sage mir als Erstes, was denn du oder dein König Shumbha mir anhaben können!

Als die Devī dies gesagt hatte, stürmte der Daitya Dhūmralochana sofort mit seinen Waffen auf sie zu. Die Maheshvarī aber verbrannte ihn auf der Stelle mit einem lauten Schrei zu Asche. O König, seine Soldaten wurden größtenteils von dem Löwen zermalmt, welcher der Devī als Reittier diente; der Rest floh in vollständiger Auflösung und fast bewusstlos vor Furcht in alle Himmelsrichtungen.

Shumbha, der König der Daityas, war außer sich vor Zorn, als er dies erfuhr. Sein Gesicht verzog sich zu einer schreckenerregenden Maske mit zusammengezogenen Augenbrauen. Von heftiger Wut erfüllt sandte er sogleich die drei mächtigen Asuras Chanda, Munda und Raktabīja gegen die Devī aus.

Als die Devī Jagaddhātrī von unermesslicher Kraft die drei Daityas auf sich zukommen sah, tötete sie die Asuras mit ihrem Dreizack, sodass sie leblos zu Boden sanken.

Als Shumbha und Nishumbha vom Tod ihrer Heerführer hörten, erschienen sie selbst voller siegesgewisser Arroganz auf dem Schlachtfeld. Shumbha und Nishumbha fochten eine Weile einen schrecklichen Kampf mit der Devī aus, aber schließlich wurden sie müde und die Devī tötete sie auf der Stelle.

Als die Bhagavatī, die alle Welten in sich umfasst, Shumbha und Nishumbha getötet hatte, begannen die Devas die Bhagavatī, die als Gottheit über die Sprache (vāk) gebietet, mit Hymnen zu preisen.

O König, somit habe ich dir in rechter Abfolge beschrieben, wie die große Göttin sich in den herrlichen Gestalten von Kālī, Mahā Lakshmī und Sarasvatī auf Erden manifestiert hat. Jene höchste Gottheit, die Devī Parameshvarī, ist es, die das Universum erschafft, erhält und zerstört. Du solltest nun Zuflucht zu der höchst verehrungswürdigen Devī nehmen, welche der Ursprung der ganzen Vielfalt des Universums ist und alle Welten im Zustand der Täuschung hält. Nur dann wirst du erfolgreich sein.

Nārāyana fuhr fort: Als der König Suratha diese wundervollen Worte des Muni gehört hatte, nahm er Zuflucht zu der Devī, die allen Wünschen Erfüllung bringt. Er errichtete ein irdenes Abbild der Devī und begann dann, sich unabgelenkten Geistes auf sie auszurichten und sie voller Hingabe zu verehren.

Zum Abschluss seiner Verehrung brachte der König der Devī sein eigenes Blut als Opfer dar. Schließlich war die Devī mit seiner Verehrung zufrieden. Sie erschien vor ihm und sagte: Äußere nun den Wunsch, den du im Herzen trägst.

Als die Devī diese Worte gesprochen hatte, bat der König die Devī um das hervorragende Wissen, durch das alle Unwissenheit beseitigt wird, und um die Herrschaft über ein Königreich, die frei von jeder Art von Problemen oder Widrigkeiten ist.

Die Devī sagte: O König, ich gewähre dir als meine Gabe, dass du dich in diesem Leben deines Königreiches frei von Feinden erfreuen wirst und ebenso gewähre ich dir das Wissen (gyānam), das alle Unwissenheit beseitigt.

Höre, in deinem nächsten Leben wirst du der Sohn der Sonne sein und als Sāvarni Manu großen Ruhm erwerben. Durch die von mir gewährte Gabe wirst du der mächtige Herrscher über das Manvantara sein und viele gute Söhne erlangen.

Nachdem die Devī dem König diese Gaben gewährt hatte, verschwand sie. Durch die Gnade der Devī wurde Suratha der Herrscher über ein ganzes Manvantara.

O Sādhu, somit habe ich dir von der Geburt und den Taten von Sāvarni berichtet. Wer diese Geschichte voller Hingabe hört oder liest, erlangt die Gunst der Devī.

Hier endet im zehnten Buch des Shrimad Devī Bhāgavatam, des Mahāpurānam von 18.000 Versen von Maharishi Veda Vyāsa, das zwölfte Kapitel: Die Geschichte von Sāvarni Manu.

Kapitel 13
Die Erzählung über Bhrāmarī Devī

Shrī Nārāyana sprach: O Nārada, mein Kind, höre nun die wunderbaren Erzählungen über die Leben der übrigen Manus. Sich nur diese Geschichten von ihren Leben in Erinnerung zu rufen bewirkt bereits, dass die Hingabe an die Devī stark zunimmt.

Vaivasvata Manu hatte sechs Söhne: Karusha, Prishadhra, Nābhāga, Dishta, Saryāti und Trishanku. Sie alle waren stark und kräftig.

Einstmals begaben sie sich alle zusammen an die herrlichen Ufer der Jumnā und begannen dort Prānāyāma und Fasten zu betreiben und die Devī zu verehren. Jeder von ihnen errichtete für sich ein irdenes Abbild der Devī und verehrte sie voller Hingabe mit verschiedenen Darbringungen.

Zu Beginn ihrer Askese nahmen sie nur trockene Blätter zu sich, die von den Bäumen herabgefallen waren. Später tranken sie nur noch Wasser, dann atmeten sie nur noch die Luft als Nahrung ein, danach den Rauch des Feuers für das Homa-Opfer und schließlich ernährten sie sich nur noch von Sonnenstrahlen. Auf diese Weise unterwarfen sie sich einem äußerst harten Tapasyā. Die unaufhörliche hingebungsvolle Verehrung der Devī ließ einen klaren Intellekt in ihrem Bewusstsein erstrahlen, der alle Arten von Eitelkeit und Täuschung vernichtet. Die Söhne des Manu dachten ausschließlich an die heiligen Füße der Devī und dadurch wurde ihr Intellekt in einem solchen Grade geläutert, dass sie zu ihrem Erstaunen schließlich in ihrem Selbst das gesamte Universum erschauten.

So übten sie zwölf volle Jahre lang Tapasyā aus, bis schließlich die Bhagavatī, die Verkörperung des Grundprinzips, welches das ganze Universum beherrscht, mit einem Glanz von tausend Sonnen vor ihnen erschien.

Durch ihr geläutertes Bewusstsein sahen die Prinzen die Devī vor sich, verneigten sich vor ihr und begannen ihr voller Demut und

Hingabe Hymnen vorzutragen: O Īshānī, O All-Barmherzige, du bist die eine Göttin, die über alle gebietet. Du bist wahrlich die Beste. Dein sei der Sieg!

Du wirst mit Hilfe des Vāgbhava-Mantras erkannt und du freust dich, wenn das Vāgbhava-Mantra wiederholt wird.

O Devī, deine Natur ist die des Klīm Kāra und du bist erfreut, wenn das Mantra Klīm wiederholt wird.

O Göttin, die du den höchsten Herrn erfreust, du erfüllst das Herz des Königs des Kāma mit lustvoller Freude.

O Mahā Māyā, wem du gnädig gewogen bist, dem schenkst du unvergleichliche Königsmacht. Du lässt die Freude im Herzen immer mehr anwachsen und du selbst bist wahrlich Vishnu, Sūrya, Hara, Indra und all die anderen Devas.

Die Bhagavatī war erfreut, als sie von den edlen Prinzen auf diese Weise gepriesen worden war und sprach zu ihnen die folgenden süßen Worte: O ihr edlen Prinzen, ihr alle habt mich verehrt und wahrlich eine überaus strenge Askese praktiziert. Dadurch seid ihr frei von Sünde geworden und euer Herz und euer Intellekt wurden durch das Feuer eurer Askese geläutert. Äußert nun eure Wünsche und ich werde sie euch sogleich erfüllen.

Die Prinzen sagten: O Devī, wir wünschen uns unumstrittene Königsherrschaft sowie zahlreiche Söhne, die lange leben, sich stets an allen Arten von Genüssen, an Ruhm, großer Kraft und Handlungsfreiheit erfreuen und eine gute, klare Intelligenz besitzen. Dies wird uns förderlich sein.

Die Devī sprach: Alles, was ihr euch gewünscht habt, gewähre ich euch. Außerdem schenke ich euch noch eine weitere Gabe. Hört aufmerksam zu: Durch meine Gnade werdet ihr alle die Herrscher über die Manvantaras sein; ihr werdet Stärke erlangen, die niemals eine Niederlage erleiden wird, und ihr werdet Reichtum, Ruhm, Energie, höhere Geisteskräfte (siddhi) sowie eine ununterbrochene Reihe von Nachkommen besitzen und Freuden in Fülle genießen.

Nārāyana sagte: Nachdem die Weltenmutter Bhrāmarī Devī ihnen diese Wunschgaben gewährt hatte, sangen die Prinzen ihr Lobeshymnen und dann verschwand sie plötzlich. Die überaus energievollen Prinzen erlangten in ihrem Leben herrliche Königreiche und eine unermessliche Fülle an Reichtum. Sie alle hatten Söhne und setzten so ihre Dynastie fort und in ihren nächsten Leben wurde jeder von ihnen zum Herrscher über ein Manvantara.

Durch die Gnade der Devī wurde Karusha, der erste der Prinzen, zum neunten Manu, dem unermesslich mächtigen Daksha Sāvarni. Prishadhra wurde der zehnte Manu namens Meru Sāvarni. Der dritte Prinz, der von großem Enthusiasmus erfüllte Nābhāga, wurde unter dem Namen Sūrya Sāvarni der elfte Manu. Dishta, der vierte Prinz, wurde der zwölfte Manu Chandra Sāvarni. Der mächtige fünfte Prinz Haryāti wurde der dreizehnte Manu namens Rudra Sāvarni und der sechste Prinz Trishanku wurde der vierzehnte Manu, der unter dem Namen Vishnu Sāvarni der allseits gefeierte Herr über die Welt war.

Nārada fragte: O All-Weiser, wer ist jene Bhrāmarī Devī? Was ist ihre Natur? Aus welchem Grund nahm sie Geburt an? Bitte trage mir alle diese schönen und Leiden zerstörenden Erzählungen vor. Ich bin noch nicht gesättigt davon, den Nektar der Herrlichkeit der Devī zu trinken. Mein Wunsch, noch mehr davon zu hören ist genauso stark wie zuvor.

So wie das Trinken des Nektars der Unsterblichkeit (amrita) den Tod beseitigt, so beseitigt das Trinken dieser Erzählungen über die Devī alle Furcht vor dem Tod.

Nārāyana sprach: O Nārada, ich werde dir nun von der wunderbaren Herrlichkeit der unmanifestierten Weltenmutter erzählen, die jenseits des Denkens ist und Befreiung (mukti) schenkt. Wisse: So wie eine Mutter sich ihrem Kind gegenüber stets freundlich und ohne Falsch verhält, so bringt auch die Weltenmutter in ihren Taten ihr aufrichtiges Bestreben zum Ausdruck, der Menschheit voller Gnade Gutes zu erweisen.

Vor Zeiten lebte in der Unterwelt, in der Stadt der Daityas, ein mächtiger Daitya namens Aruna. Er war von wütendem Hass gegen die Devas und durch und durch von heuchlerischer Falschheit erfüllt.

Mit der Absicht, die Devas zu besiegen, begab er sich im Himālayā an das Ufer der Gangā und betrieb zu Ehren von Brahmā, den er als Beschützer der Daityas ansah, eine äußerst harte Askese.

Unter dem Einfluss von Tāmo Guna hielt er als Erstes in seinem Körper die zwölf Vāyus zurück, ernährte sich ausschließlich von trockenen Blättern, wiederholte das Gāyatrī-Mantra und betrieb so volle zehntausend Jahre lang eine äußerst harte Askese.

Dann trank der Daitya weitere zehntausend Jahre lang nur noch ein paar Tropfen Wasser, danach atmete er zehntausend Jahre lang nur noch Luft ein und schließlich nahm er zehntausend Jahre lang gar nichts mehr zu sich und praktizierte so sein wahrlich erstaunliches Tapasyā.

Als er auf diese Weise sein Tapasyā durchgeführt hatte, trat ein Lichtglanz aus seinem Körper hervor, der die ganze Welt in Brand zu setzen begann – wahrlich ein großes Wunder!

Die Devas schrien voller Entsetzen auf *O nein, was ist das denn? O, was ist das denn?* und zitterten vor Furcht. Von Panik erfüllt nahmen die Devas daraufhin Zuflucht zu Brahmā.

Als der viergesichtige Brahmā erfuhr, was geschehen war, begab er sich auf seinem Reittier, dem göttlichen Schwan, zusammen mit Gāyatrī zu dem Ort, wo der Daitya seine Askese betrieb. Nur noch ein kleiner Rest von Lebensatem hielt seinen Körper zusammen.

Brahmā sprach zu dem Daitya: O mein Kind, sei gesegnet! Sprich nun aus, was dein Herzenswunsch ist.

Als der Herrscher der Daityas diese freudebringenden, nektargleichen Worte aus dem Munde von Brahmā hörte, öffnete er seine Augen und sah Brahmā vor sich. Als er Brahmā mit seiner Perlenkette und dem Wasserkrug (kamandalu) in der Hand in Begleitung von

Gāyatrī und den vier Veden vor sich sah, die den Namen des ewigen Brahmā rezitierten, erhob sich der Daitya, verneigte sich vor dem Schöpfer des Universums und sang ihm zahlreiche Lobeshymnen.

Dann äußerte der intelligente Daitya Brahmā gegenüber seinen Wunsch und sagte: Gewähre mir, dass ich niemals sterben werde.

Brahmā sprach daraufhin mit freundlichen Worten zu ihm: O bester aller Dānavas, schau doch: Selbst Brahmā, Vishnu, Maheshvara und andere mächtige Wesen sind nicht frei von der Einschränkung, sterben zu müssen, ganz zu schweigen von anderen gewöhnlichen Wesen. Ich vermag dir nicht zu gewähren, was unmöglich ist. Erbitte etwas, das möglich und angemessen ist. Jemand, der intelligent ist, sollte nicht nach etwas streben, das unmöglich ist.

Als Aruna diese Worte von Brahmā gehört hatte, sprach er wiederum voller Hingabe zu ihm: O Deva, wenn du nicht willens bist, mir den genannten Wunsch zu erfüllen, dann, o Herr, gewähre mir als etwas, das möglich ist, dass mein Tod nicht durch Krieg, nicht durch Waffen, nicht durch irgendeinen Mann oder irgendeine Frau, nicht durch Zweibeiner oder Vierbeiner oder eine Mischform von beiden herbeigeführt werden kann und gewähre mir als weitere Gabe ein so großes Heer, dass ich mit ihm die Devas zu besiegen vermag.

Als Brahmā diese Worte des Daityas gehört hatte, sagte er: *So sei es!* und kehrte unverzüglich in seine Heimstatt zurück.

Der Daitya Aruna aber rief im stolzen Vertrauen auf die gewährte Wunschgabe all die anderen Daityas zusammen, die in der Unterwelt lebten. Die Daityas begaben sich unter seinen Schutz, begrüßten ihn ehrerbietig als ihren König und sandten dann auf sein Geheiß einen Boten in die Himmelswelt, um die Devas zum Kampf herauszufordern.

Als Indra von dem Boten gehört hatte, dass die Daityas entschlossen waren, gegen die Devas zu kämpfen, zitterte er vor Furcht und machte sich sofort mit den Devas auf den Weg zu Brahmā. Zusammen mit Brahmā gingen dann alle nach Vishnu Loka und von dort aus gemeinsam mit Vishnu nach Shiva Loka. Dort hielten sie Rat, wie man den Daitya, den Feind der Götter, töten könnte.

In der Zwischenzeit war Aruna, der König der Daityas, von seiner Armee umgeben losgezogen und hatte die Himmelswelt in Besitz genommen. O Muni, der Daitya, der durch die Macht seines Tapas unterschiedliche Erscheinungsformen annehmen konnte, riss dann sämtliche Rechte und Besitztümer von Chandra, Sūrya, Yama, Agni und den anderen Devas an sich.

Die heimatlosen Devas begaben sich nach Kailāsha und schilderten Shankara eindringlich ihren Kummer und ihre Notlage. Dann gab es eine große Diskussion darüber, was in dieser schwierigen Lage zu tun sei. Als Brahmā ausführte, dass der Tod des Daitya weder durch einen Kampf, noch durch Waffen, durch keinen Mann und keine Frau und auch nicht durch Zweibeiner, Verbeiner oder Mischformen von diesen herbeigeführt werden könnte, waren die Götter ratlos, wie das Problem zu lösen sein könnte.

In diesem Augenblick war aus dem Himmel eine klare, körperlose Stimme zu vernehmen, die sagte:

Ihr sollt alle die Königin des Universums verehren. Sie wird eure Bestrebungen mit Erfolg krönen. Sobald der König der Daityas, der unaufhörlich das Gāyatrī-Mantra wiederholt, auf irgendeine Weise dazu gebracht wird, die Gāyatrī aufzugeben, ist sein Tod gewiss.

Als die Devas diese glückverheißende himmlische Stimme gehört hatten, berieten sie sich eingehend miteinander. Nachdem beschlossen worden war, was zu tun sei, rief Indra seinen Guru Brihaspati herbei und sagte zu ihm: O Guru Deva, bitte begib dich um des Erfolges der Devas willen zu dem Daitya und bringe ihn dazu, die Devī Gāyatrī Parameshvarī aufzugeben. In der Zwischenzeit werden wir alle sie in unserer Mediation verehren. Sobald sie gnädig gestimmt ist, wird sie uns gewiss helfen.

Nachdem Brihaspati diesen Auftrag erhalten hatte, begannen die Devas – im Vertrauen darauf, dass die Beschützerin von Jāmbū Nada sie beschützen würde – die Devī zu verehren. Sie führten ein Devī Yagya durch, wiederholten mit großer Hingabe das Māyā-Bīja-Mantra und widmeten sich der Askese.

In der Zwischenzeit kam Brihaspati in Gestalt eines Muni bei dem Daitya Aruna an. Der König der Daityas sagte zu ihm: O bester aller Munis, woher und mit welcher Absicht bist du hierhergekommen? Sage mir, O Muni, wo kommst du her? Ich gehöre ja nicht zu deiner Seite. Vielmehr bin ich dein Feind.

Als Brihaspati diese Worte gehört hatte, entgegnete er: Wenn du unaufhörlich die Devī verehrst, die auch wir verehren, dann sage mir, inwiefern du nicht zu unserer Seite gehörst!

O Heiliger, als der grausame Daitya diese Worte vernahm, geriet er unter den Einfluss der Māyā der Devas. Er hörte, von Arroganz verblendet, auf das Gāyatrī-Mantra zu wiederholen. Dadurch wurde er geschwächt und der Glanz des heiligen Feuers wich von ihm.

Nachdem Brihaspati seine Aufgabe erfolgreich erfüllt hatte, kehrte er in die Himmelswelt zurück und erstattete Indra in allen Einzelheiten Bericht. Die Devas freuten sich und verehrten die höchste Gottheit.

O Muni, so verging lange Zeit, bis schließlich eines Tages die Weltenmutter, die all-herrliche Devī, vor ihnen erschien.

Sie erstrahlte mit dem Glanz von zehn Millionen Sonnen und ihre Schönheit glich der von zehn Millionen Kandarpas (Kandarpa ist ein Name des Liebesgottes). Ihr Körper war mit einer wunderbaren Vielfalt an Farben geschmückt. Sie trug ein Paar prächtiger Gewänder. Herrliche Girlanden hingen von ihrem Hals herab. Ihr Körper war mit zahlreichen prächtigen Schmuckstücken geziert und die äußere Seite ihrer Hände war mit schönen Linien versehen, die einer Reihe schwarzer Bienen glichen.

Die Geste ihrer einen Hand zeigte ihre Bereitschaft an Wunscherfüllung zu gewähren (varada mudrā) und ihre andere Hand zeigte die Geste Freiheit von Furcht (abhaya mudrā).

Der Hals der friedvollen Bhagavatī, der Verkörperung des Ozeans der Barmherzigkeit, war mit verschiedenen Blumengirlanden geschmückt, die von großen dunklen Bienen umschwirrt wurden. Diese Millionen von männlichen und weiblichen Bienen, welche die Devī umflogen, sangen ihr unablässig das Hrīmkāra-Mantra zu, das Mantra der uranfänglichen schöpferischen Energie.

So erschien vor den Devas in prächtige Gewänder gekleidet die all-segensreiche Bhagavatī, die von allen Veden gepriesen wird, die alles in sich umfasst, alles ist, die Verkörperung alles Guten, die Mutter von allen, die Allwissende und die Beschützerin von allen.

Als Brahmā und die anderen Devas plötzlich die Devī vor sich sahen, waren sie sehr erstaunt. Als sie sich nach und nach von ihrer Überraschung erholt hatten, begannen sie der Bhagavatī, deren Herrlichkeit in den Veden ausführlich beschrieben wird, Lobeshymnen zu chanten.

Die Devas sagten: O Devī, Verehrung dir! Du bist das höchste Wissen und die Erschafferin, Erhalterin und Zerstörerin der Welten. O Lotusäugige, du bist die Zuflucht aller, wir verneigen uns ehrerbietig vor dir.

O Devī, du bist Vishva, Taijasa, Prāgya, Virāt und Sūtrātmā – sowohl einzeln als auch alle zusammen. Du bist manifestiert und unmanifestiert. Du bist Kūtashtha Chaitanya – das unveränderliche und ewige Bewusstsein. Wir verneigen uns ehrerbietig vor dir.

O Durge, du bist vollkommen unbeteiligt gegenüber allen Aktivitäten der Schöpfung, Erhaltung und Zerstörung – und dennoch bestrafst du die Übeltäter und bist leicht erreichbar durch die ernsthafte Verehrung deiner Bhaktas.

O Devī, du verbrennst und vernichtest die Unwissenheit und die Sünden der verkörperten Wesen – daher wirst du Bhargā genannt. Wir verneigen uns ehrerbietig vor dir. O Mutter, du bist Kālikā, Nīla Sarasvatī, Ugra Tārā, Mahogrā und du nimmst viele andere Gestalten an und so verneigen wir uns stets ehrerbietig vor dir.

O Devī, du bist Tripura Sundarī, Bhairavī, Mātangī, Dhūmāvatī, Chchinnamastā, Shākambharī und Rakta Dantikā. Verehrung dir!

O Bhagavatī, du tratest als Lakshmī aus dem Milchozean hervor. Du bist die Vernichterin der unbotmäßigen Dānavas und indem du Vritrāsura, Chanda, Munda, Dhūmralochana, Rakta Bīja, Shumbha und Nishumbha tötetest, hast du den Devas wahrlich große Gnade erwiesen.

O Gnadenreiche, du bist Vījayā (der endgültige Sieg) und Gangā. O Sārade, wir verneigen uns ehrerbietig vor dir.

O Devī, du bist Erde, Feuer, Prāna und andere Vāyus und alle anderen grundlegenden Schöpfungsprinzipien. O barmherzige Devī, du existierst in Gestalt des Universums und in Gestalt der höchsten Gottheit, in Gestalt von Sonne, Mond und anderen Quellen des Lichtes und auch in Gestalt von höchster Erkenntnis.

O Devī, du bist Sāvitrī, du bist Gāyatrī, du bist Sarasvatī, du bist Svadhā, Svāhā und Dakshinā. Wir verneigen uns ehrerbietig vor dir.

Du wirst in den Veden und den vedischen Schriften mit dem Ausdruck *neti neti* (nicht dies, nicht dies) beschrieben und du bist, was übrig bleibt, wenn man alles negiert. Auf diese Weise verkünden die Veden, dass du in deiner wahren Natur das absolute Bewusstsein in allem bist und die höchste Gottheit und daher verehren wir dich.

Weil große schwarze Bienen dich umfliegen, wirst du Bhrāmarī genannt. Wir verneigen uns allzeit ehrerbietig vor dir. Verehrung dir! Verehrung deinen Seiten! Verehrung deinem Rücken! Verehrung deiner Vorderseite! O Mutter, Verehrung deiner Oberseite! Verehrung deiner Unterseite! Verehrung allem, das dich umgibt!

O Bewohnerin von Manī Dvīpa, o Mahā Devī, du gebietest über unzählige Brahmāndas (Universen). O Weltenmutter, mögest du uns gnädig gewogen sein.

O Devī, du bist höher als das Höchste. O Weltenmutter, dein sei der Sieg! Heil dir, o höchste Göttin des Universums. Du bist das Beste im gesamten Universum, dein sei der Sieg!

O Herrscherin über die Welten, du bist das Schatzhaus aller guten Eigenschaften, o Parameshvarī, o Weltenmutter, sei uns gnädig gewogen!

Nārāyana sprach: Als die Devī diese süßen, hingebungsvollen und vertrauensvollen Worte der Devas gehört hatte, sagte die Weltenmutter zu ihnen mit einer süßen Stimme, die der lieblichen Stimme eines Kuckucks im Zustand der Verliebtheit glich: O ihr Devas, was das Schenken von Wunschgaben anbetrifft, so bin ich stets bereit dazu. Ich bin euch allzeit gnädig gewogen. Daher, o ihr Devas, sprecht aus, was euer Wunsch ist.

Als die Devas diese Worte der Devī gehört hatten, teilten sie ihr die Ursache ihres Kummers mit. Sie beschrieben ihr die bösartige Natur des grausamen Daityas, der die Devas, die Brahmanen und die Veden missachtet und sie zugrunde richtet und erzählten ihr, welche Wunschgabe der Daitya von Brahmā erlangt hatte. Alles, was sie auf dem Herzen hatten, trugen sie ihr offen und wahrhaftig vor.

Dann ließ die Bhagavatī Bhrāmarī Devī aus ihrem Körper zahllose schwarze Bienen hervortreten. Unzählige Reihen schwarzer Bienen traten aus ihr hervor. Sie vereinten sich mit den Bienen, welche die Hände der Devī umschwärmten und breiteten sich dann überall aus, bis sie die gesamte Erde bedeckten. Überall strömten Bienen hervor und breiteten sich ringsum aus wie ein riesiger Heuschreckenschwarm. Der Himmel war ganz und gar von Bienen erfüllt und die Erde war von ihnen in Dunkelheit eingehüllt. Der Himmel, die Berggipfel, die Bäume und Wälder – alles war in Bienen eingehüllt und bot so einen überaus düsteren Anblick.

Dann begannen die schwarzen Bienen die Brüste der rebellischen Daityas zu zerfetzen und glichen so einem Bienenschwarm, der sich auf jene stürzt, die ihren Bienenstock zerstören wollen. Die Daityas konnten weder ihre Waffen benutzen, noch irgendwie kämpfen oder irgendetwas sagen. Sie konnten in vollkommener Hilflosigkeit nichts tun als zu sterben. Die Daityas standen bewegungslos da und so, in

Überraschung erstarrt, starben sie. Keiner von ihnen vermochte auch nur ein Wort hervorzubringen und so starben die Anführer der unbotmäßigen Daityas innerhalb eines Augenblicks. Nachdem die Bienen ihr Zerstörungswerk vollendet hatten, kehrten sie zur Devī zurück.

Die Menschen und Devas riefen einander zu *O, welch ein Wunder! O, welch ein Wunder!* oder *Was für eine Māyā hat dies vollbracht?* Oder *Welch ein Wunder, das sie das auf diese Weise getan hat!*

Brahmā, Vishnu, Mahesha und die anderen Devas versanken in einem Ozean der Freude. Sie verehrten die Devī Bhagavatī mit zahlreichen Darbringungen, riefen immer wieder *Sieg der großen Devī!* und ließen Schauer von Blüten vom Himmel herabregnen. Die Munis begannen voller Freude, die Veden zu rezitieren und die Gandharvas ließen ihre Lieder ertönen.

Die verschiedensten Musikinstrumente wie Mridangas, Murajas, Lauten, Dhakkās, Damarus, Shankhas und Glocken erklangen überall und erfüllten die drei Welten mit ihrem Widerhall. Alle chanteten mit zusammengelegten Händen der Devī Lobeshymnen und riefen immer wieder *O Mutter, o Īshānī, dein ist der Sieg!*

Die Mahā Devī freute sich und schenkte jedem einzelnen der Devas noch weitere Wunschgaben und als die Devas sie um unerschütterliche Hingabe an ihre Lotusfüße baten, gewährte sie ihnen auch dies und verschwand dann vor ihren Augen.

Somit habe ich dir von dem herrlichen Wesen der Bhrāmāri Devī und ihren Taten berichtet. Wenn jemand diese überaus wundervolle Geschichte hört, überquert er sogleich den Ozean dieser Welt und wer neben der Erzählung über die Größe und Herrlichkeit der Devī auch noch den Bericht über die Manus hört, dem wird aller Segen zuteil.

Wer täglich die Herrlichkeit der Devī hört oder rezitiert, wird von allen Sünden befreit und verbindet sich in seinem Geist mit der Devī.

Hier endet im zehnten Buch des Shrimad Devī Bhāgavatam, des Mahāpurānam von 18.000 Versen von Maharishi Veda Vyāsa, das dreizehnte Kapitel: Die Erzählung über Bhrāmarī Devī und hier endet auch das zehnte Buch.

Ende des zehnten Buches

Buch 11

Kapitel 1
Woran man am Morgen denken sollte

Nārada sagte: O Bhagavān, o Ewiger, o Nārāyana, o Herr über die Vergangenheit und die Zukunft, du bist der Erschaffer und der Herr aller Wesen, die in der Vergangenheit gelebt haben und in der Zukunft existieren werden.

Du hast mir die überaus wundervolle und herrliche Geschichte über die erhabene Devī erzählt. Wie sie die Erscheinungsformen von Mahā Kālī, Mahā Lakshmī, Mahā Sarasvatī und Bhrāmarī annahm, um den Devas Gutes zu tun und wie die Devas durch die Gnade der Devī ihre Besitztümer wiedererlangten – all das hast du mir geschildert.

O Herr, nun möchte ich von den Regeln für die rechte Lebensweise (sadāchāra) hören, von denen bekannt ist, dass die Weltenmutter gnädig gestimmt wird, wenn ihre Verehrer sie treulich befolgen. Bitte sei so freundlich und beschreibe mir diese Regeln.

Nārāyana sprach: O Kenner der Wahrheit, nun beschreibe ich dir die Regeln für die rechte Lebensweise, über deren getreuliche Befolgung die Bhagavatī stets erfreut ist. Höre: Als Erstes werde ich von den Brahmanen sprechen, wie ihr Wohlergehen sichergestellt wird und was ein Brahmane tun sollte, nachdem er früh am Morgen aus seinem Bett aufgestanden ist.

In der Zeit von Sonnenaufgang bis Sonnenuntergang sollten die Brahmanen all die täglich wiederkehrenden oder an bestimmten Tagen anfallenden Tätigkeiten durchführen und außerdem Tätigkeiten, die zu bestimmten Anlässen angesagt sind, wie zum Beispiel ein Putreshti Yagya und andere segensreiche Aktivitäten.

Es ist allein das Selbst und nicht Vater, Mutter oder andere Menschen, das uns den Weg zu unserem Wohlergehen in der nächsten Welt bereitet. Vater, Mutter, Ehefrau, Söhne und andere sind nur hilfreich für unser Wohlergehen in dieser Welt hier. Keiner von ihnen ist hilfreich dafür, unser Schicksal in der nächsten Welt zu verbessern.

Erleuchtung oder die Verwirklichung des eigenen Selbst hängt wahrlich vom eigenen Selbst ab. Man sollte daher stets im Einklang mit dem Dharma handeln und einen Schatz an guten Werken (punyam) ansammeln und ein gutes Leben führen, um das eigene Wohlergehen in der nächsten Welt zu fördern. Wenn Dharma auf unserer Seite ist, kann dieser endlose Ozean des Leidens sicher überquert werden.

In Einklang mit den Regeln für ein rechtschaffenes Leben zu handeln, wie sie von Manu aufgestellt wurden und in den vedischen Schriften (shruti) und Manu Smritis aufgeführt sind, ist die wichtigste Pflicht hier auf dieser Erde..

Die Brahmanen sollten stets in Einklang mit ihrem Dharma handeln, wie es in den Shāstras, in Shruti und Smriti dargelegt ist. Folge der rechten Lebensweise und du wirst hier und in der nächsten Welt mühelos Gesundheit, Wohlstand und zunehmende Freude erlangen.

Durch rechtes Handeln erlangt man Nahrung und die Sünden werden mühelos vernichtet. Rechtschaffenes Handeln ist die allersegensreichste höchste Pflicht (dharma) des Menschen. Menschen, die ein rechtschaffenes Leben führen, sind in dieser und in der nächsten Welt voller Freude.

Diejenigen, die von der Dunkelheit der Unwissenheit umhüllt wie von Sinnen umherwandeln, können mühelos ihren Weg zur

Befreiung (mukti) finden, wenn sie dem großen Licht des Dharma und rechten Handelns folgen. Durch dieses Sadāchāra erlangt man überlegene Größe. Menschen, die der Sadāchāra folgen, führen stets gute Handlungen aus. Aus guten Handlungen entsteht Wissen. Dies ist der gute Rat von Manu.

Ein rechtschaffenes Leben zu führen ist das beste aller Dharmas und ist große Askese (tapasyā). Wissen entsteht aus einer rechtschaffenen Lebensweise und alles wird dadurch erlangt.

Wer ohne Sadāchāra ist, gleicht einem Shūdra, selbst wenn er einer Brahmanenfamilie entstammt. Es gibt keinerlei Unterschied zwischen ihm und einem Shūdra.

Rechtes Verhalten ist von zweierlei Art: erstens den vedischen Schriften entsprechend und zweitens den allgemeinen Sitten folgend. Beiden Methoden sollte derjenige folgen, der auf sein Wohlergehen bedacht ist. Er sollte keines von beiden missachten.

O Muni, dem Dharma, dem Gesetz des eigenen Dorfes oder der eigenen Stadt, dem Dharma des eigenen Standes (varna), dem Dharma der eigenen Familie und dem Dharma des eigenen Landes sollte ein Mensch stets folgen. Niemals, niemals sollte er dem entgegen handeln. Mit allergrößter liebevoller Hingabe soll man diesem Prinzip folgen.

Menschen, die einer schlechten Lebensweise folgen, werden von der Öffentlichkeit getadelt und sie leiden stets unter Krankheiten.

Halte dich fern von Gier nach Wohlstand und von Wünschen, die nicht in Einklang mit dem Dharma sind. Warum? Weil diejenigen zu Recht von den Menschen getadelt werden, die im Namen des Dharmas grausame und schlechte Handlungen begehen. Daher tue so etwas nicht. Vermeide es um jeden Preis.

Nārada sagte: O Muni, es gibt ja nicht nur eine einzige vedische Schrift. Es gibt viele Shāstras und sie stellen unterschiedliche Regeln auf und vertreten widersprüchliche Ansichten – wie soll man da dem Dharma folgen? Und welche Dharma Shāstra ist da maßgeblich?

Nārāyana sprach: Shruti und Smriti (das von den Rishis Geschaute und in Worten Ausgedrückte und die vedische Tradition) sind die beiden Augen Gottes und das Purāna ist sein Herz. Was auch immer in Shruti, Smriti und Purānam dargelegt ist, ist Dharma; was in anderen Schriften geschrieben steht, ist nicht Dharma.

Wenn du Unterschiede zwischen Shruti, Smriti und Purāna feststellst, dann sieh die Worte der Shrutis als maßgeblich an. Da, wo die Smritis mit den Purānas nicht übereinstimmen, soll man die Smritis als die höhere Autorität anerkennen.

Und wenn du in den Shrutis selbst Unterschiede feststellst, dann wisse, dass auch Dharma von zweierlei Art ist. Und wenn Unterschiede in den Smritis auftreten, dann ziehe in Betracht, dass die entsprechenden Stellen sich auf unterschiedliche Dinge beziehen und unterschiedliche Absichten verfolgen.

Manche Purānas geben getreulich dem Dharma der Tantras (nicht-vedische Schriften) Ausdruck. Aber davon sollte das, was den Veden entgegengesetzt ist, auf gar keinen Fall akzeptiert werden.

Tantra kann dann und nur dann als Autorität akzeptiert werden, wenn es nicht im Widerspruch zu den Veden steht. Was darin im Gegensatz zu den Veden steht, kann auf keinen Fall als maßgeblich angesehen werden. Was Dharma anbetrifft sind die Veden die einzig maßgebliche Autorität. Was anderen Quellen entstammt, kann als maßgeblich akzeptiert werden, wenn es den Veden nicht widerspricht, andernfalls jedoch nicht.

Wer auch immer einem Dharma entsprechend handelt, das anderen Prinzipien folgt als denen, die in den Veden dargelegt sind, gelangt in die Hölle in Yamas Welt, um dort seine Belehrung zu erhalten.

Das Dharma, das voll und ganz als solches anerkannt und befolgt werden soll, ist das, welches in den Veden (shruti) beschrieben wird. Die Smritis, die Purānas oder die tantrischen Schriften können als maßgeblich anerkannt werden, insoweit sie nicht in Widerspruch zu den Veden stehen. Alle anderen Schriften können als Autorität anerkannt werden, wenn sie grundlegend mit den Veden übereinstimmen. Andernfalls können sie niemals akzeptiert werden.

Wer anderen Verletzungen zufügt – und sei es nur durch einen Halm aus Kushagras als Waffe –, fällt mit dem Kopf nach unten und den Füßen nach oben in die Hölle hinab.

Diejenigen, die ihrem eigenen süßen freien Willen folgen, sich in bedeutsame Gewänder kleiden und philosophischen Lehren folgen, die Pāshupatas genannt werden oder andere sogenannte Einsiedler, Heilige und andere – wie etwa die Vaikhāsana-Anhänger –, die sich Gelübden verpflichten, die in Widerspruch zu den Prinzipien des Veda stehen und ihren Körpern an den Pilgerorten heiße Male einbrennen – sie alle gehen in eine Hölle ein, in der ihre Körper von brennenden Scheiten gemartert werden.

Daher sollte jeder Mensch den ausgezeichneten Lebensprinzipien folgen, die von den Veden befürwortet werden. Nachdem er früh am Morgen aufgestanden ist, sollte er sich fragen: Welche guten Handlungen habe ich vollbracht, was habe ich anderen Gutes getan? Oder wen habe ich dazu angeregt, anderen Gutes zu tun? Welche großen oder kleinen Sünden habe ich begangen?

Im letzten Viertel der Nacht sollte er sich im Geist auf das höchste Brahman (para brahmā) ausrichten. Er soll über Kreuz sein rechtes Bein auf seine linke Hüfte und sein linkes Bein auf seine rechte Hüfte legen (Lotussitz), den Kopf aufrecht halten, wobei sein Kinn die Brust berührt, die Augen schließen und so eine feste Sitzhaltung einnehmen. Die oberen Zähne sollten dabei nicht den Unterkiefer berühren. Die Zunge sollte sich mit dem Gaumen vereinen und so soll er still, mit beherrschten Sinnen, dasitzen. Er sollte ganz von reiner, in sich wacher Stille (shuddha sattva) erfüllt sein. Sein Sitz sollte nicht sehr tief sein.

Als Erstes soll er dann zwei oder drei Mal Atemübungen (prānāyāma) ausführen und sich dann in der Meditation auf das

Selbst in Gestalt einer heiligen Flamme oder des heiligen Lichtes ausrichten. Er soll dann sein Herz eine Zeit lang in jenem aus sich selbst leuchtenden Selbst weilen lassen, dessen Augen überall sind. So sollte ein intelligenter Mensch Dhāranā praktizieren.

Es gibt sechs Arten von Prānāyāma: Sadhūma, Nirdhūma, Sagarbha, Agarbha, Salakshya und Alakshya. Kein Yoga kommt Prānāyāma gleich; es ist nur sich selbst gleich, nichts anderes kann ihm gleich kommen. Dieses Prānāyāma wiederum ist von dreierlei Art: Rechaka, Pūraka und Kumbhaka. Das Prānāyāma besteht aus den drei Buchstaben A, U und M. Das A des Pranava Om entspricht Pūraka, das U Kumbhaka und das M Rechaka.

Atme durch das linke Nasenloch (īdā nādi) so lange ein, wie du brauchst, um zweiunddreißig Mal A zu sagen. Dann halte den Atem solange an, wie du brauchst, um vierundsechzig Mal U zu sagen und atme dann durch das rechte Nasenloch (pingalā nādi) solange aus, wie du brauchst, um sechzehn Mal M zu sagen.

O Muni, somit habe ich dir von dem Sadhūma Prānāyāma berichtet.

Nachdem du wie beschrieben Prānāyāma ausgeführt hast, aktiviere die sechs Chakras und leite die Kula Kundalinī in das Brahmā Randhra, zu dem Chakra des tausendblättrigen Lotus im Kopf, und schaue im Herzen das Selbst wie eine stete Flamme.

Nun soll die Aktivierung der sechs Chakras beschrieben werden. In diesem Körper existieren sechs Energiezentren, die Padmas (Lotusse) genannt werden.

Sie liegen jeweils im Mūlādhāra, im Linga Mūla, im Nabel (Solarplexus), im Herzen, in der Kehle und auf der Stirn zwischen den Augenbrauen

Der Stirnlotus hat zwei Blütenblätter, in denen im Uhrzeigersinn (in rechtshändiger Richtung) die beiden Silben Ham und Ksham ihren Sitz haben – vor diesen beiden verneige ich mich als vor dem zweisilbigen Brahmā.

Der Lotus in der Kehle hat sechzehn Blütenblätter, denen im Uhrzeigersinn die sechzehn Buchstaben a, ā, i, ī, u, ū, ri, rī, lri, lrī, e, ai, o, au, am und ah zugeordnet sind – vor diesen verneige ich mich als vor dem sechzehnsilbigen Brahmā.

Der Lotus im Herzen hat zwölf Blütenblätter, die den zwölf Buchstaben k, kh, g, gh, n, ch, chh, j, jh, ñ, t und th entsprechen – ich verneige mich vor diesem zwölfbuchstabigen Brahmā.

Der Lotus im Nabel oder Solarplexus hat zehn Blütenblätter, denen im Uhrzeigersinn die zehn Buchstaben d, dh, n, t, th, d, dh, n, p und ph zugeordnet sind – vor diesen verneige ich mich als vor dem zehnbuchstabigen Brahmā.

Der Lotus, der an der Basis des Fortpflanzungsorgans seinen Sitz hat, besitzt sechs Blütenblätter. Diesen Lotusblättern des Svādhishthāna Chakra oder Svayambhu Linga entsprechen die sechs Buchstaben b, bh, m, y, r und l – vor diesen verneige ich mich als vor dem sechsbuchstabigen Brahmā.

Der Lotus im Mūlādhāra Chakra (Wurzelchakra) am unteren Ende der Wirbelsäule hat vier Blütenblätter, welche die vier Buchstaben v, s, sh und ś beinhalten – vor diesen verneige ich mich als vor dem vierbuchstabigen Brahmā.

In diesen sechs Energiezentren oder Lotussen sind die Buchstaben jeweils in rechtshändiger Folge (im Uhrzeigersinn) angeordnet.

In dieser Meditation, in der diese sechs Chakras angesprochen werden, geht es um die Aktivierung der Kula Kundalinī, der feurigen Schlangenkraft. Sie hat ihren Sitz in dem vierblättrigen Lotus namens Mūlādhāra Chakra. Sie hat die Natur von Rājo Guna, besitzt eine blutrote Farbe und findet ihren Ausdruck in dem Māyā-Bīja-Mantra Hrīm. Sie ist so zart wie die Blütenfasern einer Wasserlilie.

Die Sonne ist ihr Antlitz, das Feuer ihre Brüste. In wessen Herzen diese Kula Kundalinī auch nur ein einziges Mal hervortritt und erwacht, der erlangt Befreiung zu Lebzeiten (jīvan mukti). In dieser der Erweckung der Kula Kundalinī gewidmeten Meditation soll man denken: Ihr Sitzen, Kommen, Gehen, Verweilen, das Denken an sie, ihre unmittelbare Schau und ihr Hymnen vorzutragen – all dies ist in mir (im Selbst). Sie, deren Natur alles umfasst – ich bin diese Bhagavatī. O Bhagavatī, all mein Handeln ist Dienst an dir. Ich bin die Devī, ich bin Brahman, ich bin frei von Kummer. Meine Natur ist Sat-Chit-Ānanda – unveränderliches Seligkeitsbewusstsein.

So soll man das Dhyānam des eigenen Selbst vollziehen.

Ich nehme Zuflucht zu jener Kula Kundalinī, die wie ein Blitzstrahl erscheint, wenn sie zum Brahmārandhra, dem Energiezentrum im Kopf, aufsteigt und die als Nektar erscheint, wenn sie von dort wieder durch den Sushumnā Nādi in der Wirbelsäule zum Mūlādhāra hinabsteigt.

Dann soll man sich in der Meditation seinem Guru zuwenden und ihn dabei als eins mit Gott ansehen, der im eigenen Gehirn seinen Sitz hat, und ihn dann im Geist verehren mit den Worten: Der Guru ist Brahmā, der Guru ist Vishnu, der Guru ist der Deva Maheshvara. Der Guru ist das höchste Brahman in Person. Ich verneige mich vor jenem Shrī Guru.

Hier endet im elften Buch des Shrimad Devī Bhāgavatam, des Mahāpurānam von 18.000 Versen von Maharishi Veda Vyāsa, das erste Kapitel: Woran man am Morgen denken sollte.

Kapitel 2
Die Läuterung der verschiedenen Teile des Körpers

Nārāyana sprach: Selbst wenn ein Mensch die Veden mitsamt ihren sechs Angas studiert, kann er nicht rein sein, wenn er ohne das Prinzip der rechten Lebensweise, Sadāchāra, ist und es nicht praktiziert. All sein Studieren ist vergeblich. So wie die jungen Vögel ihr Nest verlassen, sobald ihre beiden Flügel vollständig ausgebildet sind, so verlassen die Veden zum Zeitpunkt seines Todes einen solchen Menschen, der ohne Sadāchāra ist.

Ein intelligenter Mensch sollte in der Brahmā Muhūrta (Zeit vor Sonnenaufgang) aus seinem Bett aufstehen und dann während des Tages sämtliche Prinzipien von Sadāchāra beachten.

Im letzten Viertel der Nacht sollte er die Veden rezitieren und studieren. Dann soll er sich eine Zeit lang der Meditation seines Ishta Deva widmen.

Der Yogi sollte sich der Brahman-Meditation nach der Methode widmen, wie sie zuvor beschrieben wurde.

O Nārada, wenn man die Meditation wie zuvor beschrieben ausführt, wird die Identität von Jīva und Brahman (Individualität und universales Bewusstsein) sogleich erfahren und man wird zu einem, der bereits zu Lebzeiten befreit ist.

Fünfundfünfzig Dandas, d. h. zwei Stunden, vor Sonnenaufgang beginnt der Ushākāla genannte Zeitraum. Mit dem siebenundfünfzigsten Danda beginnt Arunodayakāla und mit dem achtundfünfzigsten Danda beginnt mit dem Sonnenaufgang der Morgen. Zu dieser Morgenzeit sollte man sich aus seinem Bett erheben.

Man sollte dann eine Pfeilschussweite Richtung Südwesten gehen und dort seine Notdurft verrichten.

Jemand, der ein Brāhmachāri ist, sollte dabei seine heilige Schnur über sein rechtes Ohr legen und ein Familienvater sollte sie um den Hals tragen, das heißt der Brāhmachāri in seiner ersten Lebensphase sollte die heilige Schnur über sein rechtes Ohr legen, während die Familienväter und Vānaprashthīs (Waldbewohner, letzte Lebensphase) die heilige Schnur von ihrem Hals auf den Rücken hängen lassen sollen, während sie ihre Notdurft verrichten. Man sollte dabei seinen Kopf mit einem Stück Stoff bedecken und Erde oder Blätter auf die Stelle legen, wo man sich entleeren will. Man sollte während dessen nicht reden oder ausspucken oder kräftig einatmen.

Man sollte seine Notdurft nicht auf Ackerland verrichten, das bebaut wird, auch nicht in Wasser, über Feuerstellen, auf einem Berg, in verfallenen und verlassenen Tempeln, auf Ameisenhügeln, an grasbewachsenen Stellen, an Straßen oder auf Löchern im Boden, in denen Lebewesen hausen; auch sollte man es nicht im Gehen tun.

Man sollte Schweigen bewahren während beider Dämmerungszeiten, während man Urin oder Kot ausscheidet, während man Geschlechtsverkehr hat, während man sich in der Gegenwart seines Guru befindet, während der Zeit eines Opfers, während man Geschenke überreicht oder während man ein Brahmā Yagya durchführt.

Bevor man seine Notdurft verrichtet, soll man folgendes sprechen: O ihr Devas, o ihr Rishis, o ihr Pishāchas, o ihr Uragas, o ihr Rākshasas – euch alle, die ihr hier unsichtbar für mich weilen möget, verlasst nun bitte diesen Ort, denn ich will hier meine Notdurft verrichten.

Man sollte sich niemals entleeren, während der Blick auf Vāyu (Wind), Agni (Feuer), einen Brahmanen, die Sonne, Wasser oder eine Kuh gerichtet ist. Während des Tages sollte man, während man seine Notdurft verrichtet, sein Gesicht nach Norden wenden und während der Nacht nach Süden und danach sollte man die Ausscheidungen mit Steinen, Kieseln, Blättern Gras und Ähnlichem bedecken.

Danach soll ein Mann sein Ausscheidungsorgan in der Hand halten und es an einem Fluss oder einer anderen Wasserstelle abwaschen. Danach soll er seinen Krug mit Wasser füllen und sich dann an einen anderen Ort begeben. Um sich direkt nach Verrichtung der Notdurft zu reinigen, soll ein Brahmane weiße Erde, ein Kshatriya rote Erde, ein Vaishya gelbe Erde und ein Shūdra schwarze Erde verwenden. Dafür sollte keine Erde verwendet werden, die von Wasser bedeckt ist, sich nahe einem Tempel oder auf einem Ameisenhügel oder einem Mäuseloch befindet und auch ein Rest von Erde, die zuvor von jemand anderem zur Reinigung benutzt wurde, sollte nicht zur eigenen Reinigung verwendet werden.

Für die Reinigung von Kot sollte zweimal so viel Erde verwendet werden wie für die Reinigung von Urin. Für die Reinigung nach dem

Geschlechtsverkehr sollte dreimal so viel verwendet werden. Eine Reinigung mit Erde nach dem Urinieren sollte einmal für das Ausscheidungsorgan erfolgen und dreimal für die Hand. Eine Reinigung mit Erde nach der Ausscheidung von Kot sollte zweimal auf das Ausscheidungsorgan angewandt werden, fünf Mal auf den Anus, zehn Mal auf die linke Hand und sieben Mal auf beide Hände; danach dann noch je vier Mal auf den rechten und den linken Fuß.

Auf diese Weise sollte ein Familienvater sich reinigen. Ein Brāhmachāri sollte diese Reinigung zwei Mal durchführen und ein Yati (Asket) vier Mal.

Die Menge an feuchter Erde, die für die Reinigung verwendet wird, sollte der Größe einer Āmalakī-Frucht entsprechen – es sollte niemals weniger sein. Dies ist die Regel für die Reinigung während des Tages. Während der Nacht kann die Hälfte davon verwendet werden. Behinderte können ein Viertel davon verwenden und Reisende ein Achtel.

Für Frauen, Shudras und unselbstständige Kinder soll die Reinigung solange erfolgen, bis kein unangenehmer Geruch mehr vorhanden ist – in diesen Fällen gibt es keine festen Richtwerte. Bhagavān Manu hat gesagt, dass für alle Stände der Gesellschaft (varna) die Reinigung solange fortgesetzt werden soll, bis kein unangenehmer Geruch mehr festzustellen ist.

Die Reinigung soll mit der linken Hand ausgeführt werden. Die rechte Hand sollte niemals hierfür verwendet werden. Für Reinigungen gilt generell, dass unterhalb des Nabels die linke und oberhalb des Nabels die rechte Hand zu verwenden ist.

Ein einsichtsvoller Mensch sollte niemals seinen Wasserkrug in der Hand halten, während er seine Notdurft verrichtet. Wenn er aus Versehen seinen Wasserkrug dabei in der Hand gehalten hat, muss er danach eine Läuterungsübung (prāyashchitta) durchführen. Wenn aus Faulheit oder Arroganz diese Läuterung nicht sofort durchgeführt wurde, soll man danach drei Nächte lang fasten, nur Wasser zu sich nehmen und dann das Gāyatrī-Mantra wiederholen um sich zu läutern. In jedem dieser Fälle soll man unter Berücksichtigung von Ort, Zeit, Umständen und der eigenen Kraft und Fähigkeit sein Bestes tun. Dies wissend soll man sich den Regeln entsprechend läutern und diesbezüglich niemals Faulheit walten lassen.

Nachdem man Kot ausgeschieden hat, soll man sich zwölf Mal den Mund spülen und nach dem Urinieren und anschließenden Reinigen vier Mal – niemals weniger oft. Das Wasser, das man dafür verwendet hat, soll man langsam zu seiner Linken fortschütten.

Nach der Mundspülung soll man die Zähne putzen. Dafür verwendet man einen kleinen, zwölf Finger langen dornigen und biegsamen Zweig eines Baumes. Dieser Reinigungszweig sollte die Dicke des kleinen Fingers haben. Ein Ende dieses Zweiges verwendet man dann als Zahnbürste. Zweige von Karanja-, Udumbara-, Mango-, Kadamba-, Lodha-, Champaka- und Vadarī-Bäumen sind für das Zähneputzen geeignet.

Während des Zähneputzens soll man das folgende Mantra rezitieren: O Baum, in dem der Mondgott weilt, um den Wesen Nahrung zu geben und die Feinde zu vernichten – möge (mit deinem Zweig) mein Mund gereinigt werden, damit mein Ruhm und meine Ehre zunehmen. O Baum, schenke mir langes Leben, Kraft, Ruhm, Energie, Schönheit, Söhne, Kühe, Reichtum, Intelligenz und Brahman-Wissen.

Wenn kein Zweig für das Zähneputzen zur Verfügung steht oder an einem Tag, an dem das Zähneputzen untersagt ist, soll man Wasser in den Mund nehmen, zwölf Mal damit den Mund spülen und so die Zähne reinigen. Wenn man mit einem Zweig seine Zähne putzt an einem Neumondtag, am ersten, sechsten, neunten und elften Tag nach Vollmond oder Neumond, oder an einem Sonntag, dann isst man damit gleichsam die Sonne, löscht die Nachkommen seiner Familie aus und bewirkt, dass sechs Generationen der Familie in die Hölle hinabfallen.

Nach der Reinigung der Zähne soll man die Füße waschen und dreimal klares Wasser einschlürfen, die Lippen zweimal mit dem Daumen berühren und dann die Nasenlöcher mit Daumen und Zeigefinger reinigen. Dann soll man die Augen und Ohren mit dem Daumen und dem Ringfinger berühren, den Nabel mit Daumen und kleinem Finger, die Brust mit der Handfläche und schließlich den Kopf mit allen Fingern.

Hier endet im elften Buch des Shrimad Devī Bhāgavatam, des Mahāpurānam von 18.000 Versen von Maharishi Veda Vyāsa, das zweite Kapitel: Die Läuterung der Teile des Körpers.

Kapitel 3
Die Herrlichkeit der Rudrāksha-Perlen

Shrī Nārāyana sprach: O Nārada, es gibt sechs Arten der Reinigung mit Hilfe von Wasser (āchamana): Shuddha, Smārta, paurānisch, vaidisch, tāntrisch und Shrauta. Die Reinigung, die man nach dem Sich-Entleeren von Urin und Kot vollzieht, ist als Shuddha Shaucha bekannt.

Das Āchaman, das man nach dieser Reinigung den Regeln entsprechend durchführt, wird Smārta und paurānisch genannt. An Orten, wo ein Brahmā Yagya stattfindet, werden vaidische und Shrauta Āchamanas vollzogen und nach Kriegshandlungen das tāntrische Āchamana.

Danach ruft man sich das Gāyatrī-Mantra zusammen mit Pranava (Om) in Erinnerung und bindet sich das Haupthaar zu einem Schopf zusammen, um alle Hindernisse unter Kontrolle zu bekommen (bighna bandhanam).

Dann schlürft man Wasser ein und berührt die Herzgegend, die beiden Arme und die beiden Schultern.

Nach dem Niesen, Ausspucken, Berühren der Unterlippe mit den Zähnen, unbeabsichtigtem Lügen oder nachdem man mit einem sehr sündhaften Menschen gesprochen hat, soll man das rechte Ohr berühren.

Bei den Brahmanen ist das rechte Ohr der Sitz von Agni, Varuna, der Veden, des Mondes, der Sonne und von Vāyu.

Dann soll man sich an einen Fluss oder ein anderes Wasserreservoir begeben und dort die morgendliche Waschung durchführen, um den Körper gründlich zu reinigen. Denn der Körper ist stets unrein und schmutzig und aus seinen neun Öffnungen treten stets verschiedene Arten von Ausscheidungen hervor. Das morgendliche Bad beseitigt alle diese Unreinheiten, daher ist das Bad am Morgen wichtig und unerlässlich.

Die Sünden, die daraus entstehen, dass man Gemeinschaft mit solchen hat, mit denen man keine Gemeinschaft haben sollte, aus dem Annehmen von Geschenken von unreinen Menschen und aus anderen geheimen Lastern werden allesamt durch diese morgendliche Waschung beseitigt. Ohne dieses Bad zeitigt keine Handlung irgendeine Frucht. Daher ist es unerlässlich, jeden Tag dieses morgendliche Bad durchzuführen.

Man soll (als Brahmane) Kushagras in die Hand nehmen und sein Bad und seine täglichen spirituellen Übungen (sandhyā) ausführen.

Wenn ein Brahmane sieben Tage lang keine morgendliche Waschung vollzieht oder drei Tage lang sein Sandhyā auslässt oder zwölf Tage lang keine täglichen Homas durchführt, so wird er zu einem Shūdra.

Es gibt nur ein sehr kleines Zeitfenster für die Durchführung von Homa am Morgen. Daher soll man die morgendliche Waschung, die längere Zeit in Anspruch nimmt, schneller durchführen, wenn man sonst den Zeitpunkt für die Durchführung von Homa verpassen würde.

Nach dem Bad oder der Waschung soll man Prānāyāma ausführen, dann erlangt man die volle Wirkung des Bades. In dieser oder in der nächsten Welt gibt es nichts Heiligeres als das Rezitieren des

Gāyatrī-Mantras; es rettet den Sänger, der das Gāyatrī singt, daher wird es Gāyatrī genannt.

Während des Prānāyāma soll man den Prāna mit den Apāna Vāyus ins Gleichgewicht bringen. Ein Brahmane, der die Veden kennt und treu seinem Dharma folgt, muss dreimal Prānāyāma ausführen und dabei Gāyatrī und Pranava und die drei Vyārhitis *Om Bhūr, Om Bhuvar* und *Om Svāhā* wiederholen.

Während dieser Praxis soll das Gāyatrī-Mantra dreimal wiederholt werden. Während des Prānāyāma soll man das vedische Mantra wiederholen, niemals ein Laukika-Mantra.

Wenn jemand während des Prānāyāma in der steten Achtsamkeit seines Geistes auch nur für eine kurze Zeit nachlässt, sodass sie nicht mehr die Präzision eines Senfsamens an der Spitze eines Kuhhornes hat, so wird er nicht einmal mehr einhundertundeinen Menschen in der Ahnenfolge seines Vaters oder seiner Mutter retten können.

Prānāyāma wird Sagarbha genannt, wenn es zusammen mit der Wiederholung eines Mantras ausgeführt und Agarbha, wenn dabei kein Mantra wiederholt wird.

Nach dem Morgenbad soll dann Tarpanam mit den zugehörigen Aktivitäten durchgeführt werden, das heißt die Friedensgaben für die Devas, die Rishis und die Pitris werden dargebracht.

Danach soll der Brahmane sich aus dem Wasser erheben und sich in ein paar frische Gewänder kleiden. Als Nächstes soll er dann in Vorbereitung seines Japam die Tilaka-Asche-Markierungen auftragen und eine Kette aus Rudrāksha-Perlen anlegen.

Wer zweiunddreißig Rudrāksha-Perlen am Hals trägt, vierzig auf dem Kopf, sechs an jedem seiner Ohren, vierundzwanzig an seinen Händen, zweiunddreißig an seinen Armen, eine auf jedem Auge, eine oben auf seinem Haarschopf und einhundertundacht an seiner Brust (das sind zusammen zweihunderteinundfünfzig) wird selbst zu Mahā Deva (der große Gott Shiva). Es wird erwartet, dass der Brahmane dies tut.

O Muni, du kannst die Rudrāksha-Perlen, nachdem sie mit Gold oder Silber zu einer Kette verbunden wurden, auf dem Haarschopf (shikhā) oder an deinen Ohren tragen. Nachdem du hingebungsvoll und aufmerksam das fünfsilbige Mantra von Shiva oder das Prānava Om wiederholt hast, kannst du die Rudrākshakette an der heiligen Schnur, am Hals oder am Bauch tragen. Rudrāksha zu tragen setzt voraus, dass man das Wissen von Shiva Tattva verwirklicht hat.

O Brahmane, eine Rudrāksha-Kette, die oben am Schopf getragen wird, steht für Tāra Tattva, das heißt für Omkāra. Die Rudrāksha-Ketten, die an den beiden Ohren getragen werden, repräsentieren Deva und Devī (Shiva und Shivā).

Die einhundertundacht Rudrāksha-Perlen, die man an der heiligen Schnur trägt, stehen für einhundertundacht Veden, das heißt für vollständiges Wissen. Die Rudrāksha-Perlen am Arm werden als die Himmelsgegenden (dik) betrachtet und die am Hals als die Devī Sarasvatī und Agni.

Die Rudrāksha-Perlen sollen von Menschen aller Lebensphasen (āshrama) und Gesellschaftsschichten (varna) getragen werden. Die Brahmanen, Kshatriyas und Vaishyas sollten sie anlegen, nachdem die Perlen mit Mantras geläutert wurden, während die Shūdras sie einfach so, ohne Läuterung durch Mantras, anlegen können.

Wer Rudrāksha-Perlen anlegt oder trägt, wird damit zu einem Rudra in Fleisch und Blut – daran gibt es keinerlei Zweifel. Durch die Rudrāksha-Perlen am Körper werden sämtliche Sünden vollständig ausgelöscht, die durch Sehen, Hören, Sich-Erinnern, Riechen, Essen verbotener Dinge, unrechtem Sprechen, Ausführen verbotener Handlungen und anderem entstanden sind. Es ist dann so, als ob alles Handeln, Essen, Trinken usw. gleichsam von Rudra Deva selbst ausgeführt wird.

O großer Muni, wer Gründe dafür findet, Rudrāksha-Perlen nicht anzulegen oder zu tragen, kann niemals aus diesem Samsāra befreit werden – selbst nicht in zig Millionen von Leben. Wer einen anderen schmäht, weil dieser Rudrāksha-Perlen trägt, ist ein geistiger Krüppel – daran gibt es keinerlei Zweifel.

Durch das Tragen von Rudrāksha hat man seinen ungefährdeten Brahmā-Status gesichert und vermögen die Munis ihren Entschlüssen treu zu bleiben, die sie im Geist gefasst haben. Daher ist keine Handlung besser und höherwertiger als das Tragen der Rudrāksha-Perlen.

Wer einem Menschen, der Rudrāksha-Perlen trägt, hingebungsvoll Kleidung und Nahrung schenkt, wird von all seinen Sünden befreit und gelangt nach Shiva Loka. Wer voller Freude einen Träger von Rudrāksha-Perlen zur Zeit des Shraddhā bewirtet, geht zweifellos in Pitri Loka ein. Wer jemandem, der Rudrāksha-Perlen trägt, die Füße wäscht und dann das Wasser trinkt, wird von allen Sünden befreit und geht ehrenvoll in Shiva Loka ein. Ein Brahmane, der mit Gold verbundene Rudrāksha-Perlen am Hals trägt, erlangt den Status von Rudra.

O Hochintelligenter, wer auch immer – ob mit oder ohne Glauben oder Hingabe, ob mit oder ohne Mantra – Rudrāksha-Perlen trägt, wird von allen Sünden befreit und qualifiziert sich damit für die Erkenntnis der höchsten Wirklichkeit (tattvagyāna).

Ich bin nicht dazu in der Lage, die Großartigkeit der Rudrāksha-Perlen vollständig zu beschreiben. In der Tat sollten alle unbedingt Rudrāksha-Perlen am Körper tragen.

Hier endet im elften Buch des Shrimad Devī Bhāgavatam, des Mahāpurānam von 18.000 Versen von Maharishi Veda Vyāsa, das dritte Kapitel: Die Herrlichkeit der Rudrāksha-Perlen.

Kapitel 4
Die Großartigkeit des Rudrāksha

Nārada sagte: O Sündloser, was du über die Herrlichkeit der Rudrāksha-Beeren gesagt hast, ist in der Tat wahr. Nun möchte ich dich fragen, warum dieses Rudrāksha für die Menschen so verehrungswürdig ist. Bitte sage ein paar klare Worte hierzu.

Nārāyana sprach: O mein Kind, dieselbe Frage hat einst Kārtika, der Sechsgesichtige, seinem Vater Bhagavān Rudra in Kailāsha gestellt. Ich berichte dir nun, was die Antwort darauf war. Höre.

Rudra Deva sagte: O mein Kind Sadānana. Ich will dir kurz das Geheimnis der Großartigkeit der Rudrāksha-Beere erklären. Höre.

Vor Zeiten gab es einen Daitya namens Tripura, der von niemandem bezwungen werden konnte. Brahmā, Vishnu und die anderen Devas wurden von ihm besiegt. Daraufhin kamen sie zu mir und baten mich, den Asura zu töten. Auf ihre Bitte hin rief ich in meinem Geist die mächtige, göttliche Aghorā-Waffe herbei, die, herrlich und schreckenerregend zugleich, die Stärke aller Devas in sich trug, um den Asura zu vernichten. Sie war unvorstellbar machtvoll und erstrahlte in feurigem Glanz.

Volle eintausend Jahre der Götter lang hielt ich mich mit geöffneten Augen wach, mein Denken ganz auf die Aghorā-Waffe ausgerichtet, die Vernichterin aller Widrigkeiten, durch welche die Vernichtung des Tripurāsura bewerkstelligt werden sollte, um so die Probleme der Götter zu lösen. Nicht auch nur einen Augenblick lang ließ ich die Augenlider herabsinken. Dadurch litten meine Augen und Tränen traten aus ihnen hervor.

O Mahāsena, aus diesen Tränentropfen, die aus meinen Augen hervortraten, entstand zum Wohle aller der herrliche Rudrāksha Baum.

Die Rudrāksha-Beeren, -Samen oder -Perlen gibt es in achtunddreißig unterschiedlichen Arten.

Aus meinem Sūrya Netra – dem rechten Auge, das die Sonne verkörpert, – entstanden zwölf Arten gelber Rudrāksha-Beeren und aus meinem Soma Netra – meinem linken Auge, das den Mond verkörpert, – entstanden sechzehn Arten weißfarbiger Rudrākshas; aus meinem dritten Auge darüber, dem Agni Netra, welches das Feuer verkörpert, gingen zehn verschiedene Arten schwarzfarbiger Arten von Beeren hervor. Von diesen sind die weißen Brahmanen und sie werden von Brahmanen getragen. Die rotfarbigen Rudrākshas sind Kshatriyas und sollten von den Kshatriyas getragen werden. Die schwarzen sind Shūdras und sollten von den Vaishyas und den Shūdras getragen werden.

Die Rudrāksha-Perlen mit einem Gesicht sind der manifestierte und zum Leben erweckte Shiva selbst; selbst schwerste Sünden wie die eines Brahmanenmordes werden durch sie ausgelöscht.

Die zweigesichtigen oder -köpfigen Rudrākshas gleichen Deva und Devī; zwei Arten von Sünden werden durch sie vernichtet.

Die dreigesichtigen Rudrākshas gleichen dem Feuer; durch sie wird die schwere Sünde der Tötung einer Frau sogleich ausgelöscht.

Die viergesichtigen Rudrākshas sind wie Brahmā und löschen die Sünde der Tötung von Menschen aus.

Die fünfgesichtigen Rudrākshas sind wahrlich ein Abbild von Rudra; alle Arten von Sünden, wie etwa das Essen verbotener Nahrung, das Zusammensein mit Menschen, mit denen man nicht zusammen sein sollte, usw. werden durch sie getilgt.

Die sechsgesichtigen Rudrākshas sind Kārtikeya und man soll sie an der rechten Hand tragen. Durch sie wird man von der Brahmāhatya-Sünde befreit; daran gibt es keinen Zweifel.

Die siebengesichtigen Rudrākshas werden Ananga genannt. Sie zu tragen befreit einen von Sünden wie dem Stehlen von Gold.

O Mahāsena, die achtgesichtigen Rudrākshas sind Vināyaka. Wenn man sie trägt, wird man von der Sünde befreit, unerlaubte Beziehungen mit Frauen aus schlechter Familie oder mit der Ehefrau seines Gurus einzugehen; auch andere Sünden werden durch sie ausgelöscht. Sie befähigen einen dazu, große Mengen an Nahrung, Baumwolle und Gold zu erlangen und schließlich in die höchste Stätte einzugehen.

Von der Frucht des Tragens der achtgesichtigen Rudrāksha-Perlen habe ich dir erzählt. Nun will ich von den neungesichtigen Rudrākshas sprechen. Sie sind wahrlich eine Verkörperung von Bhairava und sollen an der linken Hand getragen werden. Durch sie erlangen die Menschen sowohl Sinnesfreuden (bhoga) als auch Befreiung (moksha); sie werden so mächtig wie ich selbst und werden augenblicklich, ohne die geringste Verzögerung, von den Sünden wie Tausenden von Abtreibungen oder Hunderten von Brahmanenmorden befreien.

Wenn man die zehngesichtigen Rudrākshas trägt, so trägt man damit wahrlich Janārdana, den Deva der Devas, und beseitigt dadurch Leiden, die durch den Einfluss der Planeten und von üblen Wesenheiten wie Pishāchas, Vetālas, Brahmā Rākshasas und Pannagas hervorgebracht werden.

Die elfgesichtigen Rudrākshas verkörpern die elf Rudras. Die Frucht, die daraus entsteht, dass man sie trägt, will ich dir nun schildern. Höre. Die Frucht, die man dadurch erlangt, gleicht der von eintausend Pferdeopfern, einhundert Vājapeya Yagyas und dem Verschenken von hunderttausend Kühen.

Wenn man die zwölfgesichtigen Rudrākshas am Ohr trägt, werden dadurch die Ādityas (die großen Götter) zufriedengestellt und man erlangt dadurch die Frucht der Durchführung von Gomedha- und Ashvamedha-Opfern. Man braucht sich nicht mehr vor Büffeln, bewaffneten Feinden, Wölfen, Tigern und anderen gefährlichen Tieren zu fürchten und wird zudem niemals von Krankheiten des Körpers geplagt. Ein Träger der zwölfgesichtigen Rudrāksha ist allzeit glücklich, herrscht über Königreiche und wird frei von Sünden wie denen des Tötens von Elefanten, Pferden, Rehen, Katzen, Schlangen, Mäusen, Fröschen, Eseln, Füchsen und anderen Arten von Tieren.

O mein Kind, die dreizehngesichtigen Rudrākshas sind sehr selten zu finden. Wenn jemand sie trägt, erlangt er dadurch den Status von Kārtikeya und die Erfüllung all seiner Wünsche und beherrscht die acht Siddhis. Er lernt, wie man Gold, Silber und andere Metalle herstellt und genießt alle Arten von Freuden. Daran gibt es keinerlei Grund zu zweifeln. O Sadānana, jemand, der die dreizehngesichtige Rudrāksha trägt, wird dadurch von der Sünde befreit, seine Mutter, seinen Vater und seine Brüder zu töten.

O mein Sohn, wenn man stets die vierzehngesichtige Rudrāksha trägt, wird man wie Shiva. O Muni, was soll ich noch mehr hierzu sagen? Die Devas bringen demjenigen, der die vierzehngesichtigen Rudrākshas trägt, allerhöchste Achtung entgegen und er erlangt am Ende das höchste Ziel, den Status von Shiva. Sein Körper wird wahrlich zum Körper von Shiva. Die Devas verehren alle Zeit die Rudrāksha-Perlen. Man erlangt das höchste Ziel, indem man die Rudrāksha trägt. Jeder Brahmane sollte zumindest eine Rudrāksha voller Hingabe auf seinem Haupt tragen. Eine Kette aus vierundzwanzig Rudrāksha-Perlen soll angefertigt und am Kopf befestigt werden.

Ähnlich sollte eine Kette von fünfzig Rudrāksha-Perlen an der Brust getragen werden. An den beiden Armen soll man je sechs und an jedem Handgelenk je zwölf Rudrākshas tragen, also insgesamt vierundzwanzig. Wenn man eine Kette aus einhundertacht, fünfzig oder siebenundzwanzig Rudrākshas trägt und damit Japam ausführt, sind die Früchte (punyam) davon unermesslich.

Jemand, der einhundertacht Rudrākshas trägt, erlangt in jedem einzelnen Augenblick die Frucht der Durchführung von Ashvamedha-Opfern, erhebt einundzwanzig Generationen seiner Familie und wird schließlich in Shiva Loka weilen.

Hier endet im elften Buch des Shrimad Devī Bhāgavatam, des Mahāpurānam von 18.000 Versen von Maharishi Veda Vyāsa, das vierte Kapitel: Die Großartigkeit des Rudrāksha.

Kapitel 5
Die Rudrāksha-Ketten

Īshvara sagte: O Kārtikeya, nun will ich darüber sprechen, wie man mit dieser Kette Japam (die Wiederholung des Mantras) ausführt. Höre.

Das Gesicht einer Rudrāksha-Perle ist Brahmā, ihre obere Erhebung ist Shiva und das Schwanzende der Rudrāksha-Perle ist Vishnu.

Die Rudrāksha besitzt zweifache Kraft: Sie vermag Bhoga (Sinnesfreuden) und ebenso Moksha (Befreiung) zu schenken.

Binde fünfundzwanzig durchbohrte dornenharte Rudrāksha-Perlen von roter, weißer oder gemischter Farbe wie zu einem Kuhschwanz oder zu einer zusammengeringelten Schlange zusammen. Die Kette soll sich verjüngen, so wie ein Kuhschwanz sich zu seinem Ende hin verjüngt.

Beim Verbinden der Rudrāksha-Perlen zu einer Kette ist darauf zu achten, dass jeweils das abgeflachte Gesicht einer Rudrāksha-Perle dem abgeflachten Gesicht einer anderen Rudrāksha-Perle zugewandt ist und ebenso der Schwanz, das zugespitzte Ende einer Perle dem Schwanz oder zugespitzten Ende einer anderen Perle zugewandt ist.

Der Meru oder die erste Perle des Kettenstranges muss mit dem Gesicht nach oben zeigen und darüber soll die Kette verknotet werden.

Eine so gefertigte Rudrāksha-Kette bewirkt Mantra-Siddhi – Erfolg in Bezug auf die Verwendung eines Mantras.

Nachdem die Kette fertiggestellt ist, soll man sie in reinem, wohlduftendem Wasser baden und danach Panchagavya (die fünf Arten von Kuhprodukten) auf sie anwenden. Danach soll man sie mit klarem Wasser reinigen und dann mit dem Mantra segnen und aufladen. Anschließend soll man das Mantra von Shiva, gefolgt von der Silbe Hūm rezitieren und die Kette an sich nehmen.

Dann soll man das Mantra Sadyojāta usw. darüber aussprechen und einhundertacht Mal Wasser über die Kette sprenkeln.

Dann soll man das Hauptmantra aussprechen, die Kette auf eine geweihte Unterlage legen und Nyāsa auf sie ausführen, wobei man denken soll, dass Shiva und die Weltenmutter Bhagavatī als die große Ursache von allem in sie eingehen.

So soll man die Läuterung (samskāra) der Kette vollziehen und dann wird man feststellen, dass die Absicht, die man damit verfolgt, von Erfolg gekrönt ist. Man soll die Rudrāksha-Kette mit dem Mantra des Devata verehren, der für die erfolgreiche Verwirklichung dieser Absicht zuständig ist.

Die Rudrāksha-Kette soll man auf dem Kopf, am Hals oder auf dem Ohr tragen und dann selbstbeherrscht damit Japam ausführen.

Man soll mit größter Hingabe die Kette am Hals, dem Kopf, den Ohren oder den Armen tragen.

Welchen Grund kann es geben, das wieder und wieder zu sagen? Es ist einfach überaus verdienstvoll und empfehlenswert, stets die Rudrāksha zu tragen, insbesondere wenn man ein Bad nimmt, Geschenke verteilt, Japam ausführt, die Homa-Zeremonie oder Opfer für die Vishve Devas oder Pūjas für die Devas durchführt, wenn man Askese (prāyashchittam) betreibt; oder zur Zeit von Shraddhā oder einer Initiation ist es überaus notwendig, eine Rudrāksha zu tragen. Ein Brahmane, der irgendeine vedische Handlung ausführt, ohne dabei eine Rudrāksha zu tragen, geht ganz gewiss in die Hölle ein.

Es ist ratsam, die echte Rudrāksha zusammen mit Gold und Juwelen auf dem Kopf, am Hals oder an der Hand zu tragen. Man sollte niemals eine Rudrāksha tragen, die zuvor von jemand anderem getragen wurde. Trage die Rudrāksha stets voller Hingabe und niemals dann, wenn du unrein bist.

Selbst Gras, das an einer Stelle wächst, wo es in Berührung kommt mit der Luft in der Nähe eines Rudrāksha-Baumes, geht wahrlich für alle Zeiten in eine heilige Welt ein.

Jābāla Muni sagt in der Shruti: Wenn ein Mensch, der die Rudrāksha trägt, eine Sünde begeht, so wird er von dieser Sünde befreit. Selbst Tiere, die Rudrāksha tragen, erlangen den Status von Shiva – ganz zu schweigen von Menschen!

Die Verehrer von Shiva sollten zumindest eine Rudrāksha auf dem Kopf tragen. Jene großen Bhaktas, die mit der Rudrāksha den Namen von Shambhu, des höchsten Selbst (paramātman), wiederholen, werden damit frei von allen Arten von Sünden und Leiden. Die allerbesten Verehrer sind diejenigen, die mit der Rudrāksha geschmückt sind. Es ist für jeden, der auf sein eigenes Wohlergehen bedacht ist, höchst ratsam, die Rudrāksha zu tragen.

Wer die Rudrāksha an den Ohren, oben am Haarschopf, am Hals, an den Händen und an der Brust trägt, erlangt dadurch die höheren Geisteskräfte (vibhūti) von Brahmā, Vishnu und Maheshvara.

All die Begründer von großen Dynastien (gotra), die Rishis und Ādipurushas, tragen mit allergrößtem Respekt die Rudrākshas. Und alle ihre Nachkommen, die großen Munis, die leidenschaftlichen Anhänger des in den vedischen Schriften beschriebenen kosmischen Gesetzes, des Shrauta Dharma, tragen ebenfalls Rudrākshas.

Es mag sein, dass viele vielleicht zunächst keinen Gefallen daran finden mögen, die Rudrāksha zu tragen, obwohl sie die sichtbare Schenkerin von Befreiung ist und in den Veden sehr gut beschrieben wird. Aber nach vielen Leben kann durch die Gnade von Mahādeva der Wunsch entstehen, die Rudrākshas zu tragen. Die Munis, die unter dem Namen Jābāla Sākhīs bekannt sind, sind berühmt dafür, dass sie voller Freude die unvergleichliche Herrlichkeit der Rudrākshas verkünden.

Die Wirkung des Tragens der Rudrākshas ist in den drei Welten bestens bekannt. Der bloße Anblick von Rudrākshas hat bereits großen Verdienst (punyam) zur Folge; das Zehnmillionenfache dieses Verdienstes entsteht aus der Berührung und sie zu tragen zeitigt milliardenfache Frucht an gutem Karma; wenn man dazu noch jeden

Tag Japam damit ausführt, steigert sich das Punyam des Tragens noch einmal um das Hunderttausendfache – daran kann es nicht den geringsten Zweifel geben.

Wer die Rudrākshas an den Händen, an der Brust, am Hals, an den Ohren und am Kopf trägt, wird zu einem Abbild von Rudra. Daran gibt es keinen Zweifel.

Durch das Tragen von Rudrākshas wird ein Mensch allen Wesen gegenüber unbesiegbar, wird von den Devas und den Asuras so hoch geachtet wie Mahā Deva selbst und wandelt gleich einem Rudra in menschlicher Gestalt auf der Erde umher.

Selbst wenn ein Mensch üblen Taten verfallen ist und alle Arten von Sünden begeht, wird er von allen geachtet, wenn er Rudrākshas trägt und er wird von der Sünde des Essens von Nahrungsresten (uchhista) und allen anderen Sünden befreit.

Selbst wenn man einem Hund eine Rudrāksha-Kette anlegt und der Hund in diesem Zustand stirbt, so erlangt er Befreiung – ganz zu schweigen von anderen.

Selbst Menschen, die kein Mantra wiederholen (japam) und keine Meditation (dhyānam) betreiben, werden durch das Tragen der Rudrākshas von allen Sünden befreit und erlangen den höchsten Stand. Wer auch nur eine einzige geläuterte und mit Mantra Shakti aufgeladene Rudrāksha-Perle trägt, erhebt dadurch einundzwanzig Generationen seiner Familie, geht in die Himmelswelt ein und wird dort hoch geachtet.

Nun will ich dir noch mehr von der Großartigkeit der Rudrākshas erzählen.

Hier endet im elften Buch des Shrimad Devī Bhāgavatam, des Mahāpurānam von 18.000 Versen von Maharishi Veda Vyāsa, das fünfte Kapitel: Die Rudrāksha-Ketten.

Kapitel 6
Die Großartigkeit der Rudrāksha-Perlen

Īshvara sagte: O Kārtikeya, Kushagranthi, Jīvapattrī und andere Ketten kommen nicht einmal einem Sechzehntel der Rudrāksha-Kette gleich.

So wie Vishnu der beste aller Purushas ist, die Gangā die beste aller Flüsse, Kashyapa der beste aller Munis, Uchchaishravā das beste aller Pferde, Mahādeva der beste aller Devas und Bhagavatī die beste aller Devīs, so ist die Rudrāksha-Kette die beste aller Ketten. All die Früchte, die man durch das Lesen der vedischen Schriften und das Einhalten aller Gelübde erhält, erlangt man durch das Tragen der Rudrāksha-Kette.

Zu der Zeit, wo man die Akshaya-Gabe spendet, vermag die Rudrāksha große Verdienste (punyam) zu schenken. Den Verdienst, den jemand dadurch erwirbt, dass er einem friedvollen Verehrer von Shiva Rudrākshas schenkt, kann nicht in Worten ausgedrückt werden.

Wenn jemand einem Menschen Nahrung spendet, der eine Rudrāksha-Kette trägt, so erhebt er damit einundzwanzig Generationen seiner Familie und geht selbst schließlich in Rudra Loka ein.

Wer keine Aschemale auf seine Stirn aufträgt, keine Rudrākshas trägt und die Verehrung von Shiva ablehnt, steht noch unter einem Chāndāla, einem Geächteten.

Wenn die Fleischesser, Trunkenbolde und diejenigen, die Gemeinschaft mit schlechten Menschen pflegen, Rudrākshas auf dem Kopf tragen, werden sie von ihren Sünden befreit.

Welche Frucht auch immer man durch die Ausführung verschiedener Opfer, durch Askese und Vedenstudium erlangt – dieselbe Frucht kann ganz mühelos durch das Tragen einer Rudrāksha-Kette erlangt werden. Die Verdienste, die man durch das Lesen der vier Veden und aller Purānas, durch das Baden in allen Tīrthas und die

Ergebnisse, die man durch äußerst fleißiges Lernen gewinnt, werden allesamt durch das Tragen einer Rudrāksha erlangt.

Wenn man zur Zeit des Todes eine Rudrāksha trägt, so erlangt man den Status von Rudra und muss nicht erneut Geburt annehmen. Wenn jemand stirbt, während er eine Rudrāksha-Kette am Hals oder an beiden Armen trägt, so erhebt er einundzwanzig Generationen seiner Familie und wird in Rudra Loka leben.

Ob Brahmane oder Chāndāla, ob jemand gute Eigenschaften besitzt oder nicht – wenn er Asche auf seinen Körper aufträgt und Rudrāksha trägt, so erlangt er ganz gewiss den Status von Shiva. Ob er rein oder unrein ist, ob er verbotene Nahrung isst oder ein Mlechcha oder ein Chāndāla oder ein großer Sünder ist – wenn jemand Rudrākshas am Körper trägt, ist er Rudra gleich. Daran gibt es keinen Zweifel.

Zehnmillionenfache Frucht erlangt, wer die Rudrāksha auf dem Kopf trägt, hundertmillionenfache Frucht, wer sie an den Ohren trägt, milliardenfache Frucht, wenn am Hals, zehnmilliardenfache Frucht, wenn an der heiligen Schnur und wenn man die Rudrāksha am Handgelenk trägt, erlangt man Moksha, den Zustand ewiger Freiheit.

Wenn man in den Veden beschriebene Handlungen ausführt, während man eine Rudrāksha trägt, so ist die Frucht, die man dadurch erlangt, unermesslich. Selbst ein Mensch, der keinerlei Bhakti besitzt und dauernd üble Handlungen begeht, wird von der Bindung an diese Welt befreit, wenn er eine Rudrāksha-Kette am Hals trägt.

Selbst jemand, der selbst keine Rudrāksha trägt, aber stets voller Hingabe an die Rudrāksha ist, erlangt dadurch die Frucht des Tragens der Rudrāksha, geht in Shiva Loka ein und wird dort wie Shiva selbst geehrt.

So wie einst im Lande Kīkata ein Esel, der Rudrāksha-Perlen trug, nach seinem Tod den Status von Shiva erlangte, so wird jeder Mensch – ob er weise oder unweise ist – nach seinem Tod den Status von Shiva erlangen, wenn er die Rudrāksha trug. Daran gibt es gar keinen Zweifel.

Skanda sagte: O Deva, wie kam es dazu, dass im Lande Kīkata ein Esel Rudrākshas trug? Wer hat ihm die Rudrākshas gegeben und aus welchem Grund hat er sie getragen?

Bhagavān Īshvara antwortete: O mein Sohn, höre nun, was in diesem Fall geschehen war. Im Bindhya-Gebirge trug ein Esel als Last immer die Rudrākshas eines Reisenden. Eines Tages wurde er sehr müde, brach unter seiner Last auf der Straße zusammen und starb. Nach seinem Tod kam dieser Esel durch meine Gnade zu mir und erlangte die Gestalt von Maheshvara mit dem Dreizack in der Hand und mit drei Augen.

O Kārtikeya, so viele Gesichter, wie eine Rudrāksha hat, für so viele tausend Yugas weilt ihr Träger hoch geehrt in Shiva Loka. Die Großartigkeit der Rudrāksha sollte man seinem eigenen Schüler offenbaren; man darf ihre Herrlichkeit niemals jemandem enthüllen, der kein Schüler ist und kein Verehrer der Rudrāksha, und auch keinem ungebildeten und rohen Menschen. Ob Bhakta oder nicht Bhakta, ob jemand niedrig oder sehr niedrig ist – wer die Rudrāksha trägt, wird von all seinen Sünden befreit. Niemand gleicht an Verdienst dem, der die Rudrākshas trägt. Die Munis, die Seher der Wirklichkeit, beschreiben das Tragen der Rudrākshas als ein ganz hervorragendes Gelübde. Wer ein Gelübde ablegt, eintausend Rudrākshas zu tragen, wird wie Rudra, und die Devas verneigen sich vor ihm.

Wenn keine tausend Rudrākshas erhältlich sind, sollte man zumindest sechzehn Rudrākshas an jedem Arm, eine Rudrāksha oben auf dem Schopf, zwölf Rudrākshas an jeder Hand, zweiunddreißig am Hals, vierzig am Kopf, sechs an jedem Ohr und einhundert Rudrākshas an der Brust tragen – dann wird man so verehrungswürdig wie Rudra. Wenn jemand die Rudrāksha zusammen mit Perlen, Prabāla, Bergkristall, Silber, Gold und Edelsteinen trägt, so wird er zu einer Verkörperung von Shiva.

Selbst wenn jemand mit einer gleichgültigen Haltung die Rudrāksha trägt, kann keine Sünde ihn berühren, so wie Dunkelheit nicht das Licht beeinträchtigen kann.

Wenn jemand das Japam eines Mantras ausführt und dabei eine Rudrāksha-Kette trägt, so ist das Ergebnis unermesslich. Wenn jemand, obwohl die Rudrāksha solch große Verdienste schenkt, keine Rudrāksha an seinem Körper trägt, so wird sein Leben so nutzlos wie das Leben eines Menschen, der kein Tripundrak auf der Stirn trägt.

Wenn jemand eine Rudrāksha trägt und einfach nur seinen Kopf wäscht, so erlangt er dadurch die Frucht eines Bades in der Gangā. Daran gibt es keinen Zweifel. Die Rudrāksha mit einem Gesicht oder mit fünf, elf oder vierzehn Gesichtern sind höchst segensreich und verdienen von allen verehrt zu werden. Die Rudrāksha ist die Manifestation von Shankara, daher wird sie stets voller Hingabe verehrt.

Die Herrlichkeit der Rudrāksha ist so groß, dass sie aus einem armen Menschen einen König zu machen vermag. Darüber will ich dir nun eine wunderbare Geschichte aus den Purānas erzählen.

Einst lebte im Lande Koshala ein Brahmane namens Girinātha. Er war bestens bewandert in den Veden und Vedāngas, tugendhaft und sehr reich und führte viele Opfer durch. Er hatte einen Sohn namens Gunanidhi. Als dieser Sohn zu einem Jugendlichen herangewachsen war, glich er an Schönheit dem Liebesgott Kandarpa.

Als er im Hause seines Gurus Sudhishana die Veden studierte, wurde der Geist von Muktāvalī, der Ehefrau seines Gurus, durch seine Schönheit und Jugend betört. Die Frau des Gurus war von seiner außergewöhnlichen Schönheit dermaßen bezaubert, dass sie sich nicht beherrschen konnte, sich mit ihm vereinte und sich eine Zeit lang in aller Heimlichkeit am Zusammensein mit ihm erfreute.

Als dem jungen Sudhishana schließlich die Furcht vor seinem Guru zu viel wurde und er sich lieber ganz offen am Zusammensein mit seiner Geliebten erfreuen wollte, brachte er seinen Guru mit Gift ums Leben und lebte dann ganz offen mit dessen Ehefrau zusammen.

Als dann sein Vater und seine Mutter davon erfuhren, tötete er auch sie, indem er sie vergiftete.

Er gab sich den verschiedensten Sinnesfreuden hin und so schwand sein Wohlstand mehr und mehr. Er begann andere Brahmanen in ihren Häusern zu bestehlen und verfiel der Trunksucht. Schließlich schlossen seine Verwandten ihn wegen seines üblen Verhaltens aus der Gesellschaft aus und verbannten ihn aus der Stadt und so begab er sich zusammen mit Muktāvalī in einen dichten Wald und begann die Brahmanen auszurauben und zu ermorden. So verging lange Zeit, bis er schließlich in die Klauen des Todes fiel.

Sogleich kamen Tausende von Yamas Gefolgsleuten herbei, um ihn in das Reich der Toten zu bringen. Gleichzeitig aber trafen aus Shiva Loka die Gefolgsleute von Shiva dort ein.

O Kārtikeya, dann gab es eine Diskussion zwischen den Gefolgsleuten von Yama und denen von Shiva. Die Diener des Todesgottes sagten: O ihr Gefolgsleute von Shambhu, was sollen die Verdienste dieses Mannes sein, dass ihr hierher kamt, um ihn mit euch zu nehmen? Sprecht bitte erst einmal von diesen seinen Verdiensten.

Shivas Boten antworteten: Fünfzehn Fuß unterhalb des Bodens, auf dem dieser Mann starb, befindet sich eine Rudrāksha. O ihr Gefolgsleute Yamas, durch den Einfluss jenes Rudrākshas wurden alle seine Sünden ausgelöscht und deshalb sind wir hier erschienen, um ihn zu Shiva zu bringen.

Daraufhin nahm der Brahmane Gunanidhi eine göttliche Gestalt an und flog in einem Himmelsfahrzeug zusammen mit Shivas Boten zu Shiva.

O Gelübdetreuer, somit habe ich dir in aller Kürze die Großartigkeit der Rudrāksha beschrieben, die fähig ist, alle Arten von Sünden auszulöschen und große Verdienste zu schenken.

Hier endet im elften Buch des Shrimad Devī Bhāgavatam, des Mahāpurānam von 18.000 Versen von Maharishi Veda Vyāsa, das sechste Kapitel: Die Großartigkeit der Rudrāksha-Perlen.

Kapitel 7
Die Großartigkeit der Rudrāksha-Perlen mit einem und mit mehreren Gesichtern

Shrī Nārāyana sprach: O Nārada, Kārtikeya war sehr erfreut, nachdem Girīsha ihm so die Großartigkeit der Rudrākshas geschildert hatte, und ich habe dir hiermit nach bestem Wissen die Herrlichkeit der Rudrākshas beschrieben.

Nun will ich dir zu unserem Thema der rechten Lebensführung (sadāchāra) noch weitere Dinge sagen, die man wissen sollte. Höre.

Der Anblick der Rudrāksha bringt hunderttausendfachen Verdienst (punyam) und zigmillionenfacher Verdienst entsteht daraus, dass man sie berührt; sie zu tragen bringt noch einmal das Hunderttausendfache an Punyam. Wenn man die Rudrāksha trägt und damit das Japam eines Mantras ausführt, steigert sich der Verdienst um das Zigmilliardenfache.

Der Verdienst des Tragens einer Rudrāksha ist dem des Tragens einer Bhadrāksham bei weitem überlegen.

Die Rudrāksha-Beere von der Größe einer Āmalakī-Frucht ist die beste, die von der Größe einer Pflaume ist von mittlerer Qualität und die von der Größe einer Erbse ist von minderer Qualität – dies ist meine verbindliche Aussage hierzu.

Es gibt vier Arten von Rudrākshas entsprechend den vier Varnas der Brahmanen, Kshatriyas, Vaishyas und Shūdras. Die weiße Rudrāksha-Perle ist dem Brahmanen zugeordnet, die rote dem Kshatriya, die gelbe dem Vaishya und die schwarze Rudrāksha-Perle dem Shūdra. Entsprechend sollen Brahmanen die weißen Rudrākshas tragen, die Kshatriyas die roten, die Vaishyas die weißen und die Shūdras die schwarzen.

Am besten sind diejenigen Rudrāksha-Beeren, die wohlgerundet, ebenmäßig und hart und deren Dornen oder Spitzen deutlich zu erkennen sind. Die von Insekten zerstochenen, gebrochenen Beeren, deren Dornen nicht deutlich sichtbar sind, die unebenmäßige Erhebungen oder Löcher aufweisen und die verunreinigt sind – diese sechs Arten von Rudrākshas sind als schadhaft anzusehen.

Diejenigen Rudrākshas, die von Natur aus durchbohrt sind, gelten als die besten und die von Menschenhand durchbohrten sind von mittlerer Qualität.

Die Rudrāksha-Perlen, die alle die gleiche Größe haben, die strahlend, hart und wohlgerundet sind, sollen mit einem seidenen Faden miteinander zu einer Kette verbunden werden.

Wie kann man Rudrāksha-Beeren prüfen? So wie Gold durch einen Prüfstein geprüft wird, so wird die Rudrāksha geprüft, indem man Linien darauf zieht. Diejenigen, auf denen die Linien gleichförmig, hell und schön sind, sind die besten und sollten von den Shaivas getragen werden.

Man sollte eine Rudrāksha im Haarschopf tragen, dreißig auf dem Kopf, sechsunddreißig am Hals, sechzehn an jedem Arm, zwölf an jedem Handgelenk, fünfzig an den Schultern, einhundertacht an der heiligen Schnur und am Hals sollte der hingebungsvolle Verehrer zwei oder drei Ketten tragen.

Als Ohrringe, auf dem Haarschopf, am Kopf, als Armringe, als Ringe am Handgelenk, als Halskette und als Hüftschmuck sollte man stets die Rudrāksha tragen, auch wenn man schläft oder isst.

Dreihundert Rudrākshas zu tragen ist das Mindeste, fünfhundert ist von mittlerem Wert und eintausend Rudrākshas zu tragen ist das Beste; daher sollte man eintausend Rudrākshas tragen.

Zu dem Zeitpunkt, an dem man die Rudrāksha am Kopf zu tragen beginnt, sollte man das Mantra von Īshāna wiederholen, das Mantra von Tat Purusha beim Tragen an den Ohren, das Aghorā-Mantra beim Tragen an der Stirn und am Herzen und das Bīja-Aghorā-Mantra beim Tragen an den Händen.

Wenn man eine Rudrāksha-Kette anlegt, die bis zum Bauch hinab reicht und aus fünfzig Rudrāksha-Perlen besteht, soll man das

Vāmadeva-Mantra wiederholen sowie die fünf Brahmā-Mantras und das sechssilbige Shiva-Mantra. Indem man jede einzelne Rudrāksha-Perle in die Kette einbindet, soll man jeweils das Samenmantra (Bīja-Mantra) wiederholen und danach die Kette anlegen.

Die eingesichtige Rudrāksha offenbart Paratattva, die höchste Wirklichkeit. Wenn man sie trägt, erwacht die Erkenntnis der höchsten Realität und Brahman wird verwirklicht.

Die zweigesichtige Rudrāksha ist Ardhanārīshvara, die Gottheit, die Mann und Frau in je einer Körperhälfte zu einer Gestalt vereint. Wenn man sie trägt, ist Ardhanārīshvara Shiva dem Träger stets freundlich gewogen.

Die dreigesichtige Rudrāksha ist die Manifestation des Feuergottes Agni. Sie zerstört augenblicklich die Sünde des Tötens einer Frau. Diese dreigesichtige Rudrāksha umfasst die drei Agnis Dakshinā Agni, Gārhapatya Agni und Āhavaniya Agni; Bhagavān Agni ist dem Träger der dreigesichtigen Rudrāksha stets freundlich gewogen.

Die viergesichtige Rudrāksha ist Brahmā selbst. Ihr Träger erlangt stetige Zunahme seines Wohlstandes und Zerstörung von Krankheiten. Göttliches Wissen erwacht in ihm und sein Herz ist stets voller Freude.

Die fünfgesichtige Rudrāksha ist der fünfgesichtige Shiva selbst. Mahādeva ist dem Träger dieser Rudrāksha stets gnädig gewogen.

Die Gottheit, welche über die sechsgesichtige Rudrāksha gebietet (devatā), ist Kārtikeya. Manche Gelehrte sehen Ganapati als die Gottheit an, welche über die sechsgesichtige Rudrāksha gebietet.

Über die siebengesichtige Rudrāksha gebieten die sieben Mātrikas, die Sonne und die sieben Rishis als Gottheiten. Wer sie trägt, dessen Wohlstand nimmt stetig zu und der erlangt Gesundheit und reines Wissen. Man sollte sie anlegen, nachdem man rein und lauter geworden ist.

Die Gottheiten, welche über die achtgesichtige Rudrāksha herrschen, sind Brahmī und die acht Mātrikas. Wer sie trägt, dem sind die acht Vasus und auch der Fluss Gangā stets gnädig gewogen. Wer sie trägt, erlangt Wahrhaftigkeit und heitere Freude.

Der Devatā der neungesichtigen Rudrāksha ist Yama. Sie zu tragen befreit von Furcht vor dem Tod.

Devatā der zehngesichtigen Rudrāksha sind die zehn Himmelsgegenden. Die zehn Himmelsgegenden stehen demjenigen stets freundlich gegenüber, der diese Rudrāksha trägt.

Devatā der elfmündigen Rudrāksha sind die elf Rudrās und Indra. Sie zu tragen lässt die Freude im Leben zunehmen.

Die zwölfgesichtige Rudrāksha ist eine Manifestation von Vishnu. Devatās sind die zwölf Ādityas und sie soll von den Verehrern von Shiva getragen werden.

Die dreizehngesichtige Rudrāksha befähigt ihren Träger, Wunscherfüllung zu erlangen und stets frei von Fehlschlägen im Leben zu sein. Kāmadeva ist demjenigen freundlich gesonnen, der diese Rudrāksha trägt.

Die vierzehngesichtige Rudrāksha zerstört alle Krankheit und schenkt ewige Gesundheit. Wenn man sie trägt, soll man sich fernhalten von Wein, Fleisch, Zwiebeln, Knoblauch, Sajna- und Chāltā-Früchten, Eberfleisch usw. Wenn man diese Rudrāksha während einer Mond- oder Sonnenfinsternis, während Uttarāyana Sankrānti oder Dakshināyana Sankrānti oder an einem Neumond- oder Vollmondtag trägt, so wird man augenblicklich von all seinen Sünden befreit.

Hier endet im elften Buch des Shrimad Devī Bhāgavatam, des Mahāpurānam von 18.000 Versen von Maharishi Veda Vyāsa, das siebte Kapitel: Die Großartigkeit der Rudrāksha-Perlen mit einem und mit mehreren Gesichtern.

Kapitel 8
Bhūta Shuddhi – die Läuterung der Elemente des Körpers

Nārāyana sprach: O großer Muni, nun will ich dir von den Regeln für Bhūta Shuddhi, die Läuterung der Elemente des Körpers, erzählen.

Als Erstes stelle dir vor, dass die höchste Gottheit Kundalinī in dem hohlen Kanal Sushumnā in der Wirbelsäule vom unteren Mulādhāra Chakra zum oberen Brahmārandhra an der höchsten Stelle des Kopfes aufsteigt.

Als Nächstes soll der Verehrer mit dem Mantra Hamsa meditieren und sein individuelles Bewusstsein (jīvātmā) als eins mit dem allumfassenden universellen Bewusstsein (para brahmā) ansehen.

Dann stelle dir den Bereich von den Füßen bis zu den Knien als ein quadratisches Yantra vor und sieh es als die Erde von goldener Farbe an, die von der Silbe Lam, dem Samenmantra der Erde, repräsentiert wird.

Als Nächstes stelle dir den Bereich von den Knien bis zum Nabel als Halbmond vor, an dessen beiden Enden sich zwei Lotusse befinden und sieh dies als den Wasserkreis von weißer Farbe an, der von der Silbe Vam, dem Samenmantra des Wassers, repräsentiert wird.

Dann stelle dir wiederum den Bereich vom Nabel bis zum Herzen als ein Dreieck vor mit einem Svastika-Mal an der Stelle seiner drei Winkel und sieh es als Feuer an, das von der Silbe Ram, dem Wurzelmantra des rotfarbenen Feuers, repräsentiert wird.

Dann stelle dir vor, dass der Bereich vom Herzen bis zum Mittelpunkt der beiden Augenbrauen mit sechs Punkten markiert ist, denen das Samenmantra Yam der Luft sowie eine rauchige Farbe und eine kreisförmige Gestalt zugeordnet ist.

Schließlich sieh die Gegend vom Mittelpunkt zwischen den beiden Augenbrauen bis zum Scheitel des Kopfes als wunderschönes, klares Ākāsha-Mandalam an, dem als Mantra des Raumes das Samenmantra Ham zugeordnet ist.

Nachdem du dir dies geistig veranschaulicht hast, stelle dir als Erstes vor, dass das Erdprinzip, das aus dem Wasserprinzip hervorgegangen ist, wieder mit dem Wasserprinzip verschmilzt. Dann stelle dir vor, dass das Wasserprinzip mit dem Feuerprinzip verschmilzt, das sein Ursprung ist, das Feuer- mit dem Luftprinzip, das seine Ursache ist, und das Luft- mit dem Ākāshaprinzip (Raum), das seine Ursache ist. Dann stelle dir vor, dass der Ākāsha mit seinem Ursprung, dem Ahamkāra (Ich-Prinzip), verschmilzt, dann der Ahamkāra im Mahātattva (großes Prinzip, kosmischer Wille), Mahātattva dann in seiner Ursache, der Prakriti (Urnatur) und stelle dir schließlich vor, dass die Prakriti mit ihrem Ursprung, dem Purusha (universales Selbst), verschmilzt.

Dann betrachte dich selbst als das höchste Wissen und nichts anderes als dieses.

Dann denke an den Pāpa Purusha, den sündhaften Menschen in deinem Körper; dieser Mensch ist daumengroß und hat seinen Sitz auf der linken Seite des Unterleibes. Sein Kopf stellt den Brahmanenmord dar, seine Arme den Diebstahl von Gold, sein Herz das Trinken alkoholischer Getränke, seine Lenden das der Ehefrau des Gurus Beiwohnen, seine Beine das Zusammenkommen mit Menschen, die der Ehefrau ihres Gurus beiwohnen, und seine Füße repräsentieren andere Sünden und Missetaten.

Der Sündenmensch trägt Axt und Schild in Händen. Er ist stets zornig, steht mit gesenktem Kopf da und seine Erscheinung ist überaus schreckenerregend.

Atme nun die Luft durch das linke Nasenloch ein, denke dabei Vam, das Wurzelmantra der Luft und führe Kumbhaka durch, das heißt fülle deinen ganzen Körper mit der Luft und halte sie darin fest, um den Sündenmenschen zu läutern. Dann wiederhole Ram, das Samenmantra des Feuers, und stelle dir vor, dass der Körper des Sündenmenschen zu Asche verbrennt. Danach atme die Asche des Körpers des Sündenmenschen durch das rechte Nasenloch aus.

Als Nächstes stelle dir vor, dass die Asche des verbrannten Sündenmenschen mit dem Nektar des Mondes vermischt und zu einem runden Ball geformt wurde, und halte in Gedanken fest, dass dieser Ball dann mit Hilfe von Lam, dem Samenmantra der Erde, in ein goldenes Ei verwandelt wird. Wiederhole dann Ham, das Samenmantra des Ākāsha, sieh dich selbst als ein ideales Wesen in vollendeter Reinheit und Klarheit an und wandle deinen Körper mit all seinen Gliedmaßen entsprechend um.

Erschaffe dann aufs Neue in umgekehrter Reihenfolge mit Brahmā beginnend die Elemente Ākāsha, Luft, Feuer, Wasser und Erde und weise ihnen ihre jeweiligen Stätten zu. Danach trenne mit dem Mantra Soham den Jīvātmā vom Paramātmā und sieh den Jīvātmā als im Herzen wohnend an. Stelle dir vor, dass der Jīvātmā, nachdem ihm dieser Ort zugewiesen wurde, sich durch den Kontakt mit dem höchsten Selbst im Herzen in den Nektar der Unsterblichkeit verwandelt und die Kundalinī den Sakralplexus erreicht hat.

Nun stelle dir die Stätte der zentralen Lebensenergie, Prāna Shakti, wie folgt vor: In dem weithin ausgedehnten rotfarbenen Ozean befindet sich in einem großen Boot eine rote Lotusblume. Auf diesem Lotus hat die Prāna Shakti ihren Sitz.

In ihren sechs Händen hält sie Dreizack, Pfeile aus Zuckerrohr, Schlinge, Stachelstock, fünf Pfeile und eine mit Blut gefüllte Schale, die aus einem Schädel besteht. Sie hat drei Augen. Ihre vollen Brüste sind schön geschmückt. Die Farbe ihres Körpers gleicht der Farbe der aufgehenden Sonne. Möge sie uns Freude schenken.

Während man sich in der Meditation auf diese Prāna Shakti ausrichtet, deren Natur das höchste Selbst ist, soll man seinen Körper mit Asche eingerieben haben, um Erfolg in all seinen Handlungen zu erlangen. Großer Verdienst (punyam) entsteht daraus, dass man seinen Körper mit Asche einreibt. Dieses Thema will ich nun ausführlich behandeln. Höre. Die Praxis seinen Körper mit Asche einzureiben wird in den Veden und den Smritis ausdrücklich empfohlen.

Hier endet im elften Buch des Shrimad Devī Bhāgavatam, des Mahāpurānam von 18.000 Versen von Maharishi Veda Vyāsa, das achte Kapitel: Bhūta Shuddhi – die Läuterung der Elemente des Körpers.

Kapitel 9
Die Regeln für das Shirovrata, das Asche-Gelübde

Shrī Nārāyana sprach: O großer Muni, die Brahmanen, die auf rechte Weise das Shirovrata (das Asche-Gelübde) ausführen, sind diejenigen, die ganz mühelos das höchste Wissen erlangen, das alle Avidyā (Unwissenheit) beseitigt. Dies geht so weit, dass die Regeln für die richtige Lebensführung und das rechte Verhalten (sadāchāra), wie sie in den Shrutis und Smritis beschrieben werden, von denjenigen nicht beachtet zu werden brauchen, die auf rechte Weise und voller Hingabe Shirovrata ausführen.

O Vedenkundiger, durch dieses Shirovrata vermochten Brahmā und die anderen Devas ihren Status als Brahmā und als Devas zu erlangen. Die erleuchteten Weisen der Vorzeit haben die Herrlichkeit dieses Shirovrata hoch gepriesen.

O Weiser, diejenigen, die auf rechte Weise dieses Shirovrata ausführten, wurden von all ihren Sünden befreit, selbst wenn sie zuvor in jeder Hinsicht voller Sünde waren. Der Name Shirovrata für diese Praxis wird im ersten Abschnitt des Atharva Veda verwendet. Nur dieses Gelübde (vrata) wird als Shirovrata bezeichnet; auf nichts anderes trifft dieser Name zu und die Befreiung von allen Sünden kann durch nichts anderes erlangt werden.

O Muni, in unterschiedlichen Schriften (Shākhās) gibt es unterschiedliche Namen für diese Praxis, aber sie bezeichnen in der Tat alle ein- und dieselbe Sache.

Wer nicht dieses Shirovrata durchführt, ist unspirituell (adharma) und wird von allen spirituellen Aktivitäten ausgeschlossen, mag er auch noch so gelehrt sein. Daran gibt es keinerlei Zweifel.

Dieses Shirovrata gleicht einem lodernden Feuer, das den gesamten Wald der Sünden vollständig verbrennt. Alles Wissen leuchtet in demjenigen auf, der dieses Shirovrata ausführt.

Die Atharva Shruti legt subtile und schwer zu verstehende Themen dar. Diese Shruti verkündet, dass das genannte Shirovrata täglich ausgeführt werden sollte; es gehört somit zu den täglichen Pflichten.

Feuer ist Asche, Wasser ist Asche, Erde ist Asche, Luft ist Asche, Ākāsha ist Asche, dieses ganze manifeste Universum ist Asche – diese sechs Mantras aus dem Atharva Veda soll man rezitieren und danach den ganzen Körper mit Asche einreiben. Dies wird Shirovrata genannt. Der spirituelle Aspirant soll diese Ascheprozedur namens Shirovrata während der drei täglichen Zeiten seiner spirituellen Praxis (sandhyopāsanā) ausführen, solange die Brahman-Erkenntnis (brahmā vidyā) noch nicht in ihm erwacht ist.

Bevor man mit diesem Vrata beginnt, sollte man sich zwölf Jahre lang darauf vorbereiten, indem man den Entschluss oder Vorsatz (sankalpa) dazu im Geist pflegt. Falls man dazu nicht fähig ist, soll man dies über einen Zeitraum von einem Jahr oder von sechs Monaten oder drei Monaten oder zumindest von zwölf Tagen tun.

Ein Guru, der zögert das Wissen der Veden und andere Dinge einem Schüler zu vermitteln, der sich durch die Praxis des Shirovrata qualifiziert hat, wird als äußerst grausam angesehen und wird sein Wissen verlieren. Ganz gewiss ist derjenige Guru sehr barmherzig, der das Herz mit Brahmā Vidyā erleuchtet, so wie Gott allen Wesen gegenüber äußerst mitfühlend und barmherzig ist.

Jemand, der viele Leben lang getreulich seinem eigenen Dharma folgt, erlangt tiefes Vertrauen in dieses Shirovrata; andere werden dieses Vertrauen nicht erlangen, sondern infolge des Übermaßes an Unwissenheit, das sie in sich tragen, einen Widerwillen dagegen haben. Man soll niemals einem Feind spirituelles Wissen vermitteln wollen, der kein Vertrauen darin hat, sondern stattdessen Hass dagegen empfindet.

Nur diejenigen, die sich durch die Praxis von Shirovrata geläutert haben, sind zu Brahmā Vidyā berechtigt und niemand anderes. Daher verlangen die Veden, dass nur jemand in Brahmā Vidyā unterwiesen werden darf, der Shirovrata praktiziert hat. Selbst ein Tier wird infolge dieses Vrata frei von seiner Tiernatur und es ist keine Sünde, ein solches Tier zu opfern – dies ist die verbindliche Aussage des Vedānta.

Jāvāla Rishi hat immer wieder betont, dass es das Dharma der Brahmanen ist, das Tripundra (drei Linien aus Asche) auf der Stirn zu tragen. Die Familienväter sind angehalten, beim Auftragen dieses Tripundra das Mantra Triyamvaka mit Om zu sprechen. Die Mönche (bhikshu) sollen beim Auftragen des Tripundra dreimal das Mantra *Om hasah* aussprechen. Dies wird wiederholt im Jāvāla Shruti angeführt.

Die Familienväter und die Waldbewohner sollen beim Auftragen des Tripundra das mit Haum geläuterte Triyamvaka Mantra, mit dem Pranava von Shiva vorangestellt, aussprechen.

Die Brāhmachāris sollen täglich das Tripundra verwenden und dabei das Mantra Medhāvī usw. aussprechen. Auch die Brahmanen sollen Asche in drei gebogenen Linien auf die Stirn auftragen.

Der Gott Shiva ist stets unter einer Schicht von Asche verborgen. Daher sollen die Shaivas, die hingebungsvollen Verehrer von Shiva, das Tripundra tragen.

Die Brahmanen sollen jeden Tag das Tripundra verwenden. Brahmā ist der höchste Brahmane. Wenn er schon das Tripundra auf seine Stirn auftrug, was braucht man dann noch vieles dazu zu sagen, dass jeder Brahmane es stets verwenden sollte. Mache niemals den Fehler, es zu versäumen, deinen Körper, wie in den Veden vorgeschrieben, mit Asche einzureiben und das Shiva Lingam zu verehren.

Die Sanyāsins sollen das Tripundra auf ihrer Stirn, ihren Armen und ihrer Brust tragen. Sie sollen das Triyamvaka-Mantra mit Om vorangestellt aussprechen und auch das fünfsilbige Mantra von Shiva *Om namah Shivāya* wiederholen.

Die Brāhmachāris sollten mit Asche aus ihrem eigenen Feuer das Tripundra auftragen und das Mantra Triyāyusam Jamadagneh usw. oder das Mantra Medhāvī usw. wiederholen.

Diejenigen Shūdras, die Brahmanen dienen, sollen voller Hingabe die Asche mit dem Mantra Namah Shivāya verwenden.

Die anderen gewöhnlichen Menschen können das Tripundra ohne jedes Mantra verwenden. Den ganzen Körper vollständig mit Asche einzureiben und das Tripundra aufzutragen ist die Esssenz allen Dharmas, daher sollte man dies stets tun.

Die Asche aus dem Agnihotra Yagya oder aus dem Virajāgni soll achtsam in einer reinen und sauberen Schale gesammelt werden.

Nachdem man Hände und Füße gereinigt hat, soll man zweimal Āchamana (Schlürfen von Wasser) ausführen, dann die Asche in die Hand nehmen und die fünf Brahmā-Mantras Sadyoyātam prapadyāmi usw. aussprechen und dann dreimal kurz Prānāyāma ausführen. Danach soll man die sieben Mantras *Feuer ist Asche, Wasser ist Asche, Erde ist Asche, Tejas ist Asche, Luft ist Asche, Ākāsha ist Asche, dieses ganze manifeste Universum ist Asche* aussprechen und die Asche mit dem Mantra aufladen, indem man Luft durch den Mund ausatmet.

Dann soll man sich Mahādeva ins Bewusstsein rufen, das Mantra *Om Apojyoti* usw. aussprechen und die weißfarbene trockene Asche auf den ganzen Körper auftragen, um so frei von Sünde zu werden.

Anschließend soll man sich der Meditation von Mahā Vishnu, dem Herrn des Universums und dem Herrn aller Gewässer, widmen, erneut die Mantras *Feuer ist Asche* usw. aussprechen und dann die Asche mit Wasser vermischen. Dann soll man mit dem Gedanken an Shiva die Aschelinien auf die Stirn auftragen. Man soll die Asche als Shiva selbst ansehen und dann mit den Mantras, die zu dem eigenen Āshrama (Lebensstadium) passen, Tripundra auf die Stirn, die Brust und die Schultern auftragen.

Mit dem Mittelfinger und dem Ringfinger soll man zwei Linien Asche von links nach rechts auftragen und mit dem Daumen dann eine dritte Aschelinie von rechts nach links. Diese Tripundras sollen am Morgen, Mittag und Abend verwendet werden.

Hier endet im elften Buch des Shrimad Devī Bhāgavatam, des Mahāpurānam von 18.000 Versen von Maharishi Veda Vyāsa, das neunte Kapitel: Die Regeln für das Shirovrata, das Asche-Gelübde.

Kapitel 10
Gauna Bhashma

Nārāyana sprach: O Brahman-Kenner, o Nārada, die Asche, die aus einem gewöhnlichen Feuer gewonnen wird, ist von zweitrangiger Art, aber die Großartigkeit der zweitrangigen Asche sollte man in keiner Weise gering schätzen, denn auch sie beseitigt die dunkelste Unwissenheit und offenbart das höchste Wissen. Sie ist von vielerlei Art. Unter den zweitrangigen Aschen ist diejenige die beste, die aus Virajāgni gewonnen wird; sie ist gleichrangig mit der Asche, die aus einem Agnihotra Yagya gewonnen wird, und ist großartig.

Die Aschen, die aus einem Hochzeitsfeuer, aus der Verbrennung von Samidh oder aus einem Brand gewonnen wird, sind als zweitrangig bekannt.

Die Brahmanen, Kshatriyas und Vaishyas sollten die Asche aus dem Agnihotra und Virajāgni verwenden. Für Familienväter ist die Asche aus dem Hochzeitsfeuer-Opfer geeignet, für die Brāhmachāris die Asche aus dem Samidh und für Shūdras die Asche aus dem Herdfeuer der vedenkundigen Brahmanen. Für die anderen ist die Asche aus diversen Bränden empfehlenswert.

Nun will ich über die Herkunft der Asche sprechen, die aus dem Virajā-Feuer gewonnen wird. Die wichtigste Zeit im Jahr für das Virajā-Feuer-Opfer ist die Vollmondnacht, in welcher der Mond im Mondhaus Chitrā steht. Wenn es zu dieser Zeit nicht durchgeführt wird, kann es auch zu anderen Zeiten vollzogen werden, und man sollte dabei im Auge behalten, dass der geeignete Ort dafür in der Nähe des eigenen Wohnortes gelegen ist. Ein Feld, Garten oder Wald von segensreicher Natur ist ebenfalls für dieses Opfer zu empfehlen.

Am Trayodashī Tithi, in der dreizehnten Nacht, die der Vollmondnacht vorangeht, sollte man ein Bad nehmen und Sandhyā praktizieren. Dann soll man seinen Guru verehren und sich vor ihm verneigen. Mit seiner Erlaubnis soll man dann frische Kleider anlegen und eine spezielle Pūja ausführen. Dann sollte man mit einer weißen heiligen Schnur, weißen Girlanden und weißer Sandelpaste auf einem Sitz aus Kushagras Platz nehmen, Kushagras in Händen halten und dann mit dem Gesicht nach Osten oder Norden gewandt dreimal Prānāyāma ausführen.

Dann soll man sich in der Meditation Shiva und Bhagavatī zuwenden und im Geist um ihre Erlaubnis und ihren Segen bitten: O Deva Bhagavān, o Mutter Bhagavatī, ich will mein Leben lang dieses Gelübde einhalten. Nachdem man diesen festen Vorsatz gefasst hat, soll man dann mit dem Opfer beginnen.

Aber man sollte auch wissen, dass dieses Gelübde (vrata) zwölf Jahre lang, sechs Jahre lang, drei Jahre lang, ein Jahr lang, sechs Monate lang, zwölf Tage lang, sechs Tage lang, drei Tage lang oder sogar mindestens einen Tag lang eingehalten werden kann. Aber in jedem Fall muss man im Geist den Deva und die Devī dazu um ihre Erlaubnis und ihren Segen bitten.

Um nun Virajā Homa durchzuführen, soll man den Regeln seiner Grihya Sūtras entsprechend das Feuer entzünden und dann Homa mit Ghee, Samidh oder Charu ausführen. Am vierzehnten Tag des Mondmonates (chaturdashi) soll man beten *Mögen die Tattvas (Elemente) in mir geläutert werden!* und dann soll man die Homa-Zeremonie mit Samidh usw. wie zuvor beschrieben durchführen.

Dann soll man in der Überzeugung *Die Elemente in meinem Körper sind nun geläutert* dem Feuer die Opfergaben darbringen. Mit den Worten *Priththitattvas me sudhyatām jyotiraham virajā vipāpmā bhūyāsam svāhā* soll man die Darbringungen an das Feuer vollziehen.

Man soll einzeln die Namen der fünf Elemente (mahābhūta), der fünf feinstofflichen Elemente (tanmātrā), der fünf Sinne des Handelns (karmendriya), der fünf Sinne der Wahrnehmung (gyānendriya), der fünf Prānas, der sieben Dhātus und von Geist (manas), Intellekt (buddhi), Ich-Prinzip (ahamkāra), der drei Gunas Sattva, Rajas und Tamas, der Prakriti, des Purusha, von Rāga, Vidyā, Kalā, Daiva, Kāla, Māyā Shuddhavidyā, Maheshvara, Sadāshiva, Shakti, Shivatattva usw. aussprechen und dann mit dem fünfsilbigen Virajā-Mantra dem Feuer die Opfergaben darbringen. Dadurch erlangt der Opferer Reinheit. Dann soll man aus frischem Kuhdung einen Ball formen, ihn durch das entsprechende Mantra läutern, ihn auf das Feuer legen und achtsam beobachten.

An diesem Tag soll der Opferer Havisyānna (Reis mit Ghee) zu sich nehmen. Am Morgen des Chaturdashī soll er seine täglichen Pflichten ausführen und dann mit dem Feuer Homa durchführen, wobei das fünfsilbige Mantra auszusprechen ist. Für den Rest des Tages soll er keine weitere Nahrung zu sich nehmen.

Am nächsten Tag, das heißt am Tag des Vollmondes, soll er nach der Ausübung seiner täglichen Pflichten die Homa-Zeremonie durchführen und das fünfsilbige Mantra aussprechen. Dann soll er das Feuer aus der Zeremonie entlassen und es verabschieden und anschließend die Asche an sich nehmen.

Der Opferer sollte dann sein Haar zusammenbinden (jatā) oder seinen Kopf kahl schneiden oder nur eine einzige Haarlocke ganz oben auf seinem Kopf belassen. Er soll sein Bad nehmen und dann – entweder nackt oder mit einem roten Gewand, einem Fell, einem Stofffetzen oder mit einem Stück Baumrinde bekleidet – einen Gürtel und einen Stab anlegen. Nachdem er seine Hände und Füße gewaschen und zweimal mit beiden Händen Wasser geschlürft hat, soll er die Asche pulverisieren und sich dann von Kopf bis Fuß mit der Asche einreiben, wobei er die sechs Atharvaveda-Mantras *Feuer ist Asche* usw. ausspricht.

Dann soll er seine Arme und den übrigen Körper mit Asche einreiben, den Pranava von Shiva *Vam, Vam* aussprechen und Triyāyusha Tripundra auf seine Stirn auftragen.

Nachdem die verkörperte Seele (jīva) dies getan hat, wird sie zu Shiva (dem ewig freien Selbst) und sollte sich dann auch wie Shiva verhalten. O Nārada, dies sollte zu allen drei Sandhyā-Zeiten durchgeführt werden.

Dieses Pāshupata Vrata (ein Verfahren, durch welches der Verehrer zu Shiva wird) ist sowohl eine Quelle der Freude als auch der Befreiung und der Auslöschung aller niederen Begierden. Durch die Ausführung dieses Vrata befreit der Verehrer sich nach und nach von all seinen tierhaften Gefühlen. Danach soll er den Bhagavān Sada Shiva in Gestalt des Lingams verehren. Das zuvor beschriebene Aschebad ist höchst verdienstvoll und die Quelle aller Freude. Durch das Tragen der Asche wird die Lebenszeit verlängert; man erlangt dadurch große Körperkraft und Gesundheit. Der Körper wird dadurch genährt und erlangt zunehmende Schönheit.

Durch diese Verwendung von Asche schützt man sich; sie ist eine Quelle für das eigene Wohlergehen und alle Arten von Freude und Wohlstand. Diejenigen, die auf die genannte Weise Asche (bhashma) verwenden, brauchen sich nicht mehr vor Seuchen und ansteckenden Krankheiten zu fürchten.

Es gibt drei Arten von Bhashmas, die jeweils inneren Frieden, Versorgung mit Nahrung oder die Erfüllung aller Wünsche bewirken.

Hier endet im elften Buch des Shrimad Devī Bhāgavatam, des Mahāpurānam von 18.000 Versen von Maharishi Veda Vyāsa, das zehnte Kapitel: Gauna Bhashma.

Kapitel 11
Die Beschreibung der Großartigkeit der drei Arten von Bhashmas

Nārada fragte: O Bhagavān, was bedeutet es, dass es drei Arten von Bhashmas gibt? Ich bin sehr begierig, das zu erfahren. Bitte sei so freundlich und berichte mir darüber.

Nārāyana sprach: O Nārada, ich will nun von den drei Arten von Asche sprechen – selbst nur davon zu hören zerstört bereits die Sünden eines Menschen und bringt ihm Ruhm.

Wenn eine Kuh ihren Dung abgibt, soll man ihn sofort nach dem Hervortreten mit der Hand auffangen, lange bevor er den Erdboden erreicht. Nachdem dieser Kuhdung mit Sadyojātādi, d. h. mit dem Brahmā-Mantra, zu Asche verbrannt wurde, wird die so gewonnene Asche Shāntika Bhashma genannt, d. h. die Asche, die Frieden hervorbringt.

Wenn der Verehrer den Kuhdung mit der Hand auffängt, kurz bevor dieser den Boden berührt, und das sechssilbige Mantra ausspricht und dann diesen Kuhdung verbrennt, so wird die so gewonnene Asche Paustika Bhashma genannt, die Asche, die Nährung [s. o.] bringt.

Wenn der Kuhdung mit dem Mantra Haum verbrannt wird, so nennt man die so gewonnene Asche Kāmada Bhashma, die Asche, die Wunscherfüllung bringt.

O Nārada, man soll sich an einem Vollmondtag, einem Neumondtag oder am achten Tage einer Monatshälfte früh am Morgen aus dem Bett erheben, sich reinigen und dann zum Kuhgatter gehen. Man soll die Kühe begrüßen und dann den Kuhdung aufnehmen, wobei das Mantra Haum auszusprechen ist.

Ein Brahmane sollte hierbei weißen Kuhdung aufnehmen, ein Kshatriya roten Kuhdung, ein Vaishya gelben Kuhdung und ein Shūdra schwarzen Kuhdung. Man soll mit dem Mantra Namah den Kuhdung zu einem Ball formen und diesen mit einer Hülle aus Reis- oder Getreidehülsen ummanteln, während man das Mantra Haum ausspricht, und ihn an einem geweihten Ort trocknen.

Dann soll man aus einem Wald oder aus dem Haus eines vedakundigen Brahmanen Feuer herbeibringen und den Kuhdung zu Asche verbrennen, wobei man das Mantra Haum ausspricht. Danach soll man die Asche vorsichtig der Feuerstelle (agni kunda) entnehmen und sie in einen Krug oder Topf füllen, wobei wiederum das Mantra Haum anzuwenden ist. Die Asche ist dann mit Ketakī-Pulver, Pātala-Blütenstaub, Pulver aus der Wurzel des duftenden Khas Khas genannten Grases, Safran und anderen wohlriechenden Stoffen zu vermischen, wobei das Mantra Sadyoyātam prapadyāmi usw. auszusprechen ist.

Zuerst soll man ein Wasserbad durchführen und danach das Aschebad. Falls man kein Wasserbad nehmen kann, soll man direkt das Aschebad nehmen. Man wäscht die Hände, die Füße und den Kopf mit dem Mantra *Ishānah Sarvavidyānām* usw., spricht *Tatpurusha* aus und reibt das Gesicht mit Asche ein. Mit dem Mantra *Aghorā* trägt man die Asche auf die Brust auf, mit dem Mantra *Vāmadeva* auf den Nabel und mit dem Mantra *Sadyo Jāta* usw. auf den restlichen Körper. Dann lässt man die bisher getragene Kleidung beiseite und zieht frische Gewänder an.

Wenn man nur Tripundra anwendet und nicht den ganzen Körper mit Asche einreibt, reicht es, zuvor die Hände und Füße zu waschen und Wasser zu schlürfen (āchaman). Vor der Mittagszeit soll man Bhashma zusammen mit Wasser anwenden, aber nach der Mittagszeit soll man die trockene Asche verwenden und damit drei Aschelinien mit Zeigefinger, Mittelfinger und Ringfinger auftragen.

Kopf, Stirn, Ohren, Hals, Herzgegend und Arme – dies sind die Orte, an denen Tripundras aufgetragen werden.

Auf den Kopf soll man die Asche mit fünf Fingern und dem Mantra *Haum* auftragen; auf die Stirn trägt man Tripundra mit dem Mantra

Svāhā mit Zeige-, Mittel- und Ringfinger auf. Am rechten Ohr wird das Sadyojāta-Mantra und am linken Ohr das Vamadeva-Mantra verwendet. Am Hals finden der Mittelfinger und das Aghora-Mantra Anwendung und auf der Brust das Mantra *Namah* mit Zeige-, Mittel- und Ringfinger. Am rechten Arm trägt man Tripundra mit den drei Fingern und dem Mantra *Vashat* auf, am linken Arm werden das Mantra *Ham* und die drei Finger gebraucht. Für die Brust verwendet man das Mantra *Īshānah Sarva Devānām* und den Mittelfinger.

In jedem Tripundra ist die erste Linie Brahmā, die zweite gleicht Vishnu und die oberste Linie ist Mahādeva. Die mit einem Finger gezogene Aschelinie ist Īshvara. Der Kopf ist die Stätte Brahmās, die Stirn die Stätte von Īshvara, die beiden Ohren die Stätte der Ashvin-Zwillinge und der Hals die Stätte von Ganesha.

Die Kshatriyas, Vaishyas und Shūdras sollen Tripundras ohne jedes Mantra verwenden und sie sollen auch nicht Asche auf dem ganzen Körper auftragen. Die Mitglieder der niedrigsten Gesellschaftsschicht und die nicht-initiierten Menschen sollen ebenfalls die Tripundras ohne jedes Mantra verwenden.

Hier endet im elften Buch des Shrimad Devī Bhāgavatam, des Mahāpurānam von 18.000 Versen von Maharishi Veda Vyāsa, das elfte Kapitel: Die Beschreibung der Großartigkeit der drei Arten von Bhashmas.

Kapitel 12
Die Herrlichkeit des Tragens von Tripundra und Bhashma

Shrī Nārāyana sprach: O Devarishi Nārada, höre nun das große Geheimnis über die Früchte des Einreibens des Körpers mit Asche, das vollkommene Wunscherfüllung bringt.

Der reine Kuhdung der Kapila-Kuh soll mit der Hand aufgefangen werden, bevor er den Erdboden erreicht. Er sollte nicht zu schlammig oder flüssig und auch nicht sehr hart sein oder einen unangenehmen Geruch haben.

Falls der Kuhdung bereits auf die Erde gefallen ist, soll man den oberen Teil davon vom Boden abkratzen.

Man soll den Kuhdung zu einem Ball formen und ihn dann in einem reinen Feuer verbrennen, wobei das entsprechende Mantra zu wiederholen ist. Die Asche sollte in ein Tuch gefasst und dann in einem Topf aufbewahrt werden.

Der Topf, in dem die Asche aufbewahrt wird, sollte gut, wohlgeformt, stabil und sauber sein und man sollte ihn zuvor zum Zweck der Reinigung mit Wasser besprenkelt haben. Man soll die Asche in den Topf füllen und dabei das zugehörige Mantra aussprechen.

Der Topf kann aus Metall, Holz, Ton oder Stoff bestehen. Auch irgendein anderer hübscher Topf kann zur Aufbewahrung der Asche verwendet werden. Die Asche kann ebenfalls in einem Seidenbeutel aufbewahrt werden, der sonst für Goldmünzen verwendet wird.

Wenn der Verehrer in ein fernes Land reist, kann er die Asche selbst bei sich tragen oder sie von einem Bediensteten in seiner Begleitung tragen lassen.

Wenn man jemand anderem Asche übergibt, sollte man dies stets mit beiden Händen tun, niemals mit nur einer Hand.

Man soll die Asche niemals an einem ungeweihten Ort aufbewahren. Man sollte niemals mit den Füßen die Asche berühren, sie an einem gewöhnlichen Ort hinwerfen oder mit gekreuzten Beinen darauf sitzen. Verwende die Asche stets, nachdem sie durch ein Mantra geläutert wurde.

Diese Regeln für das Tragen von Bhashma sind in Einklang mit den Smritis. Wenn man die Asche auf diese Weise trägt, wird man zweifellos wie Shiva.

Die Asche, welche von den vedischen Verehrern von Shiva bereitet wurde, soll man voller Hingabe entgegennehmen. Jeder kann darum bitten.

Die Asche, die von den Tantra-Anhängern bereitet wurde, soll auch nur von den Tantrikern verwendet werden. Den Vaidiks ist es verboten sie zu verwenden.

Auch die Shūdras, Kāpālikas und Anhänger nicht-vedischer Lehren können die Tripundras benutzen. Sie sollten niemals in ihrem Geist die Vorstellung nähren, dass sie nicht die Tripundras tragen sollten.

Das Tragen von Asche entspricht dem Gebot der Veden. Daher kommt derjenige zu Fall, der Bhashma nicht anwendet.

Die Brahmanen müssen Tripundras tragen und dabei das Mantra wiederholen und sie sollen ihren ganzen Körper mit Asche einreiben. Wenn sie dies nicht tun, sind sie ganz gewiss als gefallen anzusehen.

Wer nicht seinen Körper hingebungsvoll mit Asche einreibt und keine Tripundras trägt, kann niemals erwarten, selbst in Hunderttausenden von Leben, Befreiung zu erlangen.

O Nārada, ein übler Mensch, der nicht den Regeln entsprechend Bhashma trägt, dessen Leben ist so nutzlos wie das eines Schweines.

Der Körper eines Menschen, der keine Tripundra-Markierungen trägt, kann als ein Leichenverbrennungsplatz betrachtet werden und ein tugendhafter Mensch sollte nicht einmal einen Seitenblick auf ihn werfen.

Schande über die Stirn, die nicht den Tripundra trägt! Schande über die Ortschaft, in der es nicht einen einzigen Shiva-Tempel gibt.

Schande über das Leben eines Menschen, der nicht Shiva verehrt. Schande über das Wissen, das kein Wissen über Shiva beinhaltet.

Wer verächtlich über Tripundra spricht, ist wahrlich ein Lästerer Shivas. Wer Tripundra aufträgt, trägt Shiva auf der Stirn.

Ein Nirganik, ein Brahmane ohne heiliges Feuer, ist wahrlich in jeder Hinsicht unerfreulich. Ebenso ist eine Verehrung von Shiva nicht lobenswert, wenn sie ohne Tripundra durchgeführt wird, selbst wenn dabei eine Fülle von Gaben dargebracht wird. Für jemanden, der seinen Körper nicht mit Asche einreibt und keine Tripundras trägt, verwandeln sich seine vorherigen guten Taten in schlechte Taten.

Solange das Tripundra-Symbol nicht den Shāstras entsprechend getragen wird, erweisen sich die in den Smritis beschriebenen vedischen Handlungen als schädlich und jegliche von einem Menschen durchgeführten guten Handlungen zählen als null und nichtig; die heiligen Worte, die gehört wurden, zählen als ungehört, und das durchgeführte Studium der Veden gilt als nicht durchgeführt. Vedenstudium, Opfer, wohltätige Spenden, Askese, Einhalten von Gelübden und Fasten eines Menschen, der kein Tripundra trägt, sind allesamt fruchtlos.

Wenn jemand kein Bhashma verwendet und nach Befreiung strebt, dann ist das so, als wenn jemand danach strebt weiterzuleben, nachdem er Gift zu sich genommen hat. Daran gibt es keinen Zweifel.

Der Schöpfer hat die Stirn nicht schmal oder rund gestaltet, sondern sanft abfallend und gewölbt, damit das Tripundra darauf getragen werden kann. Indem der Schöpfer die Stirn so gestaltet hat, will er gleichsam jedem Menschen mitteilen, dass jeder Tripundra darauf tragen sollte. Auch die Linien auf der Stirn sind aus diesem Grund zu sehen – und dennoch kommt es vor, dass ein unwissender, ungebildeter Mensch kein Tripundra aufträgt.

Solange ein Brahmane kein Tripundra trägt, wird seine Meditation nicht erfolgreich sein; er wird weder Befreiung noch Wissen erlangen und seine Askese wird fruchtlos bleiben. So wie Shūdras kein Recht besitzen, die Veden zu studieren, so haben Brahmanen nicht das Recht, Shiva und andere Devas zu verehren, bis sie das Tripundra aufgetragen haben.

Als Brahmane soll man dazu als Erstes mit dem Blick nach Osten Hände und Füße waschen, einen Entschluss (sankalpa) fassen und im Geist das Aschebad nehmen, während man den Atem zügelt. Dann soll man die Asche aus dem Agnihotra Yagya aufnehmen und etwas Asche auf seinen Kopf auftragen, während man das Īshāna Mantra wiederholt. Danach soll man das Purusha-Sūkta-Mantra rezitieren, das Gesicht mit Asche einreiben, desgleichen dann mit dem Agora-Mantra die Brust, mit dem Vāmadeva-Mantra den Anus, mit dem Sadyojāta-Mantra die Beine und dann mit dem Mantra Om den restlichen Körper mit Asche einreiben. Dies wird von den Munis das Feuerbad genannt. Wenn man alle seine Handlungen zu einem erfolgreichen Abschluss bringen will, sollte man als Brahmane als Allererstes dieses Feuerbad ausführen.

Nach dem Waschen der Hände soll man auf rechte Weise Āchaman ausführen und dann den genannten Regeln entsprechend und mit den genannten fünf Mantras Asche auf die Stirn, die Brust und um den Hals herum auftragen oder mit jedem Mantra Tripundras aufzeichnen. So werden alle Handlungen fruchtbar und man erlangt das Recht, alle Arten von vedischen Handlungen durchzuführen.

Selbst die Shūdras sollten aber hierfür keine Asche verwenden, die zuvor von jemandem aus den allerniedrigsten Gesellschaftsschichten berührt wurde. Sämtliche von den Shāstras vorgeschriebenen Handlungen sollten erst ausgeführt werden, nachdem man sich mit der Asche des Agnihotra-Opfers eingerieben hat – sonst wird keine dieser Handlungen irgendwelche Frucht tragen.

Sich an die Wahrheit halten, Reinheit praktizieren, Opfergaben darbringen, an heiligen Stätten baden oder die Götter verehren – all dies wird für denjenigen nutzlos sein, der kein Tripundra trägt.

Die Brahmanen, die Tripundra und Rudrāksha-Kette tragen, brauchen sich niemals vor Krankheit, Sünden, Hungersnot oder Räubern zu fürchten und sind stets rein und lauter. Schließlich erlangen sie ewige Freiheit in Nirvāna. Während der Ahnenopfer (Shraddhā) läutern solche Brahmanen durch ihre Anwesenheit den Ort, wo die Nahrungsspenden dargebracht werden und selbst die Devas preisen ihre Herrlichkeit. Bevor man Shraddhā oder Japam oder Yagyas oder die Verehrung der Vishvadevas durchführt, soll man Tripundras auftragen, dann wird man aus den Klauen des Todes befreit.

O Nārada, nun will ich dir noch mehr über die Herrlichkeit des Tragens von Bhashma erzählen. Höre.

Hier endet im elften Buch des Shrimad Devī Bhāgavatam, des Mahāpurānam von 18.000 Versen von Maharishi Veda Vyāsa, das zwölfte Kapitel: Die Herrlichkeit des Tragens von Tripundra und Bhashma.

Kapitel 13
Die Großartigkeit von Bhashma

Nārāyana sprach: O bester aller Munis, wie soll ich dir die herrlichen Wirkungen des Tragens von Bhashma angemessen beschreiben? Einfach nur die Asche aufzutragen löscht bereits die großen Sünden (mahāpātaka) und ebenso die kleinen Sünden des Verehrers (yati) aus – wahrlich, dies sage ich dir in allergrößter Wahrhaftigkeit! Höre nun mehr über die Wirkungen des einfachen Auftragens von Asche.

Durch die Anwendung von Asche kommt die Erkenntnis von Brahman zu den Yatis und ihre Begierde nach Sinnesfreuden wird ausgelöscht; alle tugendhaften Aktivitäten der Familienväter werden dadurch gefördert und ebenso das Studium der vedischen und anderer Schriften der Brāhmachāris. Die Shūdras erwerben sich spirituellen Verdienst durch den Gebrauch der Bhashmas und die Sünden aller anderen werden dadurch vernichtet.

Den Körper mit Asche einzureiben und die Tripundra-Linien aufzutragen ist die Quelle des Wohlergehens für alle Wesen. Dies sagen die Shrutis. Dass dies für alle auch das Durchführen von Yagyas mit einschließt, wird ebenfalls von den Shrutis verkündet. Den ganzen Körper mit Asche einzureiben und Tripundra zu tragen ist maßgeblich für alle Glaubensrichtungen und steht grundsätzlich zu keiner von ihnen in Widerspruch. Dies sagt die Shruti.

Tripundra zu tragen und den Körper mit Asche einzureiben ist vor allem auch bei den Verehrern von Shiva zu finden. Auch dies wird von der Shruti bestätigt. Die vedische Shruti sagt aus, dass Bhashma und Tripundra das charakteristische Kennzeichen dieser Bhaktas ist.

Shiva, Vishnu, Brahmā, Indra, Hiranyagarbha und deren Avatare, Varuna und die ganze Heerschar der Devas verwenden allesamt voller Freude Tripundra und Bhashma. Durgā, Lakshmī, Sarasvatī und all die anderen Ehefrauen der Götter reiben täglich ihre Körper mit Asche ein und tragen Tripundras. Auch die Yakshas, Rākshasas, Gandharvas, Siddhas, Vidyādharas und die Munis wenden Bhashma und Tripundra an.

Das Tragen der Asche ist niemandem untersagt. Ob Brahmanen, Kshatriyas, Vaishyas, Shūdras, gemischte Varnas und auch die Mitglieder der allerniedersten Gruppen der Gesellschaft, sie alle dürfen Bhashma und Tripundra tragen.

O Nārada, meiner Ansicht nach sind nur diejenigen wahre Heilige (sādhu), die Tripundra tragen und ihre Körper mit Asche einreiben.

Um die edle Dame Mukti (Befreiung) zu verführen, muss man den Edelstein des Shiva Lingam besitzen, das fünfsilbige Mantra *Namah Shivāya* als Hauptmittel der Liebeskunst anwenden und als Liebeszauber das Tragen von Asche anwenden.

O Nārada, wisse, dass der Ort, an dem ein Mensch sein Essen eingenommen hat, dessen Körper mit der heiligen Asche eingerieben ist und der das Tripundra trägt, dem Ort gleichkommt, an dem Shankara und Shankarī zusammen ihr Mahl eingenommen haben.

Selbst wenn jemand, der selbst Bhashma nicht verwendet, einem anderen folgt, der Bhashma trägt, so wird er in der Gesellschaft hoch geehrt werden, selbst wenn er ein Sünder sein sollte. Und mehr noch als dies: Wenn jemand selbst nicht die Asche verwendet, aber einen anderen preist, der Asche trägt, so wird er von allen seinen Sünden befreit und kommt in der Gesellschaft zu Ruhm und Ehren.

Wer stets das Tripundra auf der Stirn trägt und einem Bettler Nahrung spendet, der das Tripundra auf der Stirn trägt, zu dem kommen alle Veden, obwohl er sie nicht studiert hat, zu dem kommen sämtliche Früchte des Hörens der Shrutis und der Purānas, obwohl er sie nicht gehört hat, und dem fallen alle Früchte des Handelns in Einklang mit dem Dharma zu, obwohl er das nicht praktiziert hat.

Selbst ein schlechtes Land wie Bihar kann als gleichrangig mit dem heiligen Kāshī angesehen werden, wenn in ihm nur ein einziger Mensch lebt, dessen Körper mit Asche eingerieben ist und der das Tripundra trägt.

Jeder, der Bhashma anwendet, wird wie mein eigener Sohn Brahmā verehrt – ob er einen guten oder schlechten Charakter hat und ob er ein Yogi oder ein Sünder ist. O Nārada, selbst ein Heuchler, der Bhashma anwendet, erlangt dadurch eine hervorragende Zukunft, die selbst durch Hunderte von Opfern nicht zu erlangen ist. Jeder, der Bhashma täglich anwendet – ob er dies durch den Einfluss guter Gesellschaft oder auch ganz gleichgültig nur aus Gewohnheit tut – verdient gleich mir die höchste Verehrung.

O Nārada, Brahmā, Vishnu, Maheshvara, Pārvatī, Lakshmī, Sarasvatī und all die anderen Devas werden zufriedengestellt, indem man schlicht und einfach Bhashma trägt. Die Verdienste (punyam), die man durch das einfache Tragen von Tripundra erwirbt, können weder durch das Schenken wohltätiger Spenden noch durch Opfer, strenge Askese oder den Besuch heiliger Pilgerstätten erlangt werden; all dies kann nicht einmal ein Sechzehntel des Punyam hervorbringen, das durch das Tragen von Tripundra erlangt wird.

So wie ein König einen Menschen als sich selbst ansieht, dem er eine Ehrengabe geschenkt hat, so sieht Bhagavān Shankara einen Menschen als sich selbst an, der das Tripundra trägt.

Wer voller Hingabe das Tripundra trägt, kann über Bholā Nātha (Shiva) gebieten und hierbei wird kein Unterschied gemacht zwischen Brahmanen und Chāndālas.

Selbst, wenn jemand von allen Gesetzen der rechten Lebensführung oder des Handelns in Einklang mit seiner Lebensphase abgefallen ist, und schuldig ist, seinen Pflichten nicht nachzukommen, wird er Befreiung erlangen, wenn er auch nur ein einziges Mal Bhashma Tripundra angewandt hat.

Mach dir keine Gedanken darüber, zu welcher Gesellschaftsschicht oder zu welcher Familie der Träger des Tripundra gehören mag. Schaue nur danach, ob er das Tripundra auf der Stirn trägt. Falls dies zutrifft, so sieh ihn als aller Ehren wert an.

O Nārada, es gibt kein höheres Mantra als das Shiva-Mantra und keine Gottheit ist höher als Shiva. Keine Verehrung hat größere Verdienste schaffende Kraft als die Verehrung von Shiva und kein Tīrtha ist diesem Bhashma überlegen.

Dieses Bhashma ist in keiner Weise etwas Gewöhnliches; diese Asche ist die herrliche Energie des Feuers, dessen innerstes Wesen Rudra ist. Alle Arten von Sorgen und Problemen schwinden und alle Arten von Sünden werden ausgelöscht durch die Anwendung von Bhashma.

Ein Land, in dem die Mitglieder der niedrigsten Gesellschaftsschichten ihre Körper mit Asche einreiben, in dem sind stets Bhagavān Shankara, Bhagavatī Umā, die Pramathas (Begleiter Shivas) und alle heiligen Stätten (tīrtha) gegenwärtig.

Vor allem Bhagavān Shankara trägt Bhashma als Schmuck auf seinem Körper, nachdem er die Asche zuvor mit den fünf Mantras *Sadyo Jāta* usw. geläutert hat. Wenn daher jemand das Bhashma Tripundra den Regeln entsprechend auf seiner Stirn trägt, wird alles, was Vidhātā Brahmā bei Geburt dieses Menschen an Schlechtem in das Buch seines Lebens eingetragen hatte, vollständig gelöscht. Daran gibt es keinerlei Zweifel.

Hier endet im elften Buch des Shrimad Devī Bhāgavatam, des Mahāpurānam von 18.000 Versen von Maharishi Veda Vyāsa, das dreizehnte Kapitel: Die Großartigkeit von Bhashma.

Kapitel 14
Die Großartigkeit, Vibhūti zu tragen

Nārāyana sprach: O Nārada, was auch immer man einem Menschen schenkt, dessen Körper mit Asche eingerieben ist, beseitigt augenblicklich sämtliche Sünden des Schenkenden. Die Shrutis, Smritis und alle Purānas verkünden die Herrlichkeit von Bhashma und alle Zweimalgeborenen sollten dies anerkennen.

Wer auch immer zu den drei Sandhyā-Zeiten das Tripundra der heiligen Asche trägt, wird von all seinen Sünden befreit und geht in die Welt Shivas ein. Ein Yogi, der mit seinem ganzen Körper zu den drei Sandhyā-Zeiten das Aschebad nimmt, wird sehr schnell zur Vollendung seines Yoga gelangen. Viele Generationen der Familie werden durch dieses Aschebad emporgehoben (in die höheren Himmelswelten).

O Nārada, dieses Aschebad ist einem Wasserbad vielfach überlegen. Ein Aschebad zu nehmen sichert einem Verdienste (punyam), die dem des Besuches sämtlicher heiliger Pilgerstätten gleichkommen. Daran gibt es keinen Zweifel.

Durch dieses Aschebad werden sämtliche großen Sünden (mahāpātakas) und auch die anderen kleinen Sünden augenblicklich vernichtet – so wie große Holzstapel in einem Augenblick vom Feuer zu Asche verbrannt werden.

Kein Bad ist heiliger als dieses – dies wurde als Erstes von Shiva verkündet, nachdem er einstmals selbst dieses Bad genommen hatte.

Seither haben Brahmā und die anderen Devas und die Munis voller Achtsamkeit dieses Bad genommen, um ihr Wohlergehen und ihren Erfolg in allen tugendhaften Aktivitäten zu fördern. Dieses Aschebad wird auch Feuerbad genannt.

Wer auf seinen Kopf Asche aufträgt, erlangt den Status von Rudra, noch während er in diesem aus fünf Elementen bestehendem Körper weilt.

Diejenigen, die sich freuen, wenn sie Menschen mit Asche auf ihren Körpern sehen, werden von den Devas, Asuras und Munis hoch geachtet. Wer einen Menschen erblickt, dessen Körper mit Asche bedeckt ist und sich bei seinem Anblick erhebt und ihn ehrt, den achtet selbst Indra, der Herr der Himmelswelten.

Selbst wenn jemand etwas isst, das zu essen nicht erlaubt ist, wird die Sünde ihn nicht berühren, wenn sein Körper dabei mit Asche eingerieben ist.

Wer erst ein Wasserbad und danach ein Aschebad nimmt, – ob er ein Brāhmachāri, ein Familienvater oder ein Waldbewohner ist –, wird von allen Sünden befreit und erlangt schließlich den höchsten Stand.

Insbesondere für die Yatis (Asketen) ist dieses Aschebad äußerst notwendig. Das Aschebad ist dem Wasserbad deutlich überlegen, denn die aus Lust und Schmerz bestehenden Bande der Natur werden durch dieses Aschebad durchtrennt.

Die Munis wissen, dass die Prakriti nass und feucht ist und sie daher die Menschen bindet. Wenn jemand sich wünscht, die Bindung an den Körper zu durchtrennen, wird er dafür kein anderes Heilmittel finden als das heilige Aschebad.

Als Erstes haben vor Zeiten die Devas dieses Aschebad zu Ehren der Devī und zu ihrem eigenen Schutz und Wohlergehen und zu ihrer Läuterung genommen, nachdem sie zum ersten Mal die Asche erblickten. Daher erlangt jeder, der dieses Feuerbad nimmt, die Auslöschung aller seiner Sünden und gelangt nach Shiva Loka.

Wer täglich die Asche verwendet, wird nicht von Rākshasas, Pishāchas, Pūtanās und anderen Bhūtas bedrängt und auch nicht unter Lepra, chronischer Milzvergrößerung, Fisteln, einer der achtzig Arten von Vata-Krankheiten, einer der vierundsechzig Arten von Pitta-Krankheiten, einer der zweiundzwanzig Arten von Kapha-Krankheiten leiden oder von Tigern, Dieben oder widrigen Einflüssen der Planeten behelligt werden. Stattdessen gewinnt er so viel Kraft, dass er all diese abzuwehren vermag – so wie ein Löwe ganz mühelos einen rasenden Elefanten töten kann.

Wer Asche mit reinem kaltem Wasser vermischt und dann seinen Körper damit einreibt und Tripundras aufträgt, erlangt schon bald das höchste Brahman. Wer das Asche-Tripundra trägt, wird frei von Sünden und gelangt nach Brahmā Loka.

Wer Tripundras auf der Stirn trägt, kann damit sogar die auf seiner Stirn eingeprägte Weisung des Schicksals auslöschen, die bestimmt, dass er dem Tod anheimfallen wird.

Wenn die Asche auf dem Hals aufgetragen wird, so werden damit alle Sünden vollständig zerstört, die mit dem Hals begangen wurden. Das Auftragen der Asche auf den Hals beseitigt so ganz und gar die mit dem Hals begangene Sünde, welche darin besteht, Dinge zu essen, die man nicht essen darf.

Wenn die Asche auf den Armen getragen wird, vernichtet sie die Sünden, die mit den Armen begangen wurden.

Die auf der Brust aufgetragene Asche beseitigt die im Denken und Fühlen begangenen Sünden und wenn sie am Nabel angewandt wird, vernichtet sie die mit dem Fortpflanzungsorgan begangenen Sünden. Die auf dem Anus aufgetragene Asche vernichtet die mit dem Anus begangenen Sünden und auf die Hüften aufgetragen zerstört sie die Sünde des Umarmens der Frauen anderer.

Daraus sollte dir vollkommen klar sein, dass die Anwendung von Asche höchst empfehlenswert ist. Überall sollten die drei geschwungenen Aschelinien getragen werden.

Wisse, dass diese drei Linien Brahmā, Vishnu und Mahesha sind; Dakshināgni, Gārhapatya Agni und Āhavaniya Agni; die Gunas Sattva, Rajas und Tamas; Himmel, Erde und Unterwelt (Pātāla).

Wenn der weise Brahmane auf rechte Weise die Asche trägt, werden selbst seine Todsünden (mahāpātaka) dadurch ausgelöscht und er ist in keinerlei Sünde mehr verstrickt. Stattdessen erlangt er ganz zweifellos vollkommene Befreiung.

In dem Körper, der mit Asche, deren inneres Wesen Feuer ist, eingerieben ist, werden sämtliche Sünden zu Asche verbrannt.

Ein Bhashmanishtha, ein Ascheverehrer, wird genannt, wer das Aschebad nimmt, seinen Körper mit Asche einreibt, die Asche Tripundras trägt und auf Asche schläft. Ein solcher wird auch ein Ātmanishtha, ein Verehrer des Ātman, des Selbst, genannt. Wenn ein solcher Mensch sich nähert, fliehen sämtliche Dämonen, Pishāchas und schweren Krankheiten soweit sie nur können. Daran gibt es keinen Zweifel.

Weil die Asche das Wissen von Brahman enthüllt, wird sie Bhashita genannt, was von aufleuchten abgeleitet wird; weil sie die Sünden vertilgt, wird sie Bhashma genannt; weil sie die Entfaltung der acht höheren Geisteskräfte (vibhūti, siddhi) wie Animā usw. fördert, nennt man sie Bhūti und weil sie denjenigen beschützt, der sie trägt, heißt sie auch Rakshā.

So wie sämtliche Sünden durch das bloße sich Erinnern an Bhagavān Rudra vernichtet werden, so fliehen sogleich vor Furcht zitternd die Dämonen, bösen Geister und andere üble Wesen, sobald sie einen Menschen erblicken, der das Tripundra trägt.

So wie ein Feuer durch seine ihm innewohnende Kraft einen großen Wald verbrennt, so verbrennt das Aschebad alle Sünden selbst derjenigen, die unaufhörlich der Sünde zugetan waren. Selbst wenn jemand, der Zeit seines Lebens unzählige üble Taten begangen hat, zur Zeit seines Todes ein Aschebad nimmt, werden alle seine Sünden alsbald vernichtet.

Durch dieses Aschebad wird das Selbst geläutert, der Zorn zerstört und werden die Sinne beruhigt. Ein Mensch, der auch nur ein einziges Mal Bhashma angewandt hat, gelangt zu mir und muss in Zukunft keine Geburt mehr annehmen.

Wer am Montag, an dem Vollmond ist (amāvasyā), seinen ganzen Körper mit Asche einreibt und das Shiva Lingam betrachtet, dessen Sünden werden allesamt ausgelöscht.

Menschen, die täglich Bhashma anwenden, erlangen die Erfüllung all ihrer Wünsche, – ob sie sich nun Langlebigkeit, Reichtum oder Befreiung wünschen.

Das Tripundra, das Brahmā, Vishnu und Shiva verkörpert, ist überaus heilig. Sobald die grausamen Rākshasas oder andere übelwollende Wesen einen Menschen erblicken, der das Tripundra trägt, fliehen sie in weite Ferne. Daran gibt es keinerlei Zweifel.

Nachdem man die vorgeschriebene Reinigung (shaucha) und andere notwendige Aktivitäten vollzogen hat, soll man in reinem kaltem Wasser baden und dann seinen Körper von Kopf bis Fuß mit Asche einreiben. Indem man nur ein Wasserbad nimmt, wird die äußerliche Unreinheit beseitigt, aber ein Aschebad beseitigt nicht nur die äußerliche, sondern auch die innerliche Unreinheit. Selbst wenn man kein Wasserbad nimmt, sollte man daher ein Aschebad nehmen – das ist ganz ohne jeden Zweifel so. Sämtliche tugendhaften Handlungen, die ohne Aschebad ausgeführt werden, sind gewissermaßen wie gar nicht ausgeführte Handlungen.

Das Aschebad wird in den Veden beschrieben und sein anderer Name ist Feuerbad. Durch dieses Aschebad wird man äußerlich und innerlich gereinigt. Durch die Anwendung von Asche erlangt man die vollständige Frucht der Verehrung von Shiva. Während ein Wasserbad nur den äußerlichen Schmutz beseitigt, wird durch das Aschebad beides, der äußerliche und der innerliche Schmutz, vollständig beseitigt. Auch wenn man täglich viele Male ein Wasserbad nimmt, wird ohne das Aschebad das Herz nicht geläutert.

Was soll ich noch mehr von der Großartigkeit von Bhashma erzählen? Nur die Veden selbst beschreiben die Herrlichkeit der Asche auf angemessene Weise – in der Tat auf angemessene Weise. Mahādeva, das Juwel unter all den Devas, kennt die Großartigkeit von Bhashma. Wer täglich die von den Veden vorgeschriebenen Riten und Handlungen durchführt, ohne dieses Aschebad zu nehmen, wird nicht einmal ein Zehntel der Frucht dieser Aktivitäten erlangen. Nur ein Mensch, der auf rechte Weise das Aschebad nimmt, ist qualifiziert, die vollständige Frucht der vedischen Handlungen zu erlangen. Dies ist die Auffassung der Veden. Die Shruti sagt, dass dieses Aschebad selbst Dinge läutert, die bereits rein und lauter sind.

Ein erbärmlicher Mensch, der nicht das zuvor beschriebene Aschebad nimmt, ist wahrlich ein großer Sünder. Daran besteht kein Zweifel. Durch dieses Bad erwirbt man unsagbar viel größeren Verdienst als durch unzählige Bäder, die von den Brahmanen anlässlich der Vāruṇī-Festlichkeiten genommen werden. Daher soll man dieses Bad sehr sorgfältig am Morgen, Mittag und Abend nehmen.

Nachdem man Kot und Urin ausgeschieden hat soll man dieses Aschebad nehmen, andernfalls wird ein Mensch nicht gereinigt sein. Selbst wenn man täglich auf korrekte Weise sein Wasserbad nimmt, aber dann nicht das Aschebad nimmt, kann man sich nicht als gereinigt betrachten und hat somit keine Berechtigung vedische Handlungen auszuführen. Nachdem man die Darmwinde entlassen hat, nach dem Gähnen, nach dem Geschlechtsverkehr, nach dem Spucken oder Niesen und nach der Absonderung von Schleim sollte man immer ein Aschebad nehmen.

O Nārada, somit habe ich dir die Großartigkeit von Shrī Bhashma beschrieben. Nun will ich dir noch Genaueres darüber erzählen. Höre aufmerksam zu.

Hier endet im elften Buch des Shrimad Devī Bhāgavatam, des Mahāpurāṇam von 18.000 Versen von Maharishi Veda Vyāsa, das vierzehnte Kapitel: Die Großartigkeit, Vibhūti zu tragen.

Kapitel 15
Die Regeln für die Anwendung der Tripundra- und Ūrdhapundra-Male

Nārāyana sprach: Ausschließlich die Zweimalgeborenen sollen das Tripundra auf die Stirn und auf anderen Teilen des Körpers auftragen, nachdem sie zuvor die Asche sorgfältig mit dem Mantra *Agniriti Bhashma* usw. geläutert haben.

Die Brahmanen, Kshatriyas und Vaishyas werden zu den Dvījas (Zweimalgeborenen) gerechnet und diese Dvījas sollten daher täglich mit großer Achtsamkeit das Tripundra tragen.

O Brahmane, diejenigen, die durch die Zeremonie der heiligen Schnur geläutert wurden, nennt man Dvījas und für sie ist nach Aussage der Shruti das Tragen von Tripundra äußerst notwendig. Ohne das Tragen dieser Vibhūti ist jede vollbrachte gute Tat gleichsam ungetan. Daran gibt es keinen Zweifel.

Selbst das Japam von Gāyatrī wird nicht gut ausgeführt, wenn Bhashma nicht angewandt wurde. O bester aller Munis, Gāyatrī ist das Wichtigste und Bedeutendste, was man als Brahmane vollbringen kann, aber es ist nicht angeraten dies ohne das Tragen von Tripundra zu tun. O Muni, solange die aus Agni geborene Asche nicht auf die Stirn aufgetragen wurde, ist man nicht zur Initiation in das Gāyatrī Mantra berechtigt.

O Brahmane, solange du nicht die Asche auf die Stirn aufgetragen hast, wird niemand dich als Brahmanen anerkennen. Aus diesem Grund sehe ich das Tragen des hohe Verdienste bringenden Tripundra als die eigentliche Ursache des Brahmanentums an. Wahrlich, ich sage dir vollen Ernstes, dass derjenige als Brahmane und gebildeter Mensch angesehen wird, auf dessen Stirn man die mit einem Mantra geläuterte weiße Asche sieht. Den Status eines Brahmanen verdient nur derjenige, der auf ganz natürliche Weise genauso bestrebt ist, Asche zusammenzutragen, wie er bestrebt ist unschätzbar wertvolle Edelsteine und Juwelen zusammenzutragen. Über diejenigen, die nicht auf ganz natürliche Weise genauso bestrebt sind Asche zusammenzutragen, wie sie bestrebt sind Edelsteine und Juwelen zusammenzutragen, kann man mit Gewissheit sagen, dass sie in einigen ihrer vorherigen Leben Chāndālas gewesen sind. Diejenigen, die nicht ganz natürlich voller Freude Tripundra tragen, sind wahrlich in ihren vorherigen Leben Chāndālas gewesen – dies sage ich dir in vollkommener Wahrhaftigkeit.

Diejenigen, die Wurzeln und Früchte essen ohne Asche zu tragen, gehen in schreckliche Höllenwelten ein. Ein übler Mensch, der Shiva verehrt ohne Vibhūti auf seiner Stirn zu tragen, ist ein Shiva-Hasser und geht nach seinem Tod in die Hölle ein. Wer nicht Vibhūti trägt, ist nicht berechtigt irgendeine vedische Handlung durchzuführen.

Wer ohne Vibhūti zu tragen einen goldenen Tulā Purusha spendet, wird dafür keinerlei Frucht erlangen, sondern stattdessen in die Hölle eingehen.

So wie die Brahmanen niemals ihre täglichen Sandhyās ohne ihre heilige Schnur ausführen sollen, so soll man ebenso nicht ohne Vibhūti sein Sandhyā praktizieren. Wenn jemand einmal zufällig keine heilige Schnur bei sich hat, so kann er sein Sandhyā mit der Rezitation der Gāyatrī oder von Fasten begleitet durchführen, aber für das Tragen von Bhashma gibt es keine solche Ausnahmeregel.

Wer Sandhyā ohne Vibhūti zu tragen durchführt, begeht damit eine Sünde, denn ohne das Tragen von Bhashma hat er keinerlei Recht sein Sandhyā auszuführen. So wie ein Mensch aus der niedrigsten Gesellschaftsschicht falsch handelt und eine Sünde begeht, wenn er Mantras der Veden hört, so begeht auch ein Zweimalgeborener eine Sünde, wenn er Sandhyā ausführt, ohne sein Tripundra zu tragen. Ein Zweimalgeborener muss daher sehr achtsam sein und in seinem Herzen die feste Absicht nähren stets das Tripundra zu tragen – ob dies nun gemäß der Shrauta- oder der Smārta-Methode geschieht oder, falls dies nicht möglich ist, als Laukika Bhashma. Was immer die Art der Asche sein mag, sie ist stets rein und lauter. Was Sandhyā und andere vedische Handlungen anbetrifft, muss ein Zweimalgeborener immer sehr sorgfältig und zuverlässig darauf achten, dabei Bhashma zu tragen.

Keine Sünde vermag in einen Körper einzudringen, der mit Asche eingerieben ist. Aus diesem Grund sollen die Brahmanen stets äußerst sorgfältig Asche anwenden.

Tripundra soll man sechs Angulas (Fingerbreit) oder größer mit dem Zeigefinger, Mittelfinger und Ringfinger der rechten Hand auftragen. Wenn jemand das leuchtende Tripundra-Zeichen trägt, das von Auge zu Auge reicht, so wird er ganz zweifellos ein Rudra.

Der Ringfinger ist der Buchstabe A, der Mittelfinger u und der Zeigefinger m und daher verkörpert das Tripundra-Zeichen, das mit den genannten drei Fingern aufgetragen wurde, die drei Gunas. Das Tripundra soll man mit dem Mittel-, Zeige- und Ringfinger von links nach rechts auf die Stirn auftragen.

Ich will dir dazu nun eine sehr alte Geschichte erzählen. Höre.

Einstmals begab sich Durvāsā, das Oberhaupt der Asketen, dessen Körper ganz mit Asche eingerieben und mit Rudrākshas geschmückt war, in die Welt der Pitris, der Ahnen und rief dabei laut: O Shankara in deiner Allgestalt, o Shiva! O Mutter Jagadambe, du Quelle allen Segens!

Kavya-Vālā und die anderen Pitris erhoben sich bei seinem Anblick, begrüßten ihn herzlich, erwiesen ihm große Achtung und Ehre und führten zahlreiche lautere Gespräche mit dem Muni. Während ihrer Gespräche waren plötzlich die Schreie der Sünder in der Kumbhīpāka Hölle zu hören *O nein, man bringt uns um, man bringt uns um!* oder *O, o, wir werden in Stücke geschnitten!* Diese und ähnliche verzweifelte Klageschreie erreichten die Ohren der Anwesenden.

Als Durvāsā, der Prinzregent der Rishis, diese jämmerlichen Schreie hörte, fragte er mit kummervollem Herzen die Pitris: Wer schreit da so?

Die Pitris antworteten: Hier in unserer Nähe gibt es eine Stadt des Königs Yama mit dem Namen Samyamanī Purī, in der die Sünder bestraft werden. O Sündloser, in dieser Stadt lebt König Yama zusammen mit seinen schwarzhäutigen Dienern, den Verkörperungen der Vernichtung (kālā). Für die Bestrafung der Sünder gibt es dort sechsundachtzig Höllen, die stets von den schreckenerregenden Dienern Yamas streng bewacht werden. Unter diesen Höllen ist die Hölle namens Kumbhīpāka besonders groß und sie ist die bedeutendste aller Höllen. Die Schmerzen und Qualen der Sünder in dieser Kumbhīpāka-Hölle vermag man selbst in einhundert Jahren nicht angemessen zu beschreiben.

O Muni, die Shiva-Hasser, die Vishnu-Hasser und die Devī-Hasser fallen in diese Hölle hinab. Diejenigen, die an den Veden herummäkeln, die Sonne und Ganesha schmähen und die Brahmanen tyrannisieren, fallen in jene Hölle hinab. Diejenigen, die ihre Mutter, ihren Vater, ihren Guru, ihren älteren Bruder oder die Smritis und Purānas schmähen und auch diejenigen, welche Tapta Mudras und Tapta Shūlas tragen und diejenigen, die Dharma, das heilige Gesetz, schmähen, fallen in diese Hölle hinab.

Wir hören dauernd ihre lauten, erbarmungswürdigen Schreie, die zu hören schwer zu ertragen ist und die zu hören auf natürliche Weise Gefühle der Entsagung von dieser Welt (vairāgyam) fördern.

Als Durvāsā, der Prinzregent der Rishis, diese Worte der Pitris gehört hatte, begab er sich in die Hölle, um die Sünder dort zu sehen.

O Muni, als der Muni dort ankam, seinen Kopf nach unten neigte und diese Sünder dort anblickte, begannen die Sünder dort augenblicklich eine so große Freude zu empfinden, wie sie selbst in den Himmelswelten nicht zu finden ist. Die Sünder waren ganz von ekstatischer Freude erfüllt. Manche begannen zu singen, manche zu tanzen, manche zu lachen und manche der Sünder begannen miteinander voll großer Freude und Begeisterung zu spielen. Mridangas, Murajas, Lauten, Dhakkās, Dundubhis und andere Musikinstrumente verbreiteten überall ihren lieblichen Klang und der süße Duft von Vāsanti-Blüten verbreitete sich rundumher. Der Muni Durvāsā war sehr überrascht, als er dies alles sah.

Yamas Diener waren extrem verwundert. Sie gingen sogleich zu ihrem König Yama und sagten zu ihm: O Herr, o König, etwas Unglaubliches ist eben geschehen. Die Sünder in der Kumbhīpāka-Hölle genießen größere Freuden als die Bewohner der Himmelswelten! O Bibhu, wie konnte das geschehen? Wir können nicht in Erfahrung bringen, was der Grund hierfür sein könnte, o Deva, und daher sind wir alle von großer Furcht erfüllt zu dir geeilt.

Als der Dharmarāja diese Worte seiner Diener gehört hatte, begab er sich auf seinem großen Büffel sogleich zu der Hölle. Als er dort die Sünder in ihrem ungewöhnlichen Zustand erblickte, sandte er sogleich eine Nachricht in die Himmelswelt. Auf diese Nachricht hin kamen Indra mit den Devas, Brahmā aus Brahmāloka und Nārāyana aus Vaikuntha herbeigeeilt. Auch die Hüter der Weltgegenden, die Dikpālas, machten sich mit all ihren Bediensteten von ihren jeweiligen Heimstätten aus auf den Weg. Sie alle kamen zu der Kumbhīpāka-Hölle und sahen, dass alle Wesen sich dort in einem Zustand größerer Freude befanden als die Bewohner der Himmelswelt. Sie waren alle ganz erstaunt dies zu sehen und vermochten nicht zu erkennen, weshalb dies geschehen war.

Welch ein Wunder ist dies! Diese Kunda wurde eingerichtet um die Sünder zu bestrafen und, wenn hier jetzt eine solche Freude erfahren wird, werden die Menschen sich von nun an nicht mehr davor fürchten Sünden zu begehen.

Warum nur ist die Ordnung der von Gott erschaffenen Veden dermaßen in ihr Gegenteil verkehrt worden? Warum hat Gott sein eigenes Handeln zunichte gemacht? Welch ein Wunder ist dies! Wahrlich, wir sehen hier ein ganz und gar rätselhaftes Ereignis vor uns. Nachdem sie Worte wie diese geäußert hatten, verstummten sie und waren nicht dazu fähig, die Ursache des Geschehens zu ergründen.

Bhagavān Nārāyana beriet sich daraufhin mit den anderen Devas und begab sich dann zusammen mit einigen Devas zur Heimstatt von Shankara in Kailāsha.

Dort sahen sie Shrī Bhagavān Shankara, der sich, stets von seinen Pramathas umsorgt, in spielerischer Freude vergnügte. Er war mit zahlreichen herrlichen Schmuckstücken geziert und seine Gestalt war die eines sechzehn Jahre alten jungen Mannes. Jedes der Gliedmaßen seines Körpers war bezaubernd schön und er glich der Quelle aller Lieblichkeit. Er unterhielt sich mit seiner Gemahlin Pārvatī über verschiedene erfreuliche Themen und erfreute damit ihren Geist. Die vier Veden waren in körperlicher Gestalt in seiner Nähe zu sehen.

Als Nārāyana ihn erblickte, verneigte er sich vor ihm und berichtete ihm von den wunderbaren Ereignissen. Er sagte: O Deva, was ist die Ursache von alledem? Wir können uns das nicht erklären. O Herr, du bist ja allwissend und nichts bleibt dir verborgen, daher sage uns bitte, wie dies geschehen konnte!

Als Bhagavān Shankara diese Worte von Vishnu gehört hatte, sprach er freundlich mit einer Stimme, die dem Grollen einer Gewitterwolke glich, die folgenden süßen Worte: O Vishnu, vernimm denn die Ursache dieses Geschehens. Was soll daran so erstaunlich sein – es ist ein Ausdruck der Großartigkeit von Bhashma (Asche)! Was kann Bhashma nicht alles bewirken?

Der große Shaiva Durvāsā hatte seinen ganzen Körper mit Bhashma eingerieben, als er die Kumbhīpāka-Hölle aufsuchte und nach unten blickte, um die Sünder dort zu betrachten. In diesem Augenblick wurde zufällig von einem Luftzug ein Bhashma-Partikel von seiner Stirn auf die Sünder in der Hölle hinabgeweht. Dadurch wurden sie von allen ihren Sünden befreit und ihre Herzen wurden von großer Freude erfüllt. Dies ist die Herrlichkeit von Bhashma!

Von nun an wird Kumbhīpāka keine Hölle mehr sein, sondern stattdessen eine heilige Wallfahrtsstätte (tīrtha) für die Bewohner von Pitriloka. Wer immer an dieser heiligen Stätte badet, wird große

Freude erfahren. Daran gibt es keinerlei Zweifel. Dieser Ort wird von nun an Pitri Tīrtha heißen.

O Sattama, mein Lingam und eine Statue der Bhagavatī sollen dort aufgestellt und von den Bewohnern von Pitri Loka verehrt werden. Dies soll der beste aller Tīrthas in allen drei Welten sein und wenn dort die Devī Pitrishvarī verehrt wird, so wisse, dass damit die Trilokī (alle drei Welten) verehrt worden ist.

Nārāyana fuhr fort: Als Vishnu diese Worte von Shankara, dem Deva der Devas, gehört hatte, dankte er ihm und begab sich mit seiner freundlichen Erlaubnis zu den Devas und erzählte ihnen alles, was Shankara gesagt hatte.

Als die Devas dies gehört hatten, nickten sie und sagten *Sadhu*! (sehr gut) und begannen die Herrlichkeit von Bhashma zu preisen.

O Quäler der Feinde, so begannen Hari, Brahmā und die anderen Devas die Herrlichkeit von Bhashma mit Lobliedern zu besingen. Die Pitris freuten sich sehr, einen neuen heiligen Wallfahrtsort erhalten zu haben. An den Ufern des neuen Tīrtha stellten die Devas ein Shiva Lingam und ein Abbild der Devī auf und begannen, sie regelmäßig Tag für Tag zu verehren.

Die Sünder, die dort zuvor für ihre Sünden gelitten hatten, bestiegen alle ein Himmelsfahrzeug und flogen mit ihm nach Kailāsha. Noch heute leben sie dort in Kailāsha und sind dort unter dem Namen Bhadras bekannt.

Die Hölle Kumbhīpāka wurde später an einem anderen Ort neu erbaut. Seit jenem Tag gestatten die Devas keinem anderen der Verehrer Shivas mehr, die neu geschaffene Hölle Kumbhīpāka zu besuchen.

Somit habe ich dir die große Herrlichkeit von Bhashma beschrieben. O Muni! Was kann es Größeres geben als die Herrlichkeit von Bhashma!

O bester aller Munis, nun will ich dir von der Anwendung von Ūrdhapundra (ein aus senkrechten Linien bestehendes Mal) erzählen, wie sie je nach dem Aufenthaltsort der Verehrer zu vollziehen ist. Ich will dir berichten, was ich aus dem Studium der Vaishnava Shāstras über das Maß des Ūrdhapundra entsprechend dem Angula-Maßstab über seine Farbe, sein Mantra, sein Devatā und die aus ihm hervorgehenden Früchte in Erfahrung bringen konnte. Höre.

Die dafür verwendete rote Erde findet man auf Hügelkuppen, an Flussufern, an Shivas Stätten (shiva kshetram), am Meeresstrand, bei Ameisenhügeln oder an den Wurzeln der Tulasī-Pflanze. Diese Erde soll man nicht von anderen Stätten als diesen entnehmen.

Die schwarzfarbige Erde bewirkt Frieden, die rotfarbige Erde schenkt Kräfte, um Macht über andere zu gewinnen, die gelbfarbige Erde vergrößert den Wohlstand und die weißfarbige Erde bringt einen in Einklang mit dem Dharma, dem kosmischen Gesetz.

Wenn das Ūrdhapundra mit dem Daumen gezeichnet wird, fördert es das allgemeine Wohlergehen. Wenn es mit dem Mittelfinger aufgetragen wird, verlängert es die Lebensdauer. Wenn es mit dem namenlosen Finger (Ringfinger) gezeichnet wird, erlangt man Nahrung und durch das Auftragen mit dem Zeigefinger erlangt man Befreiung. Daher sollte man die Ūrdhapundras mit dem entsprechenden Finger zeichnen und dabei darauf achten, dass dabei zu keiner Zeit der Fingernagel das Mal berührt.

Die Form des Ūrdhapundra gleicht einer Flamme oder einer sich öffnenden Lotusblüte oder einem Bambusblatt oder einem Fisch oder einer Schildkröte oder einer Muschelschale.

Das zehn Angulas (Fingerbreiten) hohe Ūrdhapundra ist bei weitem das beste, das neun Angulas hohe das beste, das acht Angulas hohe ist gut. Die mittelmäßigen Ūrdhapundras sind von dreierlei Art, je nachdem, ob sie sieben, sechs oder fünf Angulas hoch sind. Die minderen Ūrdhapundras sind wiederum von dreierlei Art, je nach ihrer Höhe von vier, drei oder zwei Angulas.

Beim Auftragen des Ūrdhapundra auf die Stirn soll man an Keshava denken, beim Auftragen auf den Bauch an Nārāyana, auf die

Herzgegend an Mādhava, auf den Hals an Govinda, auf die rechte Bauchseite an Madhusūdana, auf die Ohrwurzeln an Trivikrama, auf die linke Bauchseite an Vāmana, auf die Arme an Shrīdhara, auf die Ohren an Hrishikesha, auf den Rücken an Padmanābha, auf die Schultern an Dāmodara und beim Auftragen auf das Brahmarandhra (die höchste Stelle) am Kopf soll man sich Vāsudeva vergegenwärtigen. Auf diese Weise soll man sich die zwölf Namen Vishnus ins Bewusstsein rufen. Wenn du dich am Morgen oder am Abend daran machst, Pūja oder Homa auszuführen, sollst du auf rechte Weise und mit konzentrierter Aufmerksamkeit die obigen Namen anwenden und die Ūrdhapundra-Male auftragen.

Jeder Mensch mit Ūrdhapundra auf seinem Haupt ist stets rein, selbst wenn er unrein ist oder unrechtes Verhalten zeigt oder im Geist Sünden begeht. Wo auch immer er sterben mag, er gelangt zu meiner Stätte, selbst wenn er ein Angehöriger der Chāndāla-Kaste ist.

Meine Verehrer, die mein wahres Wesen kennen, sollen zwischen den beiden Linien des Ūrdhapundra eine Lücke in Gestalt des Vishnupada (des Fußes von Vishnu) lassen und die besten meiner Verehrer sollen mit Kurkuma-Pulver schön geformte Ūrdhapundras mit einer Lücke in Gestalt eines Speeres (shūla) oder des Vishnupada tragen.

Die gewöhnlichen Vaishnavas sollen voller Hingabe (bhakti) die Ūrdhapundras ohne einen bestimmten Leerraum zwischen den Linien tragen, aber die Form des Ūrdhapundra sollte einer Flamme, einer aufgehenden Lilienknospe oder einem Bambusblatt gleichen.

Diejenigen, die nur dem Namen nach Vaishnavas sind, können das Ūrdhapundra auf beide Weise verwenden – mit oder ohne Lücke zwischen den Linien. Sie begehen keine Sünde, wenn sie es ohne einen Zwischenraum tragen. Aber diejenigen, die meine guten Verehrer sind, begehen eine Sünde, wenn sie keinen Raum zwischen den senkrechten Linien freilassen. Die Vaishnavas, die ausgezeichnete vertikale Male wie das Ūrdhapundra tragen und den Raum zwischen den Linien freilassen und das Mantra *Keshavāya Namah* dazu aussprechen, errichten damit meinen Tempel.

In dem herrlichen Zwischenraum des Ūrdhapundra weilt der unvergängliche Vishnu freudevoll zusammen mit Lakshmī. Der Übeltäter unter den Zweimalgeborenen, der das Ūrdhapundra ohne freien Zwischenraum trägt, tötet damit gleichsam Vishnu und Lakshmī, die dort ihren Sitz haben. Ein dummer Mensch, der das Ūrdhapundra ohne diesen freien Zwischenraum trägt, geht nacheinander in fünfundzwanzig verschiedene Höllen ein.

Das Ūrdhapundra sollte die Form eines einfachen geraden Stabes, eines Lotus, einer Flamme oder eines Fisches haben, mit gleichförmigen, spitzen Enden und einem leeren Zwischenraum zwischen den Linien.

O großer Muni, ein Brahmane sollte stets das Tripundra genauso regelmäßig tragen wie die Haarlocke oben auf seinem Kopf und wie seine heilige Schnur – andernfalls wären alle seine Handlungen vergebens. Daher sollten die Brahmanen in all ihren Zeremonien und Handlungen die Ūrdhapundras in der Form eines Dreizacks, eines Kreises oder eines Quadrates tragen. Ein Brahmane, der die Veden kennt, sollte niemals das halbmondförmige Tilak-Mal an seinem Kopf tragen. Ein Mensch, welcher der Brahmanenkaste angehört und dem Pfad des Veda folgt, sollte selbst unbeabsichtigt niemals ein Mal tragen, das eine andere als eine der eben genannten Formen hat. Andere Arten von Malen (pundra), die in anderen Vaishnava Shāstras zur Erlangung von Ruhm, Schönheit und ähnlichem empfohlen werden, sollten von den vedenkundigen Brahmanen niemals getragen werden.

Selbst aus Versehen sollten die vedischen Brahmanen niemals andere Tilakas als die geschwungenen Linien der Tripundras tragen. Wenn ein solcher Mensch, der dem Pfad des Veda folgt, wahnbetört andere Arten von Tripundras trägt, führt ihn das unweigerlich in die Hölle hinab.

Die vedenkundigen Brahmanen gehen unweigerlich in die Höllenwelten ein, wenn sie andere Arten von Tripundras an ihren Körpern tragen. Diejenigen, die voller Hingabe an die Veden sind, sollten auch nur Tilakas verwenden, die von den Veden empfohlen werden. Diejenigen, die nicht den vedischen Pflichten folgen, können Tilakas verwenden, die von anderen Schriften empfohlen werden, aber diejenigen, die den vedischen Devatās verpflichtet sind, sollten ausschließlich Male verwenden, die von den Veden vorgeschrieben sind.

Diejenigen, die den tantrischen Schriften folgen, die von den Veden abweichen, sollten Male tragen, die von den Tantras empfohlen werden.

Mahādeva ist eine Gottheit der Veden und er hat in seiner Bereitschaft, die Menschen von der Bindung an diese Welt zu befreien, die von den Veden empfohlenen Tilakas zum Wohle der hingebungsvollen Verehrer vorgeschrieben.

Auch die Male, die Vishnu vorgeschrieben hat, der ebenfalls eine Gottheit der Veden ist, sind von vedischer Art und seine Avatare tragen Male, die von den Veden empfohlen werden.

Die Tripundras und das Einreiben des Körpers mit Asche sind vedische Praktiken. In den Tantra Shāstras, deren Lehren von denen des Veda abweichen, wird das Tragen von Tripundras und anderen Malen empfohlen, aber diese sollten von den Vaidiks nicht verwendet werden – wahrlich niemals. Diejenigen, die dem Pfad des Veda folgen, sollten die geschwungenen Linien des Tripundra und Bhashma auf ihrer Stirn tragen – ganz in Einklang mit den Anweisungen des Veda. Wer den höchsten Status von Nārāyana erlangt – das heißt, wer mein inneres Wesen verwirklicht hat –, sollte stets auf seiner Stirn das mit wohlduftender Sandelpaste versehene Shūla-Mal tragen.

Hier endet im elften Buch des Shrimad Devī Bhāgavatam, des Mahāpurānam von 18.000 Versen von Maharishi Veda Vyāsa, das fünfzehnte Kapitel: Die Regeln für die Anwendung der Tripundra- und Ūrdhapundra-Male.

Kapitel 16
Die Beschreibung von Sandhyā Upāsānā

Nārāyana sprach: Nun werde ich über die überaus heilige Sandhyopāsanā-Methode der Sandhyā-Verehrung von Gāyatrī sprechen, die für die Zweimalgeborenen die Gottheit ist, welche über den Morgen, Mittag und Abend gebietet (die drei Sandhyā-Zeiten). Höre.

Die Herrlichkeit der Anwendung von Bhashma (Asche) wurde ausführlich beschrieben. Über dieses Thema muss darüber hinaus nichts mehr gesagt werden.

Als Erstes werde ich über die morgendliche spirituelle Praxis, das morgendliche Sandhyā, sprechen. Das morgendliche Sandhyā sollte früh am Morgen ausgeführt werden, während man noch die Sterne am Himmel sehen kann.

Das Mittags-Sandhyā soll man ausführen, wenn die Sonne in ihrem Zenit steht, und wenn die Sonne sichtbar am Untergehen ist, soll das abendliche Sandhyā durchgeführt werden.

Folgende Unterschiede gibt es in Bezug auf die genannten drei Sandhyās:

Das morgendliche Sandhyā, bei dem die Sterne noch zu sehen sind, ist das beste; von mittlerer Art ist es, wenn die Sterne bereits verschwunden sind und von minderer Art ist es, wenn die Sonne bereits über den Horizont aufgestiegen ist.

Das abendliche Sandhyā ist ebenfalls dreifach unterteilt als hervorragend, mittelmäßig und von minderer Art. Das Abend-Sandhyā, bei dem die Sonne sichtbar am Untergehen ist, gilt als das beste Sandhyā. Bei bereits untergegangener Sonne ist das Sandhyā von mittlerer Qualität und wenn schon die Sterne am Himmel zu sehen sind, ist es von minderer Qualität.

Die Brahmanen sind die Wurzel des Baumes des Sandhyā Bandanam, die Veden sind die Zweige und die tugendhaften Handlungen sind die Blätter. Daher sollte die Wurzel sorgfältig gepflegt und beschützt werden. Wenn die Wurzel abgetrennt würde, könnten Äste oder Blätter nicht weiterleben.

Ein Brahmane, der das Sandhyā nicht kennt oder das Sandhyā nicht praktiziert, ist in Wahrheit ein Shūdra, und ein solcher Brahmane wird wahrlich nach seinem Tode als Hund wiedergeboren. Daher muss ein Brahmane täglich die Sandhyās ausführen, andernfalls hat er keinerlei Recht, irgendeine Handlung zu vollziehen.

Bei Sonnenaufgang und bei Sonnenuntergang gibt es einen Zeitraum von zwei Dandas (achtundvierzig Minuten) für die Durchführung des Sandhyā und wenn das Sandhyā nicht innerhalb dieses Zeitraumes ausgeführt oder ganz vergessen wurde, ist dafür angemessen Buße (prāyashchitta) zu tun. Wenn der richtige Zeitpunkt für das Sandhyā verpasst wurde, muss zusätzlich zu den drei täglichen Arghyas ein weiteres Arghya durchgeführt werden oder das Gāyatrī-Mantra muss dann vor Beginn des Sandhyā einhundertacht Mal wiederholt werden. Zu welcher Zeit auch immer irgendeine Handlung ausgeführt werden soll, muss als Erstes die Verehrung der Sandhyā Devī – der Gottheit, die über den entsprechenden Zeitpunkt gebietet – vollzogen werden und danach soll man die für diese Zeit angemessene Handlung ausführen.

Das in Wohnhäusern ausgeführte Sandhyā ist von gewöhnlicher Art. Das Sandhyā in Kuhgehegen ist von mittlerer Qualität, das an Flussufern ist gut und das Sandhyā, das vor einem Tempel oder einem Sitz der Devī praktiziert wird, ist ganz ausgezeichnet.

Das Sandhyopāsanā soll vor der Devī durchgeführt werde, denn das ist wahrlich die Verehrung der Devī selbst. Die drei Sandhyās vor der Devī auszuführen zeitigt unendlich herrliche Früchte. Keine andere Tätigkeit der Brahmanen ist besser als dieses Sandhyā.

Die Verehrung von Shiva oder Vishnu kann man schon einmal auslassen, denn sie gehört nicht zu den verbindlich vorgeschriebenen täglichen Pflichten, aber das Sandhyopāsanā muss man täglich ausführen.

Das Gāyatrī der großen Devī ist die Essenz aller Mantras der Veden. In den vedischen Schriften (veda shāstra) wird die Wichtigkeit der Verehrung von Gāyatrī ganz ausdrücklich betont. Brahmā und die anderen Devas widmen sich zu den Sandhyā-Zeiten der Meditation der Devī Gāyatrī und rezitieren das Gāyatrī-Mantra. Die Veden rezitieren immerdar die Gāyatrī und aus diesem Grund findet Gāyatrī als Gegenstand der Verehrung besondere Erwähnung in den Veden. Die Brahmanen werden Shāktas genannt, weil sie die uranfängliche Shakti Gāyatrī, die Mutter der Veden, verehren; sie sind keine Shaivas oder Vaishnavas. Führe erst dreimal das normale Āchaman aus, trinke dann beim Einatmen ein wenig von dem Wasser des Āchaman und wiederhole *Om Keshavāya Svāhā, Om Nārāyanāya Svāhā, Om Mādhavāya Svāhā.*

Wasche dann beide Hände und wiederhole *Om Govindāya Namah, Om Vishnave Namah.*

Dann reibe mit der Daumenwurzel sanft die Lippen und wiederhole *Om Madhūsūdanāya Namah, Om Trivikramāya Namah.* Dann reibe den Mund und wiederhole *Om Vāmamāya Namah, Om Shrīdharāya Namah.*

Dann versprenge etwas Wasser auf die linke Hand und sage *Om Hrishīkeshāya Namah.*

Sprenkele etwas Wasser auf die Beine und sage dabei *Om Padmanābhāya Namah.*

Sprenkle Wasser auf den Kopf und sage *Om Dāmodarāya Namah.*

Berühre den Mund mit drei Fingern der rechten Hand und sage *Om Samkarshanāya Namah.*

Berühre die Nasenlöcher mit Daumen und Zeigefinger und sage *Om Vāsudevāya Namah, Om Pradyumnāya Namah.*

Berühre die Augen mit Daumen und Ringfinger und sage *Om Aniruddhāya Namah, Om Purushottamāya Namah.*

Berühre die Ohren mit Daumen und Ringfinger und sage *Om Adhokshajāya Namah, Om Nārasimhāya Namah.*

Berühre den Nabel mit dem Daumen und dem Ringfinger und sage *Om Achyutāya Namah.*

Berühre die Brust mit der Handfläche und sage *Om Janārdanāya Namah.*

Berühre den Kopf und sage dabei *Om Upendrāya Namah.*

Berühre die Wurzeln der beiden Arme und sage *Om Haraye Namah, Om Krishnāya Namah.*

Während du das Āchaman-Wasser aus der rechten Hand einschlürfst, musst du die rechte Hand mit der linken Hand berühren – andernfalls würde das Wasser nicht geläutert werden.

Während du Āchaman durchführst, sollen die Handfläche und die Finger nahe beieinander zusammengehalten werden und eine Einheit in Gestalt des Ohres einer Kuh (gokarna) bilden; dann sollen der Daumen und der kleine Finger abgespreizt werden und du sollst das Wasser von der Größe einer Erbse einschlürfen; wenn eine größere oder kleinere Menge eingeschlürft würde, so käme dies dem Trinken eines alkoholischen Getränkes gleich.

Dann sollst du den Pranava (die Silbe Om) denken, Prānāyāma ausführen und im Geist das Gāyatrī-Mantra mitsamt ihrem Kopf und dem Turīya Pāda wiederholen: *Āpojyotih rasomritam Brahmā Bhurbhuvah svarom.* Atme die Luft durch das linke Nasenloch (pūraka) ein, verschließe dann beide Nasenlöcher (kumbhaka) und atme die Luft durch das rechte Nasenloch (rechaka) wieder aus. So ist das Prānāyāma durchzuführen. Während du Pūraka, Kumbhaka und Rechaka ausführst, sollst du für das rechte Nasenloch den Daumen und für das linke Nasenloch nur den Ringfinger und den kleinen Finger verwenden. Die Yogis, die zur Beherrschung ihres Geistes gelangt sind, sagen, dass Prānāyāma über die drei Stadien Pūraka, Kumbhaka und Rechaka durchzuführen ist.

Während Pūraka wird die äußere Luft eingeatmet. Während Kumbhaka wird die Luft weder aus- noch eingeatmet und in der Rechaka-Phase wird die Luft ausgeatmet.

Während Pūraka richte deinen Geist auf den Nabel, den vierarmigen erleuchteten Vishnu, dessen Haut die blaue Farbe einer blauen Lotusblüte aufweist. Während Kumbhaka gedenke in deinem Herzen des viergesichtigen Brahmā Prajāpati, des Großvaters und Schöpfers der Welt, wie er auf der Lotusblüte sitzt und während Rechaka richte deine Aufmerksamkeit auf die Stirn, den weißfarbenen, alle Sünden vernichtenden Shankara, der rein wie ein Kristall ist.

Während Pūraka erlangt man das Einssein mit Vishnu, während Kumbhaka das Wissen von Brahmā und während Rechaka den höchsten Sitz von Īshvara (Shiva).

Dies ist die Āchaman-Methode, wie sie in den Purānas beschrieben wird.

Nun will ich von der alle Sünden vernichtenden vedischen Āchaman-Methode sprechen. Höre.

Rezitiere das Gāyatrī-Mantra *Om Bhurbhuvah* usw. und schlürfe etwas Wasser ein. Dies ist das vedische Āchaman nach dem Wiederholen der sieben großen Vyāhritis *Om Bhuh, Om Bhuvah, Om Svaha, Om Mahah, Om Janah, Om Tapah, Om Satyam.* Wiederhole das Gāyatrī-Mantra und den Kopf der Gāyatrī Āpojyotih Rasomritam Brahmā Bhurbhuvah Svarom und führe dreimal Prānāyāma aus. Hierdurch werden alle Sünden vernichtet und alle Tugenden gehen daraus hervor.

Eine andere Art von Prānāyāma Mudrā wird wie folgt beschrieben: Die Vānaprashthīs und die Grihasthas führen Prānāyāma mit fünf Fingern aus und berühren dabei die Nasenspitze. Die Brāhmachāris und die Yatis benutzen beim Prānāyāma die Daumen, kleinen Finger und Ringfinger.

Nun sage ich etwas über das Āghamasana-Mārjana-Mantra. Höre. Das Mantra dieses Mārjana (Läuterung) ist *Āpohishthā Mayobhuvah* usw.. Es gibt darin drei Mantras und drei Pādas in jedem Mantra. Jedem Pāda wird jeweils *Om* vorangestellt. Versprenge am Ende jedes Pāda etwas Wasser über den Kopf und trage dabei die heilige Schnur und verwende Kushagras. Oder tue dies am Ende jedes Mantras. Durch das genannte Mārjana werden die in einhundert Jahren begangenen Sünden augenblicklich vernichtet. Dann führe Āchaman durch und wiederhole die drei Mantras *Om Sūryashcha mā Manyushcha* usw. Hierdurch werden die im Geist begangenen Sünden vernichtet.

So wie Mārjana mit Pranava, Vyārhitis und Gāyatrī ausgeführt wird, so führe es mit den drei Mantras *Āpohishthā* usw. durch. Gib deiner rechten Hand die Gestalt eines Kuhohres, nimm damit Wasser auf, halte sie vor deine Nase und denke: In der linken Seite meines Unterleibes weilt ein furchtbar sündhaftes Wesen. Es ist von pechschwarzer Farbe und sein Anblick ist furchterregend.

Rezitiere dann die Mantras *Om ritamcha satyamchābhīdhyāt* usw. und *Drupādādiva mumuchāna* usw. und lasse jenes sündhafte Wesen durch dein rechtes Nasenloch in das Wasser eingehen, das du in der Hand hältst.

Schaue das Wasser nicht an, sondern wirf es nach links auf einen kleinen Stein fort und denke, dass du nun frei von Sünde bist.

Erhebe dich dann von deinem Sitz, halte deine beiden Füße waagerecht und nimm mit den Fingern außer dem Zeigefinger und Daumen eine Handvoll Wasser auf. Richte dein Gesicht auf die Sonne aus, rezitiere dreimal das Gāyatrī-Mantra und bringe der Sonne dreimal Wasser dar.

Somit, O Muni, wurde dir die Methode der Darbringung der Arghyas beschrieben.

Dann mache einen Rundgang und wiederhole dabei das Sūrya-Mantra.

Bei der Darbringung der Arghyas ist Folgendes besonders zu beachten: Führe es einmal am Mittag, dreimal am Morgen und dreimal am Abend durch. Nimm bei dem morgendlichen Arghya eine etwas gebückte Haltung ein. Das Arghya am Mittag bringe im Stehen dar. Das Arghya am Abend kann im Sitzen ausgeführt werden.

Nun will ich dir erklären, warum das Arghya der Sonne dargebracht wird. Höre.

Auf dem Weg der Sonne wandeln stets dreihundert Millionen Rākshasas umher, die Mandehas genannt werden. Sie sind große Helden und zudem heimtückisch und grausam. Sie nehmen furchterregende Gestalten an und sind stets bestrebt, die Sonne zu verschlingen.

Aus diesem Grund bringen die Devas und die Rishis gemeinsam mit zusammengelegten Händen der Sonne Wasser dar, während sie das große Sandhyā Upāsānā durchführen. Das auf diese Weise dargebrachte Wasser verwandelt sich in mächtige Blitze, welche die Köpfe der grausamen Dämonen verbrennen und deshalb führen die Brahmanen täglich ihr Sandhyopāsanā aus. Unendlicher Verdienst geht aus diesem Sandhyā Upāsānā hervor.

O Nārada, nun teile ich dir die Mantras mit, die zu dem Arghya gehören. Sobald diese Mantras ausgesprochen werden, tritt die volle Wirkung des Durchführens der Sandhyās in Erscheinung.

Ich bin jene Sonne. Ich bin jenes Licht. Ich bin jenes Selbst (ātman). Ich bin Shiva. Ich bin das Licht des Ātman. Ich bin von lauterer, weißer, durchscheinender Klarheit. Mein Wesen ist All-Energie und mein Wesen ist Rāsa (freudevolle, gute Gefühle).

O Devī, o Gāyatrī, o du, deren Wesen Brahman ist. Mögest du herbeikommen und als Herrscherin in meinem Herzen weilen, um dieses mein Japa-Karma zum Erfolg zu führen.

O Devī, o Gāyatrī, nachdem du in mein Herz eingegangen bist, verlasse es wieder durch dieses Wasser. Aber komme bitte später wieder zurück.

Auf einem reinen Sitz sitzend wiederhole mit vereinheitlichtem Geist die Gāyatrī, die Mutter der Veden.

O Muni, in diesem Sandhyopāsanā soll nach dem Prānāyāma dann Khhecharī Mudrā ausgeführt werden.

Vernimm nun die Bedeutung des Khhechāri Mudrā.

Wenn der Geist eines Wesens sich von den Sinnesgegenständen abwendet, weilt es im Ākāsha und wird ungerichtet. Wenn dann auch die Sprache in den Ākāsha eingeht und dort weilt, dann ist der Blick fest auf die Stelle zwischen den Augenbrauen gerichtet. Dies wird Khhechāri Mudrā genannt. Keine Sitzhaltung (āsana) kommt der Siddhāsana gleich und kein Vāyu kommt dem Khumbaka Vāyu gleich. O Nārada, keine Mūdra kommt der Khhechāri Mudrā gleich.

Man soll den Pranava auf die Pluta-Weise (langgezogen) aussprechen, ähnlich dem nachhallenden Klang einer Glocke und dann mit vollkommen beruhigtem Atem bewegungslos und ohne jeden Ahamkāra in der Sthirāsana-Haltung verweilen.

O Nārada, ich will nun von der Siddhāsana-Haltung und ihren besonderen Eigenschaften sprechen. Höre.

Lass eine Ferse unter der Wurzel des Fortpflanzungsorgans ruhen und die andere Ferse unterhalb des Skrotum. Halte den gesamten Körper und die Brust aufrecht und unbewegt. Ziehe die Sinne von ihren Gegenständen zurück und richte den Blick auf die Stelle zwischen den Augenbrauen, wo die Hypophyse ihren Sitz hat. Diese Haltung wird Siddhāsana genannt und ist bei den Yogis beliebt. Nachdem du diese Haltung eingenommen hast, rufe Gāyatrī an: O Mutter der Veden, o Gāyatrī, du bist die Devī, die den Verehrern Wunscherfüllung gewährt. Dein Wesen ist Brahman. Sei mir gnädig gewogen. O Devī, wer immer dich tagsüber verehrt, dessen am Tag begangene Sünden werden vernichtet und wer immer dich des Nachts verehrt, dessen in der Nacht begangene Sünden werden vernichtet. O Devī, die du alle Buchstaben des Alphabetes bist, o Sandhye, o Verkörperung höchsten Wissens (vidyā), o Sarasvatī, o Ajaye, o Unsterbliche, du bist vollkommen frei von Krankheit und Altern. O Mutter, die du alle Devas zusammen bist, ich verneige mich ehrerbietig vor dir.

Rufe danach die Devī erneut an mit dem Mantra *Ojosi* usw. und bete dann: O Mutter, bitte lass durch deine Gnade mein Japam und andere Handlungen deiner Verehrung mit Erfolg gekrönt sein.

Als Nächstes sollst du mit großer Sorgfalt das tun, was von der Verfluchung der Gāyatrī befreit. Brahmā hat Gāyatrī verflucht, außerdem noch Vishvāmitra und auch Vasishtha. Dies sind die drei Verfluchungen und sie werden in der entsprechenden Reihenfolge beseitigt, indem man sich nacheinander Brahmā, Vishvāmitra und Vasishtha ins Bewusstsein ruft. Bevor man Nyāsa ausführt, soll man sich innerlich sammeln und des höchsten Selbstes gedenken. Gedenke im Lotus des Herzens jenes Purusha, der lautere Wahrheit ist, der dieses ganze Universum ist, der das höchste Selbst ist, der ganz und gar Erkenntnis ist und der mit Worten nicht erfasst werden kann.

Nun spreche ich vom Amganyāsa des Sandhyā. Höre.

Sprich als Erstes *Om* aus und dann das Mantra.

Berühre die beiden Beine und sage *Om Bhuhpādābhyām namah.*

Berühre die Knie und sage *Om Bhuva Jānubhyām namah.*

Berühre die Hüfte und sage *Om Svaha Katibhyām namah.*

Berühre den Nabel und sage *Om Maharnābhyai namah.*

Berühre die Herzgegend und sage *Om Janah Hridayāya namah.*

Berühre die Kehle und sage *Om Tapah Kanthāya namah.*

Berühre die Stirn und sage Om Satyam Lalātāya namah.

Vollziehe so das Vyārhiti Nyāsa.

Als Nächstes führe das Karāmganyāsa wie folgt durch: *Om tat savituh ramgusthābhyām namah* (in Bezug auf den Daumen).

Om varenyam tarjanībhyām namah (in Bezug auf den Zeigefinger).

Om bhargo devasya madhyamā bhyām namah (in Bezug auf den Mittelfinger).

Om dhīmahi anāmikābhyām namah (in Bezug auf den Ringfinger).

Om dhīyo yonah kanisthābyām namah (in Bezug auf den kleinen Finger).

Om prachodayāt kara tal pristhābhyām namah (in Bezug auf den oberen und unteren Teil der Handfläche und den gesamten Körper).

Nun spreche ich über das Amganyāsa. Höre.

Om tat savitur brahmātmane hridayāya namah (in Bezug auf das Herz.)

Om varenyam vishnvātmane shirase namah (in Bezug auf den Kopf.

Om bhargo devasya rudrātmane shikhāyai namah (in Bezug auf den Scheitelbereich des Kopfes).

Om dhīmahi shaktyātmane kavachāya namah (in Bezug auf den Kavacha).

Om dhīyoyonah kālātmane netratrayāya namah (in Bezug auf die drei Augen).

Om prachodayāt sarvātmane astrāya namah (in Bezug auf den Astra oder die Rüstung, die den Körper beschützt).

Nun spreche ich über Varnanyāsa. O großer Muni, höre.

Dieses Varnanyāsa wird mit den Silben des Gāyatrī Mantras durchgeführt und wer es vollzieht, wird von Sünden befreit.

Om tat namah in Bezug auf die Zehen.

Om sa namah in Bezug auf die beiden Fersen.

Om vi namah in Bezug auf die Beine.

Om tu namah in Bezug auf die beiden Knie.

Om va namah in Bezug auf die beiden Oberschenkel.

Om re namah in Bezug auf den Anus.

Om ni namah in Bezug auf das Fortpflanzungsorgan.

Om ya namah in Bezug auf die Hüfte.

Om bha namah in Bezug auf den Nabel.

Om rgo namah in Bezug auf die Herzgegend.

Om de namah in Bezug auf die Brust.

Om va namah in Bezug auf das Herz.

Om sya namah in Bezug auf die Kehle.

Om dhī namah in Bezug auf den Mund.

Om ma namah in Bezug auf den Gaumen.

Om hi namah in Bezug auf die Nasenspitze.

Om dhi namah in Bezug auf die beiden Augen.

Om yo namah in Bezug auf die Stelle zwischen den Augenbrauen.

Om yo namah in Bezug auf die Stirn.

Om nah namah in Bezug auf den Osten.

Om pra namah in Bezug auf den Süden.

Om cho namah in Bezug auf den Westen.

Om da namah in Bezug auf den Norden.

Om yā namah in Bezug auf den Kopf.

Om ta namah in Bezug auf den gesamten Körper von Kopf bis Fuß.

Einige Jāpakas (Experten für Japa) erkennen das zuletzt genannte Nyāsa nicht an. Dies jedenfalls ist die Methode es durchzuführen.

Dann widme dich der Meditation der Gāyatrī oder der Weltenmutter.

Die Schönheit des Körpers der Gāyatrī Devī gleicht der Schönheit einer voll erblühten Javāblume. Sie sitzt auf dem Rücken eines Hamsa (Flamingo oder Schwan) auf einem großen roten Lotus. Sie trägt eine rote Girlande um ihren Hals und ihr Körper ist mit einer rötlichen Salbe eingerieben.

Sie hat vier Gesichter, deren jedes zwei Augen besitzt. In ihren vier Händen trägt sie einen Blumenkranz, eine Opferkelle, eine Perlenkette und einen Wasserkrug (kamandalu) und sie erstrahlt in verschiedenen Arten herrlicher Schmuckstücke.

Aus der Devī Gāyatrī ging als Erstes der Rig-Veda hervor. Brahmā verehrt die jungfräuliche Gāyatrī.

Man kann sich die Shrī Parameshvarī Gāyatrī mit vier Füßen vorstellen: Ein Fuß ist der Rig-Veda, der zweite der Yajurveda, der dritte der Sāmaveda und der Atharvaveda ist der vierte Fuß.

Die Gāyatrī hat acht Bäuche. Der erste von ihnen ist der Osten, der Süden ist der zweite, der Westen der dritte, der Norden der vierte, der Zenit der fünfte, der Nadir der sechste, der Zwischenraum der siebente und alle Ecken sind der achte Bauch.

Gāyatrī hat sieben Köpfe (shira). Vyākaranam (Grammatik) ist der erste, Shikshā (die Lehre der Aussprache) der zweite, Kalpa (Opferkunde) ist der dritte, Nirukta (Worterklärung) ist der vierte, Jyotish (Astrologie) ist der fünfte, Itihāsas (Heldensagen) und Purānas (Geschichtswissenschaft) ist der sechste und die Upanischaden (Abhandlungen über die absolute, unvergängliche Wirklichkeit) sind der siebte Kopf.

Agni ist der Mund der Gāyatrī, Rudra ist der zentrale Körper, Sāmkhyāyana ist ihre Herkunft, Vishnu ist das Herz der Gāyatrī und Brahmā ihre Rüstung.

Stelle dir die Maheshvarī Gāyatrī in der Mitte der Sonnenscheibe vor; und sich so in der Meditation ganz auf sie ausrichtend sollte der Verehrer die folgenden vierundzwanzig Mudras (Handhaltungen) einnehmen, um die Devī zu erfreuen: Sanmukh, Sampūt, Vitata, Vistrita, Dvīmukha, Trimukha, Chaturmukha, Panchamukha, Sanmukha, Adhomukha, Vyāpaka, Anjali, Shakata, Yamapāsha, Vilamba, Mustika, Matsya, Kūrma, Varāha, Simhākrānta, Mahākrānta, Mudgara und Pallava.

Danach führe die Rezitation (japam) der hundertsilbigen Gāyatrī aus. Das vierundzwanzigsilbige Sāvitrī-Mantra *Jātavedase sunavāma* usw., das vierundvierzigsilbige Mantra und das zweiunddreißigsilbige Mantra *Tryamvakam jajāmahe* usw. – diese drei Mantras zusammen bilden die einhundertsilbige Gāyatrī. Dann praktiziere das Japam der vierundzwanzigsilbigen Gāyatrī *Bhurbhuvah svaha* usw. mit *Om* vorangestellt. O Nārada, ein Brahmane sollte täglich das Sandhyopāsanā mit der Wiederholung des Gāyatrī-Mantras getreulich den genannten Regeln entsprechend ausführen. Er wird dadurch dazu befähigt, sich im Leben vollständig an Sinnesfreuden, innerem Glück und der höchsten Seligkeit zu erfreuen.

Hier endet im elften Buch des Shrimad Devī Bhāgavatam, des Mahāpurānam von 18.000 Versen von Maharishi Veda Vyāsa, das sechzehnte Kapitel: Die Beschreibung von Sandhyā Upāsānā.

Kapitel 17
Die Beschreibung von Sandhyā und anderen täglichen Praktiken

Nārāyana sprach: Wenn man bei der Rezitation (japam) der Gāyatrī Pausen zwischen Worten (pāda) einhält, wird man von der Sünde des Brahmanenmordes (brāhmahattya) befreit, aber wenn man dies nicht tut, sondern die Pādas in einem Atemzug rezitiert, so begeht man damit die Sünde des Brahmanenmordes.

Diejenigen Brahmanen, welche des Japam der Gāyatrī ausführen, ohne die angemessenen Pausen zwischen den Pādas einzuhalten, werden dafür einhundert Zeitalter (kalpa) lang mit dem Kopf nach unten die Qualen der Hölle erdulden müssen.

O Gāyatrī, du bist einfüßig, zweifüßig, dreifüßig und vierfüßig und du bist ohne Füße, weil du unmanifest bist. Verehrung deinem wunderschönen vierten Fuß, der jenseits und über den drei Welten (trilokī) und unfassbar ist.

Gāyatrī ist von dreierlei Art: Samputā, Ekomkārā und Sadomkārā.

Es existiert den Dharma Shāstras und Purānas zufolge auch eine Gāyatrī mit fünf Pranavas.

Etwas ist besonders zu erwähnen, was das Rezitieren der Gāyatrī betrifft: Halte fest, mit wie vielen Silben du die Gāyatrī zu wiederholen gedenkst. Wenn du ein Achtel hiervon rezitiert hast, wiederhole den Turīya Pāda der Gāyatrī einmal und setze dann das Japam der Gāyatrī bis zum Schluss fort. Wenn ein Brahmane das Japam auf die genannte Weise ausführt, wird er eins mit Brahman. Andere Methoden des Japams tragen keine Frucht.

In Gestalt der Trilokī ist Gāyatrī einfüßig, als Trayī Vidyā ist sie zweifüßig, als alle Prānas ist sie dreifüßig, als Purusha Apadi vierfüßig und als Parorajase – jenseits des Rajas und der drei Gunas – ist sie ohne Fuß und unfassbar.

Die Yogis, die Ūrdharetās sind (d. h. die Brahmācharyam, Keuschheit, praktizieren) sollen das Japam der Samputā Gāyatrī ausführen – die Gāyatrī mit einem Pranava oder die Gāyatrī mit sechs Pranavas.

Die Familienväter, die Brāhmachāris oder diejenigen, die nach Moksha streben, sollen die Gāyatrī mit vorangestelltem Om rezitieren.

Diejenigen Familienväter, die Om an die Gāyatrī anhängen, erlangen keine Ausbreitung ihrer Familien.

Der Turīya Pāda der Gāyatrī ist das Mantra Parorajase Sāvodomā prāpat. Verehrung dem herrlichen vierten Fuß der Gāyatrī, der vom Bereich der Gunas nicht erfasst werden kann. Die Gottheit, welche diesem Mantra vorsteht, ist Brahman.

Ich spreche nun über das volle Dhyānam jenes Brahman, damit die vollständige Frucht des Japam erlangt werden kann.

Im Herzen gibt es einen voll erblühten Lotus. Er gleicht dem Mond, der Sonne oder leuchtenden Feuerfunken und sein inneres Wesen ist Pranava (Om) und nichts anderes. Dies ist der Sitz des unvorstellbaren Brahman. Sei dir dessen bewusst.

Auf diesem Sitz weilt freudevoll das stete, konstante, überfeine Licht, die Essenz des unendlichen Raumes (ākāsha), das ewige Sat-Chit-Ānanda (Sein-Bewusstsein-Seligkeit), der Brahman. Möge er stets meine Freude mehren.

O Gāyatrī, du bist einfüßig, zweifüßig, dreifüßig und vierfüßig und du bist ohne Fuß, weil du unfassbar bist. Verehrung deinem wunderbaren vierten Fuß, der jenseits der drei Welten ist. Dieses (die relative Welt) vermag Jenes (die absolute Wirklichkeit) nicht zu erfassen.

Nun spreche ich von den Mudrās der Turīyā Gāyatrī: Trishūla, Yoni, Surabhi, Akshamālā, Linga, Padma und Mahāmudrā. Dies sind die sieben Mudrās, die auszuführen sind.

Was Sandhyā ist, das ist Gāyatrī – es gibt keinen irgendwie gearteten Unterschied zwischen den beiden. Die beiden sind ein und dasselbe und das Wesen von beiden ist Sat-Chit-Ānanda. Die Brahmanen sollen sie täglich verehren und sich vor ihr mit allergrößter Hingabe und Hochachtung verneigen.

Nach dem Dhyānam soll die Devī Gāyatrī mit fünf Upachāras (Darbringungen) verehrt werden und zwar so:

Om lam prithivyātmane gandham, arpayāmi namo namah. Om Ham ākāshātmane arpayāmi namo namah. Om ram vahnyātmane dīpam arpayāmi namo namah. Om vam amritātmane naivedyam arpayāmi namo namah. Om yam ram lam vam ham pushpānjalim arpayāmi namo namah.

Auf diese Weise die Devī Gāyatrī mit fünf Gaben verehrend soll man für sie die Mudras ausführen.

Dann soll man sich im Geist meditierend die Gestalt der Gāyatrī vergegenwärtigen und langsam das Gāyatrī-Mantra wiederholen.

Während man die Rezitation (japam) ausführt, soll man nicht den Kopf oder Hals bewegen und nicht die Zähne sichtbar sein lassen.

Wiederhole den richtigen Regeln entsprechend einhundertacht Mal oder achtundzwanzig Mal die Gāyatrī. Wenn du dazu nicht fähig sein solltest, dann wiederhole sie zehn Mal, aber nicht weniger oft.

Dann lasse die Gāyatrī, die zuvor ihren Sitz auf dem Herzen eingenommen hatte, sich erheben, rezitiere dabei das Mantra *Gāyatrasyai kapadī dvīpadī* usw. und verabschiede sie dann, indem du dich vor ihr verneigst und das Mantra *Om uttame shikhare devī bhūmyām parvata mūrdhani brāhmana ebhyobhya anugyātā gachcha devī yathāsukham* aussprichst – Auf dem höchsten Berggipfel der Erde (dem Weltenberg Meru) hat die Göttin Gāyatrī ihren Sitz. Mit deinen Verehrern zufrieden, o Devī, kehre nun zu deiner Heimstatt zurück, wie es dir gefällt.

Ein verständiger Mensch wird niemals das Gāyatrī-Mantra aussprechen oder rezitieren, während er sich im Wasser aufhält, denn die Maharishis sagen, dass die Gāyatrī ein feuriges Antlitz (agnimukhī) hat.

Nach der Verabschiedung der Devī sollst du erneut die folgenden Mudras ausführen: Die Surabhi Gyān, Sūrpa, Kūrma, Yoni, Padma, Linga und Nirvāna Mudrās.

Dann sprich wie folgt: O Devī, die du freundliche Worte zu dem Rishi Kashyapa sprachst. O Gāyatrī, welche Silben auch immer ich bei dem Japam ausgelassen habe, welche Vokale oder Konsonanten auch immer ich falsch aussprach – für diese meine Fehler bitte ich dich um deine Vergebung.

O Nārada, als Nächstes soll man dann der Gāyatrī Devī Friedensgaben darbringen.

Das Chhandas dieses Gāyatrī Tarpanam ist Gāyatrī. Der Rishi ist Vishvāmitra. Savitā ist Devatā und die Anwendung (viniyoga) wird von dem Tarpanam verkörpert.

Om bhūhrigvedapurusham tarpayāmi.
Om bhuvah yajurvedapurusham tarpayāmi.
Om svāhā sāmaveda purusham tarpayāmi.
Om mahāh atharvaveda purusham tarpayāmi.
Om janah itihāsapurāna purusham tarpayāmi.
Om tapah sarvāgama purusham tarpayāmi.
Om satyam satyaloka purusham tarpayāmi.
Om bhūh bhūrloka purusham tarpayāmi.
Om bhuvah bhuvoloka purusham tarpayāmi.
Om svāhā svarloka purusham tarpayāmi.
Om bhūh rekapadām gāyatrīm tarpayāmi.
Om bhuvo dvītīyapadām gāyatrīm tarpayāmi.
Om svastripadām gāyatrim tarpayāmi.
Om bhūrbhūvah svashchatuspadām gāyatrīm tarpayāmi.

Dies aussprechend bringe die Friedensgaben dar.

Als Nächstes füge das Wort tarpayāmi an jedes der folgenden Worte an: Ūshasīm, Gāyatrīm, Sāvitrīm, Sarasvatīm Vedamātaram, Prithivīm, Ajām, Kaushīkīm, Sāmkritīm, Savajitīm usw. und bringe Tarpanams dar.

Nachdem das Tarpanam abgeschlossen ist, vollziehe die Friedensrezitation (shāntivāri) mit der Wiederholung folgender Mantras:

Om jātavedase sunavāma romam usw.

Om mānastoka usw.

Om tryamvakam yajāmahe usw.

Om tachchhamyoh usw.

Berühre dann alle Teile deines Körpers und wiederhole dabei die beiden Mantras *Om atodeva usw.* und *Svonā prithivī* usw. und verneige dich vor der Erde, nachdem du die Namen Gotra usw. wiederholt hast.

O Nārada, somit wurden die Regeln des morgendlichen Sandhyā beschrieben. Nachdem du diese Handlungen soweit abgeschlossen hast, sage der Gāyatrī Lebewohl.

Als Nächstes vollende das Agnihotra-Opfer, verehre die fünf Devatās Shivā, Shiva, Ganesha, Sūrya und Vishnu. Führe diese Verehrung mit dem Purusha-Sūkta-Mantra oder dem Hrīm-Mantra oder dem Vyārhiti-Mantra oder mit dem Mantra *Shrishchate Lakshmīshcha* usw. durch. Platziere Bhavanī im Zentrum, Vishnu in der nordöstlichen Ecke, Shiva in der südöstlichen Ecke, Ganesha in der südwestlichen Ecke und die Sonne in der nordwestlichen Ecke und verehre sie dann. Die Verehrung soll mit der Darbringung der sechzehn Opfergaben und mit Wiederholung von sechzehn Mantras ausgeführt werden.

Da keine Handlung mehr Verdienste hervorbringt als die Verehrung der Devī, sollte die Devī als Erste von allen verehrt werden. Dann verehre in der rechten Reihenfolge die fünf Devatās (panchadevatā) in ihren fünf Positionen.

Das Hauptziel ist immer die Verehrung der Devī, daher wird die Verehrung der Sandhyā Devī während der drei Sandhyās von den Shrutis besonders betont.

Verehre niemals Vishnu mit Reis, Ganesha mit Tulasī-Blättern, die Devī Durgā mit Durva-Gras und Shiva mit Ketakī-Blüten.

Die folgenden Blumen erfreuen die Devī: Mallikā, Jāti, Kutaja, Panasa, Palāsa, Vakula, Lodha, Karavīra, Shinshapa, Aparājitā, Bandhūka, Vaka, Madanta, Sindhuvāra, Palāsha, Durbhā, Shallakī, Mādhavī, Arka, Mandāra, Ketakī, Karnikāra, Kadamba, Lotus, Champaka, Yūthikā, Tagara usw.

Bringe Myrrhe (guggul), Räucherwerk (dhūpa) sowie mit Til-Öl entzündetes Licht dar und vollende die Verehrung. Dann wiederhole das Hauptmantra.

Nachdem dieses Werk vollbracht ist, studiere während des zweiten Viertels des folgenden Tages die Veden und versorge während des dritten Viertels dieses Tages den Vater, die Mutter und andere bedürftige Verwandte mit Geld, dass du selbst in Einklang mit der Familientradition verdient hast.

Hier endet im elften Buch des Shrimad Devī Bhāgavatam, des Mahāpurānam von 18.000 Versen von Maharishi Veda Vyāsa, das siebzehnte Kapitel: Die Beschreibung von Sandhyā und anderen täglichen Praktiken.

Kapitel 18
Die Großartigkeit der Devī Pūja

Nārada sagte: O Bhagavān, ich bin nun sehr begierig, von der speziellen Pūja der Shrī Devī zu hören. Die Menschen erlangen ja die Erfüllung ihrer Wünsche, indem sie die Devī damit verehren.

Nārāyana sprach: O Devarishi, ich werde dir nun Genaueres darüber sagen, wie die Weltenmutter Bhagavatī zu verehren ist – sie, durch deren Verehrung man ganz mühelos freudebringende Dinge, Befreiung und die Zerstörung aller Übel erlangt.

Man soll seine Sprache zügeln und Āchaman ausführen, einen festen Vorsatz fassen (sankalpa) sowie Bhūtashuddhi, Mātrikānyāsa und Sadanganyāsa durchführen, eine Muschelschale platzieren und andere notwendige Handlungen ausführen. Nach der Ausführung des gewöhnlichen Arghya soll man noch ein spezielles Arghya durchführen und mit dem Mantra *Astrāya Phat* Wasser über die für die Verehrung bereitgestellten Gaben sprenkeln. Nachdem man die Erlaubnis seines Gurus eingeholt hat, soll man dann seine Pūja ausführen. Als Erstes soll man den Pītha oder Sitz verehren, auf dem die Devī Platz nehmen soll. Dann führe das Dhyānam der Devī aus. Danach bringe der Devī mit großer Hingabe einen Sitz (āsana) und andere Gaben der Verehrung dar. Anschließend vollziehe mit den Wassern des Panchārita (fünf Nektars) das Bad der Devī.

Wenn jemand die Badezeremonie der Shrī Devī mit einhundert Krügen von Zuckerrohrsaft durchführt, wird er künftig keine Geburt mehr annehmen müssen.

Wer dieses Bad mit Mangosaft oder Zuckerrohrsaft durchführt und dabei die zugehörigen vedischen Mantras rezitiert, erlangt dadurch, dass Lakshmī und Sarasvatī für alle Zeiten an seiner Tür weilen.

Wer dieses heilige Bad der Devī mit Traubensaft vollzieht, wird gemeinsam mit seinen Verwandten und Freunden so viele Jahre in Devī Loka weilen, wie Atome in diesem Saft sind.

Wer die Devī mit Wasser badet, das mit Kampfer, duftendem Aloe-Holz (aguru), Safran und Moschus parfümiert wurde, und dabei die vedischen Mantras rezitiert, wird dadurch augenblicklich von sämtlichen Sünden befreit, die er in einhundert Leben begangen hat.

Wer die Devī mit Krügen von Milch badet, wird ein Zeitalter (kalpa) lang im Milchozean (kshīra samudra) leben.

Wer diese Badezeremonie mit Krügen von Quark durchführt, wird damit zum Herrn über ein unermessliches Reservoir von Quark (dadhikunda).

Wer die Snānams der Devī mit Honig, Ghee oder Zucker ausführt, wird zum Herrn über diese Dinge.

Wer die Devī mit eintausend Krügen badet, wird in dieser und der nächsten Welt glücklich sein.

Wer der Devī ein Paar Seidengewänder darbringt, gelangt dadurch nach Vāyu Loka und durch die Darbringung von Juwelenschmuck wird man zum Herrn der Edelsteine und Juwelen.

Wer der Devī Safran, Sandelpaste, Moschus, Sindūra und Alaktak spendet, geht in die Himmelswelt ein und wird dort in seinem nächsten Leben der Götterkönig Indra sein. Verschiedene Arten von Blumen sollen in der Verehrung der Shrī Bhagavatī dargebracht werden. Der Verehrer, welcher der Devī Blumen der entsprechenden Jahreszeit darbringt, gelangt nach Kailāsha.

Ein Verehrer, welcher der Devī schöne Bel-Blätter darbringt, wird niemals irgendwo Schmerzen oder Schwierigkeiten begegnen.

Derjenige Verehrer, der mit roter Sandelpaste drei Mal auf die dreifachen Blätter des Bilvablattes das Bīja-Mantra der Māyā *Hrīm Bhuvaneshvaryai Namah* schreibt und dies den Lotusfüßen der Devī darbringt, wird infolge dieser tugendhaften Handlung zu Manu. Ein Verehrer, der die Devī Bhagavatī mit zehn Millionen makellosen, frischen grünen Bilvablättern verehrt, wird dadurch zum Herrn über das gesamte Universum.

Wenn ein Verehrer die Devī mit zehn Millionen makellosen, frischen grünen Kunda-Blumen mit acht Arten von Wohlgerüchen verehrt, so erlangt er mit Gewissheit den Status eines Prajāpati.

Die Verehrung der Devī mit zehn Millionen Mallikā- und Mālatī-Blumen, die mit acht Arten von Wohlgerüchen versehen sind, lässt einen zum viergesichtigen Gott Brahmā werden und die Darbringung von einhundert Millionen solcher Blumen macht einen zu Vishnu.

Vor Zeiten hat Vishnu die Devī auf die besagte Weise verehrt und so seinen Status als Vishnu erlangt. Wenn ein Verehrer die Devī mit einer Milliarde von Mallikā- oder Mālatī-Blumen verehrt, so wird er ganz gewiss zum Sutrātmā Hiranyagarbha. Vor Zeiten hat Hiranyagarbha die Devī hingebungsvoll auf diese Weise verehrt und wurde dadurch zu Hiranyagarbha!

Ähnliche Ergebnisse zeitigt die Verehrung der Devī, in der Javā-, Vandhūka- und Dādimī-Blumen dargebracht werden. Eine Vielzahl anderer schöner Blumen können der Devī von ihren Verehrern dargebracht werden und die Verdienste (punyam), die hierdurch erworben werden, vermag selbst der Gott Īshvara nicht zu ermessen. Die Blumen der aktuellen Jahreszeit soll man der Devī jedes Jahr darbringen und dabei ihre tausend göttlichen Namen wiederholen, wie sie im zwölften Buch oder im Kūrma Purāna aufgezählt sind.

Wer die so beschriebene Verehrung der Devī vollzieht, der wird – selbst wenn er ein Sünder oder ein großer Sünder wäre – von allen seinen Sünden befreit und wird, nachdem er seine sterbliche Hülle verlassen hat, zweifellos die Lotusfüße der Shrī Devī Bhagavatī erlangen. Bringe Dhūpa (Räucherwerk) dar, das aus schwarzem Aguru, Kampfer, Sandelpaste, roter Sandelpaste, Sihlaka und Guggula hergestellt wurde und so mit Ghee gesättigt ist, dass der gesamte der Verehrung der Devī geweihte Raum von reinem Duft erfüllt ist. Die Devī Bhagavatī wird darüber erfreut sein und dem Verehrer die Herrschaft über die drei Welten anbieten.

Ein Verehrer, welcher der Devī täglich reines Kampferlicht darbringt, gelangt nach Sūrya Loka, daran besteht kein Zweifel.

Von ganzem Herzen sollte man der Devī einhundert oder eintausend Lichter darbringen.

Der Verehrer sollte Berge von Nahrung darbringen, die aus sechs verschiedenen Geschmacksrichtungen (rāsa) besteht, mitsamt Tellern und Bechern und Essgeschirr, um die Nahrung aufzunehmen. Alle Arten von fester und flüssiger Nahrung sollten gleichsam berghoch aufgetürmt dargebracht werden. Die Nahrung sollte dabei stets auf flachen goldenen Tellern dargeboten werden, ebenso auch herrliche saftig-süße, himmlische Früchte, die schön auf Tabletts, Schalen und Tellern angeordnet wurden.

Wenn die Shrī Mahādevī Bhuvaneshvarī erfreut wird, wird damit das gesamte Universum erfreut. Denn das gesamte Universum ist ganz und gar die Devī. So wie ein Seil in undeutlicher Wahrnehmung fälschlich als Schlange erscheint, so wird die Mahādevī in undeutlicher Wahrnehmung fälschlicher Weise als das Universum angesehen. Bringe der Devī einen Krug mit dem kühlen, reinen Wasser der Gangā zum Trinken dar, das mit Kampfer parfümiert ist. Dann bringe Betelblätter mit Kampfer, Kardamom, Nelken und anderen wohlriechenden Dingen dar.

Dies alles muss mit großer Hingabe dargeboten werden, damit die Devī darüber erfreut ist.

Als Nächstes lasse Musik von lieblichen Mridangas, Flöten, Murajas, Dhakkās und Dundubhis erklingen, um die Devī zu erfreuen. Vedische Mantras sollen rezitiert, die Purānas vorgelesen und Hymnen gechantet werden.

Bringe von ganzem Herzen der Devī den Schirm und den Fächer (chāmara) dar, die beiden königlichen Insignien. Dann umwandele sie, wirf dich vor ihr nieder und bitte sie um ihr Wohlwollen und um die Vergebung aller deiner Schwächen und Unzulänglichkeiten.

Die Devī freut sich über jeden, der sich auch nur ein einziges Mal an sie erinnert – wie kann es da verwundern, dass sie über alle diese Darbringungen hoch erfreut ist!

Die Mutter ist auf ganz natürliche Weise ihrem Kind gegenüber barmherzig und wenn sie voller Hingabe geliebt wird, dann wird sie überaus barmherzig – daran ist wahrlich nichts Seltsames!

Diesbezüglich möchte ich dir die Geschichte von Brihadratha Rājarishi erzählen; sie zu hören erweckt Hingabe und Liebe.

Einstmals lebte in einem Gebiet im Himālayā ein Vogel namens Chakravāka. Er flog über viele Länder hinweg und gelangte dabei einmal nach Kāshīdhām. Als Frucht seines Prārabdha-Karmas (der Teil des Karmas, der sich bereits zu entfalten begonnen hat), umwandelte er auf der Suche nach ein paar Reiskörnern ringsum den Tempel von Shrī Annapurnā Devī – der Devī in ihrer Gestalt als Nahrungsspenderin.

Nachdem er auf diese Weise die Devī Bhagavatī umwandelt hatte, verließ er die Stadt Kāshī, die Erlösung gewährt, und flog in ein anderes Land fort. Als der Vogel später schließlich seinen Körper aufgab, ging er in die Himmelswelt ein. Dort nahm er die himmlische Gestalt eines jungen Mannes an und genoss zwei Zeitalter (kalpa) lang die verschiedensten Himmelsfreuden. Danach kehrte er auf die Erde zurück und nahm dort in der allerbesten Kshatriyafamilie Geburt an. In dieser Welt gelangte er als König Brihadratha zu hohem Ruhm. Jener König war wahrheitsliebend, beherrschte seine Sinne, praktizierte tiefe Meditation und Samyama (eine Methode zur Erlangung von Siddhis oder höherer Geisteskräfte) und wusste alles über Vergangenheit, Gegenwart und Zukunft. Er besiegte sämtliche Feinde, führte zahlreiche Opfer aus und wurde zum Oberherrscher der meeresumgürteten Erde. Zudem erlangte er die sehr seltene Fähigkeit, sich an alle seine vorherigen Leben zu erinnern.

Als die Munis dies über eine Vielzahl von Gerüchten erfuhren, suchten sie den König auf und König Brihadratha ehrte sie angemessen als seine Gäste. Nachdem die Munis ihre Ehrenplätze eingenommen hatten, fragten sie den Herrscher: O König, wir haben gehört, dass die Erinnerung an sämtliche Ereignisse deiner früheren Leben in deinem Bewusstsein lebendig ist. Diesbezüglich sind große Zweifel in uns entstanden, bitte kläre uns darüber auf: Durch welche Verdienste (punyam) hast du diese Fähigkeit erlangt, alles über deine vorherigen Leben zu wissen und Vergangenheit, Gegenwart und Zukunft vollständig zu kennen? Wir sind zu dir gekommen, um in Erfahrung zu bringen, wodurch du dieses wunderbare übersinnliche Wissen erlangen konntest. Bitte sei so freundlich und mache uns die Freude, uns alles darüber zu erzählen.

Nārāyana sprach: O Brahmane, als der überaus tugendhafte König Brihadratha ihre Worte vernommen hatte, begann er ihnen all die geheimen Ursachen für sein Wissen der Vergangenheit, Gegenwart und Zukunft zu offenbaren.

Der König sagte: O ihr Munis, hört denn, wie ich dieses Wissen erlangt habe. In meinem vorherigen Leben war ich ein niederes Wesen, ein Chakravāka-Vogel. Einstmals habe ich in meiner Unwissenheit vollständig den Tempel der Devī Bhagavatī Annapurnā in Kāshī umwandelt. Als Ergebnis hiervon habe ich dann einen Zeitraum von zwei Kalpas in der Himmelswelt verbracht und nach meiner Geburt hier auf Erden nun das Wissen um Vergangenheit, Gegenwart und Zukunft erlangt. O ihr Gelübdetreuen, wer kann ermessen, wieviel Verdienst daraus entsteht, sich an die Füße der Weltenmutter zu erinnern. Wenn ich an ihre Herrlichkeit denke, vergieße ich immer wieder Tränen der Freude.

Diejenigen, die nicht die erhabene Göttin Jagadambā verehren, sind große Sünder und verlogene Menschen – Schande über ihr Leben!

Die Verehrung von Shiva oder Vishnu ist nicht ewig. Nur die Verehrung der Jagadambā ist ewig. Dies bekräftigen die Shrutis.

Was soll ich noch mehr über die Verehrung der Weltenmutter sagen, die keinerlei Raum für den geringsten Zweifel bietet? Jeder sollte hingebungsvoll den Lotusfüßen der Devī Bhagavatī dienen. In dieser Welt gibt es keine herrlichere Handlung als die, den Füßen der Jagadamba hingebungsvoll zu dienen. Es ist höchst notwendig, der höchsten Gottheit zu dienen – ob in ihrem Saguna- oder in ihrem Nirguna-Aspekt (mit oder ohne Gestalt und Eigenschaften).

Nārāyana sprach: Nachdem die Munis diese Worte des tugendhaften Rājarishi Brihadratha gehört hatten, kehrten sie in ihre eigenen Behausungen zurück. Solches ist die Macht der Devī Jagadambikā! Wer könnte daher die Gewissheit in Frage stellen, welch hohe Verdienste durch die Verehrung der Jagadambikā erworben werden und wer wird dies nicht als Antwort geben, wenn er danach gefragt wird? Wahrlich fruchtbar ist die Geburt derjenigen, die Glauben in die Verehrung der Devī besitzen, während die Geburt derjenigen, welche diesen Glauben nicht besitzen, zweifellos mit Übel durchsetzt ist.

Hier endet im elften Buch des Shrimad Devī Bhāgavatam, des Mahāpurānam von 18.000 Versen von Maharishi Veda Vyāsa, das achtzehnte Kapitel: Die Großartigkeit der Devī Pūja.

Kapitel 19
Über das mittägliche Sandhyā

Nārāyana sprach: O Nārada, nun will ich über das segensreiche mittägliche Sandhyā sprechen, dessen Ausführung wunderbar herrliche Ergebnisse zeitigt. Höre.

Das Āchamana und andere Dinge sind denen des morgendlichen Sandhyā ähnlich. Nur in Bezug auf das Dhyānam gibt es einige Unterschiede. Darüber will ich nun sprechen.

Der Name der mittäglichen Gāyatrī ist Sāvitrī. Sie ist eine junge Frau von ewiger Jugend, von weißer Farbe und sie hat drei Augen. In einer Hand hält sie einen Rosenkranz, in der anderen Hand einen Dreizack und mit ihren beiden weiteren Händen zeigt sie ihren Verehrern die Gesten der Vertreibung jeglicher Furcht und der Gewährung von Wunschgaben.

Sie reitet auf einem Stier und rezitiert den Yajur Veda. Sie ist die Rudra Shakti, verkörpert Tāmo Guna und weilt in Brahmāloka. Sie reist jeden Tag auf dem Pfad der Sonne. Sie ist die anfangslose Māyā Devī – vor ihr verneige ich mich ehrerbietig.

Nachdem du dich in der Meditation der Ādyā Devī Bhagavatī zugewandt hast, sollst du Āchamana und andere Dinge ausführen, die auch zum morgendlichen Sandhyā gehören.

Nun zur Darbringung von Arghya. Sammle Blumen für das Arghya. Falls keine Blumen zu finden sind, können auch Bel-Blätter und Wasser den Zweck erfüllen.

Wende dich in Richtung der Sonne, blicke nach oben und bringe der hochstehenden Sonne Arghya dar. Dann führe weitere Handlungen aus, die auch zum morgendlichen Sandhyā gehören.

Am Mittag bringen manche der Sonne Arghya dar und rezitieren dabei nur das Gāyatrī-Mantra, aber dies wird von der vedischen Tradition und der Gemeinschaft der Weisen so nicht empfohlen, und es ist wahrscheinlich, dass auf diese Weise die gesamte rituelle Handlung scheitert und fruchtlos bleibt. Denn nur in den morgendlichen und abendlichen Sandhyās wollen die als Mandehās bezeichneten Rākshasas die Sonne verschlingen. Dies sagen die Shrutis. Daher soll die mittägliche Darbringung von Arghya nicht der Vernichtung der Daityas dienen, sondern dazu, die Devī zu erfreuen. Deshalb soll bei der mittäglichen Darbringung von Arghya das Mantra *Ākrishnena* usw. rezitiert werden und die Rezitation des unfehlbaren Gāyatrī-Mantras würde nur Störungen verursachen und die gesamte Aktivität scheitern lassen.

Daher sollen die Brahmanen am Morgen und am Abend während des Sūryārghya die Gāyatrī zusammen mit dem Pranava rezitieren, aber am Mittag Blumen und Wasser mit dem Mantra *Ākrishnena rajasā* usw. darbringen – andernfalls stände es im Widerspruch zur Shruti. Falls keine Blumen zur Verfügung stehen, kann auch Durvagras und ähnliches achtsam in dem Arghya dargebracht werden. So wird die volle Frucht des Sandhyā sichergestellt.

O bester aller Devarishis, vernimm nun die wichtigen Punkte des Tarpanam:

Om bhuvah purusham tarpayāmi namo namah.
Om yajurvedam tarpayāmi namo namah.
Om mandalam tarpayāmi namo namah.
Om hiranyagarbham tarpayāmi namo namah.
Om antarātmānam tarpayāmi namo namah.
Om sāvitrīm tarpayāmi namo namah.
Om devamātaram tarpayāmi namo namah.
Om sāmkritim tarpayāmi namo namah.
Om yuvatīm sandhyām tarpayāmi namo namah.
Om rudrānīm tarpayāmi namo namah.

Om nīmrijām tarpayāmi namo namah.

Om bhurbhuvah svaha purusham tarpayāmi namo namah.

So vollende das mittägliche Sandhyā mit dem Tarpanam.

Dann erhebe deine Hände hoch zum Sonnen-Deva empor und verehre und preise ihn mit den beiden Mantras *Om udutyam jātavedasam* usw. und *Om chitram devānām* usw.

Als Nächstes wiederhole die Gāyatrī. Höre, was dabei die Methode ist: Am Morgen wiederhole im rechten Augenblick die Gāyatrī mit erhobenen Händen, zur Abendzeit mit gesenkten Händen und am Mittag mit den Händen über der Brust.

Beginne mit dem mittleren Glied des namenlosen Fingers (Ringfinger), dann mit dem oberen Glied an seiner Wurzel, dann mit dem Glied an der Wurzel des kleinen Fingers, mit dessen mittlerem Glied und dann mit seiner Spitze, dann mit den Spitzen des namenlosen Fingers sowie des Zeige- und Ringfingers, dann mit der Mitte und schließlich der Wurzel des Ringfingers. Dies soll zehn Mal wiederholt werden.

Wenn die Gāyatrī auf diese Weise eintausend Mal wiederholt wird, werden alle Sünden des Tötens einer Kuh, des Tötens des Vaters, der Mutter, des Durchführens einer Abtreibung, des Verhältnisses mit der Ehefrau des eigenen Gurus, des Bestehlens eines Brahmanen oder des Stehlens des Feldes eines Brahmanen, des Trinkens berauschender Getränke usw. vollständig vernichtet. Auch die Sünden, die man in drei Leben mit dem Geist, mit Worten oder durch Sinnesgenüsse angesammelt hat, werden dadurch augenblicklich ausgelöscht.

Alle Aktivitäten von jemandem, der hart daran arbeitet, die Veden zu studieren, aber die Gāyatrī nicht kennt, sind nutzlos. Wenn man das Studium der vier Veden einerseits und das Rezitieren der Gāyatrī andererseits miteinander vergleicht, dann ist das Japam der Gāyatrī als höher anzusehen.

Somit habe ich dir von den Regeln für das mittägliche Sandhyā berichtet. Nun spreche ich über das Brahmā Yagya. Höre.

Hier endet im elften Buch des Shrimad Devī Bhāgavatam, des Mahāpurānam von 18.000 Versen von Maharishi Veda Vyāsa, das neunzehnte Kapitel: Über das mittägliche Sandhyā.

Kapitel 20
Die Beschreibung des Brahmā-Yagyas und der Sandhyās

Nārāyana sprach: Der Zweimalgeborene soll als Erstes drei Mal Wasser einschlürfen (āchamana). Dann soll er zwei Mal Wasser versprenkeln (mārjana). Er soll das Wasser in die rechte Hand nehmen und Wasser über seine beiden Füße sprenkeln. Als Nächstes soll er dann mit dem Wasser Kopf, Augen, Nase, Ohren, Herzgegend und Brust besprenkeln.

Anschließend soll er Ort (desha) und Zeit (kāla) benennen und mit dem Brahmā Yagya beginnen.

Für die Vernichtung aller Sünden und um Befreiung zu erlangen sollte er dann Opfergras bereit halten und zwei Grasbüschel in der rechten Hand halten, drei in seiner linken Hand und je eines auf seinem Sitz, auf der heiligen Schnur, auf seinem Schopf und seinen Fersen platzieren. Nun vermag sich keine Sünde mehr in seinem Körper zu halten. Mit dem Gedanken *Ich führe nun dieses Brahmā Yagya dem Sūtra entsprechend aus, um die Gottheit (devatā) zu erfreuen!* soll er dann drei Mal das Gāyatrī-Mantra wiederholen.

Danach soll er die folgenden Mantras rezitieren: *Agnimīle purohitam* usw., *Yadamgeti, Agnirvai,Mahāvratanchaiva panthā, Athātah shamhitāyāscha vidāmaghavat, Mahāvratasya, Īshetvorjetvā, Agna āyāhi, Shanno devī rabbīshtaye, Tasya samāmnāyo, Briddairādaich, Shikshām pravakshyāmi, Pancha Samvatsareti, Mayarasatajabhetyeva, Gaurgmā und* soll dann noch die beiden folgenden Sūtras rezitieren: *Athāto dharma jijñāsā* und *Athāto brahmā jigyāsa.*

Als Nächstes soll er das Mantra *Tachhamyoh* und auch das Mantra *Namo brāhmane namo stvagnaye namah prithivyai nama oshadhībhyoh namah* rezitieren. Dann führe das Devatarpanam aus wie folgt: *Om prajāpatistripyatu, Om brahmāstripyatu, Om vedāstripyantu, Om rishayastripyantu, Om devāstripyantu, Om sarvani chhandāmsi tripyantu, Om Omkārastripyatu, Om vashatkārastripyatu, Om vyārhitayastripyantu, Om sāvitrī tripyatu, Om gāyatrī tripyatu, Om Yagyastripyantu, Om dyāvā prithivyau tripyatām, Om antarīksham tripyatu, Om ahorātrāni tripyantu, Om sāmkkyāstripyantu, Om siddhāstripyantu, Om samudrāstripyantu, Om nadyāstripyantu, Om girayastripyantu, Om Kshettraus adhivana spati gandharvā psaras-hastripyantu, Om nāgā vayāmsi gāvascha sādhyā viprāshta thaiva cha, yakshā rakshānsi bhutanī tyeva mantāni tripyantu.*

Dann nimm die heilige Schnur vom Hals ab und führe wie folgt das Rishi Tarpanam aus: *Om shatarchinastripyantu, Om mādhyamās tripyantu, Om gritsamadastripyatu, Om vishvāmitrastripyantu, Om vāmadevastripyantu, Om Atristripyatu, Om bharadvājastripyatu, Om vasisthastripyatu, Om pragāthastripyatu, pāvamānyastripyantu.*

Als Nächstes platziere die heilige Schnur über die rechte Schulter und unter den linken Arm und führe das Tarpanam wie folgt aus:

Om kshudrasūktāstripyantu.
Om mahāsūktāstripyantu.
Om sanakastripyatu.
Om sanandastripyatu.
Om sanātanastripyatu.
Om sanat kumārastripyatu.
Om kapilastripyatu.
Om āsuristripyatu,
Om vohalistripyatu.
Om panchashikhastripyatu.
Om sumantu jaimini vaishampāyana paila sūtra bhāsya bhārata mahā bhārata dharmāchāryahstripyantu.
Om jānantīvāha vigārgya gautama shākalya vābhravya māndavya māndūkeyāstripyantu.

Om gārgī vāchaknavī tripyatu.
Om vadavā prātitheyī tripyatu.
Om sulabhā maitreyī tripyatu.
Om kaholastripyatu.
Om kaushītakastripyatu.
Om mahākaushītakastripyatu.
Om bhāradvājastripyatu,
Om paimgastripyatu.
Om mahāpaimgastripyatu.
Om sujagyāstripyatu.
Om sāmkhyāyanastripyatu.
Om aitareyastripyatu.
Om mahaitareyastripyatu.
Om vāskalastripyatu.
Om sākalastripyatu.
Om sujāta vaktrastripyatu.
Om audavāhistripyatu.
Om saujāmistripyatu,
Om shaunakastripyatu,
Om āshvalāyanastripyatu.
Mögen alle anderen Āchāryas zufriedengestellt sein.

Om ye ke chāsmat kule jātā aputrā gotrino mritāh. Te grihnantu mayā dattam vastranispīdi to dakam.

Mit diesen Worten bringe Wasser dar, das aus einem Tuch herausgepresst wird.

O Nārada, somit habe ich dir die Regeln für das Brahmā-Yagya beschrieben. Wer dieses Brahmā-Yagya durchführt, erlangt die Frucht des Studiums aller Veden.

Wenn der Verehrer dann in rechter Folge das Vaishvadeva, Homa, und Shraddhā ausgeführt, die Gäste bedient und die Kühe gefüttert hat, soll er während des fünften Abschnittes des Tages zusammen mit den anderen Brahmanen sein Mahl einnehmen.

Während des sechsten und siebten Tagesabschnittes soll er seine Zeit mit dem Lesen der Geschichtswerke und der Purānas verbringen.

Den achten Abschnitt des Tages soll der Verehrer mit seinen Verwandten verbringen, sich mit ihnen unterhalten und Besuche von anderen empfangen. Damit ist er dann darauf vorbereitet, das abendliche Sandhyā auszuführen.

O Nārada, nun spreche ich über das abendliche Sandhyā. Höre. Shrī Bhagavatī ist sehr schnell mit demjenigen zufrieden, der das Abendsandhyā durchführt.

Als Erstes führe Āchaman aus und stabilisiere die Luft (vāyu) im Körper. Beruhigten Herzens und in der Baddha-Padmāsana-Sitzhaltung sei ganz ruhig und still, während du das Sandhyā ausführst.

Zu Beginn aller Handlungen, die von den Shrutis und Smritis vorgeschrieben sind, praktiziere das Sagarbha Prānāyama. Mit anderen Worten: Rezitiere im Geist das Mantra über den angemessenen Zeitraum und führe das Prānāyama aus. Eine einfache Form davon wird Agarbha Prānāyama genannt; hierbei ist es nicht notwendig, ein Mantra zu rezitieren.

Dann praktiziere die Läuterung der Elemente (bhūtashuddhi) und fasse den festen Vorsatz (sankalpa) für das Sandhyā. Als Erstes muss die Läuterung der Elemente usw. erfolgen; dadurch qualifiziert man sich dafür, die anderen Handlungen auszuführen.

Beim Prānāyama soll dein Geist während des Einatmens (pūraka), Anhaltens des Atems (kumbhaka) und Ausatmens (rechaka) stetig auf die Gottheit ausgerichtet sein (dhyānam).

Das abendliche Dhyānam der Bhagavatī Sandhyā Devī wird wie folgt beschrieben: Der Name der Gāyatrī Devī ist zu dieser Zeit Sarasvatī. Sie ist alt, von schwarzer Farbe und trägt einfache Gewänder. In ihren Händen sind Muschelhorn, Diskus, Keule und Lotusblume zu sehen. Die Kettchen an ihren Füßen bringen süße klirrende Töne hervor. Um ihre Hüften trägt sie eine goldene Schnur. Sie ist mit zahlreichen Schmuckstücken geziert. Sie sitzt auf dem göttlichen Vogel Garuda. Auf ihrem Kopf verbreitet eine unermesslich wertvolle Krone aus Juwelen ihren Glanz. Eine Kette aus Sternen schmückt ihren Hals. Ihre Stirn erstrahlt im herrlichen Glanz des Tātamka-Schmuckes, der aus Perlen und Juwelen gefertigt ist. Sie trägt gelbe Gewänder. Ihr Wesen ist ewiges Wissen und unvergängliche Seligkeit. Sie rezitiert den Sāma Veda. Sie wohnt in der Himmelwelt und wandelt täglich auf dem Pfad der Sonne. Ich rufe die Devī an, die in dem strahlenden Rund der Sonne weilt.

O Nārada, praktiziere so das Dhyānam der Devī und führe das Sandhyā durch.

Dann vollziehe das Mārjanam mit dem Mantra *Āpohishthā* und anschließend mit dem Mantra *Agnishcha mā manyushcha*. Die restlichen Handlungen sind die gleichen wie zuvor beschrieben.

Wiederhole als Nächstes die Gāyatrī und bringe reinen Herzens das Arghya für die Sonne dar, um Nārāyana zu erfreuen. Während du das Arghya darbringst, sollen die beiden Beine in gleicher Haltung und auf gleicher Ebene bleiben. Nimm Wasser in die zusammengelegten Hände, richte deinen Geist auf den Gott im Zentrum des Rundes der Sonne und wirf das Wasser in seine Richtung.

Ein Narr, der aus Unwissenheit Sūryārghya darbringt, während er im Wasser weilt und so die Anweisungen der Shrutis missachtet, wird für diese Sünde Prāyashchitta (Läuterungszeremonie) durchführen müssen.

Als Nächstes verehre den Sonnengott mit dem Sūrya-Mantra. Dann nimm deinen Sitz ein, richte deinen Geist in der Meditation auf die Devī und wiederhole das Gāyatrī-Mantra. Eintausend Mal oder fünfhundert Mal soll die Gāyatrī wiederholt werden.

Die Verehrung usw. am Abend ist die gleiche wie am Morgen.

Nun spreche ich über das Tarpanam während des abendlichen Sandhyā. Höre.

Vasishtha ist der Rishi der zuvor erwähnten Sarasvatī-Hymne. Vishnu in Gestalt von Sarasvatī ist Devatā; Gāyatrī ist das Chhanda (Versmaß); Viniyoga (Anwendung) ist das abendliche Sandhyā Tarpanam. Das Tarpanam des Sandhyānga (Zusatz zum Sandhyā) lautet wie folgt:

Om svaha purusham tarpayāmi.
Om sāmavedam tarpayāmi.
Om sūryamandalam tarpayāmi.
Om hiranyagarbham tarpayāmi.
Om paramātmānam tarpayāmi.
Om sarasvatīm tarpayāmi.
Om devamātaram tarpayāmi.
Om samkritim tarpayāmi.
Om vriddhām sandhyām tarpayāmi.
Om vishnu rūpinīm ushasīm tarpayāmi.
Om nirmrijīm tarpayāmi.
Om sarvasiddhi kārinīm tarpayāmi.
Om sarvamantrā dhipatikām tarpayāmi.
Om bhurbhuvah svaha purusham tarpayāmi.

Auf diese Weise vollziehe das vedische Tarpanam.

O Nārada, somit habe ich dir die Regeln für das sündenvernichtende abendliche Sandhyā beschrieben.

Durch dieses abendliche Sandhyā werden alle Arten von Schmerzen, Leiden und Krankheiten beseitigt und schließlich erlangt man dadurch Moksha (Befreiung). Du sollst wissen, dass dieses Sandhyā Bandanam der wichtigste Faktor für gutes Verhalten und ein rechtschaffenes Leben ist. Daher führt die Shrī Bhagavatī alle Wünsche der Bhaktas der Erfüllung zu, die dieses Sandhyā Bandanam ausführen.

Hier endet im elften Buch des Shrimad Devī Bhāgavatam, des Mahāpurānam von 18.000 Versen von Maharishi Veda Vyāsa, das zwanzigste Kapitel: Die Beschreibung des Brahmā-Yagyas und der Sandhyās.

Kapitel 21
Das Gāyatrī Purashcharanam

Nārāyana sprach: Jetzt werde ich über das Gāyatrī Purashcharanam sprechen, dessen Durchführung zur Erfüllung aller Wünsche und zur Vernichtung aller Sünden führt. Höre.

Wenn das Purashcharanam (das Zuflucht Nehmen zur Gottheit mittels Rezitation von Mantras) praktiziert wird auf Berggipfeln, an Flussufern, an den Wurzeln von Bel-Bäumen, am Rande von Teichen, in Kuhställen, in Tempeln, an den Wurzeln von Ashvattha-Bäumen, in Gärten, in Tulasī-Hainen, in Punya Kshetrams (heiligen Orten), vor dem eigenen Guru oder an irgendeinem Ort, an dem der Geist sich freudevoll, gestärkt und erhoben fühlt, führt es zu raschem Erfolg.

Bevor man mit dem Purashcharanam eines Mantras beginnt, sollte man sich zuerst läutern (prāyashchitta), indem man eine Million Mal die Gāyatrī mit den Vyārhitis wiederholt. In jeder vedischen Handlung oder jedem Purashcharanam des Mantras der Devatās Nrisinha, Sūrya, Varāha usw. soll man zuvor die Gāyatrī wiederholen. Ohne das Japam der Gāyatrī wird keine Handlung mit Erfolg gekrönt sein.

Der Grund hierfür ist, dass jeder Brahmane ein Shākta, ein Verehrer der Devī, ist und kein Vaishnava oder Shaiva sein kann, denn er ist der Verehrer der uranfänglichen Bewusstseinsenergie, der Vedamātā Gāyatrī. Daher muss er als Erstes immer die Gnade seiner eigenen Īshta Devatā Gāyatrī durch ihr Japam erlangen, bevor er dann die anderen Gottheiten verehrt.

Auf diese Weise sollte man sein Jāpya-Mantra (das Mantra, das man zu wiederholen beabsichtigt) läutern, indem man als Erstes eine Million Mal die Gāyatrī wiederholt. Danach soll man dann mit dem Purashcharanam beginnen.

Bevor man aber das Mantra läutert, muss man sein Selbst (ātman) läutern. Für diese Läuterung seines Ātman soll man dreihunderttausend Mal die Gāyatrī wiederholen – oder, falls man dazu nicht fähig sein sollte, einhunderttausend Mal.

Ohne die Läuterung seines Ātman wären Japam, Homa und andere Aktivitäten allesamt nutzlos – dies wird von den Veden betont.

Durch Tapas (Askese), Japam (Wiederholen von Mantras), Chandrāyana (Kasteiung) und Vrata (striktes Einhalten von Gelübden) soll man den Körper bezähmen, um die Überschattung des Bewusstseins durch den Körper zu überwinden. Durch Tarpanam (Darbringung von Friedensgaben) an die Ahnen und die Devas kann man Selbstläuterung erlangen.

Wenn du in die Himmelswelten gelangen und großartig werden möchtest, dann praktiziere Tapasyā. Einen anderen Weg dazu gibt es nicht. Tapasyā ist die konsequente Anrufung der Mutter – ein Ruf, der das gesamte Universum (brahmānda) durchdringt.

Die Kshatriyas (Krieger) sollten Schwierigkeiten und Gefahren durch die Kraft ihrer Arme überwinden, die Vaishyas (Kaufleute) durch Wohlstand, die Shūdras (Arbeiter) durch gehorsamen Dienst an den Zweimalgeborenen und die Brahmanen sollten Schwierigkeiten und Gefahren durch Tapasyā, Homa, Japam usw. überwinden. Daher sollten die Brahmanen jederzeit voller Freude dazu bereit sein, Tapasyā zu praktizieren. Von all den Arten von Tapasyā ist die Bezähmung des Körpers durch Einhalten von Gelübden und Fasten das Beste – dies sagen die Rishis. Die Brahmanen sollten sich läutern, indem sie sich strikt an die Krichhra Chandrāyana Vratas und ähnliche Gelübde halten.

O Nārada, nun spreche ich über die Läuterung der Nahrung. Höre.

Für die Brahmanen sind die folgenden vier Arten des Erwerbs von Nahrung die besten: Ayāchita (ohne jemanden darum zu bitten), Unchha (Einsammeln einer Handvoll von Getreidekörnern, die von den Schnittern zurückgelassen wurden), Shukla (das Annehmen von Nahrung von einem anderen Brahmanen) und Bhikshu (Erbetteln).

Sowohl den Tantras als auch den Veden zufolge sind dies die vier reinen Arten des Nahrungserwerbs für einen Brahmanen.

Was durch Bhikshu (Erbetteln) erworben wird, ist in vier Teile aufzuteilen: Ein Teil soll den Brahmanen gegeben werden, ein zweiter Teil den Kühen, ein dritter Teil den Gästen und den vierten Teil soll man für sich selbst und die eigene Ehefrau nehmen.

Die Mundvoll Nahrung, die man zu sich nehmen will, soll man auf einen Teller oder in eine Schale tun. Darüber soll man als Erstes ein wenig Kuh-Urin versprenkeln (Anmerkung: alles, was von der Kuh stammt, gilt als rein) und dann genau die Anzahl der Portionen (Mundvoll) abzählen. Eine Mundvoll-Portion soll dabei die Größe eines Eies besitzen. Die Familienväter sollen acht solcher Portionen zu sich nehmen und die Vānaprashthīs (Waldbewohner, Menschen in der letzten Phase des Lebens) vier solcher Portionen.

Die Brāhmachāris (Studenten) können ihre Nahrung neun, sechs oder drei Mal mit Kuh-Urin besprenkeln, wie es ihnen beliebt. Während des Besprenkelns sollen die Finger geschlossen bleiben. Auch die Gāyatrī ist zu wiederholen.

Nahrung, die (einem Brahmanen) von einem Dieb, einem Chāndāla, Kshatriya oder Vaishya dargeboten wird, ist äußerst minderwertig. Wenn man (als Brahmane) von einem Shūdra oder von jemandem in Begleitung eines Shūdra Nahrung annimmt oder in Gegenwart eines Shūdras isst, wird man so lange Zeit in schrecklichen Höllenwelten leiden müssen, wie Sonne und Mond existieren.

Das Purashcharanam der Gāyatrī besteht in der 2,4-millionenfachen Wiederholung, aber Vishvāmitra zufolge besteht das Purashcharanam der Gāyatrī in einer 3,2-millionenfachen Wiederholung. So wie der Körper nutzlos ist, wenn die Seele ihn verlassen hat, so ist das Mantra nutzlos ohne Purashcharanam. Das Purashcharanam ist verboten in den Monaten Jyaistha, Āshādha, Pausha und in den schmutzigen (mala) Monaten und ebenso an einem Dienstag oder Samstag, während der Yogas Vyatīpāta und Vaidhriti und auch am achten (ashtamī), neunten (navamī), sechsten (shashtī), vierten (chaturthī), dreizehnten (trayodashī) und vierzehnten (chaturdashī) Tag (tithi) einer Monatshälfte und am Neumondtag (amāvāsyā); ebenso auch während der Abenddämmerung und in der Nacht sowie in der Zeit, in der der Mond sich in den Mondhäusern (Nakshatra) Bharanī, Krittikā, Ārdrā, Ashleshā, Jyeshthā, Dhanishthā, Shravanā oder im Mondhaus befindet, in dem sich der Mond bei der Geburt des Brahmanen befand (janma nakshatra) oder während sich die Tierkreiszeichen Widder (mesha), Krebs (kartaka), Waage (tūla), Steinbock (makara) oder Wassermann (kumbha) am Osthorizont (Aszendent, Lagna) befinden.

Wenn die Stellung des Mondes und der Zeitpunkt des Beginns des Purashcharanams glückverheißend sind, dann erlangt man durch die Durchführung des Purashcharanams Mantra Siddhi – insbesondere in der hellen Monatshälfte. Als Allererstes wiederhole das Svasti Vāchan, führe auf die vorgeschriebene Weise Nāndi Mukha Shraddha durch und verteile Nahrung und Kleidung an die Brahmanen. Lass dir von den Brahmanen die Erlaubnis dazu erteilen und beginne dann mit dem Purashcharanam.

In einem Shiva-Tempel oder da, wo sich ein Shiva Lingam befindet wende dich Richtung Westen und beginne das Mantra zu wiederholen. Bedeutende Shiva Kshettrams sind: Kāshī, Kedāra, Mahā Kāla, Shrī Kshettra und Tryamvakam. Dies sind die fünf großen Kshettrams die weithin auf der Erde dafür bekannt sind, den Mantras Wirksamkeit und Siddhi (vollkommenen Erfolg) zu verleihen. An allen anderen Orten als an diesen fünf soll das Karma Chakra den Tantra-Prinzipien entsprechend gezeichnet werden; dadurch werden sie dann dafür geeignet sein, das Purashcharanam dort auszuführen.

Die Anzahl von Wiederholungen des Purashcharanam (des Wiederholens des Mantras), die am ersten Tag durchgeführt werden, soll auch an jedem folgenden Tag bis zum Abschluss durchgeführt werden – nicht mehr und auch nicht weniger –, und es sollte auch keine

Unterbrechungen dabei geben. Das Wiederholen des Mantras soll am Morgen begonnen und dann bis zum Mittag fortgesetzt werden, und während man dies tut, sollte der Geist sich mit nichts anderem beschäftigen und rein bleiben. Der Geist sollte ganz auf die eigene Gottheit und die Bedeutung des Mantras gerichtet sein, und man soll mit größter Sorgfalt darauf achten, dass bei Gāyatrī, Chhandas und der Wiederholung des Mantras nichts ausgelassen wird und sich kein Fehler einschleicht.

Ein Zehntel der Gesamtzahl der Wiederholungen des Purashcharanams soll bei dem Homa zur Anwendung kommen. Das Charu soll mit Ghee, Til, Bel-Blättern, Blüten, Jaya-Körnern, Honig und Zucker zubereitet werden und in dieser Mixtur während des Homa als Gaben in dem Feuer dargebracht werden. Dadurch wird sich der volle Erfolg des Mantras (mantra siddhi) einstellen.

Nach dem Purashcharanam sollte man dann seine täglichen und aktuell anstehenden Pflichten erfüllen und die Gāyatrī verehren, die den vier Hauptlebenszielen Dharma, Artha, Kāma und Moksha Erfüllung bringt. Weder in dieser noch in der nächsten Welt gibt es etwas, das verehrungswürdiger wäre als die Gāyatrī.

Der Verehrer, der Purashcharanam durchführt, sollte mäßig essen, Stille praktizieren, drei Mal täglich zu den Sandhyā-Zeiten ein Bad nehmen und sich der Verehrung seiner Gottheit widmen, nicht nachlässig oder unaufmerksam sein und in dieser Zeit keinen anderen Tätigkeiten nachgehen. Er soll, während er sich im Wasser befindet, dreihunderttausend Mal die Gāyatrī wiederholen.

Falls der Verehrer das Mantra wiederholt, um einer bestimmten Aktivität Erfolg zu bringen (kāmya karma), dann soll er dies konsequent fortsetzen, bis der Erfolg sich eingestellt hat.

Nun mehr dazu, wie man gewöhnliche Kāmya Karmas zum Erfolg führen soll: Wiederhole jeden Tag bei Sonnenaufgang das Purashcharanam Mantra eintausend Mal. Dadurch werden das Leben verlängert, Krankheiten vermieden sowie Reichtum und Wohlstand erlangt. Wenn man es auf diese Weise praktiziert, wird der Erfolg sich mit Gewissheit innerhalb von drei Monaten, nach sechs Monaten oder am Ende eines Jahres einstellen.

Wenn in dem Homa-Opfer einhunderttausend Mal mit Ghee eingeriebene Lotusblumen dargebracht werden, erlangt man Befreiung (moksha). Aber wenn man, bevor sich hierbei Mantra Siddhi eingestellt hat, Japam oder Homa zum Zweck von Kāmya Siddhi ausführt, dann wird die gesamte Aktivität fruchtlos.

Wenn jemand zweieinhalb Millionen Mal Homas mit Quark und Milch darbringt, erlangt er in diesem seinem jetzigen Leben Siddhi. Dies sagen alle Maharishis. Dadurch erlangt man dasselbe Ergebnis wie durch die Meisterung des achtgliedrigen Yoga, durch den die Yogis Perfektion (siddhi) erlangen.

Siddhi erlangt, wer Hingabe an seinen Guru besitzt und nur sechs Monate lang ein diszipliniertes Leben führt (samyama), was die Nahrungsaufnahme usw. anbetrifft – selbst wenn er vorher dazu nicht fähig oder in seinem Geist an Gegenstände der Sinne gebunden war.

Man sollte einen Tag lang Pancha Gavya (die fünf Produkte der Kuh) zu sich nehmen, dann einen Tag lang fasten und einen Tag lang die Nahrung eines Brahmanen zu sich nehmen und in dieser Zeit achtsam die Gāyatrī wiederholen.

Bade als Erstes in der Gangā oder in anderen heiligen Gewässern und wiederhole im Wasser einhundert Gāyatrīs. Wenn man Wasser trinkt, in dem einhundert Gāyatrīs wiederholt wurden, wird man von allen seinen Sünden befreit und erlangt dieselbe Frucht, die man durch das Einhalten von Gelübden wie Krichhra Vrata, Chandrāyana Vrata und anderer erlangt.

Ob man ein Kshatriya-König oder ein Brahmane ist – wenn man in seinem eigenen Haus bleibt, sich an die Gesetze seiner Lebensphase (āshrama) hält und Askese (tapasyā) betreibt, so wird man ganz gewiss von allen seinen Sünden befreit. Ob Familienvater, Vedaschüler oder Waldbewohner, man sollte stets den Rechten und Gesetzen seines Standes und seiner Lebensphase entsprechend Opfer und ähnliche Handlungen ausführen und wird dadurch die Früchte seiner Wünsche erlangen.

Ein Mensch, der das heilige Feuer bewahrt (ein Sāgnik) und andere Menschen von gutem Verhalten und mit guter Bildung und Erziehung sollten mit dem Wunsch, Moksha zu erlangen die in den Veden und den Smritis vorgeschriebenen Handlungen ausführen.

Man sollte sich von Früchten, Gemüse und Wasser ernähren oder acht Mundvoll erbettelter Nahrung (bhikshannā) zu sich nehmen und wenn man das Purashcharanam auf diese Weise ausführt, wird man Mantra Siddhi erlangen.

O Nārada, wenn jemand so das Purashcharanam mit dem entsprechenden Mantra ausführt, wird seine Armut vollständig beseitigt werden. Was soll ich noch mehr dazu sagen als dies: Wenn jemand sich dies auch einfach nur anhört, werden seine Verdienste (punyam) vermehrt und er erlangt großen Erfolg.

Hier endet im elften Buch des Shrimad Devī Bhāgavatam, des Mahāpurānam von 18.000 Versen von Maharishi Veda Vyāsa, das einundzwanzigste Kapitel: Das Gāyatrī Purashcharanam.

Kapitel 22
Die Vaishvadeva-Regeln

Nārāyana sprach: O Nārada, in Zusammenhang mit diesem Purashcharanam erinnere ich mich jetzt gerade an die Regeln der Vaishvadeva-Verehrung (Verehrung der Vishvadevas oder der Gesamtheit aller Götter). Höre.

Dies beinhaltet folgende fünf Yagyas (Opfer): Das Deva-Yagya, das Brahmā-Yagya, das Bhūta-Yagya, das Pitri-Yagya und das Manushya-Yagya.

Feuerstellen, das Steinstößel-Paar, Besen, Siebe und andere Haushaltsgegenstände dieser Art, hölzerne Mörser und Wasserkrüge – diese fünf sind Quellen des Übels, weil sie Mittel des Tötens sind. Um sich von der mit ihnen verbundenen Sünde zu läutern, sollte man den Vaishvadevas opfern.

Bringe niemals Vaishvadeva Darbringungen auf einem Herd, in einem eisernen Kessel, auf dem Fußboden oder auf zerbrochenen Kacheln dar, sondern nur in einer geweihten Opfergrube oder auf einem geweihten Opferaltar.

Das Feuer an einem Herd soll man nicht mit den Händen, einem Fächer oder mit einem heiligen Tierfell usw. anfachen, sondern indem man es mit dem Mund anbläst. Denn der Mund ist der Ursprung von Feuer. Wenn man das Feuer mit Tüchern anfacht, wird man anfällig für Krankheiten, wenn mit Fächern, so wird der Wohlstand gemindert und wenn mit den Händen, so stirbt man. Wenn man das Herdfeuer durch Blasen mit dem Mund anfacht, wird sich Erfolg einstellen.

Opfern sollte man mit Quark, Ghee, Früchten, Wurzeln, Gemüse und Wasser und, falls dies nicht zur Verfügung steht, mit Brennholz, Gras usw. oder mit Substanzen, die mit Ghee, Quark oder Pāyasa vermischt sind – oder letztlich einfach mit Wasser, aber niemals mit Öl oder mit Salzigem.

Wenn man Homa mit trockenen oder abgestandenen Dingen durchführt, bekommt man Lepra. Wenn jemand Homa mit Nahrungsresten ausführt, so wird er von seinen Feinden überwältigt; bei Verwendung von rohen und herben Dingen wird man arm und bei Verwendung von salzigen Opfergaben geht es im Leben abwärts und man erlebt Fall und Entehrung. Man kann brennende Kohlen und Asche von der Nordseite des Feuers als Vaishvadeva-Gaben darbringen, nachdem man das Essen zubereitet hat, aber man darf niemals Salziges als Gabe darbringen.

Ein ungebildeter Brahmane, der isst, bevor er die Vaishvadeva-Opferung vollzogen hat, wird mit dem Kopf nach unten in die Kāla-Sūtra-Hölle hinabfallen.

Was immer du an Nahrung zuzubereiten gedenkst – ob es sich um Gemüse, Blätter, Wurzeln oder Früchte handelt –, das bringe zuerst den Vaishvadevas dar. Wenn noch vor der Durchführung des Vaishvadeva Homas ein Brāhmachāri vorbei kommt, dann nimm erst etwas Nahrung für das Homa beiseite, gib dann dem um Nahrung Bettelnden, was er benötigt, und verabschiede ihn. Denn ein Brāhmachāri-Bettelmönch vermag sämtliche Mängel zu beseitigen, die während des Vaishvadeva Homas auftreten mögen, aber das Vaishvadeva Homa vermag nicht das unrechtmäßige Verhalten auszugleichen, das man einem Brāhmachāri-Bettelmönch entgegenbringt. Sowohl der Paramahansa als auch der Brāhmachāri-Bettelmönch sind die Meister der zubereiteten Nahrung (pakkānna). Wenn jemand Nahrung zu sich nimmt, nachdem er einem dieser beiden eine Nahrungsgabe verweigert hat, so muss er sich der Chandrāyana-Bußübung unterziehen.

O Nārada, nach der Vaishvadeva-Darbringung soll man Gogrāsa durchführen, das heißt den Kühen einige Mundvoll Nahrung geben. Höre nun, wie das zu geschehen hat.

Die Mutter Surabhi, die göttliche Kuh, die Vishnu sehr lieb ist, weilt allzeit in Vishnus Welt (vishnupada).

O Surabhi, ich bringe dir diese Mundvoll Nahrung dar. Bitte nimm dies an. Verehrung den Kühen. Mit diesen Worten soll man die Kühe verehren und ihnen Nahrung geben. Hierdurch wird Surabhi, die Mutter aller Kühe, erfreut.

Danach soll man für einen Zeitraum, der dem für das Melken einer Kuh entspricht, außerhalb des Hauses warten, ob vielleicht ein Gast erscheint. Denn wenn ein Gast ohne Nahrung erhalten zu haben enttäuscht von einem Haus fortgeht, so nimmt er alle Verdienste (punyam) des Hausbesitzers mit sich fort und überträgt stattdessen alle seine eigenen Sünden (pāpam) auf ihn.

Ein Familienvater soll Mutter, Vater, Guru, Bruder, Sohn, Diener, Abhängige, herbeigekommene Gäste und das Feuer unterstützen. Wer dies weiß, aber nicht diesen Pflichten eines Hausvaters nachkommt, wird in dieser und in der nächsten Welt als jemand angesehen, der von seinem Dharma abgefallen ist. Ein armer Familienvater, der diese fünf Mahāyagyas durchführt, erlangt dieselbe Frucht wie ein reicher Brahmane, der das Soma-Yagya durchführt.

O bester aller Munis, nun spreche ich über das Prānāgni Hotra oder die Regeln für das Aufnehmen von Nahrung. Indem ein Mensch diese Regeln kennt und beachtet, wird er frei von Wiedergeburt, Alter und Tod und von allen Arten von Sünden. Wer seine Nahrung den rechten Regeln folgend zu sich nimmt, wird von den dreifachen Schulden befreit, erlöst einundzwanzig Generationen seiner Familie von der Hölle, erlangt die Früchte sämtlicher Yagyas und geht ungehindert in die Welten der Rechtschaffenen ein.

Stelle dir den Bauch als Arani oder ein Stück Feuerholz vor, den Geist als den Quirlstab, den Wind als die Schnur und entzünde dann das Feuer, das im Bauch seinen Sitz hat. Die Augen werden als Addhvarya (Opferer) angesehen und das Verdauungsfeuer als das Ergebnis des Quirlvorganges.

In diesem Verdauungsfeuer soll man die Gaben für die Befriedung des Prāna in Gestalt der fünf Gottheiten, darbringen.

Als Erstes sollst du dem Prāna Vāyu mit dem Zeigefinger, Mittelfinger und Daumen Nahrung als Gabe darbringen, dann dem Apāna mit Daumen, Mittelfinger und dem namenlosen Finger (anāmā, der Ringfinger), dann dem Vyāna Vāyu mit dem Daumen, Ring- und kleinen Finger, dann dem Udāna Vāyu mit dem Daumen, Zeigefinger und kleinen Finger und schließlich dem Samāna Vāyu mit allen Fingern.

Wiederhole dabei die jeweiligen Mantras:

Om prānāya svāhā
Om apānāya svāhā
Om samānāya svāhā
Om udānāya svāhā
Om vyānāya svāhā

Innerhalb des Mundes befindet sich das Āhavanīya-Feuer. Im Herzen befindet sich das Gārhapatya-Feuer, im Nabel das Dakshināgni-Feuer, unterhalb des Nabels das Āvasathyāgni-Feuer – stelle dir dies so vor.

Als Nächstes sieh die Sprache als den Hotā an, den Prāna als Udgāthā, die Augen als Adhvaryu, den Geist als Brahmā, die Ohren als Hotā und den Bewahrer von Agni, den Ahamkāra als Opfertier (pashu) sowie Om Kāra als Wasser.

Den Buddhi (Intellekt) des Familienvaters als rechtmäßige Ehefrau, das Herz als Opferaltar, die Haare als Kushagras und die beiden Hände als Shruk und Shruva – Opferkelle und Opferlöffel (all dies sind Komponenten eines Yagyas).

Dann stelle dir das Prāna-Mantra als golden vor, das Hungerfeuer als den Rishi, Sūrya als Devatā, Gāyatrī als Chhandas und den Prānāya Svāhā als das rezitierte Mantra. Wiederhole auch *Idamādityadevāya namah* und bringe dem Prāna die Opfergaben dar.

Die Farbe des Apāna-Mantras ist milchig-weiß. Shraddhāgni ist der Rishi, der Mond ist Devatā, Ushnik ist das Chhandas (Versmaß) und *Apānāya Svāhā* sowie *Idam somāya na namah* sind die Mantras.

Die Farbe des Vyāna-Mantras ist rot wie rote Lotusblumen. Die Feuergottheit Hutāsana ist der Rishi, Agni ist Devatā, Anusthubh ist das Chhandas, *Vyānāya svāhā* und *Idamagnaye na namah* sind die Mantras.

Die Farbe des Udāna-Mantras gleicht der eines Indra Gopa. Agni ist der Rishi. Vāyu ist Devatā, Brihatī ist das Chhandas. *Udānāya svāhā* und *Idam vāyave na namah* sind die Mantras.

Die Farbe des Samāna-Mantras gleicht der des Blitzes. Agni ist der Rishi. Parjanya ist Devatā. Pankti ist Chhandas. *Samānāya svāhā* und *Idam parjanyāya na namah* sind die Mantras.

O Nārada, nachdem du den fünf Arten von Prāna (Lebensatem, Lebensenergie) die fünf Gaben dargebracht hast, sollst du dem Ātman (dem Selbst) Gaben darbringen. Bhīshana Vahni ist hier der Rishi, Gāyatrī ist Chhandas. Der Ātman (das Selbst) ist Devatā. *Ātmane svāhā* und *Idamātmane na namah* sind die Mantras.

O Nārada, wer dieses Homa des Prānāgnihotra kennt, erlangt den Brahmanstand.

Somit habe ich dir in Kürze die Regeln des Prānāgni Hotra Homa vorgetragen.

Hier endet im elften Buch des Shrimad Devī Bhāgavatam, des Mahāpurānam von 18.000 Versen von Maharishi Veda Vyāsa, das zweiundzwanzigste Kapitel: Die Vaishvadeva-Regeln.

Kapitel 23
Das Tapta Krichchhra Vrata und andere Gelübde

Nārāyana sprach: Der beste Sādhaka (Experte für rechtes und erfolgreiches Handeln) sollte nach seinen Mahlzeiten das Mantra Amritāpidhānamasi rezitieren, Āchaman ausführen und die Reste der Nahrung an Bedürftige in seiner Umgebung verteilen.

Mögen die Diener und Dienerinnen unserer Familie mit den Resten der Nahrung zufriedengestellt werden, die ich ihnen gebe.

Mögen die Bewohner der Raurava-Hölle und anderer unheiliger Orte, die dort seit einem Padma (Zeitalter) oder seit Arbuda (zehn Millionen) Jahren weilen, mit diesem Wasser zufriedengestellt sein, das ich ihnen darbringe, und möge dieses Wasser ihnen endlose Freude bringen.

Diese beiden Mantras rezitierend soll der Familienvater die Reste der Nahrung an die Dienerschaft verteilen und denjenigen Wasser geben, die danach verlangen. Dann soll er den Ring von Kushagras entknoten und ihn auf das quadratische Mandalam oder auf den Boden werfen.

Ein Brahmane, der dieses Kushagras in den Kessel (pātra) wirft, wird als jemand angesehen, der den Eid der Brahmanen in Bezug auf die Aufnahme von Nahrung entehrt hat. Ein Brahmane, der sich nach dem Essen nicht das Gesicht wäscht oder der einen anderen solchen Brahmanen berührt oder einen Hund oder einen Shūdra, sollte danach einen Tag lang fasten und dann Pañchagabya trinken, um sich dadurch zu läutern. Wenn ein solcher Uchchishta Brahmane von einem anderen Brahmanen berührt wird, der nicht uchchishta (unrein) ist, so kann dieser sich durch ein einfaches Bad läutern.

Indem man diese Darbringung einmal nach den genannten Regeln ausführt, erlangt man die Frucht von zehn Millionen Opfern, und wenn man sie fünf Mal ausführt, erlangt man die unermessliche Frucht von fünfzig Millionen Opfern. Wenn jemand einem Menschen Nahrung gibt, der dieses Prānāgnihoma auszuführen weiß, dann erlangen sowohl der Geber als auch der Empfänger das volle Ergebnis davon und beide gehen schließlich in die Himmelswelt ein.

Ein Brahmane, der seine Nahrung auf rechte Weise zu sich nimmt und dabei das heilige Pavitra-Kusha-Gras am Finger trägt, erlangt dadurch dieselbe Frucht wie die für das zu-sich-Nehmen von Panchagavya.

In der Zeit, wo der Verehrer die Verehrung drei Mal ausführt, sollte er sein tägliches Japam, Tarpanam und Homa ausführen und die

Brahmanen mit Nahrung versorgen. Damit ist dann das fünfgliedrige Purashcharana vollendet.

Ein tugendhafter Mensch sollte auf einer niedrigen Bettstatt schlafen. Er soll seine Sinne und seinen Zorn beherrschen. Er sollte mäßig essen und Dinge, die leicht, süß und gut sind (sattvische Nahrung). Er sollte bescheiden, friedvoll und still sein. Er sollte dreimal täglich baden und keine unheiligen Gespräche führen mit einer Frau, mit einem Shūdra oder mit einem, der gefallen ist, keine Initiation empfangen hat und ein Atheist ist. Auch sollte er nicht in einer Sprache sprechen, die von den Chāndālas gesprochen wird.

Vor jemandem, der gerade mit Japam, Homa und Verehrung beschäftigt ist, sollte man sich verneigen und ihn nicht ansprechen.

Weder in Taten noch Worten und bei keiner Gelegenheit sollte man über Geschlechtsverkehr sprechen und auch keinen Umgang mit Menschen haben, die dies tun. Denn das Vermeiden dieses Themas seitens der Könige und der Familienväter wird Brahmācharyam (Keuschheit) genannt.

Aber man sollte den Vorschriften der Shāstras entsprechend seiner rechtmäßigen Ehefrau während der Nacht und nach ihrer Menstruation beiwohnen; dadurch wird Brahmācharyam nicht zunichte gemacht.

Man kann weder die dreifache Schuld begleichen noch ein Anwärter für Moksha (Befreiung) sein, bevor man nicht Söhne gezeugt oder den Vorschriften der Shāstras gemäß die Pflichten eines Familienvaters erfüllt hat – ein Versuch, dies ohne die Erfüllung der genannten Pflichten zu tun, wäre vollkommen fruchtlos – so wie die Brust im Nacken einer Ziege; es würde einen nur hinunterziehen, so verkünden es die Shrutis.

Daher befreie dich als Erstes von der Schuldnerschaft, die du (durch die Geburt als Mensch) gegenüber den Devas, gegenüber den Rishis (Sehern) und gegenüber den Pitris (Ahnen) eingegangen bist. Führe Opfer durch, um die Schuld gegenüber den Devas abzutragen.

Trage die Schuld gegenüber den Rishis ab, indem du Brahmācharyam praktizierst. Opfere Til und Wasser in den Shraddhās und Tarpanams, um die Schuld gegenüber den Pitris zu tilgen. Dann erfülle bereitwillig die Pflichten deines eigenen Varnashrama Dharma (die Pflichten entsprechend deinem gesellschaftlichen Stand und der Lebensphase, in der du dich befindest).

Um Sündlosigkeit zu erlangen, sollte man das Krichchhra Chandrāyana Vrata genannte Gelübde einhalten und sich von Milch, Früchten, Wurzeln, Gemüse und Havisyānnam (gekochter Reis mit Ghee) ernähren, die man durch Betteln erhalten hat. Man soll das Japam für das Purashcharanam durchführen.

Vermeiden sollte man Salz, salzige Speisen und alkalische Dinge, Saures, Knoblauch, Rüben sowie Essen aus Kāmsa-Kesseln. Man sollte keine Betelblätter kauen, znicht weimal essen, keine unreine Kleidung anziehen und keine berauschenden Dinge zu sich nehmen. Auch das in Widerspruch zu den vedischen Schriften stehende nächtliche Japam sollte man vermeiden.

Man sollte seine Zeit nicht damit verschwenden, die eigenen Verwandten zu beschimpfen und zu kritisieren, mit Würfeln zu spielen und übermäßig viel mit der eigenen Ehefrau zu schwätzen. Man sollte seine Zeit damit verbringen, die Devas zu verehren, Lobeshymnen zu rezitieren und die vedischen Schriften zu studieren.

Man soll auf dem Boden schlafen, Brahmācharyam praktizieren, ein Schweigegelübde einhalten, dreimal täglich baden und keine Handlungen ausführen, die nur für Shūdras angemessen sind.

Man sollte sich jeden Tag der Verehrung (seiner Gottheit) widmen, anderen Gutes tun und stets glücklich sein, täglich die vedischen Hymnen rezitieren, die Devas verehren und Vertrauen in den eigenen Guru und in die Devas haben.

Diese zwölf Regeln sollen dem Verehrer, der Purashcharanam ausführt, den Erfolg seiner Bemühungen garantieren. Man soll jeden Tag den Sonnengott preisen und, ihm das Gesicht zuwendend, vor ihm Japam ausführen. Oder man soll seine eigene Gottheit vor einem Feuer oder dem Bildnis der Gottheit verehren und dabei Japam praktizieren.

Der Verehrer, der Purashcharanam ausführt, soll baden, den Devatā verehren, Japam machen, meditieren sowie Homa und Tarpanam durchführen. Er soll dabei frei von Begierden sein und alle Früchte des Handelns der Gottheit der Verehrung überlassen. Es ist unerlässlich, dass er dies beachtet. Während der Verehrer sich dem Japam, Homa usw. widmet, sollte sein Geist stets heiter und zufrieden sein.

Man sollte stets freudig dazu bereit sein, Askese (tapasyā) zu betreiben, die vedischen Schriften (shāstra) zu studieren und allen Wesen gegenüber voller Mitgefühl zu sein.

Askese führt einen in den Himmel und ebenso zur Erfüllung der eigenen Wünsche. Wisse daher, dass alle höheren Kräfte zu dem Asketen kommen.

Ein Asket kann den Tod anderer Menschen bewirken, andere verletzen, Krankheiten heilen oder alle töten.

Was immer die verschiedenen Rishis sich von der Devī Gāyatrī wünschten und deshalb Purashcharanam durchführten und sie verehrten, das alles erlangten sie von ihr.

O Nārada, von den Shānti Karmas und ähnlichem werde ich später sprechen. Jetzt will ich hier von denjenigen Regeln sprechen, die bei dem Purashcharanam zu beachten sind, die maßgeblich für dessen Erfolg sind.

Als Erstes rasiere dich, schneide deine Haare und Nägel usw., bade und sei rein. Danach führe für deine Läuterung und deinen inneren Frieden das Prājāpatya Prāyashchitta aus und widme dich anschließend dem Purashcharanam der Gāyatrī.

Sprich einen Tag und eine Nacht lang nicht. Halte dein Denken rein. Falls es nötig ist, Worte zu sprechen, so sprich nur das aus, was du als wahr ansiehst.

Rezitiere zunächst Mahāvyārhiti und dann das Sāvitrī Mantra mit vorangestelltem Pranava. Dann rezitiere das sündenvernichtende Mantra Āpohishthā usw. und das Svastimatī Sūkta sowie das Pāvamānī Sūkta.

Am Anfang und am Ende jeder dieser Aktivitäten solltest du dir der Notwendigkeit des Ausführens von Japam bewusst sein und wissen, warum und wofür du das alles tust.

Den Pranava, die drei Vyārhitis und Sāvitrī soll man zehntausend Mal oder tausend Mal oder hundert Mal oder zehn Mal wiederholen. Danach bringe dem Āchārya (Meister), dem Rishi, dem Chhandas (Versmaß) und den Devas Wasser dar.

Während du dich diesen Tätigkeiten widmest, sollst du nicht die unreine Sprache der Barbaren (mlechcha) und auch nicht mit einem Shūdra oder einem schlechten Menschen sprechen. Sprich auch nicht mit einer Frau, die ihre Menstruation hat, mit einem, der gefallen ist, mit Menschen aus den unteren Gesellschaftsschichten oder mit jemandem, der die Devas, die Brahmanen, die Āchāryas und Gurus hasst oder der schlecht über Vater und Mutter spricht. Behandle auch niemanden respektlos.

Somit habe ich in der rechten Reihenfolge von all den Regeln des Krichchhra Vrata gesprochen. Nun will ich von den Regeln für das Prājāpatya Krichchhra, Shāntapana, Parāka Krichchhra und Chandrāyana sprechen.

Man wird von allen Sünden befreit, wenn man die genannten fünf Chandrāyanas durchführt.

Durch das Ausführen des Tapta Krichchhra werden augenblicklich sämtliche Sünden verbrannt. Durch das Praktizieren der drei Chandrāyanas werden die Menschen geläutert und gelangen nach Brahmā Loka.

Durch das Ausführen von acht Chandrāyanas schaut man seinen Devatā von Angesicht zu Angesicht, der bereit ist, einem Wunscherfüllung zu gewähren.

Durch zehn Chāndrāyanas gewinnt man das Wissen der Veden und erlangt alles, was man sich wünscht.

Für die Durchführung des Krichchhra Prājāpatya Vrata soll man drei Tage lang nur am Mittag Nahrung zu sich nehmen, dann drei Tage lang nur am Abend und dann an den nächsten drei Tagen nur das essen, was man von jemandem erhält, ohne ihn darum gebeten zu haben, und an den nächsten drei Tagen soll man seinen Tätigkeiten nachgehen, ohne irgendetwas zu sich zu nehmen. Über diese zwölf Tage erstreckt sich das Prājāpatya Vrata.

Nun zu den Regeln für das Shāntapana Vrata. Am ersten Tag soll man Nahrung zu sich nehmen, die aus einer Mischung von Kuhurin, Kuhdung, Kuhmilch, Quark, Ghee und dem Wasser des Kushagrases besteht. Am zweiten Tag soll man dann fasten. Diese zwei Tage machen das Shāntapana Vrata aus.

Nun zum Ati Krichchhra Vrata. An den ersten drei Tagen soll man jeweils einen Mundvoll Nahrung zu sich nehmen und an den folgenden drei Tagen soll man fasten. Dies ist das Ati Krichchhra Vrata.

Wenn dieses Vrata (Gelübde) drei Mal wiederholt wird, nennt man es Mahā Shāntapana Vrata. Dabei nimmt man drei Tage lang Kuhurin zu sich, an den nächsten drei Tagen Kuhdung, dann drei Tage lang Quark, drei Tage lang Milch und an den nächsten drei Tagen Ghee. Dadurch wird man geläutert und dies wird als das alle Sünden zerstörende Mahā Shāntapana Vrata bezeichnet.

Nun spreche ich über das Tapta Krichchhra Vrata. Das Tapta Krichchhra Vrata wird über einen Zeitraum von zwölf Tagen durchgeführt. An den ersten drei Tagen soll man heißes Wasser trinken, an den nächsten drei Tagen heiße Milch, an den folgenden drei Tagen heißes Ghee und an den letzten drei Tagen soll man nur noch Luft zu sich nehmen. An jedem dieser Tage soll man nur ein einziges Bad nehmen und Selbstbeherrschung üben. Wenn man an jedem der zwölf Tage einfach nur Wasser trinkt, so wird dies Prājāpatya Vrata genannt und wenn man die zwölf Tage lang gar keine Nahrung zu sich nimmt, nennt man es Parāka Krichchhra Vrata. Durch dieses Vrata werden sämtliche Sünden zerstört.

Nun zu den Regeln der Nahrungsaufnahme bei dem Chandrāyana Vrata. In der dunklen Monatshälfte soll man die Anzahl der Mundvoll Nahrung, die man zu sich nimmt, jeden Tag um eines verringern und in der hellen Monatshälfte jeden Tag um eines vermehren. Am Neumondtag (amāvasyā) soll man vollständig fasten. Man soll dreimal täglich während der Sandhyā Zeiten baden. Dies wird dann Chandrāyana Vrata genannt.

Bei dem Shishu Chandrāyana Vrata nimmt man vier Mundvoll Nahrung am Mittag und vier Mundvoll Nahrung am Abend zu sich. Bei dem Yati Chandrāyana soll man am Mittag acht Mundvoll Nahrung zu sich nehmen und seine Leidenschaften zügeln.

Die genannten Vratas (Gelübde) werden von den Rudras, Ādityas, Vāsus und Maruts eingehalten und sie erfreuen sich dabei an vollkommener Sicherheit.

Jedes der genannten Vratas läutert auf ganz einfache Weise die sieben Dhātus (Gewebe) des Körpers innerhalb von sieben Nächten. Als Erstes wird die Haut, dann das Blut, dann das Fleisch, die Knochen, die Sehnen, das Mark und schließlich der Samen geläutert. Daran besteht kein Zweifel.

Nachdem man auf diese Weise den Ātman durch die genannten Vratas geläutert hat, soll man sich rechtschaffenen Handlungen widmen. Die Handlungen eines auf diese Weise geläuterten Menschen werden ganz gewiss von Erfolg gekrönt werden.

Beherrsche als Erstes die Sinne, sei rein und vollbringe gute Handlungen, dann werden alle deine Wünsche zweifellos Früchte tragen.

Faste drei Nächte lang ohne Handlungen auszuführen und sieh dir das Ergebnis davon an. Dann halte drei Tage lang die nächtlichen Gelübde ein und fahre danach nach Wunsch mit deinen Aktivitäten fort. Wenn man nach dieser Methode handelt, erlangt man die Früchte des Purashcharanam.

O Nārada, durch das Purashcharanam der Shrī Gāyatrī Devī werden alle Wünsche erfüllt und alle Sünden ausgelöscht.

Bevor du mit dem Purashcharanam beginnst, läutere deinen Körper durch die zuvor beschriebenen Vratas, dann werden alle deine Wünsche vollständig erfüllt werden.

O Nārada, somit habe ich dir die geheimen Regeln des Purashcharanam erklärt. Teile dies niemals jemand anderem mit, denn es wird als gleichrangig mit den Veden angesehen.

Hier endet im elften Buch des Shrimad Devī Bhāgavatam, des Mahāpurānam von 18.000 Versen von Maharishi Veda Vyāsa, das dreiundzwanzigste Kapitel: Das Tapta Krichchhra Vrata und andere Gelübde.

Kapitel 24
Sadāchāra

Nārada sagte: O Bhagavān, du bist der Ozean der Barmherzigkeit. Bitte sei so freundlich und erzähle mir in Kürze alles über die Dinge und die Pflichten, die bei den Shānti Karmas (Friedensaktivitäten) der Gāyatrī zu beachten und auszuführen sind.

Nārāyana sprach: O Nārada, du fragst da etwas, das sehr geheim ist. Gib dies niemals an einen üblen Menschen oder an einen Heuchler weiter. Es muss geheim gehalten werden.

Bei der Durchführung dieser Shānti Karma sollen die Brahmanen die Homas mit Brennholz durchführen, das in Milch getränkt wurde (payah). Wenn das Brennholz des Shāmi-Baumes auf diese Weise in der Homa-Zeremonie verwendet wird, so werden dadurch die von den Planeten verursachten Krankheiten geheilt.

Wenn das Homa mit dem feuchten Holz des Ashvattha- oder des Udumbara-Baumes oder anderer Kshīra-Bäume durchgeführt wird, so werden dadurch die von Dämonen oder Hobgoblins verursachten Krankheiten geheilt.

Wenn man das Tarpanam mit einer Handvoll Wasser darbringt und dabei das Mantra *Sūryam tarpayāmi namah* rezitiert, dann werden auch Übel und Schwierigkeiten beseitigt, die noch nicht eingetreten sind.

Wenn man das Gāyatrī-Mantra wiederholt, während sich die Knie im Wasser befinden, werden dadurch alle Übel abgewendet. Wenn man sich bei der Wiederholung des Gāyatrī-Mantras bis zum Hals im Wasser befindet, so wird dadurch Lebensgefahr abgewendet. Und wenn der ganze Körper dabei in Wasser eingetaucht ist, so ist vollkommener Erfolg das Ergebnis.

Dies ist die beste aller Shānti-Karmas – eine Handlung, die Gesundheit, Wohlstand, Freude und Frieden zur Folge hat.

Während der Durchführung von Homa entzünde das Opferfeuer mit dem Brennholz des Kshīravriksha-Baumes. Fülle Panchagavya (die fünf Gaben einer Kuh) in einen Kessel aus Gold, Silber, Kupfer oder aus dem Holz des Kshīra-Baumes oder in einen Kessel aus Lehm, der keinerlei Unebenheiten oder Risse aufweist. Rezitiere das Gāyatrī-Mantra und bringe eintausend Homas dar. Versprenkle Wasser bei jeder Darbringung und berühre das Panchagavya tausend Mal mit Kushagras.

Dann bringe das Opfer an dem Ort dar, der von Katastrophen oder Widrigkeiten heimgesucht wird und widme dich der Meditation der höchsten Gottheit (paradevatā). Dadurch werden üble Zauber, die von böswilligen Personen angewandt wurden, wirkungslos gemacht. Bringe jeden Mutterschoß (yoni) von Devas, Bhūtas oder Pishāchas unter deine Herrschaft, der die Probleme verursacht, dann werden sie das Haus, das Dorf, die Stadt, die Gegend und selbst das Königreich verlassen. Höre nun, wie man sie unter seine Herrschaft bringt.

Errichte aus Sand einen Opferaltar, zeichne ein Quadrat darauf, platziere einen Speer (shūla) in dessen Zentrum und verputze den Altar mit Ashtagandha (Kräuterpaste). Um sämtliche Übel zu vertreiben, wiederhole eintausend Mal das Gāyatrī-Mantra, lade damit den Speer mit dem Mantra auf und grabe ihn in den Boden ein. Stelle einen Krug oder Navaphala aus Gold, Silber oder Kupfer oder einen neuen irdenen Krug auf den ebenen Erdboden (sthandila) und verschließe ihn mit einer Schnur. Dann lasse von Brahmanen Wasser von den verschiedenen heiligen Stätten herbeibringen und fülle es in den Topf, während du das Gāyatrī-Mantra wiederholst. Fülle den Krug mit Zweigen von Bäumen wie Kardamom, Sandel, Karpūra, Jāti, Aparājitā, Sahadevī, Pātala, Ashvattha und Udumbara sowie mit Mallikā-Blüten, Bel-Blättern, Reis, Gerste, Til und Senfkörnern.

Dann sollst du aus siebenundzwanzig Kushagras-Büscheln einen Kranz wie zu einem Haarschopf zusammenflechten und auf einem graden Stab anbringen, dessen oberes Ende abgerundet wurde; und stelle diesen Stab dort auf.

Nimm dann dein Bad und sprich eintausend Mal mit unabgelenktem Geist das Gāyatrī-Mantra darüber aus. Anschließend sollen die vedakundigen Brahmanen das Shaura Mantra rezitieren und den Menschen, der von dem Dämon heimgesucht wird, mit dem Wasser besprenkeln und ihm auch von dem mit dem Mantra aufgeladenen Wasser zu trinken geben und ihn darin baden. Dadurch wird das übelwollende Wesen von ihm weichen und er wird glücklich sein. Selbst wenn dieser Mensch schon im Sterben lag, wird er ins Leben zurückgerufen werden, wenn er das mit dem Mantra aufgeladene Wasser trinkt und darin badet.

Ein weiser König sollte dieses Verfahren anwenden, um Langlebigkeit zu erlangen, und nachdem er mit dem durch das Mantra aufgeladenen Wasser besprenkelt wurde, sollte er den Brahmanen einhundert Kühe als Opferlohn (dakshinā) geben. Die Dakshinā sollte nach bestem Vermögen gegeben werden und vor allem so, dass die Brahmanen damit zufrieden sind.

Wenn man von einem Dämon oder von übelwollenden Zaubern anderer geplagt wird, sollte man sich an einem Samstag unter einen

Ashvattha-Baum setzen und einhundert Mal das Gāyatrī-Mantra wiederholen.

Um sämtliche Krankheiten zu heilen, sollte man das Mrityunjaya Homa ausführen. Man soll das Homa unter Verwendung der mit Milch getränkten Gulancha-Ranke ausführen, nachdem man diese entknotet hat.

Um Fieber zu senken, sollte man mit Milch getränkte Mangoblätter in der Homa-Zeremonie verwenden.

Zur Heilung von Auszehrung soll man Homa mit in Milch getränkten Blättern von Vacha-Blättern durchführen.

Schwindsucht wird geheilt, indem man im Homa-Opfer Quark, Milch und Ghee verwendet. Wenn man dem Sonnengott fünf Arten von Nahrung (pāyasānnam) darbringt und sie dann dem von Schwindsucht befallenen Patienten zu essen gibt, so wird dieser von seiner Krankheit geheilt. Oder wenn man am Neumondtag Homa mit der von Knoten befreiten und mit Milch getränkten Somapflanze durchführt, so wird dadurch ebenfalls die Schwindsucht geheilt.

Wenn man Homa mit den Blüten des Shamkhya-Baumes ausführt, so wird dadurch Lepra geheilt.

Durch die Ausführung von Homa mit dem Apāmārga-Samen werden Hysterie und Epilepsie geheilt.

Wenn Homa mit dem Brennholz von Kshīra-Bäumen durchgeführt wird, so werden Geisteskrankheiten dadurch geheilt und bei Verwendung von Umbara-Holz wird Spermatorrhoe geheilt. Verwendung von Zuckerrohrsaft heilt Gonorrhöe. Wird Quark, Milch und Ghee oder das Ghee der Kapilā-Kuh verwendet, so werden Pocken dadurch geheilt.

Durch Verwendung von Brennholz der Bäume Udumbara, Vata und Ashvattha im Homa-Opfer werden die Krankheiten von Kühen, Elefanten und Pferden geheilt.

Wenn man Probleme hat, die von Ameisen und Ameisenhügeln verursacht werden, dann sollte man einhundert Mal die Homa Zeremonie mit Brennholz des Samī-Baumes und einhundert Mal mit Nahrung, die mit Ghee zubereitet wurde, ausführen und den Rest der Nahrung in Opfern darbringen, dann werden die genannten Probleme aufhören. Bei Gefahr durch Erdbeben oder Blitze soll man Homa mit dem Brennholz des Vana Vetasa durchführen und das ganze Königreich wird glücklich sein.

Wenn man ein Stück Eisen mit dem einhundert Mal wiederholten Gāyatrī-Mantra auflädt und es dann in eine bestimmte Richtung wirft, so wird aus dieser Richtung keine Gefahr durch Feuer, Luft oder andere feindliche Einflüsse mehr drohen.

Wenn man ins Gefängnis geworfen wurde und im Geist das Gāyatrī-Mantra wiederholt, so wird man aus dem Gefängnis befreit.

Wenn man einen Menschen, der von einem üblen Wesen besessen, krank, gedemütigt oder bekümmert ist, mit Kushagras berührt, das durch die Wiederholung des Gāyatrī-Mantras (mit Heilkraft) aufgeladen wurde, dann wird dieser Mensch dadurch von seiner Furcht davor befreit.

Wenn man einen Menschen, der von einem üblen Wesen besessen ist, Wasser trinken lässt, das mit dem Gāyatrī-Mantra aufgeladen wurde, oder Asche auf seinen Körper aufträgt, die mit einhundert Gāyatrīs aufgeladen wurde, oder Asche auf sein Haupt aufträgt, während man das Gāyatrī-Mantra rezitiert, so wird er sogleich von allen seinen Krankheiten frei sein und einhundert Jahre voller Freude leben. Wenn jemand nicht fähig ist, diese Verfahren vollständig selbst anzuwenden, so kann er sie auch von anderen Brahmanen durchführen lassen und soll ihnen dann angemessenen Opferlohn dafür geben.

O Nārada, nun will ich dir sagen, wie man zu Wohlergehen und Wohlstand gelangt. Wohlstand erlangt man, wenn das Homa mit roten Lotusblumen oder frischen Jāti-Blumen oder mit Shāli-Reis oder mit Brennholz von Bel-Bäumen oder den Blättern, Blüten, Früchten oder Wurzeln oder einem Anteil davon durchgeführt wird.

Wenn innerhalb einer Woche die mit Pāyasa oder Ghee vermischten Produkte des Bel-Baumes dargebracht werden, so wird man dadurch gewiss den Segen von Lakshmī Devī erlangen.

Wenn das Homa mit gekochtem Reis (lāja) durchgeführt wird, der mit Quark, Milch und Ghee vermischt ist, so erlangt man dadurch eine Tochter.

Wenn man eine Woche lang das Homa mit roten Lotusblumen durchführt, so erlangt man dadurch Gold.

Wenn man der Sonne Friedensgaben (tarpanam) darbringt, so gewinnt man dadurch Schätze und Gold, die unter Wasser verborgen sind.

Wird das Homa mit Nahrung (anna) ausgeführt, so erlangt man dadurch Anna in Fülle und wenn man es mit Reis ausführt, so erlangt man Reis in Fülle.

Tiere erlangt man, indem man Homa mit dem getrockneten und zermahlenen Dung von Kälbern ausführt.

Wenn man Homa mit Priyangu, Pāyasa oder Ghee durchführt, so erlangt man Nachkommenschaft.

Wenn dem Sonnengott Pāyasānna dargebracht wird und man dann die Reste der dargebrachten Nahrung (prasādam) der eigenen Ehefrau zu essen gibt, die gerade ihre Menstruation hat, so erlangt man dadurch ausgezeichnete Söhne.

Wenn das Homa mit dem feuchten, zugespitzten Brennholz von Kshīra-Bäumen durchgeführt wird, so erlangt man dadurch Langlebigkeit.

Wenn das Homa einhundert Mal nacheinander mit dem feuchten, zugespitzten und mit Quark, Milch und Ghee vermischten Brennholz des Palāsha-Baumes durchgeführt wird, so erlangt man dadurch Langlebigkeit und Gold.

Wenn das Homa einhundert Mal mit Durvā-Gras, Milch, Honig oder Ghee durchgeführt wird, so erlangt man dadurch Langlebigkeit und einen goldenen Lotus.

Wenn die Homa-Zeremonie einhundert Mal mit dem mit Nahrung, Milch oder Ghee vermischten Brennholz des Shāmi-Baumes durchgeführt wird oder wenn das Homa eine Woche lang mit dem Brennholz des Nyagrodha-Baumes und danach einhundert Mal mit Pāyasānna durchgeführt wird, so wird dadurch die Furcht vor einem unnatürlichen Tod beseitigt.

Ein Mensch kann den Tod überwinden, indem er sich eine Woche lang nur von Milch ernährt und in dieser Zeit Hunderte und Aberhunderte von Homas durchführt und das Gāyatrī-Mantra mit voller Sprachbeherrschung (fehlerfrei und korrekt) rezitiert.

Wenn jemand drei Nächte lang fasten kann und sein Sprechen beherrscht und die Gāyatrī wiederholt, so befreit er sich damit aus den Händen des Todes. Oder wenn jemand gänzlich im Wasser untergetaucht das Gāyatrī-Mantra wiederholt, so wird er dadurch aus aktueller Todesgefahr befreit.

Wenn jemand unter einem Bel-Baum sitzend Homa durchführt oder die Früchte, Wurzeln oder Blätter des Bel-Baumes in der Homa-Zeremonie verwendet, so erlangt er ein Königreich. Wenn jemand Homa mit einhundert Lotussen durchführt, erlangt er dadurch ein Königreich, das frei von Feinden ist. Herr über ein Dorf wird, wer Homa mit Yavāgu und Shālidhānya ausführt.

Wenn Homa mit dem Brennholz des Ashvattha-Baumes durchgeführt wird, sichert man sich dadurch den Sieg in der Schlacht und wenn Homa mit dem Brennholz des Ākanda-Baumes vollzogen wird, sichert man sich allumfassenden Sieg.

Wenn man über den Zeitraum von einer Woche einhundert Homas mit dem Brennholz, den Blättern oder den Früchten des Vetasa-Baumes durchführt, die mit Milch getränkt oder mit Pāyasa vermischt wurden, so wird dadurch Regen herbeigeführt.

Auch wenn jemand eine Woche lang das Gāyatrī-Mantra wiederholt, während er bis zum Nabel im Wasser steht, wird dadurch Regen herbeigeführt.

Umgekehrt, wenn jemand im Wasser stehend Asche im Homa darbringt, so wird dadurch das Aufhören schwerer Regenfälle herbeigeführt.

Homa mit dem Brennholz des Palāsa bewirkt Brahmāteja – den feurigen Glanz Brahmans. Homa mit Palāsa-Blüten führt zu umfassender Wunscherfüllung.

Homa mit Milch oder das Trinken von mit einem Mantra aufgeladener Brāmarasa verfeinert den Intellekt und Homa mit Ghee verbessert die Intelligenz.

Homa mit Blumen oder Blüten verleiht Wohlgeruch. Durch Homa mit Fäden erlangt man Gewänder.

Homa mit einer Mischung von Salz und Honig oder Bel-Blüten verleiht einem die Macht, die Herrschaft über was auch immer und Wunscherfüllung zu erlangen.

Wenn jemand täglich badet und dabei vollständig im Wasser untertaucht und Wasser über seinen Körper sprenkelt, so wird er von Krankheiten geheilt und sehr gesund. Wenn ein Brahmane dies für jemand anderen tut, so wird auch er zweifellos gesund sein.

Wenn jemand seine Lebensdauer verlängern will, sollte er gute Taten vollbringen und einen Monat lang die Gāyatrī täglich eintausend Mal wiederholen. Dadurch wird seine Lebensspanne verlängert. Diese Praxis zwei Monate lang auszuüben gibt ein langes Leben und dauerhafte Gesundheit. Drei Monate dieser Praxis bewirken ein langes Leben, Gesundheit und Wohlstand. Vier Monate dieser Praxis haben Langlebigkeit, Wohlstand, Ruhm, Frauen, Söhne usw. zur Folge. Fünf Monate dieser Praxis schenken Langlebigkeit, Gesundheit, Wohlstand, Frau, Söhne und Wissen. Daher sollte man diese Praxis so viele Monate lang ausüben, wie es der Anzahl der eigenen Wünsche angemessen ist und die Wünsche werden in Erfüllung gehen.

Ein Brahmane, der einen Monat lang jeden Tag mit emporgereckten Armen auf einem Bein steht und dabei dreihundert Gāyatrīs wiederholt, erlangt die Erfüllung aller seiner Wünsche, und wenn er dabei eintausendeinhundert Gāyatrīs wiederholt, gibt es nichts in dieser Welt, das dadurch nicht erlangt und mit Erfolg gekrönt würde.

Wer sein Einatmen (prāna) und Ausatmen (apāna) kontrolliert und für die Devī täglich dreihundert Gāyatrīs wiederholt, dessen Herzenswünsche werden in Erfüllung gehen.

Der Rishi Vishvāmitra sagt: Wer einen Monat lang jeden Tag einhundert Gāyatrīs wiederholt, während er auf einem Bein steht, die Arme emporreckt und seinen Atem kontrolliert, dem erfüllen sich alle seine Wünsche. Wenn man dabei die Gāyatrī dreihundert oder tausend Mal wiederholt, gibt es nichts, dass man nicht erreichen kann. Wenn man unter Wasser befindlich die genannte Anzahl von Wiederholungen der Gāyatrī praktiziert, erlangt man alles.

Wenn jemand ein Jahr lang jeden Tag dreihundert oder tausend Gāyatrīs wiederholt, während er auf einem Bein steht, die Arme emporreckt und seinen Atem kontrolliert und sich in dieser Zeit ausschließlich des nachts von Havisyānna (Nahrung, die ohne Gewürze, Salz und Öl zubereitet wurde) ernährt, so wird er ein Rishi (Seher).

Wer dies zwei Jahre lang praktiziert, wird zu einem Meister der Sprache; wer es drei Jahre lang praktiziert, gewinnt Wissen über Gegenwart, Vergangenheit und Zukunft; wer es vier Jahre lang praktiziert, wird dazu befähigt, den Sonnengott von Angesicht zu Angesicht zu schauen; wer es fünf Jahre lang praktiziert, meistert die acht wichtigsten Siddhis; wer es sechs Jahre lang praktiziert, kann nach Wunsch unterschiedliche Gestalten annehmen; wer es sieben Jahre lang praktiziert, erlangt Unsterblichkeit; wer es neun Jahre lang praktiziert, gewinnt den Status eines Manu; wer es zehn Jahre lang praktiziert, den Status eines Indra; wer es elf Jahre lang praktiziert, den Status von Brahmā und wer es zwölf Jahre lang ausführt, erlangt den Status des höchsten Brahman.

O Nārada, durch die Ausübung dieser Methoden der Askese (tapasyā) sind du und andere Rishis dazu befähigt worden, die

Herrschaft über die drei Welten zu erobern. Manche ernährten sich dabei ausschließlich von Gemüse, manche von Früchten, manche von Wurzeln, manche nur von Wasser, manche von Ghee, manche von Somarasa, während andere während der Praxis ihres Tapasyā nur Charu (Getreidebrei) zu sich nahmen. Einige Rishis praktizierten dieses große Tapasyā und aßen vierzehn Tage lang nur sehr wenig. Einige nahmen nur Nahrung zu sich, die sie tagsüber durch Betteln erhielten, und manche aßen nur Havisyānna.

O Nārada, höre nun von den Regeln der Läuterung und der Auslöschung von Sünden.

Um die Sünde des Stehlens von Gold auszulöschen, muss man einen Monat lang täglich dreitausend Gāyatrīs wiederholen; dann wird die Sünde vernichtet sein. Durch diese Handlung werden auch die Sünden des Trinkens berauschender Getränke und des unerlaubten Umganges mit der Ehefrau des eigenen Gurus zerstört.

Der Rishi Vishvāmitra sagt, dass die Sünde des Tötens eines Brahmanen ausgelöscht wird, indem man im Wald einen Bretterschuppen errichtet und einen Monat lang darin täglich dreitausend Gāyatrīs wiederholt.

Diejenigen Brahmanen, die große Sünden (mahāpātaka) begangen haben, werden von diesen Sünden frei, wenn sie zwölf aufeinander folgende Tag lang jeden Tag eintausend Gāyatrīs wiederholen, während sie im Wasser untergetaucht sind.

Wenn man einen Monat lang sein Sprechen zügelt, Prānāyāma ausführt und täglich dreitausend Gāyatrīs wiederholt, wird man von Mahāpātakas (den großen Sünden) befreit.

Wenn man eintausend Prānāyāmas ausführt und dabei die Gāyatrīs wiederholt, wird man auch von der Sünde des Brahmanenmordes (brahmahattyā) befreit.

Wenn man die Prāna und Apāna Vāyus sechs Mal nach oben richtet und gesammelten Geistes die Gāyatrī wiederholt, so vernichtet dies sämtliche Sünden; dies wird das alle Sünden zerstörende Prānāyāma genannt. Wenn man dieses Prānāyāma einen Monat lang jeden Tag eintausend Mal praktiziert, so wird man als Herrscher über die Erde von allen Sünden befreit.

Wenn ein Brahmane die Sünde des Tötens einer Kuh begangen hat, so muss er zwölf Tage lang täglich dreitausend Gāyatrīs wiederholen, um von dieser Sünde frei zu werden. Gleichermaßen löscht die Wiederholung von zehntausend Gāyatrīs die Sünde aus, Gemeinschaft mit denen zu pflegen, mit denen man keine Gemeinschaft pflegen darf, verbotene Nahrung zu sich zu nehmen, zu stehlen und zu töten; diese Praxis stellt den inneren Frieden wieder her.

Alle Sünden werden ausgelöscht, indem man einhundert Prānāyāmas mit der Gāyatrī ausführt. Falls eine Vielzahl unterschiedlicher Sünden begangen wurde, muss man einen Monat lang im Wald verbringen und dort eintausend Gāyatrīs wiederholen oder Fasten einhalten und dreitausend Gāyatrīs wiederholen. Dadurch werden alle Sünden vernichtet.

Vierundzwanzigtausend Gāyatrīs zu wiederholen kommt dem Einhalten des Krichchhra Vrata gleich und vierundsechzigtausend Gāyatrīs zu wiederholen kommt der Durchführung des Chandrāyana-Gelübdes gleich.

Wenn jemand während der morgendlichen und abendlichen Sandhyā-Zeiten einhundert Mal mit Prānāyāma verbunden die Verdienste (punyam) hervorbringende Gāyatrī wiederholt, so werden alle seine Sünden vernichtet und wenn man, ganz im Wasser untergetaucht, täglich einhundert Mal die Gāyatrī Devī wiederholt und sie im Zentrum der Sonne im Geist verehrt, so werden dadurch sämtliche Sünden vollständig ausgelöscht.

O Nārada, somit habe ich dir alles über das Abwenden oder die Vernichtung der Übel und die Läuterung von den verschiedenartigen Sünden berichtet. All dies ist geheim. Behalte es sorgsam für dich. Teile es niemandem mit. Wer auch immer dies unrechtmäßig weitergibt, richtet sich damit selbst zugrunde.

Ich habe dir nun in Kürze alles über die Regeln einer rechtschaffenen Lebensweise (sadāchāra) erzählt. Wenn jemand dies auf rechte Weise den Regeln entsprechend praktiziert, so wird Shrī Mahāmāyā Durgā Devī darüber erfreut und ihm freundlich gewogen sein.

Wenn jemand nach beidem strebt – den Freuden in der Welt und der Befreiung –, sollte er all dies täglich und zu besonderen Gelegenheiten praktizieren und seinen persönlichen Pflichten den Vorschriften entsprechend nachgehen.

Alle vedischen Schriften (shāstra) sind sich darin einig, dass diese Prinzipien der rechten Lebensführung (āchāra) das höchste und wichtigste Dharma darstellen, dessen Gottheit die höchste Mutter selbst ist.

O Nārada, ein Mensch, der diesem Āchāra täglich auf rechte Weise folgt, ist wahrlich in dieser Welt heilig, glücklich und gesegnet zu nennen. Dies sage ich dir in aller Wahrhaftigkeit.

Wenn jemand sich wünscht, die Gnade der Devī Bhagavatī zu erlangen, sollte er sich als Erstes sogleich dazu bringen, dieses Sadāchāra zu praktizieren.

Wer diese Unterweisung über Sadāchāra hört, erlangt Wohlstand und Glück. Daran besteht kein Zweifel.

Nun sage mir, was du sonst noch hören möchtest.

Hier endet im elften Buch des Shrimad Devī Bhāgavatam, des Mahāpurānam von 18.000 Versen von Maharishi Veda Vyāsa, das vierundzwanzigste Kapitel: Sadāchāra – und auch das elfte Buch.

Ende des elften Buches

Buch 12

Kapitel 1
Die Beschreibung von Gāyatrī

Nārada sagte: O Deva, du hast mir von den Regeln für Sadāchāra (die rechte Lebensweise) und von der unvergleichlichen, alle Sünden zerstörenden Herrlichkeit der Devī Bhagavatī berichtet und ich habe meinerseits den Nektar der Herrlichkeit der Devī aus deinem Lotusmund vernommen.

Chandrāyana und die anderen Vratas (Gelübde), von denen du erzählt hast, sind wahrlich sehr schwer auszuführen. Für gewöhnliche Menschen sind sie nicht durchführbar. Daher, o Herr, sei bitte so freundlich und beschreibe diejenigen Handlungen und Praktiken, die von gewöhnlichen Menschen leicht ausgeführt werden können und durch die man zugleich die Gnade der Devī und die Siddhis erlangen kann.

Du hast auch über die Gāyatrī in Verbindung mit Sadāchāra gesprochen; bitte sei so freundlich und sage mir, welche der geschilderten Praktiken die wichtigsten und besten sind und welche den höchsten Verdienst bringen.

O bester aller Munis, du hast erwähnt, dass die Gāyatrī vierundzwanzig Silben umfasst. Bitte beschreibe nun, was diesbezüglich die Rishis, das Chhandas, die Devatās und andere Dinge sind, die man kennen sollte und erfülle damit meinen Herzenswunsch.

Shrī Nārāyana sprach: O Nārada, wenn die Zweimalgeborenen einfach nur die Gāyatrī wiederholen würden, hätten sie damit das getan, was zu tun ihre Pflicht ist – ob sie nun dazu fähig sind, Chandrāyana und die anderen Vratas auszuführen oder nicht. Welcher Brahmane auch immer zu den drei Sandhyā-Zeiten dreitausend Mal die Gāyatrī wiederholt und der Sonne Arghya darbringt, den verehren die Devas – ganz zu schweigen von anderen, gewöhnlichen Menschen.

Ob mit oder ohne Nyāsa-Praxis – wenn jemand ernsthaft die Gāyatrī Devī wiederholt, deren Wesen Existenz, Intelligenz und Seligkeit ist, und sich ihr in der Meditation zuwendet, dann kann er dadurch – selbst wenn er nur in Bezug auf eine einzige Silbe Siddhi (Perfektion) erlangt – mit den besten der Brahmanen sowie mit Sonne und Mond wetteifern und mehr als dies, sogar mit Brahmā, Vishnu und Maheshvara!

O Nārada, nun werde ich dir in der rechten Reihenfolge die Rishis, Chhandas und Devatās der vierundzwanzig Silben der Gāyatrī vortragen.

Die Rishis sind in der rechten Abfolge (1) Vāma Deva, (2) Attri, (3) Vasishtha, (4) Shukra, (5) Kanva, (6) Parāshara, (7) der überaus feurige Vishvamitra, (8) Kapila, (9) Shaunaka, (10) Yāgyavalkya, (11) Bharadvāja, (12) der askesereiche Jamadagni, (13) Gautama, (14) Mudgala, (15) Vedavyāsa, (16) Lomasha, (17) Agastya, (18) Kaushika, (19) Vatsya, (20) Pulastya, (21) Mānduka, (22) der Asketenfürst Durvāsā, (23) Nārada und (24) Kashyapa.

Nun zu den Chhandas (Versmaßen): (1) Gāyatrī, (2) Ushnik, (3) Anushtubh, (4) Brihatī, (5) Pankti, (6) Trishtubh, (7) Jagatī, (8) Atijagatī, (9) Shakkarī, (10) Ati Shakkarī, (11) Dhriti, (12) Ati Dhriti, (13) Virāt, (14) Prastārapankti, (15) Kriti, (16) Prākriti, (17) Ākriti, (18) Vikriti, (19) Samkriti, (20) Aksharapankti, (21) Bhuh, (22) Bhuvah, (23) Svaha und (24) Jyotishmatī.

Die Devatās der verschiedenen Silben sind in der rechten Abfolge: (1) Agni, (2) Prajāpati, (3) Soma, (4) Īshāna, (5) Savitā, (6) Āditya,

(7) Brihaspati, (8) Maitrāvaruna, (9) Bhagadeva, (10) Aryamā, (11) Ganesha, (12) Tvashtrā, (13) Pūshān, (14) Indrāgnī, (l5) Vāyu, (16) Vāmadeva, (17) Maitrāvarunī (18) Vishvadeva, (19) Mātrikā, (20) Vishnu, (21) Vasu, (22) Rudra Deva, (23) Kubera und (24) die Zwillingsgötter, die Ashvinī Kumāras.

O Nārada, somit habe ich dir die Devatās der vierundzwanzig Silben der Gāyatrī aufgezählt. Dies zu hören zerstört sämtliche Sünden und bringt das vollständige Ergebnis des Wiederholens des Gāyatrī-Mantras.

Hier endet im zwölften Buch des Shrimad Devī Bhāgavatam, des Mahāpurānam von 18.000 Versen von Maharishi Veda Vyāsa, das erste Kapitel: Die Beschreibung von Gāyatrī.

Kapitel 2
Die Beschreibung der Shaktis usw. der Silben der Gāyatrī

Nārāyana sprach: O Nārada, o großer Muni, höre nun, welches in rechter Abfolge die Shaktis der vierundzwanzig Silben der Gāyatrī Devī sind: (1) Vāma Devī, (2) Priyā, (3) Satyā, (4) Vishvā, (5) Bhadravilāsinī, (6) Prabhāvatī, (7) Jayā, (8) Shāntā, (9) Kāntā, (10) Durgā, (11) Sarasvatī, (12) Vidrumā, (13) Vishāleshā, (14) Vyāpinī, (15) Vimalā, (16) Tamopahārinī, (17) Sūkshmā, (18) Vishvayoni, (19) Jayā, (20) Vashā, (21) Padmālayā, (22) Parāshobhā, (23) Bhadrā und (24) Tripadā.

Nun vernimm die zugehörigen Farben der verschiedenen Silben der Gāyatrī Devī : (1) wie Champaka- und Atasī-Blumen, (2) wie Vidruma, (3) wie Kristall, (4) wie ein Lotus, (5) wie die aufgehende Sonne, (6) weiß wie eine Muschelschale, (7) weiß wie eine Kunda-Blume, (8) wie Prabāla und Lotusblätter, (9) wie Padmarāga, (10) wie Indrānīlamani, (11) wie Perlen, (12) wie Safran, (13) wie das schwarze Collyrium des Auges, (14) rot, (15) wie Vaidūrya Mani, (16) wie Kshaudra, (17) wie Kurkuma, (18) wie die Kunda-Blume und Milch,

(19) wie die Strahlen der Sonne, (20) wie der Schwanz des Shuka-Vogels (Papagei), (21) wie Shatapatra, (22) wie die Ketakī-Blüte, (23) wie die Mallikā-Blüte, (24) wie die Karavīra-Blüte.

Nun zu ihren Tattvas: (1) Erde, (2) Wasser, (3) Feuer, (4) Luft, (5) Ākāsha (Raum), (6) Geruch, (7) Tasten, (8) Gestalt, (9) Klang, (10) Berührung, (11) männliches Fortpflanzungsorgan, (12) Anus, (13) Beine, (14) Hände, (15) Sprache, (16) Prāna (Lebensodem), (17) Zunge, (18) Augen, (19) Haut, (20) Ohren, (21) Prāna (aufsteigender Atem), (22) Apāna, (23) Vyāna und (24) Samāna.

Nun zu den Mudrās der einzelnen Silben: (1) Sammukha, (2) Samputa, (3) Vitata, (4) Vishtrita, (5) Dvimukha, (6) Trimukha, (7) Chaturmukha, (8) Panchamukha, (9) Sanmukha, (10) Adhomukha, (11) Vyāpakānjali, (12) Shakata, (13) Yamapāsha, (14) Grathita, (15) Sanmukhonmukha, (16) Vilamba, (17) Mushtika, (18) Matsya, (19) Kūrma, (20) Varāhaka, (21) Simhākrānta, (22) Mahākrānta, (23) Mudgara und (24) Pallava.

Die Mahāmudrās des vierten Fußes der Gāyatrī sind (1) Trishūlayonī, (2) Surabhi, (3) Akhsamālā, (4) Linga und (5) Ambuja.

O Nārada, somit habe ich dir alles über die Mudras usw. der verschiedenen Silben der Gāyatrī berichtet. Wer während der Wiederholung des Gāyatrī-Mantras (japam) an alle diese denkt, während er die Silben rezitiert, dessen sämtliche Sünden werden vernichtet, sein Wohlstand nimmt stetig zu und er erlangt großen Ruhm.

Hier endet im zwölften Buch des Shrimad Devī Bhāgavatam, des Mahāpurānam von 18.000 Versen von Maharishi Veda Vyāsa, das zweite Kapitel: Die Beschreibung der Shaktis usw. der Silben der Gāyatrī.

Kapitel 3
Die Beschreibung des Kavacha der Shrī Gāyatrī Devī

Nārada sagte: O Bhagavān, du bist der Herr dieser Welt und du vermagst sowohl deine Gunst als auch deine Ungunst zu zeigen. Insbesondere bist du ein Kenner der vierundsechzig Kalās (Wissenszweige). Du bist der höchste unter den Yogis. Daher bitte ich dich einen Zweifel von mir aufzulösen: Durch welches Punyam (Verdienst) kann man von allen Sünden und von allen Begrenzungen und Einschränkungen frei werden und eins mit der Natur von Brahman werden? O Herr, und was sind die entsprechenden Rishis, Chhandas, Devatās, das Dhyānam und Nyāsa usw. dieser verdienstvollen Aktivität? Dies möchte ich gerne hören.

Nārāyana sprach: O Nārada, es gibt nur eine einzige Methode und keine andere hierfür und obwohl sie sehr geheim ist, will ich sie dir anvertrauen. Es ist der Gāyatrī Kavacha (ein Kavacha ist eine Art Schutzschild, der z. B. über ein Amulett aktiviert wird). Er vermag alle Sünden zu vernichten. Ihn zu rezitieren oder am Körper zu tragen befähigt einen Menschen dazu, frei von allen Sünden zu werden, alle seine Wünsche zu erfüllen und Sāyuja Mukti (einen Befreiungszustand dauerhaften vereinigt Seins mit der Gottheit) mit der Devī zu erreichen.

Höre nun die Rishis, Chhandas usw. dieses Kavacha.

Brahmā, Vishnu und Maheshvara sind die Rishis. Der Rig-, Yajus-, Sāma- und Atharva-Veda sind das Chhandas. Die Paramā Kalā Gāyatrī, deren Wesen Brahman ist, ist Devatā. Das Tat in der Gāyatrī ist Bīja, Bharga ist die Shakti und Dhīyah ist Kīlaka. Viniyoga (praktische Anwendung) ist die Erlangung von Moksha (Befreiung).

Bei den ersten vier Silben berühre die Herzgegend, bei den nächsten drei Silben berühre den Kopf, bei den nächsten vier Silben berühre den Haarschopf ganz oben am Kopf, bei den nächsten drei Silben berühre den Kavacha, bei den nächsten vier Silben berühre die

Augen und bei den letzten vier Silben führe Nyāsa über den ganzen Körper aus und wiederhole dann Astrāya Phat.

O Nārada, höre nun das Dhyānam der Gāyatrī, das allen Wünschen Erfüllung bringt.

Die Gāyatrī Devī hat fünf Gesichter. Eines ist von weißer Farbe und die anderen weisen jeweils die Farbe von Perlen, Vidruma, Gold und Nīlakāntamani auf. Jedes Gesicht besitzt drei Augen und auf dem Haupt befinden sich eine Krone aus Juwelen und die leuchtende Mondsichel.

Ihr Körper ist aus den vierundzwanzig Tattvas zusammengesetzt. Sie hat zehn Hände. In der oberen rechten und linken Hand trägt sie eine Lotusblume, in den Händen darunter Diskus und Muschelhorn, darunter eine Schnur und einen Schädel, darunter eine Schlinge und einen Stachelstock und die untere rechte und linke Hand zeigt jeweils die Gesten *Sei frei von Furcht!* und der Bereitschaft, Gaben zu schenken.

In dem Dhyānam der Shrī Gāyatrī Devī soll man den Kavacha wie folgt rezitieren: Möge die Gāyatrī Devī meine Vorderseite beschützen, Sāvitrī Devī meine rechte Seite, Sandhyā Devī meine Rückseite und die Devī Sarasvatī meine linke Seite. Möge meine Mutter Pārvatī Devī mich in alle vier Haupthimmelsrichtungen beschützen. Möge Jalashāyinī meinen Südosten beschützen, Yātudhāna Bhayankarī meinen Südwesten, Pavamānavilāsinī meinen Nordwesten und Rudrarūpinī Rudrānī meinen Nordosten.

Möge Brahmānī mich von oben und Vaishnavī von unten beschützen. Möge das Wort Tat in der Gāyatrī meine Beine beschützen, das Wort Savituh meine Knie, Varenyam meine Lenden, Bhargah meinen Nabel, Devasya mein Herz, Dhīmahī meinen Hals, Dhīyah meine Augen, Yah meine Stirn, Nah meinen Kopf und möge Prachodayāt meinen Haarschopf ganz oben am Kopf beschützen.

Möge wiederum das Tat in der vierundzwanzigsilbigen Gāyatrī meinen Kopf beschützen, Sa meine Stirn, Vi meine Augen, Tu meine

Wangen, Va meine beiden Nasenlöcher, Re meinen Mund, Ni meine Oberlippe, Yah meine Unterlippe, Bha mein Gesicht, Rgo mein Kinn, De meinen Hals, Va meine Schultern, Sya meine rechte Hand, Dhi meinen Nabel, Ma mein Herz, Hi meinen Bauch, Dhī meinen Nabel, Yo meine Lenden, Yo meinen Anus, Nah meine Oberschenkel, Pra meine Knie, Cho meine Unterschenkel, Da meine Fersen, Ya meine Beine und möge At mich nach allen Seiten hin beschützen.

O Nārada, dieses göttliche Kavacha der Devī Gāyatrī vermag hunderte und tausende von Widrigkeiten und Übeln abzuwenden sowie die vierundsechzig Kalās (Kunstfertigkeiten) und Befreiung zu schenken. Durch die Herrlichkeit dieses Kavacha kann ein Mensch von allen Übeln befreit werden und den Brahman-Zustand erlangen. Darüber hinaus: Wer dies liest oder hört, erlangt dadurch die Früchte einer Spende von tausend Kühen.

Hier endet im zwölften Buch des Shrimad Devī Bhāgavatam, des Mahāpurānam von 18.000 Versen von Maharishi Veda Vyāsa, das dritte Kapitel: Die Beschreibung des Kavacha der Shrī Gāyatrī Devī.

Kapitel 4
Das Gāyatrī Hridaya

Nārada sagte: O Bhagavān, nun habe ich von dir alles über das Kavacha und das Mantra der Shrī Gāyatrī gehört. O Deva Deva (Gott der Götter), o Kenner von Gegenwart, Vergangenheit und Zukunft, berichte mir nun bitte von dem Hridaya (Herz), von der höchsten und innersten geheimen Essenz der Gāyatrī, das demjenigen, der es während der Wiederholung der Gāyatrī im Bewusstsein hat, die Erlangung sämtlicher spiritueller Verdienste (punyam) ermöglicht. Ich bin äußerst begierig, dies zu hören.

Nārāyana sprach: O Nārada, dieses Thema des Hridaya der Gāyatrī wird ausführlich im Atharva Veda dargelegt. Nun will ich in allen Einzelheiten von diesem großen Geheimnis sprechen. Höre.

Als Erstes vergegenwärtige dir die Gāyatrī, die Devī, die Mutter der Veden in ihrer kosmischen Gestalt (virātrupā) und dass sämtliche Devas in ihrem Körper weilen. Nach dem Prinzip *Wie der Körper (pinda) – so das Universum (brahmānda)* stelle dir dich selbst in Gestalt der Devī vor und sämtliche Devatās in dir und mache dir bewusst, was die Gelehrten (pandit), die Kenner der Veden, verkünden: Wer nicht fähig ist, sich (im Geist) selbst zum Deva zu machen, der ist nicht berechtigt, den Deva zu verehren und ist kein Adhikāri (einer, der erfolgreich den spirituellen Weg beschreitet).

Um daher die Erkenntnis der Einheit des Deva mit dir selbst zu etablieren, sollst du sämtliche Devas innerhalb deines eigenen Körpers verehren.

O Nārada, nun will ich über das Hridaya der Gāyatrī sprechen. Es zu kennen befähigt jeden Menschen dazu zur Gesamtheit aller Devas zu werden. Höre.

Der Rishi dieses Gāyatrī Hridaya ist Nārāyana, das Chhandas ist Gāyatrī und Shrī Parameshvarī Gāyatrī ist Devatā.

Führe Nyāsa auf die zuvor beschriebene Weise aus, nimm deinen Sitz an einem einsamen Ort ein und widme dich dort mit unabgelenkter Aufmerksamkeit und wohl gesammeltem Kopf und Herz der Meditation der Devī.

Nun will ich von dem Arthanyāsa sprechen. Höre.

Vergegenwärtige dir den Devatā Dyau als deinem Kopf entsprechend, die Ashvin-Zwillinge als deine Zahnreihen, die beiden Sandhyās als deine Ober- und Unterlippe, Agni als deinen Mund, Sarasvatī als deine Zunge, Brihaspati als deinen Hals, die acht Vasus als deine beiden Brüste, die Vāyus als deine beiden Arme, den Parjanya Deva als dein Herz, den Ākāsha als deinen Bauch, den Antarīksham (den Raum zwischen Himmel und Erde) als deinen Nabel, Indra und Agni als deine Lenden, Prajāpati, der gleichsam die höchste Erkenntnis (vigyāna) verkörpert, als deine Hüftgelenke, die Berge Kailāsha und Malaya als deine beiden Oberschenkel, die Vishvedevās als deine beiden Knie, Vishvāmitra als deine Fersen, Uttarāyana und Dakshināyana (der nördliche und südliche Pfad der Sonne) als deinen Anus, die Pitris als deine Unterschenkel, die Erde als deine Beine, Vanaspati als deine Finger und Zehen, die Rishis als die Haare an deinem Körper, die Muhūrtas als deine Nägel, die Planeten als deine Knochen, die Ritus (Jahreszeiten) als dein Fleisch und Blut, die Samvatsaras als dein Augenzwinkern (nimisha) und Sonne und Mond als deine Tage und Nächte.

Indem du dir dies vergegenwärtigst, wiederhole: Ich nehme Zuflucht zu der heiligen, göttlichen Gāyatrī, der Obersten und Herrlichsten, der Tausendäugigen – zu ihr nehme ich ganz und gar Zuflucht.

Dann wiederhole: Ich verneige mich vor Tat Savitur Varenyam, ich verneige mich vor der im Osten aufgehenden Sonne, ich verneige mich vor dem morgendlichen Āditya, ich verneige mich vor der Gāyatrī, die in der Morgensonne weilt, und ich verneige mich vor allem.

O Nārada, wer auch immer dieses Gāyatrī Hridaya am Morgen rezitiert, der wird feststellen, dass alle seine in der Nacht begangenen Sünden vernichtet sind. Wer auch immer dieses Gāyatrī Hridaya am Abend rezitiert, der wird feststellen, dass alle seine während des Tages begangenen Sünden vernichtet sind.

Wer auch immer dies am Morgen und am Abend rezitiert, kann sich sicher sein, dass er von allen seinen Sünden befreit ist. Er erlangt die Früchte der Wallfahrt zu allen heiligen Stätten und ist mit allen Devas vertraut. Er ist von allen Folgen davon befreit, dass er etwas gesagt hat, das nicht hätte gesagt werden sollen, dass er etwas gegessen hat, was er nicht hätte essen sollen, dass er etwas gekaut oder getrunken hat, das er nicht hätte kauen oder trinken sollen, dass er etwas getan hat, was er nicht hätte tun sollen, und dass er hunderte und tausende Geschenke angenommen hat, die er niemals hätte annehmen dürfen.

Die Sünde, in Gemeinschaft mit solchen zu essen, mit denen man nicht zusammen sein sollte, kann ihn nicht berühren. Falls er Lügen ausspricht, so wird er von dieser Sünde nicht berührt. Selbst wenn ein Nicht-Brāhmachāri (einer, der kein rechtmäßiger Vedenschüler ist) dies rezitiert, wird er dadurch zu einem Brāhmachāri.

O Nārada, was soll ich noch mehr zu den Ergebnissen des Gāyatrī Hridaya sagen als dies: Wer auch immer dies studiert, erlangt die Frucht des Durchführens von tausend Opfern und des sechzigtausendfachen Wiederholens der Gāyatrī. In der Tat wird er hierdurch Perfektion (siddhi) erlangen.

Ein Brahmane, der dies jeden Morgen liest, wird von allen seinen Sünden befreit; er steigt zu Brahmāloka auf und wird dort hoch geehrt. Dies wurde von Bhagavān Nārāyana selbst so verkündet.

Hier endet im zwölften Buch des Shrimad Devī Bhāgavatam, des Mahāpurānam von 18.000 Versen von Maharishi Veda Vyāsa, das vierte Kapitel: Das Gāyatrī Hridaya.

Kapitel 5
Das Gāyatrī Stotra

Nārada sagte: O Allwissender, der du deinen Verehrern deine Gnade zeigst, du hast eben das sündenvernichtende Gāyatrī Hridaya beschrieben. Nun beschreibe bitte ihre Stava (Lobeshymne).

Nārāyana sprach: O Weltenmutter, die du deinen Verehrern gnädig gewogen bist. O uranfängliche Bewusstseinsenergie, o Allgegenwärtige, o unendliche Shrī Sandhye, ich verneige mich hingebungsvoll vor dir. Du bist Sandhyā, du bist Gāyatrī, Sāvitrī und Sarasvatī. Du bist Brāhmī, Vaishnavī und Raudrī und nimmst so jeweils rote, weiße und schwarze Farbe an. O Bhagavatī, in ihren Meditationen sehen die Munis dich stets am Morgen in jugendlicher Gestalt, am Mittag als junge Erwachsene und am Abend in alter Gestalt. Ich verneige mich vor dir.

Die Tapasvis (Asketen) schauen dich als Brahmānī, die auf einem Schwan (Hamsa) reitet, als Sarasvatī auf Garuda und als Sāvitrī, die auf einem Stier reitet. Die Asketen sehen in ihrer inneren Schau, dass du dich als Rig Veda in dieser Welt verkörperst, als Yajur Veda im Luftraum (antarīksham) und als Sāma Veda überall im Rudra Loka und so in den drei Welten umherwandelst. Ich verneige mich vor dir.

O Devī, du bist Rudrānī in Rudra Loka, Vaishnavī in Vishnu Loka und Brahmānī in Brahmā Loka; so erweist du den Unsterblichen deine Gnade.

O Devī, du, die göttliche Mutter, erfreust die sieben großen Rishis. Du bist Māyā. Du schenkst deinen Bhaktas zahlreiche Wunschgaben. Du bist aus den Augen, den Händen, den Tränen und dem Schweiß von Shiva und Shivā hervorgegangen. Du bist Durgā Devī, die Mutter der Freude, die mit den folgenden zehn Namen angerufen wird: Varenyā, Varadā, Varishthā, Varavarninī, Garishthā, Varāhā, Varārohā, Nīlagangā, Sandhyā und Bhoga Mokshadā.

Du bist die Bhāgirathī (der Fluss Gangā) in dieser Welt, die Bhogavatī in Pātāla (der Unterwelt der Asuras) und die Mandākinī (die Milchstraße) in der Himmelswelt.

Du bist in dieser Welt (bhūrloka) die Prithivī (Erde), die alle Lasten trägt. Du bist die Vāyu Shakti im mittleren Raum (bhuvarloka). Du bist die unermessliche Energie (tejas) in der Himmelswelt (svarloka). Du bist die große Siddhi in Taparloka. Du bist die Wahrheit in Satyaloka. Du bist Kamalā in Vishnuloka, Gāyatrī in Brahmāloka und als Gaurī die zweite Körperhälfte von Hara (Shiva) in Rudraloka.

O Devī, du wirst als Prakriti, als Aham, als Om Mahat Tattva, als höchste Sarva Brahmā Rūpinī (Verkörperung der absoluten Fülle von Brahman) und als Sāmyāvasthā Prakriti besungen. Du bist die Parā Shakti. Du bist die Paramā Shakti. O Devī, du bist die dreifache Shakti: Icchā Shakti (Willens- oder Entschlusskraft), Kriyā Shakti (Tatkraft) und Gyāna Shakti (Erkenntnis- oder Wissenskraft).

Du bist die Gangā, Yamunā, Vipāshā, Sarasvatī, Sharayu, Devīkā, Sindhu, Narmadā, Īrāvatī, Godāvarī, Shatadru, Kāverī, Kaushikī, Chandra Bhāgā, Vitashtā, Gandakī, Tapinī, Karatoyā, Gomatī, Vetravatī und andere Flüsse.

Du bist die Hauptnerven Idā, Pingalā und Sushumnā und du bist die Nerven Gāndhārī, Hastajihvā, Pūshā, Apūshā, Alambushā, Kuhū, Shankhinī, Prānavāhinī und andere Nerven im Körper.

O Devī, du bist die Lebenskraft im Lotus des Herzens. Du bist Svapna Nāikā in der Kehle. Du bist Sadādhārā im Gaumen und du bist die Bindumālinī Shakti in der Hirnanghangdrüse an der Stelle zwischen den Augenbrauen. Du bist die Kundalinī im Mūlādhāra (Sakralplexus) und die Vyāpinī an den Haarwurzeln. Du bist Madhyāsanā oben im Kopf und du bist Manonmanī im Brahmārandhra.

O Devī, welchen Nutzen haben alle diese Aussagen? Es reicht ja zu sagen: Was immer man in diesem Universum erblicken mag, das bist alles du und daher, O Shrī Sandhyā Devī, verneige ich mich vor dir.

O Nārada, somit habe ich dir das Gāyatrī Stotra offenbart, das allen Erfolg (siddhi) bringt, sämtliche Sünden vernichtet und alle Verdienste (punyam) herbeiführt.

Wer dies zu den Sandhyā-Zeiten mit voller Aufmerksamkeit liest, wird Söhne erlangen, wenn er keine Söhne hat, und wird Wohlstand erlangen, wenn er keinen Wohlstand besitzt. Daran gibt es keinen Zweifel.

Wer auch immer dieses Stotra liest, gewinnt dadurch die Frucht der Wallfahrt zu sämtlichen heiligen Pilgerstätten, die Frucht aller Askese, allen freigebigen Spendens, aller Opfer und aller Yogas. Er wird die Freuden dieser Welt genießen und schließlich Befreiung (moksha) erlangen.

Die Munis, die sich der Askese (tapasyā) widmen, lesen dieses Stotra. Wer sich während des Badens, ganz im Wasser untergetaucht, diese Hymne vergegenwärtigt, erlangt die Frucht der Verschmelzung seines Seins mit dem Sandhyā.

O Nārada, wahrlich, wahrlich, wahrlich ich sage dir, dass es nicht die geringste Spur eines Zweifels in Bezug auf diese Aussage gibt. Wer auch immer voller Hingabe dieses Sandhyā Stotra liest, das dem Nektar der Unsterblichkeit gleicht, wird von allen Sünden befreit.

Hier endet im zwölften Buch des Shrimad Devī Bhāgavatam, des Mahāpurānam von 18.000 Versen von Maharishi Veda Vyāsa, das fünfte Kapitel: Das Gāyatrī Stotra.

Kapitel 6
Die eintausendundacht Namen der Gāyatrī

Nārada sagte: O Bhagavān, o Allwissender, o Kenner aller vedischen Schriften, ich habe aus deinem Munde all die Geheimnisse der Shrutis und der Smritis vernommen. Nun frage ich dich, o Deva: Wie kann die Erkenntnis desjenigen vedischen Wissens (veda vidyā) erlangt werden, durch das alle Sünden mit der Wurzel ausgerottet und vernichtet werden? Wie wird Brahman-Erkenntnis erlangt und wie kann man Moksha verwirklichen?

Wie kann der Tod überwunden werden und wie kann man in dieser Welt und für die nächste die besten Ergebnisse erzielen? O Lotusäugiger, bitte berichte mir unbedingt ausführlich über all dies.

Nārāyana sprach: O Nārada, o Hochgebildeter: Gut gesprochen, gut gesprochen (sādhu sādhu)! Du hast da wahrlich ausgezeichnete Fragen gestellt. Ich werde dir nun die eintausendundacht Namen der Gāyatrī Devī vortragen. Höre aufmerksam zu.

Diese Hymne der herrlichen, alle Sünden zerstörenden Namen wurde von Brahmā erschaffen und von ihm als Erstes rezitiert.

Der Rishi der Hymne ist Brahmā. Chhandas ist Anushtubh. Devatā ist Gāyatrī. Der Bīja ist Halavarna (Konsonanten) und die Shakti ist Svaravarna (Vokale).

Führe mit den Mātrika Varnas das Anga Nyāsa und das Kara Nyāsa durch. Höre nun das Dhyānam dieser Hymne, die den Sādhakas Gutes tut: Ich verehre die Kumārī Gāyatrī Devī, die Lotusäugige, die auf einem Schwan reitet und auf einem Lotus sitzt, die drei Augen hat und von roter Farbe ist, die in herrlichem Glanze erstrahlt und mit Edelsteinen und Juwelen von roter, weißer, grüner, blauer, gelber und anderer Farbe geschmückt ist, die in ihren Händen Kundikā (Krug), Rosenkranz und Lotus trägt und (mit ihrer vierten Hand) die Geste des Gewährens von Wunschgaben zeigt und deren Hals mit einer Girlande aus roten Blüten geziert ist. Ich verehre die Devī Gāyatrī.

Nun werde ich die eintausendundacht Namen der Gāyatrī rezitieren – mit der Silbe a beginnend und über ā, i, ī usw. in alphabetischer Reihenfolge fortfahrend. Höre.

Ihre Taten und ihre Wege können vom Intellekt (buddhi) nicht begriffen werden, daher ist sie Achintya Lakshanā (das höchste Ziel jenseits des Denkens). Sie ist Avyaktā (unmanifest). Sie ist Arthamātrimaheshvarī. Sie ist Amritārnava Madhyashthā, Ajitā und Aparājitā. Sie ist Animādigunādhārā, Arka Mandalasamsthitā, Ajarā, Ajā, Aparā, Adharmā (jenseits von Dharma), Akshasūtradharā, Adharā, Akārādakshakārāntā, Arishadvargabhedinī, Anjanādripratīkāshā, Anjanādrinivāsinī, Aditi, Ajapā, Avidyā, Aravindanibhekshanā, Antarvahihsthitā, Avidyādhvamsinī und Antarātmikā. Sie ist Ajā, Ajamukhāvāsā, Aravindanibhānanā, Ardhamātrā, Arthadānagyā, Arimandalamardinī, Asuraghnī, Amāvāsyā, Alakshīghnī und Antyajārchitāz.

Hiermit enden ihre mit A beginnenden Namen. Nun zu ihren Namen, die mit Ā anfangen. Sie ist Ādi Lakshmī, Ādi Shakti, Ākriti, Āyatānanā, Ādityapadavichārā, Ādityaparisevitā, Āchāryā, Āvartanā, Āchārā und Ādi Mūrti Nivāsinī. Sie ist Āgneyī, Āmarī, Ādyā, Ārādhyā, Āsanasthitā, Ādhāra Nilayā, Ādhārā und Ākāshānta Nivāsini. Sie ist Ādyākshara Samāyuktā, Āntarākāsharūpinī, Ādityamandalagatā, Āntaradhvāntanāshinī.

Nun folgen die Namen, welche mit I beginnen. Sie ist Indirā, Ishtadā, Ishtā Indīvaranivekshanā, Irāvatī, Indrapadā, Indrānī, Indurūpinī,

Ikshukodandasamyuktā, Ishusandhānakārinī, Indrānīlasamakārā, Idāpingalarūpinī, Indrākhsī, Īshvarī, Devī Īhātrayavivarjitā. Sie ist Umā, Ushā, Udunibhā, Urvārukaphalānanā, Uduprabhā, Udumatī, Udupā, Udumadhyagā, Ūrdha, Ūrdhakeshī, Ūrdhadhogatibhedinī, Ūrdhabāhupriyā, Ūrmimālāvāggranthadāyinī. Sie ist Rita, Rishi, Ritumatī, Rishidevanamaskritā, Rigvedā, Rinahartrī, Rishimandala Chārinī, Riddhidā, Rijumārgasthā, Rijudharmā, Rijupradā, Rigvedanilayā, Rijvī, Lupta Dharma Pravartinī, Lūtārivarasambhūtā, Lūtādivishahārinī. Sie ist Ekāksharā, Ekamātrā, Ekā, Ekaikanishthitā, Aindrī, Airāvatārūdhā, Aihikāmushmikapradā, Omkārā, Oshadhī, Otā, Otaprotanivāsinī, Aurbbā, Aushadhasampannā, Aupāsanaphalapradā, Andamadhyashthitā, Ahkāramanurūpinī.

Hiermit enden ihre mit Vokalen beginnenden Namen.

Sie ist Kātyāyanī, Kālarātri, Kāmākshī, Kāmasundarī, Kamalā, Kāminī, Kāntā, Kāmadā, Kālakanthinī, Karikumbhastanabharā, Karavīra Suvāsinī, Kalyanī, Kundalavatī, Kurukshetranivāsinī, Kuruvinda Dalākārā, Kundalī und Kumudālayā. Sie ist Kālajhibhā, Karālāsyā, Kālikā, Kālarūpinī, Kāmanīyagunā, Kānti, Kalādhārā, Kumudvatī, Kaushikī, Kamalākārā, Kāmachāraprabhanjinī. Sie ist Kaumarī, Karunāpāngī, Kakubanta und Karipriyā. Sie ist Kesharī, Keshavanutā, Kadamba Kusumapriyā, Kālindī, Kālikā, Kānchī, Kalashodbhavasamstutā. Sie ist Kāmamātā, Kratumatī, Kāmarūpā, Kripāvatī, Kumārī, Kundanilayā, Kirātī, Kīravāhana, Kaikeyī, Kokilālāpā, Ketakī, Kusumapriyā, Kamandaludharā, Kālī, Karmanirmūlakārinī, Kalahansagati, Kakshā, Kritā, Krita, Kautukamangalā, Kastūrītilakā, Kamrā, Karīndra Gamanā, Kuhū, Karpūralepanā, Krishnā, Kapilā, Kuharāshrayā, Kūtashthā, Kudharā, Kamrā, Kukshishthākhilavishtapā.

Damit enden die Namen mit Ka. Nun kommen die Namen mit Kha. Sie ist Khadga, Khetadharā, Kharbhā, Khecharī, Khagavāhanā, Khattānga Dhārinī, Khyāta, Khagarājoparishthitā, Khalaghnī, Khanditajarā, Khadākshyānapradāyinī, Khandendu Tilakā.

Sie ist Gangā, Ganesha Guhapūjita, Gāyatrī, Gomatī, Gītā, Gāndhārī, Gānalolupā, Gautamī, Gāminī, Gādhā, Gandharva Apsarā Sevitā, Govinda Charanā Krāntā, Gunatraya Vibhāvitā, Gandharvī, Gahvarī, Gotrā, Girīshā, Gahanā, Gamī, Guhāvāsā, Gunavatī, Gurupāpapranāshinī, Gurbhī, Gunavatī, Guhyā, Goptavyā, Gunadāyinī, Girijā, Guhyamātangī, Garudadhvajavallabhā, Garvāpahārinī, Godā, Gokulashthā, Gadādharā, Gokarnanilayā Shaktā und Guhyamandala Vartinī.

Nun die Namen mit Gha. Sie ist Gharmadā, Ghanadā, Ghantā, Ghora Dānava Mardinī, Ghrinī Mantra Mayī, Ghoshā, Ghanasampātadāyinī, Ghantāravapriyā, Ghrānā, Ghrinisantushtikārinī, Ghanārimandalā, Ghūrnā, Ghritāchī, Ghanaveginī, Gyānadhātumayī.

Sie ist Charchā, Charchitā, Chāruhāsinī, Chatulā, Chandikā, Chitrā, Chitramālyayi Bhūshitā, Chaturbhujā, Chārudantā, Chāturī, Charitapradā, Chūlikā, Chitravashtrāntā, Chandramah Karna Kundalā, Chandrahāsā, Chārudātrī, Chakorī, Chandrahāsinī, Chandrikā, Chandradhātrī, Chaurī, Chorā, Chandikā, Chanchadvāgvādinī, Chandrachūdā, Choravināshinī, Chāruchandana Liptāngī, Chanchachchāmaravījitā, Chārumadhyā, Chārugati, Chandilā, Chandrarūpinī, Chāruhoma Priyā, Chārvā, Charitā, Chakrabāhukā, Chandramandalamadhyasthā, Chandramandala Darpanā, Chakravākastanī, Cheshtā, Chitrā, Chāruvilāsinī, Chitsvarūpā, Chandavatī, Chandramā, Chandanapriyā, Chodayitrī, Chirapragyā, Chātakā, Chāruhetukī. Sie ist Chhatrayātā, Chhatradharā, Chhāyā, Chhandhahparichchhadā, Chhāyā Devī, Chhidranakhā, Chhannendriyavisarpinī, Chhandonushtuppratishthāntā, Chhidropadrava Bhedinī, Chhedā, Chhatreshvarī, Chhinnā, Chhurikā und Chhelanpriyā.

Sie ist Jananī, Janmrarahitā, Jātaveda, Jaganmayī, Jāhnavī, Jatilā, Jatrī, Jarāmarana Varjitā, Jambudvīpavatī, Jvālā, Jayantī, Jalasālinī, Jitendrīyā, Jitakrodhā, Jitāmitrā, Jagatpriyā, Jātarūpamayī, Jihvā, Jānakī, Jagatī, Jarā Janitrī, Jahnutanayā, Jagattrayahitaishinī, Jvālamulī,

Japavatī, Jvaraghnī, Jitavishtapā, Jitākrāntamayī, Jvālā, Jāgratī, Jvaradevatā, Jvalantī, Jaladā, Jyeshthā, Jyāghoshā Sphota Dinmukhī, Jambhinī, Jrimbhanā, Jrimbhā, Jvalanmānikya Kundalā, Jhinjhikā, Jhananirghoshā, Jhanjhā Māruta Veginī, Jhallakīvādya Kushalā, Nrūpā, Nbhujā, Tanka Bhedinī, Tanka Bānasamāyuktā, Tankinī, Tanka Bhedinī, Tankīganakritāghoshā, Tankanīya Mahorasā, Tankāra Kārinī, Tathashavdaninādinī.

Nun kommen die Namen, die mit Da beginnen. Dies sind: Dāmarī, Dākinī, Dimbhā, Dundamāraikanirjitā, Dāmarītantramargasthā, Dandadamarunādinī, Dindīravasahā, Dimbhalashat Krīdāparāyanā, Dhundhi Vighnesha Jananī, Dhakkā Hastā, Dhilivrajā.

Nityagyānā, Nirupamā, Nirgunā und Narmadā.

Trigunā, Tripadā, Tantrī, Tulasī, Tarunā, Tara, Trivikramapadā Krāntā, Tūrīyapadagāminī, Tarunāditya Samkashā, Tamasī, Tuhinā, Turā, Trikālagyāna Sampannā, Trivalī, Trilochanā, Tri Shakti, Tripurā, Tungā, Turangavadanā, Timingilagilā, Tibrā, Trishrotā, Tamasādinī, Tantra Mantravisheshagyā, Tanumadhyā, Trivipstapā, Trisandhyā, Trishtanī, Toshāsamsthā, Tālapratāpinī, Tātankinī, Tushārābhā, Tuhināchala Vāsinī, Tantujālasamāyuktā, Tārahārā Balipriyā, Tilahomapriyā, Tīrthā, Tamāla Kusumā Kriti, Tārakā, Triyutā, Tanvī, Trishamkuparivāritā, Talodarī, Tirobhāshā, Tātamka Priyavādinī, Trijatā, Tittirī, Trishnā, Tribidhā, Tarunā Kritī, Tapta Kānchanasamkāshā, Tapta Kānchana Bhūshanā, Traiyambakā, Trivargā, Trikālagyānadāyinī, Tarpanā, Triptidā, Triptā, Tamasī, Tumvarushtutā, Tārkshyashthā, Trigunākārā, Tribhangī, Tanuvallarī, Thātkārī, Thāravā, Thāntā.

Dohinī, Dīnavatsalā, Dānavānta Karī, Durgā, Durgāsuranivahrinī, Devarīti, Divārātri, Draupadī, Dunda Bhisvanā, Devayānī, Durāvāsā, Dāridrya Bhedinī, Divā, Dāmodarapriyā, Dīptā, Digvāsā, Digvimohinī, Danda Kāranya Nilayā, Dandinī, Deva Pūjitā, Deva Bandyā, Divisādā, Dveshinī, Dānavā Kriti, Dīnanā Thashtutā, Dīkshā, Daivashā Dishvarupinī, Dhātri, Dhanurdharā, Dhenur Dhārinī,

Dharmachārinī, Dhurandharā, Dharādharā, Dhanadā, Dhānya Dohinī, Dharmashīlā, Dhanādhyakshā, Dhanurvedavishāradā, Dhriti, Dhanyā, Dhritapadā, Dharmarājapriyā, Dhruvā, Dhūmavatī, Dhūmakeshī Dharmashāstraprakashinī.

Nandā, Nandapriyā, Nidrā, Nrinutā, Nandanātmikā, Narmmadā Nalinī, Nīlā, Nīlakanthasamāshrayā Rudrānī, Nārāyanapriyā, Nityā, Nirmmalā, Nirgunā, Nidhi, Nirādhārā, Nirupamā, Nityashuddhā, Niragyānā, Nādabindu Kalātītā, Nādabindu Kalātmikā, Nrisimhinī, Nagadharā, Nripanāga Vibhūsitā, Naraka Kleshanāshinī, Nārāyanapadodbhavā, Niravadyā, Nirākārā, Nāradapriyakārinī, Nānājyotih, Nidhidā, Nirmalātmikā, Navasūtradharā, Nīti, Nirupa Drava Kārinī, Nandajā, Navaratnādhyā, Naimīshāranya Vāsinī, Navanītapriya, Nārī, Nīla Jīmūta Nishvanā, Nimeshinī, Nadīrūpā, Nīlagrīvā, Nishishvarī, Nāmāvalī, Nishumbhaghnī, Nāgaloka Nivāsinī, Navajāmbū Nadaprakhyā, Nāgalokādhidevatā, Nūpūrā Krāntacharanā, Narachitta Pramodinī, Nimagnā Rakta Nayanā, Nirghāta Sama Nisvhanā, Nandanodyānilayā, Nirvya Hoparichārinī.

Pārvatī, Paramodārā, Parabrahmātmikā, Parā, Panchakoshavinirmuktā, Panchapātakanāshinī, Parachitta Vidhānagyā, Panchikā, Pancharūpinī, Pūrnimā, Paramā Prīti, Paratejah Prakashinī, Purānī, Paurushī, Punyā, Pundarīkanibhekshanā, Pātāla Tala Nirmmagnā, Prītā, Prītivivardhinī, Pāvanī, Pāda Sahitā, Peshalā, Pavanāshinī, Prajāpati, Parishrāntā, Parvatashtana Mandalā, Padmapriyā, Padmasamsthā, Padmākshī, Padmasambhavā, Padmapatrā, Padmapadā, Padminī, Priyabhāsinī, Pashupāsha Vinirmuktā, Purandhrī, Puravāsinī, Pushkalā, Purushā, Parbhā, Pārijāta Kusumapriyā, Pativratā, Pavitrāngī, Puspahāsa Parāyanā, Pragyāvatīsutā, Pautrī, Putrapūjyā, Payashvinī, Pattipāshadharā, Pankti, Pitrilokapradāyinī, Purānī, Punyashila, Prānatārti Vināsinī, Pradyumnajananī, Pushtā, Pitāmahaparigrahā, Pundarīkapurāvāsā, Pundarīkasamānanā, Prithujanghā, Prithubhujā, Prithupādā, Prithūdarī, Pravālashobhā, Pingākshī, Pītavāsāh, Prachāpalā,

Prasavā, Pushtidā, Punyā, Pratishthā, Prānavā, Pati, Panchavarnā, Panchavānī, Panchikā, Panjarasthitā, Paramāyā, Parajyotih, Paraprīti, Parāgati, Parākāshthā, Pareshanī, Pāvanī, Pāvaka Dyutī, Punyabhadrā, Parichchhedyā, Pushpahāsā, Prithūdarā, Pītāngī, Pītavasanā, Pītashayā, Pishāchinī, Pītakriyā, Pishāchaghnī, Pātalākshī, Patukriyā, Panchabhakshapriyāchārā, Putanā Prānaghātinī, Punyāgavanamadhyashthā, Punyatīrthanisevitā, Panchāngī, Parāshakti, ParamādhādaKārinī,Pushpakāndashthitā,Pūshā,Positākhilavishtapā, Pānapriyā, Panchashikhā, Pannagoparishāyinī, Panchamātrātmikā, Prithvī, Pathikā, Prithudohinī, Purānanyāyamīmansā, Pātalī, Pushpagandhinī, Punyaprajā, Pāradātrī, Paramārgaikagocharā, Pravālashobhā, Pūrnāshā, Prānavā, Palhabodarī.

Phalinī, Phaladā, Phalgu, Phutkārī, Phalakākritī, Phanindra Bhogashayanā, Phanimandalamanditā, Bālabālā, Bahumatā, Bālātapanibhāmshukā, Balabbadrapriyā, Bandyā, Badavā, Buddhisamstutā, Bandīdevī, Bilavatī, Badishaghinī, Baliprīyā, Bāndhavī, Bodhitā, Buddhirbandhūkakusumapriyā, Bāla Bhānuprabhākārā, Brāhmī, Brāhmana Devatā, Brihaspatishtutā, Brindā, Brindavana Vihārinī, Bālākinī, Bilāhāra, Bilavasā Bahūdakā, Bahunetrā, Bahupadā, Bahukarnāvatamsikā, Bahubāhuyutā, Bijarūpinī, Bahurūpinī, Bindunādakalātitā, Bindunādasvarūpinī, Baddhagodhāngulitrānā, Badaryāshramavāsinī, Brindārakā, Brihatskandhā, Brihatī, Bānapātinī, Brindādhyakshā, Bahunutā, Banitā, Bahuvikramā, Baddhapadmāsanāshīnā, Bilvapatratalasthitā, Bodhidrumanijāvāsā, Badishthā, Bindu Darpanā, Bālā, Bānāsanavatī, Badavānalaveginī, Brahmānda Bahirantashthā, Brahmakankanasūtrinī, Bhavānī, Bhīshanavatī, Bhāvinī, Bhayahārinī, Bhadrakālī, Bhujangākshī, Bhāratī, Bhāratāshayā, Bhairavī, Bhīshanākārā, Bhūtidā, Bhutimālinī, Bhāminī, Bhoganiratā, Bhadradā, Bhūrivikramā, Bhūtavāsā, Bhrigulatā, Bhārgavī, Bhūshurārchitā, Bhāgīrathī, Bhogavatī, Bhavanashthā, Bhishagvarā, Bhāminā, Bhoginī, Bhāsā, Bhavānī, Bhūridakshinā, Bhargātmikā, Bhāmavatī, Bhavabandhavimochinī, Bhajanīyā,

Bhūtadhātriranjitā, Bhuvaneshvarī, Bhujangavalayā, Bhīmā, Bherundā, Bhāgadheyinī.

Sie ist Mātā, Māyā, Madhumatī, Madhujihavā, Manupriyā, Mahādevī, Mahābhāgīyā, Māliri, Mīnalochanā, Māyātītā, Madhumatī, Madhumānsā, Madhudravā, Mānavī, Madhusambhūtā, Mithilāpuravāsinī, Madhukaitabhasamhartrī, Medinī, Meghamālinī, Mandodarā, Mahā Māyā, Maithilī, Mashrinapriyā, Mahā Lakshmī, Mahā Kālī, Mahā Kanyā, Maheshvarī, Māhendrī, Merutanayā Mandārakusumārchitā, Manjumanjīracharanā, Mokshadā, Manjubhasinī, Madhuradrāvinī, Mudrā, Malayā, Malayānvitā, Medhā, Marakatashyāmā, Māgadhī, Menakātmajā, Mahāmārī, Mahāvīrā, Mahāshyāmā, Manustutā, Mātrikā, Mihirābhāsā, Mukundapada Vikramā, Mūlādhārasthitā, Mugdhā, Manipūranivāsinā, Mrigākshī, Mahishārūdhā, Mahishāsuramardinī.

Sie ist Yogāsanā, Yogagamyā, Yogā, Yauvanakāshrayā, Yauvanī, Yuddhamadhyashthā, Yamunā, Yugādharinī, Yakshinī, Yogayuktā, Yaksharājaprasūtinī, Yātrā, Yāna Bidhanagyā, Yaduvanshasamudbhavā, Yakārādihakārāntā, Yājushī, Yagyarūpinī, Yāminī, Yoganiratā, Yātudhāna Bhayamkarī.

Rukminī, Ramanī, Rāmā, Revatī, Renukā, Ratī, Raudrī, Raudrapriyākārā, Rāma Mātā, Ratipriyā, Rohinī, Rājyadā, Revā, Rasā, Rājīvalochanā, Rākeshī, Rūpasampannā, Ratnasimhāshanasthitā, Raktamālyāmbaradharā, Raktagandhānu Lepanā, Rāja Hamsa Samārūdhā, Rambhā, Raktabalipriyā, Ramanīyayugādhārā, Rājitākhilabhūtalā, Rurucharmaparidhānā, Rathinī, Ratnamālikā, Rogeshī, Rogashamanī, Rāvinī, Romaharshinī, Rāmachandra Padā Krāntā, Ravanachchhedakārinī, Ratnavastra Parichchhinvā, Rathashthā, Rukma Bhūshanā.

Lajjādhidevatā, Lolā, Lalitā, Lingadhārinī, Lakshmī, Lolā, Luptavisā, Lokinī, Lokavishrutā, Lajjā, Lambodarī, Lalanā, Lokadhārinī Varadā, Vanditā, Vidyā, Vaishnavī, Vimalākriti, Vārāhī, Virajā, Varshā, Varalakshmī, Vilāsinī, Vinatā, Vyomamadhyashthā,

Vārijāsanasamsthitā, Vārunī, Venusambhutā, Vītihotrā, Virūpinī, Vāyumandalamadhyashthā, Vishnurūpā, Vidhikriyā, Vishnupatnī, Vishnumatī, Vishālākshi, Vasundharā, Vāmadevapriyā, Velā, Vajrinī, Vasudohinī, Vedāksharaparītāmgī, Vājapeyaphalapradā, Vāsavī, Vāmajananī, Vaikunthanilayā, Varā, Vyāsapriyā, Varmadharā, Vālmīkiparisevitā.

Sie ist Shakambharī, Shivā, Shantā, Sharadā, Sharanāgati, Shātodarī, Shubhāchārā, Shumbhāsuramardinī, Shobhāvati, Shivākārā, Shamkarārdhasharīrini, Shonā, Shubhāshayā, Shubhrā, Shirahsandhānakārinī, Sharāvatī, Sharānandā, Sharajjyotanā, Shubbānanā, Sharabhā, Shūlinī, Shuddhā, Shabarī, Shukavāhanā, Shrīmatī, Shrīdharānandā, Shravanānandadāyinī, Sharvānī, Sharbharībandyā, Sadbhāsā, Sadritupriyā, Sadādhārashthitādevī, Sanmukhapriyakārinī, Sadamgarūpasumati, Surāsuranamashkritā.

Sie ist Sarasvatī, Sadādhārā, Sarvamangalakārinī, Sāmagānapriyā, Sūkshmā, Sāvitrī, Sāmasambhavā, Sarvavāsā, Sadānandā, Sushtanī, Sāgarāmbarā, Sarvaishyaryapriyā, Siddhi, Sādhubandhuparākramā, Saptarsimandalagatā, Somamandalavāsinī, Sarvagyā, Sāndrakarunā, Samānādhikavarjitā, Sarvottungā, Sangahīnā, Sadgunā, Sakaleshtadā, Saraghā, Sūryatanayā, Sukeshī, Somasamhati.

Hiranyavarnā, Harinī, Hrīmkārī, Hamsavāhinī, Kshaumavastraparītāngī, Kshīrābdhitanayā, Kshamā, Gāyatrī, Sāvitrī, Pārvatī, Sarasvatī, Vedagarbhā, Varārohā, Shrī Gāyatrī und Parāmbikā.

O Nārada, somit habe ich dir die eintausend (und acht) Namen der Gāyatrī genannt. Sie zu hören bringt großen Verdienst, vernichtet alle Sünden und gibt alle Arten von Wohlergehen und Wohlstand. Insbesondere wenn man dies am achten Tage des Mondmonates (ashtamītithi) nach der Praxis von Dhyānam (Meditation), Verehrung, Homa und Japam in Gemeinschaft mit den Brahmanen tut, erlangt man alle Arten von wünschenswerten Dingen.

Diese eintausendundacht Namen der Gāyatrī sollen nicht achtlos einfach irgendjemandem gegeben werden. Sprich dies nur jemandem gegenüber aus, der voller Hingabe und der ein Brahmane und ein folgsamer Schüler ist. Einem Verehrer, der von der rechten Lebensweise abgefallen ist, solltest du dies nicht mitteilen – selbst wenn er ein guter Freund von dir ist.

In welchem Haus auch immer sich diese Namen in schriftlicher Form befinden, in das kann kein Grund zu Furcht eindringen und Lakshmī, die Göttin des Reichtums, die als so unstet gilt, wird stets in diesem Hause weilen.

Dieses große Geheimnis mehrt den Verdienst (punyam) der Menschen, schenkt denen Reichtum, die arm sind, gewährt denjenigen Befreiung (moksha), die danach trachten und erfüllt alle Wünsche.

Wenn jemand dies liest, wird er von seinen Krankheiten geheilt und wird von allen Banden und aus Gefangenschaft befreit. All die großen Sünden wie Brahmanenmord, Ehebruch mit der Frau des eigenen Gurus, das Annehmen von Geschenken von schlechten Menschen oder das Essen verbotener Nahrung werden dadurch allesamt vernichtet – ja, wahrlich allesamt vernichtet!

O Nārada, somit habe ich dir dieses große Geheimnis offenbart, durch das wahrlich alle Menschen Vereinigung mit Brahman verwirklichen. Wahrlich, wahrlich, wahrlich, daran gibt es nicht die kleinste Spur eines Zweifels.

Hier endet im zwölften Buch des Shrimad Devī Bhāgavatam, des Mahāpurānam von 18.000 Versen von Maharishi Veda Vyāsa, das sechste Kapitel: Die eintausendundacht Namen der Gāyatrī.

Kapitel 7
Dīkshā Vidhi oder die Regeln der Initiation

Nārada sagte: Ich habe die Hymne der tausend Namen von dir gehört, deren Früchte dem der Shrī Gāyatrī gleichkommen, die Glück und Segen zu bringen vermag und eine Zunahme von Wohlstand und Reichtum hervorbringt. Nun möchte ich gerne von dir etwas über die Initiationen in Mantras hören, ohne die niemand – ob er ein Brahmane, ein Kshatriya, ein Vaishya oder ein Shūdra ist – dazu berechtigt ist, das Devī-Mantra zu besitzen. O Herr, bitte beschreibe mir die allgemeinen (sāmānya) und die speziellen (vishesha) Regeln hierfür.

Nārāyana sprach: O Nārada, höre denn. Ich berichte dir jetzt von den Regeln der Initiation (dīkshā) der Schüler, die reinen Herzens sind. Erst nachdem sie diese Initiation erhalten haben, sind sie dazu berechtigt, die Devas, das Feuer und den Guru zu verehren und nicht vorher.

Diese Methode der Unterweisung, diese heilige Handlung und Zeremonie, die das göttliche Wissen übermittelt, wird Dīkshā (Initiation) genannt und augenblicklich leuchtet durch sie im Herzen und im Geist des Initiierten jenes höchste Wissen auf und alle seine Sünden werden vernichtet. Dies sagen die Gelehrten (pandit) der Veden und der Tantras.

Diese Dīkshā soll man unter allen Umständen erhalten. Sie zeitigt ausgezeichnete spirituelle Verdienste (punyam) und reine Ergebnisse. Sowohl der Guru (Lehrer) als auch der Shishya (Schüler) müssen dabei sehr rein und wahrhaftig sein.

Als Erstes soll der Guru all seine allmorgendlichen Pflichten erfüllen, sein Bad nehmen und seine Sandhyā Bandanams durchführen. Dann soll er mit seinem Wasserkrug (kamandalu) von den Ufern des Flusses heimkehren und Schweigen (maunam) bewahren.

Um dann die Initiation durchzuführen, soll er den dafür bestimmten Raum (yāga mandapa) betreten und dort einen ausgezeichneten und für alle erfreulich anzusehenden Sitz (āsana) einnehmen. Nun soll er Āchanara und Prānāyāma praktizieren.

Anschließend soll er Wasser in seinen Arghya-Kessel gießen, Wohlgerüche und Blüten hinzufügen und das Wasser mit dem Phutkāra-Mantra aufladen.

Danach soll er das Phat-Mantra rezitieren und dabei den Initiationsraum mit dem Wasser besprenkeln und mit seiner Pūja beginnen.

Als Erstes rufe an einem der oberen Enden der Tür die Gottheit Gananāthā mit dem entsprechenden Mantra herbei, an dem anderen Ende Sarasvatī mittels ihres Mantras und in der Mitte rufe Lakshmī Devī mit ihrem Mantra an und verehre die Gottheiten mit Gaben von Blumen. Verehre dann auf der rechten Seite Gangā und Bighnesha und auf der linken Seite verehre Kshettrapāla und Yamunā, die Tochter des Sonnengottes. Auf gleiche Weise verehre am unteren Ende der Tür die Astra Devatā mittels des Phat-Mantras.

Dann stelle dir vor, dass das gesamte Mandapa (Initiationshalle) von der Gegenwart der Devī erfüllt ist und sieh den gesamten Ort der Zeremonie als ganz und gar von ihr durchdrungen an.

Wiederhole dann das Phat-Mantra und zerstöre die Hindernisse im Himmelsraum und ebenso im Luftraum zwischen Himmel und Erde (antarīksha). Stoße dreimal mit der linken Ferse auf den Boden und zerstöre damit die Hindernisse der Erde.

Berühre dann den linken Zweig an der linken Seite des Chaukāt und betritt mit dem rechten Fuß voran das Mandapa.

Richte dann den Shānti Kumbha (Friedenskrug) ein und bringe das herkömmliche Arghya (sāmānyārgha) dar.

Verehre als Nächstes im Südwesten Vāstunātha und Padmayoni mit Blumen, Ātapa-Reis und dem Arghya-Wasser und läutere dann Pancha Gavya.

Anschließend versprenkle das Arghya-Wasser über das gesamte Mandapa und den Eingang. Während des Versprenkelns des Arghya-

Wassers sollst du das Phat-Mantra wiederholen und dir vorstellen, dass der gesamte Raum von der Gegenwart der Devī durchdrungen ist und auch ihr Mūla-Mantra hingebungsvoll wiederholen.

Der Kartā (derjenige, der die Initiation durchführt) soll das Mantra Phat wiederholen, um alle Übel aus dem Mandapa zu vertreiben und, während er rundum das Wasser versprenkelt, das Mantra Hūm wiederholen, um die Atmosphäre zu befrieden und die Herzen aller Anwesenden mit Frieden zu erfüllen.

Dann entzünde Räucherwerk (dhūpa) und verteile Vikira (eine spezielle Mischung aus Wasser, Sandelpaste, Asche, Reis usw.) im Raum. Dann fege dies alles mit einem Besen aus Kushagras wieder in die nordöstliche Ecke des Mandapa zusammen.

Nun vergegenwärtige dir den Zweck der Zeremonie (sankalpa), sprich Segenswünsche (svasti vāchana) aus und stelle die Armen und Weisen mit Gaben von Nahrung, Kleidung und Geld zufrieden.

Dann sollst du dich vor deinem eigenen Meister (guru) verneigen, demütig mit dem Gesicht nach Osten gewandt auf dem angenehm bereiteten Sitz Platz nehmen und dich der Meditation der Gottheit (īshta deva) widmen, die über das Mantra gebietet, welches dem Schüler gegeben werden soll.

Nach dieser Meditation sollst du die Läuterung der Elemente des Körpers (bhūta shuddhi) und das Nyāsa usw. des zu vergebenden Mantras vollziehen, wobei – wie zuvor beschrieben – der Rishi dem Kopf zugeordnet wird, das Chhandas dem Mund, die Īshta Devatā dem Herzen, der Bīja dem Anus und Shakti Nyāsa den beiden Beinen.

Dann sollst du dreimal laut mit den Händen klatschen, um damit die Übel der Erde und des Luftraumes zu vertreiben und dann drei Mal mit der Mudrā Chhotika Digbandhan (das Zusammenbinden der Himmelsgegenden) ausführen.

Dann mache Prānāyāma mit dem Mūla-Mantra des erwählten Īshta Devatā und führe in deinem eigenen Körper Mātrikā Nyāsa wie folgt durch: *Om am namah shirasi, Om ām namah* mit Bezug auf das Gesicht, *Om im namah* für das rechte Auge, *Om īm namah* für das linke Auge usw. und weise so sämtliche Silben den entsprechenden Regionen deines Körpers zu.

Dann wende Karānga Nyāsa auf die Finger an und praktiziere anschließend Sadanga Nyāsa wie folgt:

Sprich *Om hridayāya namah* und berühre dabei die Herzgegend, *Om shirase svāhā* und berühre den Kopf, *Om shikhāyai vashat* und berühre den Haarschopf, *Om kavachāya hūm* und berühre den Kavacha, *Om netratrayāya vaushat* und berühre die Augen und *Om astrāya phat,* indem du beide Seiten der Hand berührst, die Innen- und die Außenseite.

Danach schließe das Nyāsa ab, indem du das Varnanyāsa des Mūla-Mantras in Bezug auf die entsprechenden Körperpartien ausführst.

O Nārada, als Nächstes stelle dir innerhalb deines Körpers einen gesegneten Sitz (āsana) vor und vollziehe das Nyāsa des Dharma auf der rechten Seite, des Gyānam auf der linken Seite, des Vairāgyam auf dem linken Oberschenkel, Wohlstand und Reichtum auf dem linken Oberschenkel, des Adharma im Mond und des Nicht-Gyānam (Unwissenheit) auf der linken Seite, Avairāgyam am Nabel und Armut auf der rechten Seite.

Dann sieh die Füße des Āsana (des Körpers) als Dharma an und alle Gliedmaßen als Adharma. In der Mitte des Āsana stelle dir Ananta Deva als eine bequeme Ruhestatt vor und auf dieser einen reinen Lotus, der das aus den fünf Elementen bestehende Universum verkörpert.

Dann praktiziere auf diesem Lotus das Nyāsa der Sonne, des Mondes und des Feuers und stelle dir dabei vor, dass die Sonne aus zwölf Einheiten (kalā), der Mond aus sechzehn Einheiten und das Feuer aus zehn Einheiten zusammengesetzt ist. Darauf praktiziere das Nyāsa der Gunas Sattva, Rajas und Tamas, des Ātmā, Antarātmā,

Paramātmā und Gyānātmā und stelle dir dies dann als einen Īshta-Altar vor, an dem der Verehrer die Meditation seiner Īshta Devatā, der höchsten Mutter, ausführt.

Die Nyāsa-Zuordnung der verschiedenen Körperpartien zu den verschiedenen Devatās geht üblicherweise mit Rezitation und den entsprechenden Gesten einher.

Als Nächstes soll der Verehrer im Geist die Deya Mantra Devatā in Einklang mit den Regeln seines eigenen Kalpa verehren, um die Gottheit zu erfreuen. Die Devas freuen sich sehr, wenn ihnen dabei sämtliche zugeordneten Mudrās angezeigt werden.

O Nārada, nun errichte zu deiner Linken ein Sechseck, innerhalb davon einen Kreis und in diesem wiederum ein Quadrat und zeichne dann innerhalb dieses Quadrates ein Dreieck und führe über dieser Konstruktion das Shankha Mudrā aus.

Nach Abschluss der Pūja für die sechs Gottheiten an den Ecken des Sechseckes, Agni usw. sollst du ein Muschelhorn (shankha) mit Wasser besprenkeln, dabei das Phat-Mantra rezitieren und das Muschelhorn innerhalb des Dreiecks platzieren.

Rezitiere danach das Mantra *Mam vahniman dalāya dasha kalātmane amuka devyā arghyapātrasthānāya namah,* verehre damit den Shānkya-Kessel und platziere ihn innerhalb des Kreises.

Verehre dann in dem Shankha Pātra die zehn Kalās des Feuers und schreite dabei mit dem Osten beginnend Richtung Südosten usw. voran.

Besprenkele unter Rezitation des Mūla Mantras das Muschelhorn mit Wasser und platziere es achtsam auf einem dreifüßigen Ständer. Wiederhole das Mantra *Am sūrya mandalāya dvadashakalātmane amukodevyā arghyapātrāya namah,* verehre das Arghyapātra Shankha (Muschelhorn) und sprenkle Wasser in das Shankha unter Verwendung des Mantras *samshankhya namah.*

Verehre in der rechten Reihenfolge die zwölf Kalās der Sonne – Tapinī, Tāpinī, Dhūmrā usw. – und rezitiere die fünfzig Silben der

Mātrikā in umgekehrter Reihenfolge und wiederhole auch das Mūla-Mantra in umgekehrter Folge; fülle dann das Shankha zu drei Vierteln mit Wasser.

Als Nächstes vollziehe in dem Muschelhorn die Verehrung, indem du das Nyāsa von Chandrakalā ausführst und dabei das Mantra *Um soma mandalāya sodashakalātmane amukademtāyā arghyāmritāya namah* rezitierst. Rufe alle Tīrthas darin an, indem du das Mantra *Gange cha yamune chaiva* usw. wiederholst, während du das Ankusha Mudrā anzeigst und wiederhole acht Mal das Mūla-Mantra.

Dann führe in dem Wasser Shadanga Nyāsa mit dem Mantra *Hridā namah* usw. und wiederhole mit dem Matsyamudrā acht Mal das Mūla-Mantra.

Nun platziere auf der rechten Seite des Shankha den Prokshanī Pātra (ein Wasserkessel) und fülle etwas Wasser hinein. Besprenkele und läutere mit diesem Wasser sämtliche Gaben, die dargebracht werden sollen und auch deinen eigenen Körper und sieh deinen Ātman als rein und heilig an.

Nachdem die bisherigen Aktivitäten abgeschlossen wurden und bevor der Vishesārghya platziert wird, solltest du das Sarvato Bhadra Mandala auf dem Altar einzeichnen und innerhalb davon Shāli-Reis niederlegen. Dann verteile Kushagras auf dem Mandala und platziere in der Mitte ein gut aussehendes und segenbringendes Büschel (kurcha), das aus siebenundzwanzig Kushagrashalmen mit Venyagra Granthi zusammengebunden wurde. Verehre hier Ādhāra Shakti, Prakriti, Kūrma, Shesha, Kshamā, Sudhāsindhu, Manimandala, Kalpa Vriksha sowie Īshta Devatā und Pītha *(durgā devī yoga pīthāya namah*).

Dann nimm einen makellosen Wasserkrug (kumbha), wasche ihn in seinem Inneren mit dem Phat-Mantra aus und umwinde ihn dreimal mit einer roten Schnur, welche so die drei Gunas verkörpern soll. Lege in diesen Krug die Nava Ratna (neun Juwelen) zusammen mit Kurcha, verehre ihn mit duftendem Räucherwerk und Blumen, die du in den Krug tust, und wiederhole dabei den Pranava; dann stelle den Krug auf den Pītha (Sitz).

Dann stelle dir den Pītha und den Kumbha als vollkommen ein- und dasselbe vor und fülle Wasser aus den heiligen Stätten hinein, wobei du in umgekehrter Reihenfolge die Mātrikā Varnas wiederholst. Während du das Wasser hineingießt, sollst du an den Īshta Deva denken und dessen Hauptmantra wiederholen. Tue frische junge Zweige (pallava) von Ashvattha, Panasa, Mango und ähnlichen Bäumen in den Krug; dann verschließe ihn, lege oben Früchte, Reis und Honig darauf und umwinde ihn mit zwei roten Tüchern.

Danach führe das Prāna Pratishthā aus und rufe die geistige Gegenwart der Devī mit dem Prānasthāpana-Mantra herbei; zeige dabei die Mudrās Āvāhana usw. an, um die Devī zu erfreuen.

Nachdem du die Meditation der Parameshvarī den Kalpa-Regeln entsprechend praktiziert hast, sollst du dann die Sodashopachāra Pūja der Devī vollziehen. Entbiete als Erstes der Devī den Willkommensgruß und bringe dann achtsam Pādya, Arghya, Āchamanīya Wasser, Madhuparka und Öle für das Bad dar. Dann bringe prächtige rote Seidengewänder sowie zahlreiche Juwelen und Schmuckstücke dar. Wiederhole die Mātrikā-Silben, die mit dem Deya-Mantra aufgeladen wurden, und verehre den gesamten Körper der Devī mit Wohlgerüchen und Blumen.

Als Nächstes bringe der Devī das Kalāguru genannte Räucherwerk dar, vermischt mit Kampfer, Kāshmīrī Sandelpaste, Kastūrī und verschiedenen herrlich duftenden Blumen wie zum Beispiel Kunda-Blumen. Dann bringe ihr Dhūpa dar, das aus Aguru, Guggula, Ushīra, Sandelpaste, Zucker und Honig zubereitet wurde und sei dir bewusst, dass dieses Dhūpa die Devī sehr erfreut.

Anschließend bringe verschiedene Lichter sowie Früchte, Gemüse und hochwertige Nahrung dar. Achte dabei sorgsam darauf, jede Gabe mit Koshā-Wasser zu besprenkeln und dadurch zu läutern, bevor sie der Devī dargebracht wird.

Nun führe die Anga Pūja und die Āvarana Pūja der Devī durch und dann pflichtgemäß die Vaishvadeva-Zeremonie. Errichte zur Rechten der Devī einen Altar (sthandila) von sechs Fuß im Quadrat und setze das Feuer (Agni) auf ihm ein. Rufe dort die Gottheit an, rufe dir ihre Gestalt ins Bewusstsein und verehre sie mit Wohlgerüchen und Blumen.

Dann sollst du fünfundzwanzig Mal mit dem Vyārhiti-Mantra, mit Svāhā vorangestellt und mit dem Mūla-Mantra die Homa-Zeremonie unter Darbringung von Opfergaben, Charu und Ghee vollziehen.

Anschließend führe nochmals Homa mit Vyārhiti durch. Dann verehre die Devī mit Wohlgerüchen usw. und sieh dabei die Devī und die Pītha Devatā als ein und dieselbe an.

Dann verabschiede das Feuer (agni). Bringe rundum den Pārshvadas (Begleitern) der Devī mit dem verbleibenden Charu des Homa Opfergaben dar.

Nun verehre die Devī erneut mit den fünf Arten von Opfergaben, bringe Betel, Schirm, Fächer (chāmara) und anderes dar und wiederhole eintausend Mal das Mūla-Mantra.

Nach Abschluss des Japam platziere einen Karkarī-Krug auf dem Reis in der nordöstlichen Ecke; rufe dort die Devī an und verehre sie. Das Mantra *Raksha raksha* rezitierend befeuchte diesen Ort mit Wasser aus dem Karkarī und wiederhole das Phat-Mantra.

Nach erneuter Verehrung der Devī sollst du den Karkarī an der rechten Stelle platzieren.

Nachdem der Guru so die Adhivāsa-Zeremonie zum Abschluss gebracht hat, soll er zusammen mit seinem Schüler eine Mahlzeit einnehmen und in dieser Nacht auf dem Altar schlafen.

O Nārada, nun werde ich dir kurz über die Opfergrube für das Homa (homa kunda) und die Samskāra-Zeremonie des Sthandila (Opferaltar) berichten. Rezitiere als Erstes das Mūla-Mantra und halte dabei deinen Blick fest auf die Kunda gerichtet. Dann weihe sie mit Versprenkeln von Wasser und dem Phat-Mantra und vertreibe dadurch alle üblen Geister von dort. Dann rezitiere das Mantra Hūm und besprenge die Opfergrube (kunda) dabei erneut mit Wasser. Ziehe in der Kunda drei Prāgagra und Udagagra-Linien. Weihe sie mit versprenkeltem Wasser und dem Pranava und vollziehe innerhalb des Sitzes (pītha) die Verehrung, wobei du die Mantras von *Ādhāra shaktaye namah* bis *Amuka devī yoga pīthāya namah* rezitierst.

Rufe in jenem Sitz vereinigten Herzens die Allerhöchste an, die Shiva und Shivā in vollkommener Einheit ist, und verehre sie mit Düften und Opfergaben.

Dann stelle dir einen Moment lang vor, dass die Devī ihr Bad genommen hat und sie vollkommen eins mit Shankara ist.

Hole dann Feuer in einem Gefäß herbei und wirf einen Teil des Feuers in die südwestliche Ecke. Läutere es dann, indem du fest deinen Blick darauf richtest, und lege das übrige Feuer beiseite. Verleihe dem Bewusstsein (chaitanya) mit der Silbe Ram, dem Vahnibīja, Ausdruck und wiederhole sieben Mal Om

Zeige dann die Geste Dhenumudrā an, beschütze sie mit Phat Kāra und umhülle sie mit dem Mantra Hūm.

Dann bewege das Feuer, nachdem es mit Sandelpaste usw. verehrt wurde, dreimal über die Kunda und wiederhole mit beiden Knien auf dem Boden den Pranava; sieh das Agni als das Vīrya von Shiva an und wirf es auf die Yoni der Devī auf dem Pītha (Sitz).

Nun bringe dem Deva und der Devī Āchamana usw. dar und verehre sie.

Dann entzünde die Flamme mit dem Mantra *Chit pingala hana hana daha daha pacha pacha sarvagyā gyāpaya svāhā*. Dann rezitiere mit großer Liebe und Hingabe das Stotra und wiederhole das Mantra *Agnim prajvalitam vande jātavedam hutāshanam suvarna varnamamalam samiddham vishvatomukham*.

Danach vollziehe das Sadanganyāsa für Agni Deva *Om sahasrārchchise namah. Om svasti pūrnāya svāhā. Om uttishtha purushāya vashat. Om dhūma vyāpine hūm. Om sapta jihvāya vaushat. Om dhanur dharāya phat.*

Die genannten sechs Mantras wiederholend führe Nyāya auf die sechs Orte, das Herz usw. aus.

Nun rufe Agni in dein Bewusstsein in seiner goldenen Gestalt, mit drei Augen, wie er auf einem Lotus sitzt und in seinen vier Händen Shakti und Svastika hält und die Gesten der Freiheit von jeglicher Furcht und des Gewährens von Wunschgaben anzeigt.

Richte dich in deiner Meditation auf Agni als die Wohnstätte des größten Segens und der größten Herrlichkeit aus.

Dann befeuchte das obere Ende des Kunda-Bereiches (mekhalā) mit Wasser. Als Nächstes verteile ringsum Kushagras und zeichne das Agni Yantra darüber, das heißt das Dreieck, Sechseck, den Kreis, die achtblättrige Blüte und Bhūpura. Stelle diese Zeichnung vor dem Agnisthāpanā fertig und richte dich dann in der Meditation ganz darauf aus. Rezitiere innerhalb des Yantra *Vaishvānara jātaveda lohitāksha sarvakarmāni sādhaya svāhā* und verehre Agni. Dann verehre im Zentrum und in den Ecken des Sechsecks die Saptajihvā und dann als Nächstes innerhalb des Perikarp des Lotus die Anga Devatās.

Nun rezitiere innerhalb der acht Blütenblätter die folgenden Mantras:

Om agnaye jātavedase namah.
Om agnaye saptajihvāya namah.
Om agnaye havyavāhanāya namah.
Om agnaye ashvodarajāya namah.
Om agnaye vaishvānarāya namah.
Om agnaye kaumāra tejase namah.
Om agnaye vishvamukhāya namah.
Om agnaye devamukhāya namah.

Stelle dir dabei vor, dass diese unterschiedlichen Gestalten von Agni Shakti und Svastik tragen und verehre sie.

Dann stelle dir vor, dass sich Indra und die anderen Regenten der Weltgegenden (lokapāla) mitsamt dem Donnerkeil und anderen Waffen im Osten, Südosten usw. befinden und verehre sie dort.

O Nārada, als Nächstes läutere die Opferkellen wie Shruk, Shruva usw. unter Verwendung von Ghee. Nimm dann Ghee mit der Shruva-Kelle auf und setze die Homa-Zeremonie fort.

Teile nun das Ghee des Ghee-Kessels (ājyasthālī) in drei Teile auf. Nimm Ghee von der rechten Seite auf und sprich *Om agnaye svāhā* und bringe es dem rechten Auge des Agni als Opfergabe dar. Nimm Ghee von der linken Seite auf und sprich *Om somāye svāhā* und bringe es dem linken Auge des Agni als Opfergabe dar. Nimm Ghee von der Mitte und sprich *Om agnisomābhyām svāhā* und bringe es dem mittleren Auge des Agni als Opfergabe dar. Dann nimm erneut Ghee von der rechten Seite auf und sprich *Om agnaye svistakrite svāhā* und bringe es dem Munde Agnis als Opfergabe dar.

Dann soll der Verehrer *Om bhuh svāhā, Om bhuvah svāhā* und *Om svah svāhā* wiederholen und dreimal Opfergaben darbringen. Als Nächstes soll er dreimal Opfergaben mit dem Agni Mantra darbringen.

Danach, O Muni, soll er, um die Zeremonie fruchtbar zu machen, für jede der zehn Übergangsriten (samskāra) wie Geburtszeremonie, Zeremonie des ersten Haareschneidens usw. Das Pranava-Mantra wiederholen und für jede der Zeremonien acht Gaben von Ghee darbringen.

Vernimm nun die zehnfachen Samskāras, wie sie in den Veden aufgeführt sind: Schwängerung, Pumsavan (Zeremonie für das Wachstum des Kindes im Mutterleib), Sīmantonnayana (Zeremonien im vierten, sechsten und achten Monat der Schwangerschaft), Jāta Karma (Geburtszeremonie des Kindes), Nāmakarana (Namengebungszeremonie), Nishkrāmana (Zeremonie, wenn das Kind im Alter von etwa vier Monaten erstmals das Haus verlässt, Annaprāshana (Zeremonie, wenn das Kind zum ersten Mal Reis zu sich nimmt,

Chūdākarana (Zeremonie des ersten Haareschneidens), Upanayana (Erhalt der heiligen Schnur), dann Godāna und Udvāha (Verschenkens von Kühen oder Hochzeit).

Als Nächstes verehre Shiva und Pārvatī, den Vater und die Mutter von Agni und verabschiede sie dann.

Bringe dann im Namen von Agni die mit Ghee getränkten fünf Arten von Brennstoffen (samidha) dar und bringe jedem der Āvarana Devatās je eine Gabe von Ghee dar.

Nun nimm mit der Shruk-Opferkelle Ghee auf, bedecke sie mit der Shruva-Kelle und bringe Agni und Mahā Ganesha zehn Opfergaben von Ghee dar, wobei Mantras zu verwenden sind, die in vaushat enden. Die Mahā-Ganesha-Mantras sind folgende:

Om und *Om svāhā, Om shrīm svāhā, Om shrīm hrīm svāhā, Om shrīm hrīm klīm svāhā, Om shrīm hrīm klīm glaum svāhā, Om shrīm hrīm klīm glaum gam svāhā, Om shrīm hrīm klīm glaum ityantah gam ganapataye svāhā, Om vara varada ityantah svāhā, Sarvajanam me vasham ityanto svāhā* und *Ānaya svāhā ityantah.*

Als Nächstes führe im Feuer die Pītha Pūja durch. Widme deine Meditation dem Deya Īshtadeva und verehre ihn. Bringe seinem Antlitz fünfundzwanzig Gaben dar und wiederhole das Mūla-Mantra. Dann sieh ihn und Agni Deva als ein- und dieselbe Gottheit an und dann auch als eins mit dem Selbst (ātman).

Dann bringe jedem einzelnen der Sadamga Devatās Opfergaben dar. Danach richte deine Aufmerksamkeit auf die Nādis von Vahni und der Īshta Devatā und vollziehe einundzwanzig Darbringungen. Anschließend bringe jedem der beiden Devatās einzeln Opfergaben dar. Weihe als Nächstes dann dem Īshta Deva eintausendundacht Gaben von Til, das mit Ghee oder den im Kalpa erwähnten Materialien vermischt ist.

O Muni, nachdem du so die Homa-Zeremonie vollendet hast, sollst du den Īshta Deva, Agni und die Āvarana Devatās als vollständig zufriedengestellt betrachten.

Der Schüler soll dann auf Anweisung seines Guru hin sein Bad nehmen, sein Sandhyā usw. ausführen sowie frische Gewänder und goldenen Schmuck anlegen. Dann soll er sich mit reinem Herzen und seinem Wasserkrug (kamandalu) in der Hand zu der Kunda begeben. Er soll sich vor den Älteren und Höhergestellten verneigen, die in der Versammlung Platz genommen haben und dann selbst seinen Sitz einnehmen.

Shrī Guru Deva soll dann seinen Schüler mit freundlichen Augen anblicken und sich vorstellen, dass das Bewusstsein (chaitanya) seines Schülers sich in seinem eigenen (dem des Gurus) befindet. Dann soll der Guru Deva die Homa-Zeremonie durchführen und seinen Schüler mit göttlichem Blick anschauen, sodass der Schüler dadurch reinen Herzens und befähigt wird, die Gnade der Devas zu erlangen. Auf diese Weise soll der Guru alle Adhvas (Kanäle) des Körpers des Schülers läutern.

Dann soll der Guru mit einem Bündel von Ghee durchtränktem Kushagras (kurcha) und Til in der linken Hand nacheinander die Füße, das Fortpflanzungsorgan, den Nabel, das Herz, die Stirn und den Kopf des Schülers berühren und bei jeder Berührung acht Opfergaben darbringen, wobei er das Mantra *Om adya shisyasya kalādhvānam shodhayāmi svāhā* usw. wiederholt. Indem der Guru auf diese Weise die Füße, das Fortpflanzungsorgan, den Nabel, das Herz, die Stirn, den Kopf und die sechs Adhvās des Schülers läutert, soll er sich vorstellen, dass alle diese Körperpartien mit Brahman verschmolzen (brahmalīna) sind; dann soll der Guru sich vorstellen, dass alle diese aus Brahman wiedergeboren werden und dann das Bewusstsein (chaitanya) des Schülers, das in ihm (dem Guru) war, auf den Schüler zurück übertragen.

Nun soll der Guru Pūrnāhuti darbringen und sich vorstellen, dass der Īshta Devatā, der zum Zwecke des Homa mit dem Visarjana-Mantra im Feuer platziert worden war, in den Wasserkrug eingeht. Anschließend soll er erneut das Vyārhiti Homa und die Amgāhutis

(Darbringungen an die verschiedenen Körperpartien) durchführen und dann das Feuer verabschieden und die Gottheit aus dem Wasserkrug in seinen eigenen Körper übertragen.

Danach soll er das Vaushat-Mantra rezitieren und dabei die Augen des Schülers mit einem Stück Stoff bedecken, ihn von der Kunda zu dem Mandala führen und den Schüler dann dem Īshta Deva Pushpānjalim (eine Handvoll Blumen) darbringen lassen. Nachdem er dem Schüler die Augenbinde aus Stoff wieder abgenommen hat, soll der Guru den Schüler bitten, auf dem Sitz aus Kushagras Platz zu nehmen.

Nachdem der Guru so die Elemente des Körpers des Schülers geläutert und das Nyāsa des Deya-Mantras durchgeführt hat, soll er den Schüler in einem anderen Mandala Platz nehmen lassen. Dann soll er den Kopf des Schülers mit den Zweigen (pallava) der Kunda berühren, das Mātrikā Mantra wiederholen und den Schüler ein Bad in dem Wasser des Kruges nehmen lassen, das zuvor den Īshta Deva beherbergt hatte.

Anschließend soll er zum Schutze des Schülers diesen mit dem Wasser aus dem Vardhani-Kessel besprenkeln (abhishek), der zuvor bereits in der nordöstlichen Ecke platziert worden war.

Nun soll der Schüler sich erheben, seinen gesamten Körper mit Asche einreiben, frische Gewänder anziehen und sich in der Nähe des Gurus hinsetzen.

Dann soll der barmherzige Guru sich vorstellen, dass die Shiva Shakti nun seinen eigenen Körper verlässt und jene göttliche Shakti, die Devī, in den Körper des Schülers eingeht. Mit dem Gedanken, dass der Schüler und der Devatā nun vollkommen eines sind, soll der Guru dann den Schüler mit Blumen und Wohlgerüchen verehren.

Dann soll der Guru seine rechte Hand auf den Kopf des Schülers legen und wiederholt klar und deutlich das Mahā-Mantra der Mahā Devī in das rechte Ohr des Schülers sprechen. Nachdem der Schüler das Mahā-Mantra einhundertundacht Mal wiederholt hat, soll er sich vor seinem Guru, den er als die lebendige Verkörperung der Gottheit ansieht, niederwerfen und sich ehrerbietig vor ihm verneigen.

Der Schüler soll nun sein Leben lang als hingebungsvoller Verehrer seines Meisters diesem als Dakshinā all seine Reichtümer und seinen Besitz übereignen. Dann soll er den Priestern Dakshinā geben und Geschenke an die Jungfrauen, die Brahmanen, die Armen, Notleidenden und Waisen verteilen. Was die Ausgaben hierfür anbetrifft, soll er keinerlei Knauserigkeit walten lassen.

O Nārada, der Schüler darf sich wahrlich als gesegnet betrachten und soll von nun an jeden Tag das Mahā-Mantra wiederholen.

Somit habe ich dir die herrliche, überaus segensreiche Dīkshā (Initiation) beschrieben. All dies bedenkend sollst du dich allzeit der Verehrung der Lotusfüße der großen Devī widmen. Für die Brahmanen gibt es in dieser Welt wahrlich kein höheres Dharma als dieses.

Diejenigen, die dem Pfad des Veda folgen, sollen dieses Mantra in Einklang mit den Regeln weitergeben, die in ihren eigenen Grihya Sūtras festgelegt sind und die Tāntrikas sollen dies in Einklang mit ihren eigenen Tantras tun. Die Vaidikas sollen nicht den Tantra-Regeln und die Tantrikas sollen nicht den vedischen Regeln folgen. Dies sagen sämtliche Shāstras (Schriften) und dies entspricht dem ewigen Gesetz (sanātana dharma).

Nārāyana fuhr fort: O Nārada, somit habe ich dir vollständig die gewöhnliche Dīkshā beschrieben, über die du mich befragt hast. Die Essenz hiervon ist kurz ausgedrückt die, dass du allzeit hingebungsvoll die Parā Shakti, die höchste göttliche Bewusstseinsenergie, die Mahā Devī verehren solltest. Was soll ich dazu noch mehr sagen als dies: dass ich die höchste Seligkeit, das Nirvāna, den Frieden jenseits allen Denkens und Verstehens, durch meine tägliche Verehrung der Lotusfüße der Devī erlangt habe.

Veda Vyāsa sagte: O Mahāraja, o Janamejaya, nachdem der höchste Yogi, Bhagavān Nārāyana, dem sich die Yogis in ihrer Meditation zuwenden, diese Dīkshātattva verkündet hatte, schloss er seine

Augen und verweilte in der Meditation der Lotusfüße der Devī in tiefem Samādhi.

In der Erkenntnis dieser höchsten Wirklichkeit verneigte sich Nārada, das Oberhaupt der Rishis, zu den Füßen des Großen Guru Nārāyana und machte sich sogleich auf den Weg, Askese (tapasyā) zu betreiben, um ebenfalls die Mahā Devī zu schauen.

Hier endet im zwölften Buch des Shrimad Devī Bhāgavatam, des Mahāpurānam von 18.000 Versen von Maharishi Veda Vyāsa, das siebte Kapitel: Dīkshā Vidhi oder die Regeln der Initiation.

Kapitel 8
Die Erscheinung der höchsten Shakti

Janamejaya sagte zu Veda Vyāsa: O Bhagavān, du bist der Kenner sämtlicher Dharmas und du bist das Oberhaupt, die Krone aller Gelehrten (pandit), welche alle vedischen Schriften kennen.

Ich frage dich nun, wie es sein kann, dass die Zweimalgeborenen aufgehört haben, die höchste Shakti, die Gāyatrī, zu verehren und sie jetzt andere Devatās verehren – und dies angesichts der unmissverständlichen Anweisung der Shrutis, dass die Verehrung der Gāyatrī nityā (ewig) ist, das heißt, dass sie zu allen Zeiten von allen Zweimalgeborenen jeden Tag auszuführen ist, insbesondere zu den drei Sandhyā-Zeiten.

In dieser Welt sind manche die Verehrer von Vishnu, manche sind Anhänger von Ganapatī, manche sind Kāpālikas, manche folgen den Lehren, die in China verbreitet sind, manche sind Anhänger von Buddha oder Chārvāka; manche von ihnen kleiden sich in Baumrinde und manche laufen nackt umher. So sieht man zahlreiche Menschen herumlaufen, die offenbar keine Spur von Hingabe und Vertrauen an die Veden besitzen.

O Brahmane, was ist die wahre, geheime Ursache hierfür? Bitte erkläre mir das.

Auch sieht man heutzutage viele Menschen, die mit Logik und mit verschiedenen Philosophien bestens vertraut sind, aber dennoch keinerlei Glauben und Vertrauen in die Veden besitzen. Wie kann das sein?

Niemand will ja absichtlich und bewusst Unheil über sich selbst bringen, aber wie kann es dann sein, dass diese sogenannten gebildeten Menschen voll bewusst sind und dennoch erstaunlicherweise keine Spur von Glauben an die Veden besitzen? Bitte, o bester aller Vedenkenner, belehre mich über die Ursache, die dem zugrunde liegt.

Und eine weitere Frage stellt sich mir noch: Du hast zuvor die Herrlichkeit von Manidvīpa beschrieben, der höchsten und vorzüglichsten Stätte der Devī. Nun würde ich gerne erfahren, warum diese Dvīpa größer als das Größte ist. Bitte stelle diesen deinen Diener zufrieden, indem du darüber berichtest. Wenn der Guru mit seinem Schüler zufrieden ist, enthüllt er ihm ja selbst die größten höchst esoterischen Geheimnisse.

Sūta sprach: Als der Bhagavān Veda Vyāsa diese Worte des Königs Janamejaya vernommen hatte, begann er dessen Fragen der Reihe nach zu beantworten. Diese Worte von ihm zu hören fördert das Vertrauen der Zweimalgeborenen in die Veden.

Vyāsa sagte: Gute Fragen hast du da rechtzeitig und zu einem passenden Moment gestellt, o König. Du bist wahrlich intelligent und es scheint, dass du Vertrauen in die Veden besitzt. Ich beantworte nun deine Fragen. Höre.

Vor Zeiten kämpften die Asuras, von ihrer übermäßigen Arroganz berauscht, einhundert Jahre lang gegen die Devas. Es war ein ungewöhnlicher und bemerkenswerter Kampf. In dieser Schlacht kamen zahlreiche Waffen zum Einsatz, die durch eine Vielzahl von Māyās (Zaubern) und ausgeklügelten technischen Mitteln verstärkt waren. Die ganze Welt stand am Rande der Vernichtung. Schließlich gelang es den Devas durch die Gnade der höchsten und erhabensten Shakti die Daityas zu besiegen, die daraufhin aus der Himmelswelt und von der Erde in die Unterwelt Pātāla flohen.

Die Devas freuten sich alle sehr und begannen voller Stolz ihre eigene Kraft und ihren Mut zu lobpreisen. Sie sagten: Es war doch klar, dass wir siegen würden. Ist unsere Herrlichkeit nicht unübertroffen? Wir sind wahrlich die Allerbesten! Was sind die Daityas gegen uns? – Sie sind machtlose Monsterchen. Wir aber sind die Herren über die Erschaffung, Erhaltung und Zerstörung des Universums. Wahrlich, aller Ruhm ist unser! O, wer würde es wagen, die Asuras, diese Monsterchen, mit uns vergleichen zu wollen!

So verfielen die Devas, die höchste Shakti nicht kennend, in wahnhafte Selbstüberschätzung. Als die Weltenmutter in diesem Augenblick die große Not der Devas sah (blinde Arroganz ist eine Geisteshaltung, die unfehlbar zum Untergang führt), o König, hatte sie Mitleid mit ihnen und beschloss, ihnen zu helfen. Sie erschien vor ihnen in der allerverehrungswürdigsten Gestalt des großen heiligen Lichtes. Dieses göttliche Licht erstrahlte im Glanz von zehn Millionen Sonnen und verbreitete zugleich Kühlung wie zehn Millionen Monde. Es leuchtete und blendete wie zehn Millionen Blitze. Es hatte weder Hände noch Füße und war von überwältigender Schönheit, wie sie nie zuvor gesehen wurde.

Als die Devas dieses herrliche, liebliche Licht erblickten, waren sie außer sich vor Staunen und sprachen untereinander: Was ist das denn? Was ist das denn? Ist dies das Werk der Daityas, eines ihrer großen Blendwerke (māyā) oder ist es das Werk von jemand anderem, um die Devas aus der Fassung zu bringen?

O König, sie berieten sich untereinander und beschlossen dann, zu dem bewundernswerten Licht hinzugehen und es zu fragen, was es sei. Danach würden sie seine Stärke einschätzen können und wissen, was zu tun ist.

Als die Devas diesen Entschluss gefasst hatten, rief Indra den Feuergott Agni zu sich und sagte zu ihm: O Agni, du bist das Sprachrohr der Devas. Gehe du daher als Erster dort hin und bringe in Erfahrung, was dieses Licht ist.

Als Agni diese Worte von Indra gehört hatte, machte er sich, voller Vertrauen in seine überlegene Kraft, sogleich auf den Weg und näherte sich dem Licht.

Als das Licht Agni herbeikommen sah, sprach es zu ihm: Wer bist du? Was ist deine Stärke? Sage mir dies.

Agni antwortete daraufhin: Ich bin Agni. Sämtliche Yagyas, die von den Veden vorgeschrieben sind, werden durch mich vollbracht. In mir wohnt die Kraft, alles in diesem Universum zu verbrennen.

Daraufhin legte das verehrungswürdige Licht dem Gott des Feuers einen Strohhalm vor und sagte: O Agni, wenn du alles in diesem Universum zu verbrennen vermagst, dann verbrenne diesen unbedeutenden Strohhalm hier.

Agni versuchte sein Bestes, den Strohhalm zu verbrennen, aber es gelang ihm nicht. Tief beschämt kehrte er zu den Devas zurück. Als die Devas von ihm wissen wollten, was geschehen war, erzählte Agni ihnen alles und sagte: O ihr Devas, wisset, dass unser Stolz und unsere Überzeugung, dass wir die Höchsten und Mächtigsten sind, wahrlich ganz und gar unbegründet ist!

Indra rief daraufhin den Windgott Vāyu herbei und sprach zu ihm: O Vāyu, du durchwehst dieses Universum durch und durch. Durch deine Kraft bewegt sich alles. Du bist der Lebensatem (prāna) aller Wesen und so kann man sagen, dass alle Kräfte in dir vereinigt sind. Gehe nun und ergründe, was dieses Licht ist. Wahrlich, ich sehe hier keinen anderen außer dir, der fähig wäre, die Wahrheit über dieses große, verehrungswürdige Licht zu erkennen.

Als Vāyu diese anerkennenden Worte von Indra vernahm, fühlte er sich sehr geehrt und begab sich sogleich zu dem Ort, wo das Licht weilte. Als die Lichterscheinung den Gott Vāyu herannahen sah, sprach sie mit freundlichen Worten zu ihm: Wer bist du? Welche Kraft wohnt dir inne? Das sage mir.

Darauf antwortete Vāyu voller Arroganz: Ich bin Mātarishvan, ich bin Vāyu. Was meine Kraft anbetrifft, so vermag ich alles aufzuhalten oder zu bewegen und fortzuwehen. Durch meine Stärke allein existiert dieses Universum und ist voller Leben, Bewegung und Aktivität.

Die allerhöchste Ansammlung von Licht entgegnete: O Vāyu, wehe denn diesen Strohhalm fort, der hier vor dir liegt, und wenn du das nicht vermagst, dann lass deinen Stolz dahinfahren und kehre beschämt zu Indra zurück.

Daraufhin setzte Vāyu all seine Kraft ein, aber ach, er vermochte den Strohhalm nicht im Geringsten von der Stelle zu bewegen.

Da ließ Vāyu all seinen Stolz dahinfahren. Er kehrte zu den Devas zurück und berichtete ihnen, was er mit der Lichterscheinung erlebt hatte.

Vāyu sagte: O ihr Devas. All unser Stolz ist nichtig. Auf keine Weise sind wir dazu fähig, die Natur jenes erhabenen Lichtes zu erkennen. Es scheint, dass jenes heilige, verehrungswürdige Licht, etwas ganz und gar Ungewöhnliches ist.

Da sprachen alle Devas zusammen wie mit einer Stimme zu Indra: Wenn du der Herrscher über die Devas bist, so solltest du nun selbst gehen, um die Wahrheit über die Natur dieses Lichtes zu ergründen.

Daraufhin ging Indra voller Stolz auf das Licht zu, aber das Licht entfernte sich nach und nach und verschwand schließlich ganz aus Indras Blickfeld.

Als Indra feststellte, dass er nicht einmal mit jenem Licht zu sprechen vermochte, schämte er sich furchtbar und wurde von dem Gefühl seiner eigenen Nichtigkeit überwältigt. Er dachte bei sich: Ich kann nicht zu den Devas zurückkehren. Was soll ich ihnen sagen? Niemals werde ich ihnen meine Minderwertigkeit offenbaren – es wäre besser zu sterben, als dies zu tun. Das eigene Ehrgefühl ist der einzige Schatz der Großen und Verehrungswürdigen. Wenn die Ehre dahin ist, was nützt es dann weiterzuleben?

O König, daraufhin gab Indra, der Herr der Devas, all seinen Stolz auf und nahm Zuflucht zu dem großen Licht, dass gerade seine erhabene Herrlichkeit offenbart hatte.

In diesem Augenblick sprach eine göttliche Stimme vom Himmel herab: O Indra, gehe nun und praktiziere Japam, die Wiederholung des Māyā-Bīja-Mantras, des Hauptmantras der Māyā, dann wird all dein Kummer vergehen.

Nachdem Indra diese himmlische Stimme gehört hatte, begann er mit unabgelenkter Aufmerksamkeit und ohne Nahrung zu sich zu nehmen das Māyā-Bīja-Mantra, das Samenmantra der Māyā, zu wiederholen.

Am neunten Tage des Mondmonates Chaitra, als die Mittagssonne ihren höchsten Stand erreicht hatte, erschien plötzlich vor Indra wie zuvor eine gewaltige Masse von Licht. In dieser Masse von Licht sah Indra die Gestalt einer Jungfrau in voller Jugendblüte. Ein Glanz wie von zehn Millionen Sonnen ging von ihrem Körper aus. Und ihre Farbe war rosarot wie die einer voll aufgeblühten Javā-Blume. Die Sichel des Mondes leuchtete auf ihrer Stirn.

Sie hatte volle Brüste, die, obwohl unter ihrem Gewand verborgen, wunderschön aussahen. Sie hielt Schlinge und Stachelstock in Händen und ihre beiden anderen Hände zeigten die Gesten der Wunschgewährung und der Befreiung von aller Furcht.

Ihr Körper war mit zahlreichem Schmuck geziert und sah glückverheißend und überaus lieblich aus. Nirgendwo kann man eine Frau erblicken, die ihr gleichkommen könnte. Sie glich dem himmlischen, alle Wünsche erfüllenden Baum (kalpa vriksha). Sie besaß drei Augen und ihr Haarschopf war mit Girlanden aus Mālatī-Blüten geschmückt. Von allen vier Seiten sangen die vier Veden in verkörperter Gestalt ihr Lobeshymnen zu.

Der Glanz ihrer Zähne, die Padmarāga-Juwelen glichen, erhellte den Erdboden. Sie zeigte ein freundliches Lächeln. Ihr Gewand war von roter Farbe und ihr Körper war mit duftender Sandelpaste eingerieben. Sie, die Ursache aller Ursachen, strahlte wahrlich allumfassende Gnade aus.

O König Janamejaya, so also schaute Indra die Umā Parvatī Maheshvarī Bhagavatī und die Haare an seinem Körper richteten sich voller Ekstase auf. Seine Augen füllten sich mit Tränen der Liebe und Hingabe und er warf sich augenblicklich vor den Füßen der Devī nieder.

Indra pries die Devī mit Hymnen und fragte sie dann voller Freude: O Schöne, bist du diese große Masse von Licht? Wenn es so ist, dann sei bitte so freundlich und erkläre mir den Grund deines Erscheinens.

O König, als die Bhagavatī diese Worte hörte, antwortete sie Indra: Diese meine Lichtgestalt ist Brahman, die Ursache aller Ursachen, die Heimstatt der Māyā, der Zeuge von allem, der Unfehlbare, der frei von jedem Makel und jeder Unzulänglichkeit ist. Was all die Veden und Upanischaden zu verwirklichen trachten, was das Ziel aller asketischen Bestrebungen ist und das, wofür die Brahmanen Brahmācharyam einhalten – all das bin ich. Dies sage ich dir über Brahman in Gestalt des großen heiligen Lichtes.

Die Weisen verkünden, dass Brahman durch die beiden Bījas, die mystischen Silben Om und Hrīm offenbart wird; dies sind meine beiden ersten und wichtigsten Mantras, in denen ich verborgen bin.

Ich erschaffe dieses Universum mit meinen zwei Teilaspekten und daher gibt es zwei meiner Bīja-Mantras. Om Bīja steht für Sat Chit Ānanda, unvergängliches Seligkeitsbewusstsein und Hrīm Bīja für Māyā Prakriti, welche die Manifestation des unmanifestierten Bewusstseins darstellt.

Wisse, dass Māyā die höchste Shakti ist und erkenne mich als die allmächtige Gottheit, die gerade vor deinen Augen erschienen ist.

So, wie das Licht des Mondes nicht vom Mond verschieden ist, so ist jene Māyā Shakti im Zustand des Gleichgewichtes nicht verschieden von mir (Brahman).

Während der Phase der Nichtmanifestation (pralaya) ruht diese Māyā latent in mir und ist unterschiedslos eins mit mir.

Zur Zeit der Schöpfung tritt diese Māyā als die Kraft hervor, welche die Frucht der Karmas der Jīvas hervorbringt.

Wenn diese Māyā reines Potenzial ist und latent in mir existiert, wenn Māyā Antarmukhī ist, wird sie unmanifest genannt und wenn die Māyā als Bahirmukhī in Aktion tritt, wird sie manifestiert genannt. Diese Māyā ist ursprungs- und anfangslos. Im Zustand des Gleichgewichtes ist Māyās Natur die von Brahman, aber mit Beginn der Schöpfung tritt sie als Bahirmukhī in ihrer aus den Gunas bestehenden Gestalt in Erscheinung, die von Tamas geprägt ist.

O Indra, aus diesem Grund ist ihr innerlicher, subtiler Zustand ihr Antarmukhī-Zustand als Māyā und ihr nach außen gerichteter Zustand ist ihr Bahirmukhī-Zustand, der durch Tamas und die anderen Gunas geprägt ist. Daraus entsteht Sattva und dann Rajas. Brahmā, Vishnu und Mahesha sind Verkörperungen der drei Gunas. In Brahmā herrscht Rajoguna vor, in Vishnu Sattvoguna und von Mahesha, der die Ursache aller Ursachen ist, sagt man, dass er in Tamoguna gegründet ist.

Brahmā ist als der grobstoffliche Körper bekannt, Vishnu als der feinstoffliche Körper, Rudra als der kausale Körper und mich kennt man als Turīya jenseits der Gunas.

Diese meine Turīya-Gestalt wird auch als Zustand des Gleichgewichtes der Gunas bezeichnet. Sie ist der innere Lenker von allem. Jenseits von Turīya gibt es noch einen anderen Zustand von mir, der das gestaltlose Brahman genannt wird.

Wahrlich, du sollst wissen, dass ich zwei Gestalten habe: mit Attributen (saguna) und attributlos (nirguna). Das, was jenseits von Māyā und den Qualitäten von Māyā ist, wird Nirguna genannt und das, was innerhalb der Māyā ist, wird Saguna genannt.

O Indra, nachdem ich das Universum erschaffen habe, gehe ich in es ein als der innere Lenker von allem und so bin ich es, die alle

Wesen (jīva) zu ihren entsprechenden Anstrengungen und Aktivitäten antreibt. Wahrlich, du sollst wissen, dass ich es bin, die Brahmā, Vishnu und Rudra als Urheber der unterschiedlichen Aktivitäten der Erschaffung, Erhaltung und Zerstörung eingesetzt hat.

Aus Furcht vor mir bläst der Wind, aus Furcht vor mir geht die Sonne ihren Weg am Himmel und aus Furcht vor mir erfüllen Indra, Agni und Yama ihre jeweiligen Pflichten.

Ich bin die Beste und die Höchste von allen. Alle fürchten mich. Durch meine Gnade hast du in der Schlacht den Sieg errungen. Wahrlich, du sollst wissen, dass ich euch alle wie Marionetten als meine bloßen Werkzeuge umhertanzen lasse. Du bist nichts anderes als mein Werkzeug und ich bin die vollintegrierte Ganzheit.

Manchmal schenke ich dir den Sieg und manchmal schenke ich den Daityas den Sieg. Ja, ich tue alles, wie es mir gefällt, bewahre stets meine Unabhängigkeit und handle stets gerecht, den jeweiligen Karmas entsprechend.

O, ihr alle habt mich in eurem Stolz und eitlem Wahn vergessen. Durch euren wesenlosen Egoismus habt ihr euch tief in finsterste Täuschung verstrickt. Wisset, dass mein verehrungswürdiges göttliches Licht plötzlich erschien, weil ich euch Gutes tun will. Verbannt daher jetzt für alle Zeiten alle leere Prahlerei und eitlen Größenwahn aus euren Herzen. Nehmt mit ganzem Herzen, ganzem Kopf und ganzer Seele Zuflucht zu mir in meiner Sat-Chit-Ānanda-Gestalt und seid dadurch sicher.

Vyāsa sagte: Nach diesen Worten verschwand die Mūla Prakriti, die große Devī, die Göttin dieses Universums, vor den Augen der Devas und die Devas begannen sie sogleich an Ort und Stelle voller ekstatischer Hingabe zu lobpreisen.

Seit jenem Tag haben all die Devas ihrer Arroganz abgeschworen und widmen sich hingebungsvoll der Verehrung der Devī. Sie verehren seither die Devī Tag für Tag zu den drei Sandhyā-Zeiten, führen zahlreiche Yagyas aus und verehren so täglich die Bhagavatī.

Im Sat-Yuga widmete sich jeder der Wiederholung des Gāyatrī-Mantras und verehrte so die Gottheit, die dem Pranava und Hrīmkāra innewohnt.

Du kannst selbst leicht sehen, dass nirgendwo in den Veden die Verehrung von Vishnu oder Shiva oder die Initiation in das Vishnu-Mantra oder das Shiva-Mantra als etwas beschrieben wird, das stets und für alle Zeiten zu vollziehen ist; dies kann man für eine Weile tun und es dann wieder sein lassen, wenn die damit verbundene Absicht verwirklicht wurde. Allein die Verehrung der Gāyatrī ist den Veden zufolge stets zwingend und für alle Zeiten vorgeschrieben.

O König, wenn ein Brahmane nicht die Gāyatrī verehrt, dann kannst du sicher sein, dass er ganz gewiss in jeder Beziehung immer tiefer und tiefer sinkt. Daran besteht keinerlei Zweifel. Ein Brahmane sollte niemals danach trachten, irgendetwas anderes zu tun – alle seine Wünsche werden sich erfüllen, wenn er nur die Devī Gāyatrī verehrt.

Bhagavān Manu sagt, dass ein Brahmane – ob er nun dieses oder jenes tut oder nicht – gerettet werden kann, wenn er nur die göttliche Mutter Gāyatrī verehrt. Wenn ein Verehrer von Shiva oder Vishnu oder irgendeiner anderen Gottheit die Gottheit seiner Wahl verehrt, ohne die Gāyatrī zu wiederholen, so wird er ganz gewiss den Qualen der Hölle anheimfallen.

O König, aus diesem Grund widmeten sich im Satya Yuga alle Brahmanen ganz und gar der Verehrung der Gāyatrī und der Lotusfüße der Devī Bhagavatī.

Hier endet im zwölften Buch des Shrimad Devī Bhāgavatam, des Mahāpurānam von 18.000 Versen von Maharishi Veda Vyāsa, das achte Kapitel: Die Erscheinung der höchsten Shakti.

Kapitel 9
Die Ursache des Glaubens (Shraddhā) an andere Devas als die Devī Gāyatrī

Vyāsa sprach: O König Janamejaya, einstmals geschah es, dass infolge einer üblen Wendung des Schicksals der Menschen, Indra es fünfzehn Jahre lang auf der Erde nicht regnen ließ. Dieser Mangel an Regen hatte eine schreckliche Hungersnot zur Folge und fast alle Lebewesen starben. In keinem Haus konnte man die Anzahl der Toten noch zählen.

Von Hunger gequält begannen die Menschen Pferde zu essen. Manche begannen Bären und Schweine zu essen. Manche begannen die Leichen der Gestorbenen zu verzehren und manche versuchten alles, um irgendwie am Leben zu bleiben. Die Menschen waren dermaßen von Hunger gequält, dass selbst Mütter ihre Kinder und Ehemänner ihre Frauen aßen.

O König, schließlich hielten die Brahmanen eine große Versammlung ab und nachdem sie sich beraten hatten, kamen sie zu dem Beschluss, den Einsiedler Gautama aufzusuchen, den sie für fähig hielten das Problem zu lösen. Daraufhin machten sie sich rasch auf den Weg zur Einsiedelei des Muni Gautama und sprachen untereinander: Wir haben gehört, dass es in der Einsiedelei des Gautama keine Hungersnot gibt und dass deshalb aus allen Himmelsrichtungen Menschen dorthin eilen.

Ihrem Entschluss folgend begaben die Brahmanen sich mitsamt ihren Kühen, Dienern und Verwandten zu Gautamas Āshrama. Manche kamen von Osten, manche von Süden, manche von Westen und manche von Norden dorthin und so strömten zahlreiche Menschen aus den verschiedensten Himmelsrichtungen zu Gautamas Einsiedelei.

Als der Rishi Gautama die Brahmanen herbeikommen sah, verneigte er sich vor ihnen, begrüßte sie herzlich und bot ihnen einen

Sitz usw. an. Als alle ihren Sitz eingenommen hatten und zur Ruhe gekommen waren, erkundigte Gautama sich nach ihrem Wohlergehen und fragte sie nach dem Grund ihres Besuches. Sie berichteten ihm alles über die furchtbare Hungersnot und ihren eigenen beklagenswerten Zustand und wie sehr sie zu leiden hatten.

Als der Muni sie so voller Kummer vor sich sah, sagte er ihnen, dass sie sich nicht mehr fürchten sollten und sprach: Ich bin heute gesegnet durch die Ankunft von großen Asketen und verehrungswürdigen Menschen wie euch. Ich bin euer Diener. Seht mein Haus als euer eigenes an. Fühlt euch wohl hier. Seid frei von Kummer. Wenn euer Diener am Leben ist, wie kann euch da Furcht ergreifen oder vor wem solltet ihr euch fürchten? Wenn sich durch euren bloßen Anblick schlechtes Karma (pāpam) in gutes Karma (punyam) verwandelt und wenn ihr mein Haus durch die Berührung mit dem Staub zu euren heiligen Füßen gesegnet habt, wer könnte dann gesegneter sein als ich? O ihr Vipras, bitte seid so freundlich und führt hier eure Sandhyās und Japams durch und ruht hier ganz entspannt.

Vyāsa fuhr fort: O König Janamejaya, nachdem der Rishi Gautama die Brahmanen auf diese Weise beruhigt und getröstet hatte, begann er von ekstatischer Hingabe erfüllt die Devī Gāyatrī zu verehren: O Devī Gāyatrī, Verehrung dir! Du bist die große Erkenntnis, die Mutter der Veden, höher als das Höchste. Du bist Vyārhiti und wirst von dem Mantra *Om Bhūr Bhuvah Svaha* repräsentiert.

O Mutter, du bist der Zustand vollkommener Ausgewogenheit, der vierte, transzendentale Bewusstseinszustand, Turīya. Du erscheinst in der Gestalt von Hrīm. Du bist Svāhā und Svadhā. Du gewährst deinen Verehrern Wunscherfüllung. Du bist der stille Zeuge der drei Bewusstseinszustände des Wachens (jāgrat), Träumens (svapna) und Schlafens (shushupti). Du bist Turīya und Sat Chit Ānanda Brahman. O Devī, du weilst in der Sonnenkugel und erscheinst am Morgen als junges Mädchen von rötlicher Farbe, als junge Frau am Mittag und als schwarzfarbene alte Frau am Abend.

O Devī, Verehrung dir! Bitte erweise uns nun deine Gnade zur Zeit dieser furchtbaren Hungersnot, durch die alle Wesen am Rande der Vernichtung stehen.

Als die Weltenmutter auf diese Weise gepriesen und verehrt worden war, erschien sie und gab dem Rishi einen Kessel, der randvoll mit allen Arten von hochwertiger Nahrung gefüllt war. Die Mutter sprach zu dem Muni: Dieser volle Kessel, den ich dir hier gebe, wird alles hervorbringen, was du dir wünschst. Mit diesen Worten verschwand die Devī Gāyatrī, die höher als das Höchste ist.

Dann gingen auf den Wunsch des Munis hin aus dem Kessel Berge von gekochtem Reis hervor, verschiedene Arten von Curries und Süßspeisen, Gras und Futter für die Tiere, Seidengewänder, zahlreiche Schmuckstücke und andere kostbare Dinge sowie Kessel, die für Opferhandlungen benötigt werden. In der Tat ging alles, was der Muni Gautama sich wünschte, sogleich aus dem randvoll gefüllten Kessel hervor, den die Devī Gāyatrī ihm überreicht hatte.

Der Muni Gautama rief die anderen Munis herbei und schenkte ihnen für ihre Opferhandlungen Reichtum, Korn, Gewänder, Schmuck, Opferkellen, Opferlöffel sowie Kühe und Büffel.

Die Munis traten daraufhin zusammen und führten verschiedene Yagyas aus. Die gesamte Umgebung der Einsiedelei erblühte und strahlte einen solchen Wohlstand aus, dass sie wie ein zweiter Himmel aussah. Wahrlich, was auch immer an schönen und wertvollen Dingen in den drei Welten existierte, ging dort alles aus dem stets randvoll gefüllten Kessel hervor, den die Devī Gāyatrī dem Muni Gautama gegeben hatte.

Zu dieser Zeit sahen die Munis, deren Körper gänzlich mit Sandelpaste eingerieben und mit zahlreichen Schmuckstücken geziert waren, wahrhaftig wie Götter aus und ihre Ehefrauen wie Göttinnen.

Jeden Tag wurden im Āshram von Gautama große Feste veranstaltet. Nirgendwo gab es Krankheiten oder Diebstahl, und niemand musste in Furcht vor solchen Dingen leben.

Als die Kunde von der Herrlichkeit des Muni Gautama sich verbreitete, kamen aus allen Himmelsrichtungen viele Menschen herbei und auch ihnen versicherte der Rishi Gautama *Seid frei von Furcht!* und versorgte sie mit Nahrung.

Die Devas waren ihrerseits sehr zufrieden mit den zahlreichen Yagyas, die dort durchgeführt wurden, und rühmten die Großartigkeit des Muni. Sogar der ruhmreiche Indra, der Herr der Devas, erschien inmitten der Versammlung der Brahmanen und rühmte Gautama mit den Worten: Dieser Gautama hier hat alle unsere Wünsche erfüllt und ist wahrlich zu einem Kalpa-Vriksha-Baum für alle geworden. Wenn dieser Mann in dieser schweren Zeit der Hungersnot nicht getan hätte, was er getan hat, hätten wir nicht das in den Opfern dargebrachte Havih (Opferanteil) erhalten und unser aller Leben wäre in Gefahr gewesen.

O König Janamejaya, zwölf Jahre lang nährte und verköstigte der Muni Gautama all die anderen Munis wie seine eigenen Söhne, und seine Einsiedelei wurde als Hauptzentrum der Verehrung der Gāyatrī Devī gerühmt.

Selbst heute noch führen all die Munis dort voller Hingabe ihre Purashcharanams aus und verehren dreimal am Tag die Bhagavatī Gāyatrī Devī. Auch heute noch kann man dort die Devī am Morgen als junges Mädchen, am Mittag als junge Frau und am Abend als alte Frau erblicken.

Eines Tages besuchte der für sein vorbildliches Verhalten berühmte Rishi Nārada Gautamas Einsiedelei. Er spielte auf seiner wunderbaren Laute, besang dazu die höchste Herrlichkeit der Devī Gāyatrī und nahm in der Versammlung der Munis Platz.

Als Gautama und die anderen Munis den in friedvoller Stille gegründeten Nārada herbeikommen sahen, empfingen sie ihn respektvoll und verehrten ihn mit Pādya und Arghya. Im Gespräch mit den Munis begann Nārada daraufhin den Ruhm von Gautama zu verkünden und sagte, an ihn gewandt: O bester aller Munis, in der Versammlung der Devas habe ich aus dem Munde von Indra von deiner ruhmreichen Tat gehört, wie du die reinherzigen Munis hier genährt und umsorgt hast. Deshalb bin ich gekommen, um dich zu sehen. Du bist wahrlich durch die Gnade der Shrī Bhagavatī Gāyatrī Devī reich gesegnet worden, daran besteht kein Zweifel.

Nach diesen Worten betrat der Devarishi Nārada den Tempel der Devī Gāyatrī. Mit in göttlicher Liebe erstrahlenden Augen schaute er dort voller Freude die Devī, trug ihr angemessene Lobeshymnen vor und stieg dann wieder in die Himmelswelten auf.

Die Brahmanen aber, die von Gautama genährt worden waren, wurden nun neidisch darauf, dass Gautama so viel Ruhm zuteil worden war, und taten ihr Bestes, damit er nicht noch mehr geehrt werde. Deshalb beschlossen sie, zu Beginn der nächsten guten Erntesaison den Āshram des Munis zu verlassen.

O König, einige Tage später fiel dann reichlich Regen vom Himmel. Überall wurden reichliche Ernten eingefahren und die Zeit der Hungersnot war vorbei. Als die Brahmanen dies erfuhren, beschlossen sie alle gemeinsam Gautama zu verfluchen. O, wahrlich gesegnet sind Vater und Mutter eines Menschen, in dem solche Gefühle von Neid und Missgunst keinen Nährboden finden!

All dies geschah durch das wundersame Spiel der mächtigen Zeit. Niemand anderes kann dafür verantwortlich gemacht werden.

O König, vermittels ihrer magischen Bewusstseinskräfte (māyā) erschufen jene Brahmanen eine alte Kuh, die bereits im Sterben lag, und trieben sie zur Zeit der Homa-Zeremonie in die Opferhalle des Muni Gautama.

Als der Muni Gautama sah, wie diese Kuh den Ort des Homaopfers betrat, rief er *Hūm Hūm* (um die Kuh zu vertreiben). Die Kuh aber fiel dort zu Boden und starb und die anderen Brahmanen schrien sofort: Schaut nur, schaut! Der üble Gautama hat die Kuh getötet!

Als Gautama Zeuge dieses unglaublichen Geschehens wurde, war er überaus verblüfft. Nach Beendigung seiner Homa-Zeremonie ging er daher in Samādhi ein, um die Ursache hierfür zu ergründen. Als er erkannte, dass die Brahmanen vermittels ihrer Māyā diese Intrige gegen ihn angezettelt hatten, wurde er zornig wie Rudra zur Zeit der Auflösung des Universums. Mit vor Zorn geröteten Augen verfluchte er die Munis mit den folgenden Worten: O ihr boshaften Brahmanen, da ihr so bereitwillig ungerechterweise Unheil über mich bringen wolltet, sollt ihr von nun an große Abneigung dagegen empfinden, die Meditation und das Japam der Devī Gāyatrī, der Mutter der Veden auszuführen. Wegen dieser eurer Untat sollt ihr niemals mehr gewillt sein, irgendwelche vedischen Opferhandlungen oder damit verbundene Aktivitäten durchzuführen. Daran besteht keinerlei Zweifel.

Das Mantra von Shiva oder das Tantra von Shiva sollen euch stets zuwider sein. Ihr sollt stets eine Abneigung gegen die Mūla Prakriti Shrī Devī haben, gegen ihr Dhyānam, ihr Mantra und gegen jegliche Gespräche über sie, gegen den Besuch ihrer Tempel und heiligen Stätten, gegen ihre Verehrung und die Zeremonien, die ihr gewidmet sind, gegen die Teilnahme an den großen Festlichkeiten zu Ehren der Devī, gegen das Singen ihrer Namen und gegen Lieder über ihre Herrlichkeit und auch dagegen, vor der Devī zu sitzen und sie hingebungsvoll zu verehren.

O ihr boshaften Brahmanen, ihr werdet stets unwillig sein, an den Festen zu Ehren Shivas teilzunehmen, Shiva zu verehren, Rudrākshas zu tragen, Belblätter zu verwenden und die heilige Asche (bhashma) zu tragen. Es wird euch vollkommen gleichgültig sein, die von den Veden und den Smritis empfohlenen Regeln für ein gutes Leben zu befolgen, Gutes zu tun, dem Weg zur Erkenntnis der Einheit (advaita gyānam) zu folgen, Sinnesbeherrschung und Genügsamkeit zu praktizieren, der täglichen Praxis von Sandhyā Bandanam treu zu bleiben, Agnihotra-Zeremonien durchzuführen, die Veden dem eigenen Shākhā entsprechend zu lernen oder zu lehren, Kühe usw. als Spenden zu schenken, die Shraddhās für die Väter durchzuführen oder Krichchhra Chandrāyana und andere Arten von Askese zu betreiben.

O ihr boshaften Brahmanen, dafür, dass ihr so bereitwillig diese Untat begangen habt, werdet ihr leiden müssen, indem ihr aufhört, die höchst verehrungswürdige Shrī Bhagavatī Devī zu verehren und stattdessen andere Devas voller Glaube und Hingabe verehrt und Shamkha, Chakra und andere Symbole an euren Körpern tragt. Ihr werdet den Kāpālikas, Bauddha Shāstras und anderen Irrlehren folgen. Ihr werdet Vater, Mutter, Brüder, Schwestern, Söhne und Töchter verkaufen und sogar eure Ehefrauen. Ihr werdet die Veden, die heiligen Wallfahrtsorte und euer Dharma verkaufen und ihr werdet euch nicht einmal schämen all dies zu verkaufen. Ihr werdet gewiss Kāpālika- und Bauddha-Lehrmeinungen und den Pāncharātras und Kāma Shāstras folgen und anhängen.

O ihr boshaften Brahmanen, ihr werdet nicht zögern, eurer Mutter, euren Töchtern und euren Schwestern beizuwohnen und eure Zeit damit zu verbringen, lüstern auf die Ehefrauen anderer zu blicken, und dies wird nicht nur für euch selbst gelten, sondern für alle Frauen und Männer in euren Familien.

Möge die Gāyatrī stets ungehalten über euch sein und schließlich sollt ihr allesamt in Höllen wie Andha Kūpa usw. hinabfallen.

Vyāsa sagte: O Janamejaya, nachdem der Muni Gautama Wasser aufgenommen hatte, um den Gesetzen der Schöpfung entsprechend seinen Worten Realität zu verleihen, und so die Brahmanen verflucht hatte, machte er sich eilig auf den Weg, um die Gāyatrī Devī zu schauen. Er betrat ihren Tempel und verneigte sich vor ihr.

Auch die Devī war überrascht über die Handlungsweise der Brahmanen. O König, selbst heute noch zeigt ihr Lotusantlitz deshalb einen Ausdruck von Verwunderung.

Dann sprach die Gāyatrī Devī verwundert zu Gautama: O Gautama, das Gift von Schlangen vermindert sich nicht dadurch, dass du sie mit Milch fütterst. Daher sei nicht bekümmert über das, was geschehen ist. Die Karmas nehmen oft seltsame Wendungen und es ist immer schwer zu sagen, was als Nächstes geschehen wird. Sei nun friedvoll und bekümmere dich nicht.

Als Gautama diese Worte der Devī gehört hatte, verneigte er sich vor ihr und kehrte in sein Āshrama zurück. Die Brahmanen aber verloren infolge des Fluches von Gautama jede Erinnerung an die Veden und das Gāyatrī-Mantra. Sie wunderten sich selbst über das, was geschehen war, und sahen es als etwas ganz Einzigartiges und Ungewöhnliches an. Alle zusammen wurden von Reue ergriffen, gingen zu Gautama und fielen ihm zu Füßen, aber von Scham erfüllt brachten sie kein einziges Wort hervor. Sie stammelten nur immer wieder: Habe Erbarmen, habe Erbarmen mit uns!

Als die versammelten Brahmanen ihn um Gnade und um seinen Segen baten, hatte der Muni Gautama Mitleid mit ihnen und sagte: Meine Worte werden sich niemals als unwahr erweisen. Ihr werdet in der Kumbhīpāka-Hölle weilen müssen bis zu der Zeit, wo Shrī Krishna sich auf Erden verkörpert. Dann werdet ihr im Kali-Zeitalter wieder auf der Erde Geburt annehmen und all das, was ich gesagt habe, wird euch genau so widerfahren. Wenn ihr ernsthaft bestrebt seid, meinen Fluch abzuwenden, dann geht und verehrt die Lotusfüße der Shrī Gāyatrī Devī – ein anderes Heilmittel gibt es nicht.

Vyāsa sprach: Nachdem der Muni Gautama die Brahmanen entlassen hatte, kam er zu der Einsicht, dass all dies infolge des Prārabdha-Karmas geschehen war und fand mit diesem Gedanken zu innerem Frieden und innerer Ruhe.

Aus diesem Grund verließen die von dem Muni verfluchten Brahmanen, nachdem Shrī Krishna Mahāraja in die Himmelswelt aufgestiegen war, die Kumbhīpāka-Hölle und nahmen auf der Erde Geburten als Brahmanen an, welche die drei Sandhyās missachteten, keinerlei Hingabe an Gāyatrī und keinen Glauben an die Veden besaßen, ketzerische Lehren verbreiteten, sich weigerten, Agnihotra und andere heilige Opfer durchzuführen, ihre Pflichten vernachlässigten und weder Svadhā noch Svāhā praktizierten. Sie vergaßen völlig die unmanifestierte Mūla Prakriti Bhagavatī.

Einige von ihnen begannen verschiedene ketzerische Symbole wie Taptamūdra usw. an ihren Körpern zu tragen. Manche wurden Kāpālikas, manche Kaulas, manche Bauddhas und manche Jainas. Einige von ihnen nahmen, obwohl sie gebildete Menschen waren, lose Sitten an, gingen Beziehungen zu den Ehefrauen anderer ein und beteiligten sich an sinnlosen und üblen Streitgesprächen – ein Verhalten, für das sie gewiss erneut in die Kumbhīpāka-Hölle eingehen werden.

Daher, O König, verehre mit ganzem Herzen und Geist die Shrī Bhagavatī Parameshvarī Devī. Es ist nicht nötig immerzu Vishnu oder Shiva zu verehren; nur der Verehrung der Shakti sollte man sich zu allen Zeiten widmen. Aus diesem Grund wird mit Gewissheit fallen, wer nicht die Shakti verehrt.

Somit habe ich alle deine Fragen beantwortet. Nun werde ich dir die höchste und herrlichste Stätte beschreiben: Manidvīpa, die Welt der uranfänglichen Bewusstseinsenergie Shrī Bhagavatī, die einen von den Banden der Welt befreit. Höre.

Hier endet im zwölften Buch des Shrimad Devī Bhāgavatam, des Mahāpurānam von 18.000 Versen von Maharishi Veda Vyāsa, das neunte Kapitel: Die Ursache des Glaubens an andere Devas als die Devī Gāyatrī.

Kapitel 10
Die Beschreibung von Mani Dvīpa

Vyāsa sprach: O König Janamejaya, was in den Shrutis, in der Subāla Upanishad, als Sarvaloka (Allwelt) oberhalb von Brahmāloka beschrieben wird, das ist Manidvīpa. Dies ist die Stätte der Devī. Diese Welt steht über allen anderen Welten, daher wird sie Sarvaloka oder Allwelt genannt.

Vor Zeiten erschuf die Devī diese Welt nach ihrem Willen. Ganz zu Anfang gestaltete die Devī Mūla Prakriti Bhagavatī diese Welt, die sich oberhalb von Kailāsha, Vaikuntha und Goloka befindet, als ihre Heimstatt. Wahrlich, kein anderer Ort in diesem Universum gleicht diesem und, weil er sich oberhalb aller anderen Welten befindet, wird er Manidvīpa oder Sarvaloka genannt. Manidvīpa befindet sich als Gipfel über allen Welten und hat die Gestalt eines Schirmes, dessen Schatten auf das Universum (brahmānda) fällt und die Schmerzen und Leiden dieser Welt zerstört.

Manidvīpa ist von einem Ozean namens Shuddhā Samudra (Ozean der Reinheit) umgeben, der viele Yojanas breit und viele Yojanas tief ist und in dem sich, vom Wind getrieben, zahlreiche Wellen erheben. Unterschiedliche Arten von Fischen, Muscheln und anderen Wassertieren tummeln sich in ihm und der Strand besteht aus reinstem Sand, der Edelsteinen gleicht. Die Küstenregionen sind durch die Wellen, die an den Strand schlagen, stets angenehm kühl. Die unterschiedlichsten Schiffe, die mit zahlreichen Flaggen geschmückt sind, fahren auf diesem Ozean umher. Am Strand stehen zahlreiche Bäume, die Juwelen tragen.

Jenseits dieses Ozeans gibt es eine sehr lange und sieben Yojanas breite eiserne Umfriedung, die so hoch ist, dass sie den Himmel verdeckt. Auf dieser breiten Mauer patrouillieren kriegskundige und mit zahlreichen Waffen ausgerüstete Wachen freudig hin und her. Die Mauer hat vier Tore oder Eingänge und jedes dieser Tore wird von

Hunderten von Wachen und von Heerscharen der Verehrer der Devī bestens bewacht. Wann immer irgendeiner der Devas herbeikommt, um der Jagadīshvarī einen Besuch abzustatten, wird er hier mit seinem Fahrzeug (vāhana) und Gefolge erst einmal angehalten.

O König, an diesem Ort hört man Glocken von Hunderten von Himmelsfahrzeugen der Devas läuten und hört außerdem das Wiehern ihrer Pferde und das Donnern der Pferdehufe. Die Devas wandern dort mit ihren Stöcken in der Hand umher und schimpfen ab und zu mit ihren Dienern. Dieser Ort ist dermaßen von Lärm erfüllt, dass man sein eigenes Wort nicht verstehen kann. Außerdem stehen hier Tausende von Häusern, umgeben von Juwelen und Edelsteine tragenden Bäumen und Wasserbehältern, die mit jeder Menge wohlschmeckenden, süßen Wassers gefüllt sind. O König, dahinter befindet sich ein weiterer gewaltiger Grenzwall [Anmerkung: Die Grenzwälle werden in der Reihenfolge von außen nach innen aufgezählt], der aus einer Art weißem Kupfermetall besteht; er ist so hoch, dass er fast den Himmel berührt. Er ist hundert Mal strahlender als der vorherige Begrenzungswall. Er hat viele große Tore und zahlreiche Bäume sind hier zu sehen. Was soll man mehr dazu sagen als dies: dass dort sämtliche Bäume des Universums zu finden sind, die hier stets Blüten, Früchte und junge Blätter tragen; alle Himmelsrichtungen sind von dem süßen Duft ihrer Blüten erfüllt.

O König, höre nun in Kürze die Namen einiger der Bäume, die hier in Überfülle zu sehen sind: Panasa, Vakula, Lodhra, Karnikāra, Shinshapa, Deodāra, Kānchanāra, Mango, Sumeru, Likucha, Hingula, Elā, Labanga, Katfruchtbäume, Pātala, Muchukunda, Tāla, Tamāla, Shāla, Kankola, Nāgabhdra, Punnāga, Pīlu, Shālvaka, Karpūra, Ashvakarna, Hastikarna, Tālaparna, Granatapfel, Ganikā, Bandhujīva, Jamvīra, Kurandaka, Chāmpeya, Bandhujīva, Kanakavriksha, Kālāguru, Sandelbäume, Dattelbäume, Yūthikā, Tālaparnī, Zuckerrohr, Kshīra-Bäume, Khadira, Bhallātaka, Ruchaka, Kutaja, Belbäume sowie Talasī, Mallikā und andere Pflanzen des Waldes.

Über die ganze Gegend sind Wälder und Gärten verstreut und immer wieder stößt man auf Brunnen, Wasserstellen usw., die viel zur Schönheit der Landschaft beitragen. Auf jedem Baum sitzen Kuckucke, die ihre lieblichen Rufe erschallen lassen. Überall summen Bienen umher und saugen Honig aus den Blüten der Bäume, die ringsum ihren süßen Duft verbreiten. Die Bäume spenden bereitwillig ihren kühlenden Schatten. Bäume aller Jahreszeiten sind hier zu sehen und in ihren Wipfeln tummeln sich Tauben, Papageien, weibliche Mayanā-Vögel und zahlreiche andere Vogelarten. Die Flüsse führen klares, erfrischendes Wasser mit sich und beherbergen Flamingos, Schwäne und andere Wassertiere.

Sanfte Winde nehmen den Duft der Blüten auf und verbreiten ihn ringsum und die Rehe folgen freudig diesen kühlenden Briesen. Wilde Pfauen tanzen ekstatisch umher und die gesamte Landschaft bietet einen wunderschönen, lieblichen und bezaubernden Anblick.

Nach dieser Kāmsya-Umhegung folgt als dritter ein Wall aus Kupfer. Er besitzt quadratische Form und ist sieben Yojanas hoch. In seinem Bereich gibt es Wälder von Kalpavriksha-Bäumen mit goldenen Blättern, deren Blüten und Früchte Juwelen gleichen. Ihr lieblicher Duft verbreitet sich zehn Yojanas weit und erfreut alle, die sich hier aufhalten. Dieser Ort steht allzeit unter dem Schutz des Königs der Jahreszeiten (Vasanta, der Gott des Frühlings). Der Sitz dieses Königs besteht aus Blumen, sein herrscherlicher Schirm besteht aus Blumen, er ist mit Blumen geschmückt und er trinkt den süßen Nektar der Blumen und Blüten. Mit ekstatisch verdrehten Augen lebt er hier stets mit seinen beiden Ehefrauen namens Madhu Shrī und Mādhava Shrī (Freude und Entzücken). Das Antlitz dieser beiden Frauen des Frühlings zeigt stets ein liebliches Lächeln und sie spielen voller Freude mit herrlichen Blumenkränzen.

Dieser Wald ist wahrlich eine Quelle großer Freude. Oh, und die Blumen tragen hier stets überreichlich Nektar in sich. Der Duft der voll erblühten Blumen verbreitet sich über eine Entfernung von zehn

Yojanas und die Gandharvas, die Himmelsmusikanten, leben hier mit ihren Ehefrauen. Die ganze Gegend erstrahlt in frühlingshafter Pracht und ist von den bezaubernden Rufen der Kuckucke erfüllt. Ganz ohne Zweifel ist dieser Ort bestens dazu angetan, die Wünsche und Gefühle der Verliebten zu steigern.

O König, als Nächstes kommt ein Umgrenzungswall, der aus Blei besteht. Er ist sieben Yojanas hoch und in seinem Inneren gibt es einen Garten voller Santānaka-Bäume, deren Blütenduft sich über eine Entfernung von zehn Yojanas verbreitet. Die Früchte dieser Bäume sind sehr süß und scheinen mit Tropfen von Nektar (amrita) durchtränkt zu sein. In diesem Garten weilt stets der Gott des Sommers mit seinen beiden Ehefrauen Shukra Shrī und Shuchi Shrī. Die Bewohner dieses Ortes halten sich stets unter Bäumen auf – andernfalls würden sie von den Strahlen der Sommersonne verbrannt werden.

Eine Vielzahl von Siddhas und Devas bewohnen diese Gegend. Die sinnesfreudigen Frauen hier reiben alle ihre Körper mit Sandelpaste ein; mit Blumengirlanden geschmückt und mit Fächern in Händen wandern sie dort fröhlich umher. Überall ist kühlendes, erfrischendes Wasser zu finden, das wegen der großen Hitze auch von allen Bewohnern der Gegend eifrig genutzt wird.

An diesen Bereich schließt sich der fünfte Umhegungswall an, der aus Messing besteht. Er hat eine Länge von fünf Yojanas und in seinem Zentrum befindet sich ein Garten voller Hari-Chandana-Bäume.

Der Herrscher dieses Gebietes ist der Gott der Regenzeit. Blitze bilden seine goldbraunen Augen. Seine Rüstung besteht aus Wolken. Der Donner ist seine Stimme und der Regenbogen sein Pfeil. Von Scharen seiner Gefolgsleute umgeben lässt er es unaufhörlich regnen.

Er hat zwölf Ehefrauen: Nabhah Shrī, Nabhahsya Shrī, Svarasya, Rasyasālinī, Ambā, Dulā, Niratni, Abhramantī, Megha Yantikā, Varshayantī, Chivunikā und Vāridhārā.

Sämtliche Bäume hier sind stets mit frischen jungen Blättern geschmückt und von jungen Schlingpflanzen umwunden. Überall erblickt man junge grüne Blätter und frische Zweige. Die Flüsse hier haben immer Hochstand und fließen wahrlich mit kraftvoller Strömung dahin. Die Wasserstellen hier sind stets sehr schmutzig und gleichen damit dem Geist eines weltlichen Menschen, der sich immer nur mit weltlichen Dingen befasst. Die Verehrer der Devī, die Siddhas, die Devas und jene, die sich in ihrem Leben auf der Erde zur Freude der Götter hingebungsvoll um Wasserstellen, Brunnen und andere Wasserreservoire gekümmert haben, leben hier zusammen mit ihren Ehefrauen.

O König, nach dem Messingwall kommt der sechste Umhegungswall, der aus fünffach gehärtetem Eisen besteht. Er ist sieben Yojanas lang und in seiner Mitte befindet sich ein Garten voller Mandāra-Bäume. Dieser Garten gewinnt durch zahlreiche Pflanzen, Blüten und Blätter an Schönheit. Der Gott des Herbstes herrscht über dieses Gebiet und lebt hier mit seinen beiden Ehefrauen Isha-Lakshmī und Ūrja-Lakshmī. Viele Siddhas leben hier zusammen mit ihren prächtig gekleideten Ehefrauen.

O König, als Nächstes folgt dann der siebte Umhegungswall, der sieben Yojanas lang ist und aus Silber besteht. In seinem Zentrum befindet sich ein Garten voller Pārijāta-Bäume, die zahlreiche Blüten tragen. Der Duft der Pārijātas breitet sich zehn Yojanas weit aus und erfreut die gesamte Umgebung. Insbesondere erfreuen sich die Devī Bhaktas und diejenigen, welche die Werke der Devī verrichten, an diesem lieblichen Duft. Der Gott der Jahreszeit des Taues, Hemanta, ist der Herrscher über diesen Ort und er lebt dort mit seinen beiden Ehefrauen Saha Shrī und Sahasya Shrī und mit seinen Gefolgsleuten.

Hier leben voller Freude diejenigen, die von liebevollem Wesen sind, und auch diejenigen, die durch das Einhalten der Gelübde (vrata) der Devī Vollkommenheit erlangt haben.

O König, nach diesem Silberwall kommt der achte Umgrenzungswall, der aus geschmolzenem Gold besteht und sieben Yojanas lang ist. In seiner Mitte befindet sich ein Garten voller Kadamba-Bäume, die stets voller Früchte und Blüten sind und ringsum Honig in Fülle abgeben. Die Verehrer der Devī trinken diesen Honignektar und erfahren dadurch große Freude. Der Gott der Jahreszeit des Winters ist der Herrscher dieser Gegend. Er lebt dort voller Freude mit seinen beiden Ehefrauen Tapah Shrī und Tapasyā Shrī und der Schar seiner Gefolgsleute. Die großen Siddha Purushas, welche zahlreiche Gaben gespendet haben, um die Devī zu erfreuen, leben hier mit ihren Ehefrauen und Verwandten und erfreuen sich der schönen Dinge des Lebens.

O König, diesem goldenen Wall schließt sich als Nächstes der neunte Umgrenzungswall an, der aus rotem Safran besteht, dessen Farbe der Farbe von Pushparāga-Edelsteinen gleicht. Der Boden innerhalb dieser Umgrenzung sowie der Boden der Wasserbassins dort besteht gänzlich aus Pushparāga-Edelsteinen.

An diesen Wall schließen sich noch weitere Umhegungswälle an, welche aus zahlreichen anderen Juwelen und Edelsteinen bestehen; all die Stätten, Wälder, Bäume, Blumen, Vögel, Flüsse, Wasserstellen, Lotusse, Hallen und Säulen dort bestehen aus den jeweiligen Juwelen. Dabei sollte man sich merken, dass jede dieser Gegenden, je näher sie am Zentrum liegt, jeweils einhunderttausend Mal herrlicher und strahlender ist als die vorhergehende von einem Wall umgebene Gegend. Dies ist die allgemeine Regel in Bezug auf die Konstruktion dieser Gegenden und dessen, was sich in ihnen befindet. Hier weilen mit ihren Wächtern die Regenten der verschiedenen Himmelsrichtungen, die Dikpālas, welche die Gesamtheit der Dikpālas der verschiedenen Universen (brahmānda) repräsentieren. In östlicher Richtung befindet sich die Stadt Amarāvatī. Hier erheben sich hohe Berge mit ihren gewaltigen Gipfeln und es gibt zahlreiche Bäume. Indra, der Herrscher über die Devas, hat hier seinen Sitz.

Was immer an Schönheit und Pracht in den einzelnen Himmelswelten der verschiedenen Universen zu finden ist, wird in diesem Himmel des kosmischen Indra, des Tausendäugigen, tausendfach oder mehr übertroffen. Hier weilt Indra, mit dem Donnerkeil in der Hand und auf seinem Elefanten Airāvata sitzend, mitsamt seiner Gemahlin Shāchī Devī und den Heerscharen der Devas.

In südöstlicher Richtung liegt die Stadt Agnis. Sie repräsentiert die Gesamtheit der verschiedenen Städte Agnis in den unterschiedlichen Brahmāndas. Hier weilt Agni Deva voller Freude mit seinen beiden Ehefrauen Svāhā und Svadhā sowie mit seinem Vāhana (Himmelsfahrzeug) und anderen Devas.

Im Süden befindet sich die Stadt Yamas, des Todesgottes. Hier lebt der Dharmarāja mit der Schlinge in der Hand zusammen mit Chitragupta und einer großen Schar weiterer Gefolgsleute.

In der südwestlichen Ecke liegt die Welt der Rākshasas. Hier weilt Nirriti mit seiner Axt in der Hand zusammen mit seiner Ehefrau und anderen Rākshasas.

Im Westen findet man Varunas Stadt. Varuna Rāja residiert hier mit seiner Gemahlin Vārunī und berauscht sich am Vārunī Honigtrank. Seine Waffe ist die Schlinge, sein Gefährt ist der König der Fische und seine Untertanen sind die im Wasser lebenden Tiere.

In der nordwestlichen Ecke weilt Vāyudeva. Pavana Deva lebt hier zusammen mit seiner Ehefrau und mit den Yogis, welche die Atemtechniken (prānāyāma) perfektioniert haben. Er hält eine Flagge in der Hand. Sein Vāhana ist ein Reh und die neunundvierzig Vāyus bilden seine Familie.

Im Norden leben die Yakshas. Kubera, der wohlgenährte König der Yakshas, lebt hier mit seinen Shaktis Vriddhi und Riddhi und erfreut sich des Besitzes einer Vielzahl von Juwelen und Edelsteinen. Auch seine Generäle Manibhadra, Purnabhadra, Manimān, Manikandhara, Manibhūsha, Manishragvī, Manikar-Mukadhārī usw. leben hier.

In der nordöstlichen Gegend befindet sich das mit unvergleichlich wertvollen Juwelen geschmückte Rudra Loka. Rudra Deva residiert hier. Er trägt einen Bogen in der linken Hand und einen Köcher mit Pfeilen auf dem Rücken. Er blickt sehr zornig und seine Augen sind vor Zorn gerötet. Er ist von anderen Rudras umgeben, die ihm gleichen und die Bögen, Speere und andere Waffen in Händen tragen. Manche von ihnen haben verzerrte Gesichter und manche sind wahrlich schreckenerregend. Bei einigen von ihnen kommt Feuer aus ihren Mündern hervor. Manche haben zehn Hände, manche haben hundert Hände und manche gar tausend Hände. Manche besitzen zehn Füße, manche zehn Köpfe, während andere von ihnen drei Augen haben. Hier halten sich all die Rudras auf, die den Zwischenraum zwischen Himmel und Erde bevölkern, die auf der Erde umherstreifen und auch die Rudras, die im Rudrādhyāya beschrieben werden.

O König, Īshāna, der Regent der nordöstlichen Gegend, lebt hier zusammen mit Bhadrakālī und anderen Mātriganas, mit Millionen und Abermillionen von Rudrānīs sowie mit Dāmarīs, Vīra Bhadras und zahlreichen anderen Shaktis. Er trägt eine Girlande aus Totenschädeln um seinen Hals und an seiner Hand einen Schlangenring. Er trägt ein Tigerfell. Sein Obergewand ist ein Tigerfell und sein Körper ist mit der Asche von Toten eingerieben. Er schlägt seine Damaru-Trommel, deren Klang sich ringsum ausbreitet, und er gibt ein lautes Lachen von sich, das Attahāsya genannt wird und die Himmelswelten durchdröhnt. Er ist stets umgeben von Pramathas und Bhūtas, die hier leben.

Hier endet im zwölften Buch des Shrimad Devī Bhāgavatam, des Mahāpurānam von 18.000 Versen von Maharishi Veda Vyāsa, das zehnte Kapitel: Die Beschreibung von Mani Dvīpa.

Kapitel 11
Die Beschreibung der Umhegungswälle von Mani Dvīpa – aus Padmarāga Mani usw.

Vyāsa sprach: O König Janamejaya, nach diesem Pushparāga-Mani-Umgrenzungswall schließt sich der zehnte Umgrenzungswall an, der aus Padmarāga Mani besteht und dessen rote Farbe rotem Kunkuma und der Farbe der aufgehenden Sonne gleicht. Er ist zehn Yojanas hoch. Der Boden, die Eingangstore, die Tempel und Lauben bestehen alle aus den Juwelen, welche Padmarāga Mani genannt werden.

In seinem Inneren residieren die vierundsechzig Kalās oder Unter-Shaktis, die mit zahlreichem Schmuck geziert sind und Waffen in ihren Händen tragen.

Jeder dieser Kalās ist ein eigener Bereich (loka) zugewiesen und jede besitzt innerhalb dieses Loka ihre eigenen herrlichen Waffen, Vāhanas, Familien und Unterführer oder Verwalter.

O König, vernimm nun die Namen der vierundsechzig Kalās: Pingalākshī, Vishālākshī, Samriddhi, Vriddhi, Shraddhā, Svāhā, Svadhā, Māyā, Sagyā, Vasundharā, Trīlokadhātrī, Sāvitrī, Gāyatrī, Tridasheshvshrī, Surūpā, Bahurūpā, Skandamātā, Achyutapriyā, Vimalā, Amalā, Arunī, Ārunī, Prakriti, Vikriti, Shrīsti, Sthiti, Samrhiti, Sandhyā, Mātā, Satī, Hamsī, Mardikā, Vajrikā, Parā, Devamātā, Bhagavatī, Devakī, Kamalāsanā, Trimukhī, Saptamukhī, Surāsura Vimardinī, Lambosthī, Ūrdhakeshī, Bahushīrshā, Vrikodarī Ratharekhāhvayā, Shashirekā, Gaganavegā, Pavanavegā, Bhuvanapālā, Madanāturā, Anangā, Anangamathanā, Anangamekhalā, Anangakusumā, Vishvarūpā, Surādikā, Kshayamkarī, Akshyobhyā, Satyavādinī, Bahurūpā, Shuchivratā, Udārā und Vāgishī.

Dies sind die vierundsechzig Kalās. Alle von ihnen haben strahlende Gesichter und lange, herausgestreckte Zungen. Feurige Flammen gehen stets aus ihren Gesichtern hervor. Ihre Augen sind rot vor Zorn. Sie stoßen unablässig Rufe aus wie: Wir werden alles

Wasser austrinken und so die Ozeane austrocknen! Wir werden alles in Flammen aufgehen lassen! Wir werden die Luftströme aufhalten und in unsere Gewalt bringen! Noch heute werden wir dieses ganze Universum verschlingen!

Jede von ihnen trägt Bogen und Pfeile in Händen und sie alle sind voller Kampfeslust. Das Geräusch, das durch das Zusammenschlagen ihrer Zähne entsteht, durchdringt alle vier Himmelsrichtungen. Die Haare auf ihren Köpfen sind allesamt lohfarben und stehen aufrecht. Jede von ihnen befehligt einhundert Akshauhinīs von Streitkräften.

O König, was soll man noch mehr hierzu sagen als dies: dass jede von ihnen die Macht besitzt, einhunderttausend Universen (brahmānda) zu zerstören und ihre aus einhundert Akshauhinī bestehenden Streitkräfte können dies ebenfalls. Es gibt nichts, das sie nicht vollbringen können. Wozu sie nicht in der Lage sind, kann weder vom Geist erdacht noch in Worten ausgesprochen werden.

In ihrem Gebiet sind alle Arten von Kriegsausrüstung zu finden. Streitwagen, Pferde, Elefanten, Waffen und Krieger stehen ihnen in unbegrenzter Anzahl zur Verfügung und die gesamte Kriegsausrüstung steht somit jederzeit in Überfülle zu ihrer Verfügung.

Als Nächstes folgt der elfte Umgrenzungswall, der aus Gomedamani besteht. Er ist zehn Yojanas hoch und seine Farbe gleicht der Farbe einer gerade aufgeblühten Javā-Blume. Der Boden, die Bäume, die Wasserstellen, die Säulen, die Vögel und alle anderen Dinge im Inneren dieses Walls sind von roter Farbe und bestehen aus Gomedamani.

In diesem Gebiet leben die zweiunddreißig Mahā Shaktis, die mit verschiedenartigen aus Gomedamani gefertigten Schmuckstücken geziert sind und zahlreiche Waffen tragen. Sie sind stets voller Kampfeslust und ihre Augen sind allzeit rot vor Zorn. Ihre Arme gleichen Pishāchas und ihre Hände sehen wie Diskusse aus.

Sie stoßen unablässig Rufe aus wie *Durchbohrt ihn! Erschlagt ihn! Reißt ihn in Stücke!* oder *Verbrennt ihn!* Die Bewohner dieser Gegend verehren stets diese Mahā Shaktis, von denen jede zehn Akshauhinī von Streitkräften befehligt. Diese Mahā Shaktis sind so unermesslich kraftvoll und mächtig, dass man es unmöglich in Worte fassen kann. Offenbar ist jede dieser Shaktis ganz mühelos dazu fähig, einhunderttausend Brahmāndas (Universen) zu vernichten.

Unzählige Streitwagen, Elefanten, Pferde und andere Gefährte (vāhana) sind hier zu finden. In der Tat sind alle Kriegsmaterialien der Devī Bhagavatī in dieser Gomedamani-Umgrenzung zu sehen.

Nun zähle ich dir die segensreichen, sündenvernichtenden Namen jener Shaktis auf: Vidyā, Hrī, Pushti, Pragyā, Sinīvālī, Kuhū, Rudrā, Viryā, Prabhā, Nandā, Poshanī, Riddhidā, Shubhā, Kālarātri, Mahārātri, Bhadra Kālī, Kaparddinī, Vikriti, Dandi, Mundinī, Sendukhandā, Shikhandinī, Nishumbha Shumbha Mathanī, Mahishāsuramardinī, Indrānī, Rudrānī, Shankarārdha Sharīrinī, Nārī, Nirāyanī Trishūlinī, Pālinī, Ambikā, und Hlādinī.

Es gibt niemals irgendeine Möglichkeit, dass diese Shaktis irgendwo eine Niederlage erleiden könnten. Wenn daher irgendwann einmal alle diese Shaktis gleichzeitig zornig werden sollten, so würde dieses gesamte Universum aufhören zu existieren.

Nach diesem Gomedha-Umgrenzungswall folgt als Nächstes der Wall, der aus Diamanten besteht. Er ist zehn Yojanas hoch und besitzt zu allen Seiten hin Eingangstore, die mit raffinierten Öffnungsmechanismen ausgestattet sind.

Im Inneren dieses Umgrenzungswalles gibt es zahlreiche junge Diamantenbäume. Sämtliche Straßen, Hauptstraßen, Bäume, Wasserversorgungsanlagen rund um die Bäume, Wasserstellen, Brunnen sowie Sārangas und andere Musikinstrumente bestehen hier allesamt aus Diamanten.

Hier weilt Shrī Bhuvaneshvarī Devī mit ihrem Gefolge. O König, jede ihrer Begleiterinnen hat ihrerseits einhunderttausend Gefolgsleute und ist von überwältigender Schönheit. Einige von ihnen tragen Fächer in Händen, manche halten Becher zum Trinken von Wasser in Händen, manche Betelnüsse, manche tragen Schirme, manche Wedel, manche verschiedene Gewänder, manche Blumen, manche Spiegel, manche Safran, manche Collyrium, während einige andere Sindūra in Händen halten.

Manche von ihnen machen sich daran, die Devī zu schminken, manche waschen ihr hingebungsvoll die Füße, manche legen ihr herrlichen Schmuck an und manche legen ihr liebevoll Girlanden um den Hals. Alle Begleiterinnen der Devī verstehen es auf verschiedenste Art und Weise Freude zu bereiten und alle sind jung. In ihrem konzentrierten Bestreben, die Gnade der Devī zu erlangen, sehen sie das gesamte Universum als völlig unbedeutend an.

Nun will ich dir die Namen der Begleiterinnen (sakhī) der Devī nennen, die wahrlich Expertinnen darin sind, in ihrer Körperhaltung und mit ihren Gesten ihr Gefühl hingebungsvoller Liebe auszudrücken. Höre. Ihre Namen sind: Anangarūpā, Anangamadanā, Madanāturā, Bhuvanavegā, Bhuvanapālikā, Sarvashishirā, Anangavedanā, Anangamekhalā – dies sind die acht Sakhīs der Devī. Jede von ihnen ist so hellhäutig wie Vidyullatā (Blitzstrahl). Jede von ihnen ist reich mit Schmuck versehen und tüchtig in allen Handlungen. Wenn sie in ihrem Dienst an der Devī mit Stäben in Händen eifrig hin und her eilen, sehen sie aus wie Blitze, die ringsum ihren schimmernden Glanz verbreiten.

Im Inneren des Umgrenzungswalles bilden die acht äußeren Bereiche die Wohnstätten dieser acht Sakhīs und hier sind stets zahlreiche Vāhanas und eine Vielzahl an Waffen zu finden.

An diese Diamanten-Umhegung schließt sich als Nächstes der dreizehnte Umgrenzungswall an, der aus Vaidūryamani (Katzenaugen-Juwelen) besteht, zehn Yojanas hoch ist und zu den vier Himmelsrichtungen hin große Eingangstore aufweist.

Der gesamte innere Bereich, die Häuser, die großen Straßen, die Brunnen, Wasserstellen, Teiche, Flüsse und selbst der Sand innerhalb dieses Walls besteht ganz und gar aus Vaidūryamani.

In den acht Bezirken hier sind die Heimstätten der acht Mātrikās und ihrer Gefolge angesiedelt. Diese Mātrikas repräsentieren die Gesamtheit aller Mātrikas in den verschiedenen Universen (brahmānda).

Höre nun die Namen der acht Mātrikas: Brāhmī, Māheshvarī, Kaumārī, Vaishnavī, Vārāhī, Indrānī, Chāmundā und Mahā Lakshmī. Ihre Gestalten entsprechen denen von Brahmā, Rudrā und anderen. Sie beschäftigen sich allzeit damit, dem Universum Gutes zu tun, und leben hier mit ihren eigenen Vāhanas und Waffen.

Alle vier Eingangstore sind jederzeit bestens bewacht und die verschiedenen Vāhanas der Bhagavatī immer einsatzbereit.

Millionen und Abermillionen von Elefanten sind an einigen Orten in dieser Gegend zu finden. An anderen Orten tummeln sich Millionen und Abermillionen von Pferden. An anderen Stellen sieht man Lager oder Häuser, an anderen Schwäne oder Löwen, an anderen Garudas, an anderen Pfauen, Stiere und andere Wesen – alle vollständig ausgerüstet und in Formationen angeordnet. Viele der genannten Tiere sind an Millionen und Abermillionen von Streitwagen angeschirrt, die von Wagenlenkern geführt und beaufsichtigt werden. Andernorts wehen Fahnen an hohen, gleichsam bis zum Himmel reichenden Masten und tragen mit zur Schönheit dieses Gebietes bei.

An anderen Stellen sieht man hier zahllose Luftfahrzeuge aufgereiht, deren mit schönen Emblemen und Mustern gezierte Fahnen sich hoch in den Himmel erheben und aus denen sich der Klang von Musikinstrumenten ringsum verbreitet.

O König, an diesen Vaidūrya Umgrenzungswall schließt sich der vierzehnte Umgrenzungswall an, der aus Indrānīlamani besteht und zehn Yojanas hoch aufragt. Sämtliche Häuser, Straßen, Brunnen, Wasserstellen usw. sind hier allesamt aus Indrānīlamani gefertigt.

Es gibt hier einen riesigen sechzehnblättrigen Lotus, der sich über viele Yojanas erstreckt und wie ein zweiter Sudarshana Chakra (der

Diskus von Shrī Vishnu) erstrahlt. Auf seinen sechzehn Blättern residieren die sechzehn Shaktis der Bhagavatī zusammen mit ihrem Gefolge; hier sind ihre Namen. Höre: Karālī, Vikārālī, Umā, Sarasvatī, Shrī, Durgā, Ūshā, Lakshmī, Shruti, Smriti, Dhriti, Shraddhā, Medhā, Mati, Kānti und Āryā. Dies sind die sechzehn Shaktis. Sie sind von dunkelblauer Farbe, die der Farbe von gerade neu gebildeten Regenwolken gleicht. Sie tragen Äxte und Schilde in Händen und machen stets einen kampfeslustigen Eindruck.

O König, diese Shaktis sind die Anführerinnen der einzelnen Shaktis in den verschiedenen Universen. Sie bilden die Streitmacht der Shrī Devī. Durch die Macht der Devī gestärkt sind sie stets von zahlreichen Streitwagen und einem Heer umgeben, das ihnen folgt und aus verschiedenen anderen Shaktis besteht. Wenn sie wollen, können sie das gesamte Universum in großen Aufruhr versetzen. Selbst wenn ich tausend Gesichter mit tausend Mündern hätte, wäre ich nicht fähig, die unermessliche Stärke und Macht angemessen zu beschreiben, über die sie verfügen.

Nun beschreibe ich dir den fünfzehnten Umgrenzungswall. Höre. Er schließt sich an den Wall aus Indrānīlamani an und besteht aus Perlen (muktā). Er ist sehr breit und zehn Yojanas hoch. Das Gebiet, das er umschließt, der Boden, die Bäume usw. bestehen allesamt aus Perlen und ebenso besteht auch der achtblättrige Lotus, der dieses Gebiet ausfüllt, ganz und gar aus Perlen. Auf den Blütenblättern dieses Lotus befinden sich die Residenzen der acht Shaktis, der Beraterinnen und Ministerinnen der Devī, deren Aussehen, Waffen, Kleidung, Freuden und alles andere an ihnen genau der Shrī Devī selbst gleicht. Die Pflicht dieser Shaktis ist es, die Devī darüber zu informieren, was in den verschiedenen Brahmāndas (Universen) vor sich geht. Sie sind bestens bewandert in allen Wissenschaften und Künsten und tüchtig in allen ihren Aktivitäten.

Sie sind äußerst klug und geschickt darin, die Wünsche und Absichten der Shrī Devī bereits im Voraus zu erkennen und entsprechend tätig zu werden. Jede von ihnen befehligt viele weitere Shaktis, die ebenfalls hier leben. Vermittels ihrer Gyāna Shakti (Wissenskraft) wissen sie jederzeit alles, was die Jīvas (individuellen Wesen) in jedem Universum betrifft.

Nun nenne ich dir die Namen jener acht Shaktis. Höre: Anangakusumā, Anangakusumā-Turā, Anangamadanā, Ananga Madanā-Turā, Bhuvanapāla, Gaganavegā, Shashirekhā und Gaganarekhā. Dies sind die acht Begleiterinnen (sakhī) der Devī. Das Rot ihrer Farbe gleicht dem der aufgehenden Sonne und sie tragen in zweien ihrer vier Hände Schlinge und Stachelstock, während ihre anderen beiden Hände die Gesten der Wunschgewährung und Furchtlosigkeit anzeigen. Sie informieren in jedem einzelnen Augenblick die Shrī Devī über sämtliche Ereignisse in allen Brahmāndas.

Als Nächstes folgt der sechzehnte Umgrenzungswall, der aus Smaragden (marakata) besteht und zehn Yojanas hoch ist. Sein Innenraum, der Boden, die Häuser und alles andere in diesem Gebiet bestehen aus Marakatamani. Alle guten und erfreulichen Dinge des Lebens sind hier zu finden. Das Gebiet hat die Gestalt eines sechseckigen Yantras.

In jeder Ecke dieses Yantras residieren verschiedene Devas.

In der östlichen Ecke weilt der viergesichtige Brahmā zusammen mit Gāyatrī Devī. Eine seiner vier Hände zeigt die Geste der Freiheit von Furcht an und in den anderen Händen trägt er Wasserkrug (kamandalu), Rosenkranz und Richtstab (danda); gleiches gilt auch für die vier Hände der Devī Gāyatrī.

Hier leben sämtliche Veden, Smritis, Purānas sowie zahlreiche Götterwaffen in ihren personifizierten Gestalten. Auch alle Avatāras von Brahmā, Gāyatrī und der Vyāhritis, die es in den Universen gibt, sind hier zu finden.

In der Südwest-Ecke lebt Mahā Vishnu mit Sāvitrī. Er trägt Muschelhorn, Diskus, Keule und Lotusblume in Händen und Sāvitrī hält ebenfalls diese Dinge in Händen. Es leben in diesem Bereich auch die Avatāras von Vishnu wie Matsya, Kurma usw., die es in jedem Brahmānda gibt und ebenso sämtliche Avatāras von Sāvitrī, die in jedem Universum existieren.

In der nordwestlichen Ecke residiert Mahā Rudra zusammen mit Sarasvatī. Beide halten Parashu (Kriegsaxt) und Rosenkranz in Händen und zeigen mit den beiden anderen ihrer vier Hände die Gesten der Wunschgewährung und der Furchtlosigkeit an.

Im Süden halten sich sämtliche Avatāras von Rudra und Pārvatī auf, die es in allen Universen gibt. Auch alle vierundsechzig Haupt-Āgamas und all die anderen Tantras weilen hier in ihrer personifizierten Gestalt.

In der südöstlichen Ecke ist Kubera, der Herr über unermesslichen Reichtum, zu finden. Inmitten von prächtigen Straßen und prunkvollen Läden residiert er hier zusammen mit Mahā Lakshmī und seine Gefolgsleute halten einen mit Juwelen gefüllten Krug (mani karandikā) in Händen.

In der westlichen Ecke weilt stets Madana (der Liebesgott) zusammen mit Rati. Beide halten Schlinge, Stachelstock, Bogen und Pfeile in Händen. Sämtliche Arten von Liebesempfindungen leben hier ebenfalls in ihren jeweiligen personifizierten Gestalten.

In der Nordost-Ecke residiert allzeit der große Held Ganesha, der Beseitiger von Hindernissen und Widrigkeiten. Er hält Schlinge und Stachelstock in Händen und lebt hier zusammen mit seiner Gemahlin Pushti Devī. O König, sämtliche Manifestationsformen (vibhūti) von Ganesha, die in all den Universen existieren, sind ebenfalls hier zu finden.

Was soll man noch mehr hierzu sagen als dies: dass Brahmā und die anderen Devas und Devīs, die innerhalb dieses Umgrenzungswalles leben, die Gesamtheit aller Brahmās, Devas und Devīs repräsentieren, die in all den Brahmāndas existieren. Sie alle weilen in ihren jeweiligen Bereichen und widmen sich der Verehrung von Shrī Bhagavatī.

O König, als Nächstes kommt der siebzehnte Umgrenzungswall, der aus Prabāla besteht. Er ist safranrot und einhundert Yojanas hoch. Alles in seinem Innenbereich – der Boden, die Häuser usw. – ist entsprechend aus Prabāla gefertigt. Hier residieren die Gottheiten der fünf Elemente: Hrillekhā, Gaganā, Raktā, Karālikā und Mahochchhushmā. Die Farbe und der Glanz dieser Gottheiten gleichen dem des jeweiligen Elementes, über das sie gebieten. Sie alle erstrahlen in der Blüte ihrer Jugend. Ihre Hände halten Schlinge und Stachelstock und zeigen die Gesten der Wunschgewährung und der Freiheit von Furcht an. Sie sind wie die Shrī Devī gekleidet und sind stets in diesem Bereich zu finden.

Als Nächstes schließt sich der achtzehnte Umgrenzungswall an, der aus Navaratna (den neun Juwelen) besteht. Dieser innerste Umgrenzungswall übertrifft alle anderen und ist auch höher als alle anderen. In den vier Bereichen seines Innenraumes, die den Devīs, den über die Āmnāyas (Veden) gebietenden Gottheiten, zugewiesen sind, gibt es unzählige Häuser, Wasserstellen usw., die allesamt aus Navaratna gefertigt sind. Die zehn Mahā Vidyās der Shrī Devī und die Mahābhedās, das heißt die Avatāras der Devī, leben hier mit ihren jeweiligen Āvaranas, Vāhanas und Schmuckstücken. Sämtliche Avatāras der Shrī Devī, die in Erscheinung treten um die Daityas zu töten und die Verehrer der Devī zu erfreuen, sind hier zu finden. Dies sind Pashamkusheshvarī, Bhuvaneshvarī, Bhairavī, Kapāla Bhuvaneshvarī, Amkusha Bhuvaneshvarī, Pramāda Bhuvaneshvarī, Shrī Krodha Bhuvaneshvarī, Triputāshvārūdhā, Nityaklinnā, Annapurnā, Tvaritā und die anderen Avatāras der Bhuvaneshvarī sowie Kālī, Tārā und die anderen Mahāvidyās. Sie leben hier mit ihren Āvarana Devatās (begleitenden Gottheiten) und Vāhanas und sind mit ihrem jeweiligen charakteristischen Schmuck geziert.

Außerdem weilen hier auch die siebzig Millionen Devīs, die als Gottheiten über die Mahā Mantras gebieten. Sie alle erstrahlen in herrlichem Glanz wie dem von zig Millionen Sonnen.

O König, im Innersten dieses Umgrenzungswalles befindet sich der Palast und höchste Herrschersitz der Shrī Devī, der aus Chintāmani-Juwelen besteht. Alle Dinge in diesem Palast sind aus Chintāmani-Juwelen gefertigt.

In diesem Palast sind Hunderte und Tausende prächtiger Säulen zu sehen. Manche von ihnen sind aus Sūryakāntamani, andere aus Chandrakāntamani oder Vidyutkāntamani gefertigt. O König, der strahlende Glanz jener Säulen ist so überwältigend stark, dass die Gegenstände innerhalb des Palastes für das Auge unsichtbar sind.

Hier endet im zwölften Buch des Shrimad Devī Bhāgavatam, des Mahāpurānam von 18.000 Versen von Maharishi Veda Vyāsa, das elfte Kapitel: Die Beschreibung der Umhegungswälle von Mani Dvīpa aus Padmarāga Mani usw.

Kapitel 12
Fortsetzung der Beschreibung von Mani Dvīpa

Vyāsa sprach: O König Janamejaya, der eben beschriebene Ratnagriha, der zentrale Palast der Devī innerhalb des Walles aus Navaratna, ist der höchste Herrschersitz der Mūla Prakriti. Die neun Juwelen sind: Muktā, Mānikya, Vaidūrya, Gomedha, Vajra, Vidruma, Padmarāga, Marakata und Nīla. Der Palast befindet sich im Zentrum all der genannten Umgrenzungswälle und in ihm gibt es die vier Mandapas – Hallen mit tausend (d. h. unzähligen) Säulen. Sie heißen Shringāra Mandapa, Mukti Mandapa, Gyāna Mandapa und Ekānta Mandapa.

Über diesen Säulenhallen wölben sich Dächer von unterschiedlicher Farbe und die zahlreichen Gegenstände in den Hallen sind durch Dhūpas usw. mit Wohlgerüchen versehen. Der Glanz jeder dieser Hallen gleicht dem von zehn Millionen Sonnen.

Rund um diese vier Mandapas gibt es herrliche Gärten voller Kāshmīra-, Mallikā- und Kunda-Blumen. Verschiedene herrliche Düfte und mit Moschus usw. eingeriebene Gegenstände findet man hier kunstvoll angeordnet. Auch gibt es einen sehr großen Teich voller Lotusblumen; die Stufen, die zu ihm hinabführen, sind aus Juwelen gefertigt. Sein Wasser besteht aus dem Nektar der Unsterblichkeit. Unzählige voll erblühte Lotusse sind auf diesem Teich zu finden, die stets von Bienen umsummt werden. Zahlreiche Wasservögel wie Schwäne, Kārandavas usw. schwimmen fröhlich auf ihm umher. Der süße Duft der Lotusblüten verbreitet sich ringsum. In der Tat ist das gesamte Manidvīpa von lieblichen Düften unterschiedlicher Art erfüllt.

Im Zentrum des Shringāra Mandapa hat die Devī Bhagavatī auf einem prachtvollen Sitz Platz genommen und hört dort den Gesängen zu, die von den anderen Devīs in schönem Einklang mit anderen Devas vorgetragen werden. Auf ihrem Mukti Mandapa sitzend befreit sie die Jīvas von den Fesseln an die materielle Welt. Auf dem Gyāna Mandapa sitzend gibt sie Unterweisungen über das höchste Wissen (gyāna) und auf dem vierten Sitz, dem Ekānta Mandapa, sitzend berät sie sich mit ihren Ministern, den Sakhīs Ananga Kusumā usw. über die Schöpfung, Erhaltung und Zerstörung des Universums.

O König, nun werde ich dir den Haupt-Palast der Devī, den Khāsh Mahāl, beschreiben. Höre: Dieser Khāsh-Mahāl-Palast der Devī Bhagavatī wird Shrī Chintāmani Griha genannt. In seinem Inneren gibt es ein erhöhtes Podium mit einem prächtigen Sitz, auf dem die Devī ihren Ehrenplatz einnimmt. Die Stufen, die zu diesem Podium emporführen, bestehen aus den zehn Shakti-Tattvas und seine vier Beine aus Brahmā, Vishnu, Rudra und Maheshvara. Sadāshiva bildet seine obere Plattform. Von hier aus regiert Shrī Bhuvaneshvara Mahā Deva, der höchste Architekt des Universums.

Höre nun mehr über diesen Bhuvaneshvara: Vor Beginn der Schöpfung teilte die Devī Bhagavatī in spielerischer Kreativität und in Vorbereitung auf die Schöpfung ihren Körper in zwei Teile auf und erschuf aus der rechten Körperhälfte Bhuvaneshvara. Er hat fünf Gesichter und jedes dieser Gesichter weist drei Augen auf. Er hat vier

Hände, welche einen Speer halten, Furchtlosigkeit anzeigen, eine Axt tragen und die Geste der Gewährung von Wünschen anzeigen. Er hat das Aussehen eines sechzehnjährigen jungen Mannes. Der Glanz seines Körpers übertrifft an Schönheit den Glanz von zehn Millionen Liebesgöttern (Kandarpa); er ist feuriger als tausend Sonnen und zugleich kühl wie zehn Millionen Monde. Er ist von kristallklar-weißer Farbe und auf der linken Seite seines Schoßes sitzt allzeit die Shrī Bhuvaneshvarī Devī.

An der Hüfte der Shrī Bhuvaneshvarī erstrahlt ein Gürtel, der mit aus verschiedenen Arten von Juwelen gefertigten Glöckchen besetzt ist, die ein zartes Klingeln erzeugen. Ihr Armschmuck ist aus poliertem Gold gefertigt und mit Vaidūryamanis besetzt. Ihr Tātanka-Ohrenschmuck ist so schön wie Shrīchakra anzusehen und unterstreicht die Schönheit ihres Lotus-Antlitzes. Die Schönheit ihrer Stirn stellt die Schönheit des Mondes am achten Tag der hellen Monatshälfte in den Schatten und ihre Lippen übertreffen an Liebreiz vollreife Bimbafrüchte.

Ihr Gesicht erstrahlt mit einem Tilaka-Zeichen, das mit Moschus und Safran gezeichnet wurde. Die göttliche Krone auf ihrem Haupt zieren Sonne und Mond, die aus Juwelen gefertigt sind. Ihr Nasenschmuck gleicht dem Anblick der Venus am Himmel; er ist aus durchscheinenden Juwelen gefertigt und verbreitet in seiner überwältigenden Schönheit ringsum einen lieblichen Glanz.

Ihr Hals ist mit Ketten aus Edelsteinen und Juwelen geschmückt und ihre Brüste sind schön mit Kampfer und Safran geziert. Ihr Hals erstrahlt wie eine Muschel, die mit kunstvollen Mustern versehen wurde. Ihre Zähne gleichen vollreifen Granatapfel-Früchten. Auf ihrem Haupt leuchtet eine herrliche, aus Juwelen gefertigte Krone. Ihr Lotusantlitz wird durch Alakā-Muster verschönt, die den Eindruck von umherschwirrenden Bienen vermitteln. Ihr Nabel gleicht an Schönheit den Strudeln des Flusses Bhāgirathī. Ihre Finger sind mit Ringen aus Juwelen geschmückt.

Sie besitzt drei Augen, die Lotusblättern ähneln. Der Glanz ihres Körpers ist so hell wie der von perfekt geschliffenen Padmarāgamani-Edelsteinen. Ihre Armreifen sind mit klimpernden Glöckchen bestückt und ihr Halsschmuck ist mit kostbaren Juwelen besetzt. Ihre Hände erstrahlen im Glanz der Juwelen an ihren Fingern und ihr Haar ist mit einer Girlande aus Mallikā-Blüten geziert. Auch ihr Obergewand ist mit verschiedenen Arten prächtiger Juwelen besetzt.

O König, die Gestalt der Shrī Devī erscheint fast ein wenig nach vorne gebeugt durch das Gewicht ihrer wunderbar vollen, festen Brüste. Die Devī besitzt vier Hände, in denen sie Schlinge und Stachelstock trägt und die Gesten der Wunschgewährung und der Freiheit von jeglicher Furcht anzeigt. Die wunderschöne, all-gnädige Devī bringt in ihren Gesten und mit ihrem Liebreiz unendliche göttliche Liebe zum Ausdruck. Ihre Stimme erklingt lieblicher als der Klang einer Laute. Der Glanz, den ihr Körper ausstrahlt, übertrifft den Glanz von Millionen und Abermillionen von Sonnen und Monden, die gleichzeitig am Himmel aufgehen.

Die Shrī Devī ist ringsum von den Scharen ihrer Begleiterinnen, den Sakhīs, sowie von zahllosen Devas und Devīs umgeben. Ichchā Shakti, Gyāna Shakti und Kriyā Shakti (Entschlusskraft, Erkenntniskraft und Tatkraft) nehmen allzeit ihren Platz vor der Devī ein. Lajjā, Tushti, Pushti, Kīrti, Kānti, Kshamā, Dayā, Buddhi, Medhā, Smriti und Lakshmī weilen stets in ihren jeweiligen personifizierten Gestalten in der Nähe der Devī. Die neun Pītha Shaktis Jayā, Vijayā, Ajitā, Aparājitā, Nityā, Vilāsinī, Dogdhrī, Aghorā und Mangalā sind hier stets gegenwärtig, um der Devī Bhuvaneshvarī zu dienen.

An der Seite der Devī sind die beiden Ozeane der Reichtümer zu finden; aus ihnen ergießen sich Ströme von Navaratna, Gold und den sieben Dhātus (die sieben Grundbestandteile, die den Körper aufbauen), welche die Gestalt von Flüssen annehmen, die in den Shuddhā-Sindhu-Ozean eingehen. Der Tatsache, dass die so beschriebene Devī Bhuvaneshvarī, die in all ihren Kräften und herrlichen Eigenschaften erstrahlt, auf der linken Seite des Schoßes von Bhuvaneshvara ihren Platz eingenommen hat, verdankt er zweifellos seine Allmacht.

O König, nun will ich dir die Größe und den Aufbau von Chintāmani Griha genauer beschreiben. Höre. Er hat eine Breite von tausend Yojanas. Der zentrale Bereich ist sehr groß. Seine weiter entfernt liegenden Innenräume sind jeweils doppelt so groß wie die vorherigen. Er liegt innerhalb des Antarīksha (Zwischenraum) und existiert ohne jegliche Unterstützung von etwas anderem. Zur Zeit der Auflösung und der Erschaffung des Universums zieht er sich wie ein Tuch zusammen bzw. entfaltet sich. Die glanzvolle Ausstrahlung des Chintāmani Griha ist sehr viel heller und prächtiger als die der anderen Umgrenzungswälle. Shrī Devī Bhagavatī weilt allzeit an diesem Ort.

O König, hierher gelangen all die großen Bhaktas (Verehrer) der Devī in jedem Brahmānda – in Devaloka, in Nāgaloka, in der Welt der Menschen und in anderen Lokas – all jene, die sich in den heiligen Stätten der Devī der Meditation der Devī gewidmet haben und dort starben, sie alle kommen hierher und erfreuen sich in großen Festen des Zusammenseins mit der Devī. Ringsum sieht man Flüsse dahinströmen; manche von ihnen bestehen aus Ghee, andere führen Milch, Quark, Honig, Nektar, Granatapfelsaft, Jambusaft, Mangosaft oder Zuckerrohrsaft mit sich.

Die Bäume hier schenken wunschgemäß Früchte und die Brunnen und Wasserstellen spenden ganz nach Wunsch ihr Wasser. Nirgendwo findet man hier einen Mangel an irgendetwas. Niemals gibt es hier Krankheit, Kummer, Alter, Hinfälligkeit, Furcht, Zorn, Eifersucht, Neid und andere niedere Empfindungen irgendwelcher Art.

Sämtliche Bewohner dieser Gegend stehen allzeit in voller Jugendblüte und erstrahlen wie tausend Sonnen. Alle sind stets voller Freude mit ihren Ehefrauen zusammen und verehren Shrī Bhuvaneshvarī. Manche von ihnen haben Sālokya erlangt (Leben in der Welt der Gottheit), manche Sāmīpya (dem Gefolge der Gottheit angehören), manche Sārūpya (dieselbe Gestalt wie die Gottheit besitzen) und manche haben Sārshti-Mukti erlangt (Gestalt und zahlreiche Kräfte der Gottheit besitzen) und verbringen hier ihre Tage in höchster Freude. Die Devas, die in jedem Brahmānda existieren, leben allesamt hier und verehren Shrī Devī. Die siebzig Millionen Mahā Mantras und Mahā Vidyās haben hier Gestalt angenommen und verehren die Mahā Māyā Shrī Bhagavatī, deren Wesen Brahman ist.

O König, somit habe ich dir alles über Mani Dvīpa erzählt. Der Glanz der Sonne, des Mondes und Abermillionen von Blitzen zusammen gleicht nicht einmal einem Zehnmillionstel (koti) von einem Zehnmillionstel des herrlichen Glanzes von Mani Dvīpa.

An einigen Stellen gleicht der Glanz von Mani Dvīpa Vidrumamani Juwelen, andere Stellen leuchten wie der Glanz von Marakata Mani, andere wiederum wie von Sūrya Kānta Mani und manche Stellen erstrahlen im Glanz von Millionen und Abermillionen von Blitzen. An manchen Stellen ähnelt die Ausstrahlung der von Sindūra, an manchen Stellen der von Indrānīlamani, an anderen Stellen der von Mānikya und an anderen Stellen der von Diamanten. Manche Orte hier leuchten hell wie eine Feuersbrunst, manche sehen wie geschmolzenes Gold aus. Einige Stellen gleichen in ihrem Glanz dem von Chandrakāntamani und andere leuchten wie Sūryakāntamani.

Die Berge hier bestehen aus Edelsteinen und Juwelen. Auch die Eingangstore und der Boden sind aus Juwelen zusammengesetzt. Die Bäume und ihre Blätter bestehen allesamt aus Edelsteinen – tatsächlich besteht alles, was hier existiert, aus Edelsteinen und Juwelen.

An manchen Stellen sieht man Pfauen tanzen und an anderen Stellen bezaubern Kuckucke den Geist der Bewohner mit ihren lieblichen Rufen und andernorts hört man das süße Gurren von Tauben. Hunderttausende von Wasserstellen sind hier zu finden, die kristallklares Wasser enthalten. Voll erblühte rote Lotusblumen verstärken die Schönheit der Landschaft. Der betörende Duft dieser Lotusblumen breitet sich ringsum über eine Entfernung von hundert Yojanas hin aus und erfreut den Geist der Bewohner von Mani Dvīpa. Die Blätter der Bäume rascheln von einer angenehmen, sanften Brise bewegt und der ganze Himmel erstrahlt im Glanz von Chintāmani-Edelsteinen und Juwelen. Alle Himmelsrichtungen werden vom herrlichen Glanz der Edelsteine und Juwelen erhellt. O König, diese Juwelen erfüllen damit gleichsam die Funktion von Lampen. Die süß duftenden Bäume verbreiten durch eine sanfte Brise ringsum ihren Duft, sodass diese Bäume gleichsam als Duftspender dienen. Die Strahlen der Edelsteine dringen durch die aus Juwelen bestehenden Fenster in das Innere der Gebäude ein und werden dort von Spiegeln reflektiert, wodurch ein bezaubernder Lichteffekt hervorgerufen wird, der gleichsam den Geist verwirrt.

O König, was soll ich über diese Welt noch mehr sagen als dies, dass alle Kräfte, aller Reichtum, alle freudevollen Liebesempfindungen, alle Gewänder, welche Liebesgefühle fördern, aller Glanz, alle feurige Energie, alle Schönheit, alle Ausstrahlung, Allwissenheit, unbesiegbare Stärke, alle herrlichen und guten Eigenschaften, alles Mitgefühl und alle Freundlichkeit hier in ihrer Fülle versammelt sind. Die allumfassende Seligkeit und das Brahmānandam sind hier stets gegenwärtig. O König, somit habe ich dir Manidvīpa beschrieben, die allerhöchste Heimstatt der Devī Bhagavatī. Wenn man sich an sie erinnert, werden alle Sünden augenblicklich vernichtet. Und vor allem: Wenn ein Mensch sich zum Zeitpunkt seines Todes an die Devī und an Mani Dvīpa erinnert, so gelangt er ganz gewiss dorthin.

O König, wer jeden Tag die Kapitel von acht bis zwölf hier liest, wird ganz gewiss keine Widrigkeiten durch Quälgeister wie Bhūtas, Pretas und Pishāchas erdulden müssen. Vor allem wird die Rezitation dieser Kapitel beim Bau und beim Baubeginn eines neuen Hauses (vāstuyāga) äußerst förderlich und segensreich sein.

Hier endet im zwölften Buch des Shrimad Devī Bhāgavatam, des Mahāpurānam von 18.000 Versen von Maharishi Veda Vyāsa, das zwölfte Kapitel: Fortsetzung der Beschreibung von Mani Dvīpa.

Kapitel 13
Die Beschreibung von Janamejayas Devī Yagya

Vyāsa sprach: O König Janamejaya, somit habe ich alle deine wunderbaren Fragen beantwortet und dir ebenfalls weitergegeben, was Nārāyana einst zu dem erhabenen Nārada sagte.

Wer dieses wahrlich wundervolle Purānam Shrīmad Devī Bhāgavatam hört, wird ganz gewiss die Gunst der Devī erlangen und alle seine Handlungen werden mit Erfolg gekrönt sein.

Was nun deine tiefe Sorge darüber betrifft, wie du deinen Vater davor bewahren kannst, in seinem zukünftigen Leben Üblem zu begegnen, so rate ich dir, das Yagya zu Ehren der Bhagavatī durchzuführen – dadurch wird dein Vater gewiss gerettet werden. Und du solltest auch den Vorschriften getreu in das unübertroffen herrliche Mantra der Mahā Devī initiiert werden, dann wird dein Leben als Mensch auf Erden mit Erfolg gekrönt sein.

Sūta sprach: O ihr Rishis, als der König dies gehört hatte, bat er Vyāsa Deva, ihm die Initiation in das große Devī Mantra zu geben und damit sein Guru zu werden. Er wurde dann den rechten Vorschriften entsprechend in das große Mantra der Bhagavatī initiiert.

Als die Zeit des Navarātra (die neun Nächte der Devī) herbeigekommen war, rief Janamejaya den Muni Dhaumya und andere Brahmanen zusammen und führte, seinem Status als Herrscher entsprechend, den Navarātra Vrata aus, welcher der Devī so lieb ist.

Um die Devī zu erfreuen, ließ er in dieser Zeit dieses Devī Bhāgavata Purāna von den Brahmanen vorlesen, verköstigte unzählige Brahmanen und Kumārīs (Jungfrauen), verteilte großzügige Spenden an die Armen, die Waisen sowie an die Söhne der Brahmanen und vollendete so das Vrata (Gelübde).

O ihr Rishis, während der König nach Abschluss des Devīyagyas auf seinem Sitz saß, kam der feurige Devarishi Nārada, seine Laute spielend, aus der Himmelswelt herab. Als der König ihn so unerwartet vor sich sah, erhob er sich sogleich, begrüßte ihn ehrerbietig und bot ihm einen Sitz und die üblichen Begrüßungsgaben an. Als der Devarishi sich von den Mühen seiner Reise erholt hatte, fragte der König ihn nach seinem Wohlergehen und dann nach dem Grund seines Kommens: O Devarishi, woher und aus welchem Grund bist du jetzt hier erschienen? Durch deine Ankunft hier bin ich wahrlich gesegnet und habe das Gefühl, dass mein Herr zu mir gekommen ist. Womit kann ich dir dienen. Bitte tue mir den Gefallen und verfüge über mich.

Als der Devarishi Nārada dies vernommen hatte, sprach er: O König, heute wurde ich in Devaloka Zeuge eines wunderbaren Ereignisses, von dem ich dir unbedingt berichten wollte. Deshalb bin ich hierhergekommen.

Das Schicksal deines Vaters hatte infolge seiner Untat ja eine üble Wendung genommen, aber heute sah ich, wie er eine göttliche Gestalt annahm und ein herrliches Himmelsfahrzeug bestieg. Die Devas priesen ihn und die Apsarās umringten ihn. Es schien, dass er sich, prachtvoll gekleidet, auf den Weg nach Mani Dvīpa machte.

O König, du hast das Navarātra Vrata durchgeführt und das Devī Bhāgavata vorlesen lassen und es scheint, dass dein Vater nun dadurch eine solch gute und herrliche Wendung seines Schicksals erfuhr. Du bist jetzt wahrlich gesegnet und deine Handlungen haben reiche Frucht getragen. Du hast deinen Vater aus der Hölle erlöst und bist so in der Tat zu einem Juwel in deiner Familiendynastie geworden. Dein guter Ruf und Ruhm haben sich heute bis nach Devaloka hin ausgebreitet.

Sūta sprach: O ihr Rishis, als der König Janamejaya diese Worte aus dem Munde von Nārada hörte, wurde er von großer Heiterkeit und Freude erfüllt. Er fiel seinem Guru Vyāsa Deva, dem Vollbringer ruhmreicher Taten, zu Füßen und sagte: O bester aller Munis, durch deine Gnade bin ich heute reich gesegnet worden. Was – außer mich tief vor dir zu verneigen – kann ich umgekehrt für dich tun? Ich bete darum, dass du mir auch in Zukunft wieder und wieder Gutes tun mögest.

O ihr Rishis, als Bādarāyana Veda Vyāsa diese Worte des Königs Janamejaya vernommen hatte, sprach er zu ihm die folgenden süßen Worte: O König, gib von nun an alle anderen Handlungen auf, lies stets das Devī Bhāgavatam und verehre die Lotusfüße der Shrī Devī. Gib alle Trägheit auf und führe mit großer Pracht das Devī Yagya aus, dann wirst du ganz gewiss fähig sein, den Ozean der Bindung an diese Welt zu überqueren.

Es ist wahr, dass es eine Vielzahl an Purānas gibt, das Vishnu Purāna, das Shiva Purāna usw., aber diese können sich nicht einmal mit einem Sechzehntel dieses Devī Bhāgavatam vergleichen. Wahrlich, dieses Purāna ist die Essenz sämtlicher Purānas. Wie sollen die anderen Purānas sich mit dem vergleichen können, das die Devī Mūla Prakriti offenbart?

Dieses Purāna von Anfang bis Ende zu lesen erbringt die Frucht des Lesens aller Veden. Daher sollten weise Menschen stets ihr Bestes versuchen, es stets zu studieren.

Nach diesen Worten an König Janamejaya machte Veda Vyāsa sich auf den Heimweg.

Daraufhin priesen der erhabene Dhaumya und die anderen Brahmanen die Herrlichkeit des Devī Bhāgavatam und kehrten zu ihren Heimstätten zurück.

Der König Janamejaya aber begann von da an stets das Devī Bhāgavatam zu lesen und zu hören und verbrachte so voller Freude seine Tage mit dem Regieren seines Königreiches.

Hier endet im zwölften Buch des Shrimad Devī Bhāgavatam, des Mahāpurānam von 18.000 Versen von Maharishi Veda Vyāsa, das dreizehnte Kapitel: Die Beschreibung von Janamejayas Devī Yagya.

Kapitel 14
Die Rezitation über die Früchte dieses Purānas

Sūta sprach: O ihr Rishis, vor Zeiten ging aus dem Lotusantlitz der Devī Bhāgavata das Shrīmad Devī Bhāgavatam als endgültiger Abschluss der Veden in Gestalt eines halben Verses hervor. Sie gab diese Samenform des Shrimad Devī Bhāgavatam mitsamt einer Unterweisung an Vishnu weiter, der auf dem Blatt eines Banyan-Baumes schlief. Brahmā selbst entfaltete es dann zu einer aus einer Milliarde Versen bestehenden Version. Um seinen Sohn Shuka Deva zu unterweisen, fasste Veda Vyāsa es dann zu 18.000 Versen in zwölf Büchern zusammen und gab der hier vorgetragenen Version den Namen Shrīmad Devī Bhāgavatam. Die aus einer Milliarde Versen bestehende ausführliche Version, die von Brahmā erstellt wurde, gibt es heute noch in Devaloka, der Welt der Götter.

Kein anderes Purāna gleicht dem Devī Bhāgavatam in Bezug auf seine Heiligkeit, seine spirituellen Verdienste (punyam) hervorbringende und seine alle Sünden zerstörende Wirkung.

Wer nur eine einzige Zeile des Devī Bhāgavatam liest, erlangt dadurch die Früchte der Durchführung von vielen Ashvamedha-Opfern. Menschen, die an weltlichen Dingen hängen, erlangen den Verdienst des Verschenkens von Land an die Brahmanen; sie werden alle Freuden dieser Welt genießen und schließlich in die Welt der Devī eingehen, wenn sie – nachdem sie gefastet und ihre Leidenschaften unter Kontrolle gebracht haben – die Rezitation des Devī Purānam aus dem Munde eines purānakundigen Brahmanen gehört haben, der zuvor verehrt und mit Gewändern und Schmuck beschenkt wurde und der zu Recht als ein zweiter Veda Vyāsa angesehen wird.

Oder wenn jemand das gesamte Shrīmad Devī Bhāgavatam mit eigener Hand niederschreibt oder von einem Schreiber von Anfang bis Ende niederschreiben lässt und das Buch in einer Hülle, welche die Gestalt eines goldenen Löwen hat, zusammen mit einer reichlich Milch gebenden Kuh und ihrem Kalb sowie Gold als Opferlohn einem purānakundigen Brahmanen überreicht, so erlangt er den Verdienst des Verschenkens von Land an die Brahmanen, wird alle Freuden dieser Welt genießen und schließlich in die Welt der Devī eingehen.

Oder wenn jemand so vielen Brahmanen Nahrung spendet, wie das Devī Bhāgavatam Kapitel hat und ebenso viele Kumārīs (Jungfrauen) mit Safran, Sandelpaste und Schmuck verehrt und ihnen Pāyasānna zu essen gibt, so erlangt er ebenfalls den Verdienst des Verschenkens von Land an die Brahmanen, wird alle Freuden dieser Welt genießen und schließlich in die Welt der Devī eingehen.

Wer täglich voller ekstatischer Hingabe dieses Devī Bhāgavatam hört, dem wird es an nichts fehlen. Wer keinen Reichtum besitzt, erlangt dadurch Reichtum in Fülle, wer Student ist, erlangt dadurch Wissen, und wer keine Söhne hat, erlangt Söhne, wenn er jeden Tag mit wahrhaftiger Hingabe dieses Devī Bhāgavatam hört.

Eine Frau die unfruchtbar ist oder nur Totgeburten hatte oder deren Kinder niemals lange lebten oder die bisher nur ein einziges Kind zur Welt brachte, wird von sämtlichen Makeln befreit, wenn sie dieses Devī Bhāgavatam mit steter Hingabe hört.

In einem Haus, in dem dieses Purāna verehrt wird, nehmen Lakshmī und Sarasvatī zusammen ihre Wohnung und geben dabei ihre gegenseitige Abneigung auf.

Durch den Einfluss dieses Devī Bhāgavatam vermögen Dākinīs, Vetālas, Rākshasas und andere boshafte Geister nicht einmal einen Blick auf den Verehrer dieses Bhāgavatams zu werfen.

Wenn ein Mensch an Fieber erkrankt ist und jemand in seiner Gegenwart das Shrīmad Devī Bhāgavatam liest und ihn mit konzentrierter Aufmerksamkeit berührt, so wird all sein Leiden verschwinden.

Durch einhundert Mal Lesen dieses Bhāgavatams werden selbst schwerere Krankheiten als Schwindsucht geheilt.

Wenn jemand, nachdem er sein Sandhyā (tägliche spirituelle Praxis) durchgeführt hat, mit gesammeltem Geist auch nur ein Kapitel dieses Bhāgavatams liest, so erlangt er schon bald vollkommene Erkenntnis.

O Muni Shaunaka, wenn man beabsichtigt, dieses Bhāgavatam zu lesen, sollte man zuerst die Omen untersuchen und dann mit dem Lesen beginnen – darüber habe ich zuvor schon gesprochen.

Wenn jemand zur Zeit der herbstlichen Durgā Pūja (shāradīya pūja), in der Zeit des Navarātra, voller Hingabe dieses Bhāgavatam liest, so wird die Devī Bhagavatī darüber sehr erfreut sein und ihn mit mehr Gaben belohnen, als er sich gewünscht hat.

Während der Zeit des Navarātri ist das Lesen dieses Buches bestens dafür geeignet, die Gnade der eigenen persönlichen Gottheit (īshta devatā) zu erlangen – ganz egal, ob man ein Vaishnava, Shaiva, Shaura, Gānapatya oder ein Shākta ist.

Jeder kann dieses Buch lesen, um die Gnade von Lakshmī, Umā und anderen Shaktis zu erlangen. Die vedischen Brahmanen sollen das Devī Bhāgavatam jeden Tag rezitieren, um die Devī Gāyatrī zu erfreuen.

Dieses Purānam steht in keinerlei Widerspruch zu irgendeiner speziellen Glaubensrichtung. Der Grund hierfür ist, dass, ganz gleich welcher Gottheit man seine Verehrung widmet, man dabei auch die eine oder andere Shakti verehren muss – dies wird überall bekräftigt. Daher können alle dieses Buch lesen, um die eigene Shakti zu erfreuen, ohne damit in Widerspruch zu ihren persönlichen Überzeugungen zu geraten.

Eine Frau oder ein Shūdra sollte allerdings niemals selbst dieses Buch lesen – auch nicht aus Unwissenheit, sondern sie sollten es aus dem Munde eines Brahmanen hören. Dies ist eine Vorschrift der Shāstras.

O ihr Rishis, was soll man noch mehr über dieses Buch sagen als dies, dass dieses das hervorragendste aller Purānas ist und große

Verdienste (punyam) hervorbringt. Es ist die Essenz der Veden. Dies sage ich dir in voller Überzeugung. Es gibt daran nicht den geringsten Zweifel. Es zu lesen oder zu hören bringt dasselbe Ergebnis wie das des Lesens oder Hörens der Veden.

Ich verneige mich vor der Devī, deren Natur Hrīm ist, die durch Gāyatrī manifestiert wird, deren Wesen ewige Existenz, Intelligenz und Seligkeit (sat-chit-ānanda) ist und die unsere Aktivitäten so inspiriert, dass sie zu wachsender Erkenntnis in den unterschiedlichen Wissensgebieten führen.

Als die Munis des Naimishāranya-Waldes diese ausgezeichneten Worte von Sūta, dem großen Kenner der Purānas, gehört hatten, verehrten sie ihn alle und wurden infolge des Hörens dieses Purānas allesamt voller Freude zu Dienern der Lotusfüße der Devī und gelangten zu vollendeter Stille.

Die Munis verneigten sich immer wieder voller Demut und Dankbarkeit vor Sūta und sagten zu ihm: O Sūta, wahrlich, du bist es, der uns aus diesem Ozean der Welt errettet hat!

So trug Sūta gleichsam als Biene, die den Honig der Lotusfüße der Devī trinkt, vor der Versammlung der besten der Munis von Anfang bis Ende dieses Purānam vor, welches das Geheimnis aller Nigamas (der vedischen Schriften) enthüllt und die Fülle der Herrlichkeit der Devī Bhagavatī offenbart.

Nachdem Sūta ihnen dieses Purānam vorgetragen hatte, verneigten sich die Rishis vor ihm, segneten und ehrten ihn. Dann verabschiedeten sie sich und kehrten heim.

Hier endet das Devī Bhāgavatam und ist somit vollständig abgeschlossen.

Hier endet im zwölften Buch des Shrimad Devī Bhāgavatam, des Mahāpurānam von 18.000 Versen von Maharishi Veda Vyāsa, das vierzehnte Kapitel: Die Rezitation über die Früchte dieses Purānas. Und hier endet auch die vollständige Abhandlung des Shrīmad Devī Bhāgavatam.

Zentrale Sanskritausdrücke

Amrita – Unsterblichkeitstrank
Arghya – eine Wassergabe
Bhagavān – der Herr
Brahmāvidyā – Wissen von der höchsten Wirklichkeit
Brahmā – der Schöpfer des Universums
Brahman – höchste, allumfassende Wirklichkeit
Brahmāchāri – keusch lebender Student des Veda
Brahmānda – das Universum
Buddhi – Intellekt, Intelligenz, Unterscheidungskraft
Chakra – Rad
Daityas – Widersacher der Götter
Danavas – Widersacher der Götter
Devas – Götter
Devī – Göttin
Dharma – Kosmisches Gesetz, Urkraft der Evolution; auch Pflicht oder Rechtschaffenheit, die eigene Berufung
Dhyāna – Meditation
Gunas – Grundprinzipien der Schöpfung: Sattva (Reinheit), Rajas (Unruhe), Tamas (Dumpfheit)
Gyāna – höhere Erkenntnis
Hara – ein Name von Shiva
Hari – ein Name von Vishnu
Kāla – Zeit
Kālī – eine zerstörerische Erscheinungsform der göttlichen Mutter
Kaliyuga – das dunkle Zeitalter
Kāma – Wunsch, Begierde
Karma – Handlung; auch: Folgen vergangener Handlungen
Krishna Dvaipāyana – ein Name von Veda Vyāsa
Kshetra – Feld, Ort

Lakshmī – eine glückverheißende Erscheinungsform der göttlichen Mutter
Maharishi – großer Seher
Mahātmas – große Persönlichkeit
Mahesha – Name von Shiva
Maheshvara – Name von Shiva
Manu – Urvater der Menschheit
Manvantara – ein großer Zeitraum (Zeitalter); umfasst ein Leben Manus
Moksha – Befreiung
Mukti – Befreiung
Muni – Weiser
Nirguna – ohne Eigenschaften (Gegenteil: saguna)
Punyam – Verdienst im Sinne von Schatz an gutem Karma
Purānas – Werke vedischer Geschichtsschreibung
Purusha – Mensch, auch Bezeichnung für das transzendentale Selbst
Rajas – Leidenschaft oder Unruhe, eines der drei Gunas
Rasas – Geschmacksarten
Rāsas – Gefühlsregungen
Rishi – Seher
Rudra – Name von Shiva
Saguna – mit Eigenschaften versehen (Gegenteil: nirguna)
Samhitās – vedische Schriften
Samsāra – Kreislauf von Geburt und Tod, die vergängliche Welt
Sattva – Reinheit, eines der drei Gunas
Shakti – Kraft, Energie
Shambhu – ein Name von Shiva
Shankara – ein Name von Shiva
Shāstras – die vedischen Schriften
Shrī – glanzvoll, glückverheißend. Ein Name der Devī Lakshmī
Siddhas – Vollendete; hochentwickelte Yogis

Suras – anderer Name für die Devas, die Götter
Svarga – Himmelswelt der Devas
Tamas – Dumpfheit oder Verblendung, eines der drei Gunas
Tapas – strenge Askese
Turīya – das oder der Vierte. Bezeichnung für reines, transzendentales Bewusstsein
Vāhana – Fahrzeug oder Reittier
Vāk – Name der Devī als Herrin der Sprache
Veda – Wissen
Vedānta – Ende des Veda, Einheitswissen
Vidyā – Wissen
Vishvakarma – der Architekt der Götter
Yagya – vedische Opferzeremonie
Yoga-Nidrā – Yogaschlaf
Yuga – Zeitalter

Kleiner Hinweis zur Aussprache von Sanskritwörtern

Die langen Vokale ā, ī, ū werden doppelt so lang gesprochen wie kurze Vokale.
e und o sind immer lang.
Das kurze a wird wie das unbetonte e im französischen „le" gesprochen und am Ende eines Wortes vollständig verschluckt: Rāma wird zu Rām, Veda zu Ved usw.
ch wird „tsch" gesprochen wie im englischen Charles.
j wird „dsch" gesprochen wie im englischen James.

Patañjalis Yoga Sutra – Yogakraft durch Samadhi und Sidhis

Im Yoga-Sutra, dem klassischen Werk über Yoga, fasst Patañjali den Sinn menschlichen Daseins in 195 prägnanten Sutras über die Grundfragen menschlicher Existenz zusammen:
Was macht unser Geist?
Warum leiden wir?
Wie beseitigen wir Leiden?
Was ist Unwissenheit?
Wie erlangen wir Wissen?
Wie finden wir unsere eigene Berufung?
Wie können wir glücklich und erfüllt leben?

Die Antwort des *Yoga* in einem Satz: Wir sind erst dann wahrhaft glücklich und erfüllt, wenn wir unser Selbst gefunden haben und unsere individuelle Seele wieder mit ihrem Ursprung, mit *Atma*, dem kosmischen Selbst, verschmilzt. Die Technik dazu besteht darin, den Geist zur Ruhe zu bringen und durch Meditation *Samadhi* zu erfahren.«
Patañjalis Sutrastil und die Vieldeutigkeit der Sanskrit-Begriffe führen zu immer neuen Übersetzungen und Deutungen. In der Übersetzung dieser Ausgabe wird der Stichwortcharakter der Sutras beibehalten und der erklärende Kommentar durch Beispiele eigener Erfahrungen aus über 50 Jahren praktischer Anwendung der Yoga-Techniken veranschaulicht.

325 Seiten, vom Autor illustriert, mit vielen Zitaten von Maharishi Mahesh Yogi und Erfahrungsberichten des Autors

Taschenbuch € 18,00 ISBN 9783945004272

Hardcover € 24,80 ISBN 9783945004289

Leseprobe, Pressestimmen und Bestellung: Alfa-Veda Verlag alfa-veda.com

www.ingramcontent.com/pod-product-compliance
Lightning Source LLC
LaVergne TN
LVHW021939220826
846092LV00010B/1175

* 9 7 8 3 9 4 5 0 0 4 5 2 4 *